21世纪高等院校财经类专业核心课程规划教材

（第3版）

质量管理理论与实务

Theory and Practice of Quality Management

黄怡 林艳 王廷丽 / 编著

中国财经出版传媒集团
经济科学出版社
Economic Science Press

图书在版编目（CIP）数据

质量管理理论与实务 / 黄怡，林艳，王廷丽编著 . —3 版 .
—北京：经济科学出版社，2016.8
 21 世纪高等院校财经类专业核心课程规划教材
 ISBN 978 - 7 - 5141 - 7213 - 3

Ⅰ.①质… Ⅱ.①黄…②林…③王… Ⅲ.①质量管理 -
高等学校 - 教材 Ⅳ.①F273.2

中国版本图书馆 CIP 数据核字（2016）第 205722 号

责任编辑：杜　鹏
责任校对：刘　昕
责任印制：邱　天

质量管理理论与实务
（第 3 版）
黄　怡　林　艳　王廷丽 / 编著
经济科学出版社出版、发行　新华书店经销
社址：北京市海淀区阜成路甲 28 号　邮编：100142
总编部电话：010 - 88191217　发行部电话：010 - 88191522
网址：www.esp.com.cn
电子邮件：esp@esp.com.cn
天猫网店：经济科学出版社旗舰店
网址：http：//jjkxcbs.tmall.com
北京万友印刷有限公司印装
710×1000　16 开　22.25 印张　450000 字
2016 年 8 月第 3 版　2016 年 8 月第 1 次印刷
印数：0001—4000 册
ISBN 978 - 7 - 5141 - 7213 - 3　定价：38.00 元
（图书出现印装问题，本社负责调换。电话：010 - 88191502）
（版权所有　侵权必究　举报电话：010 - 88191586
电子邮箱：dbts@esp.com.cn）

前　言

世界著名的质量管理大师朱兰博士有句名言："21世纪是质量的世纪。"

我国自1978年改革开放以来，经过30余年的发展，经济与社会取得了巨大进步，社会主义建设取得了举世瞩目的成就，人民群众的生活水平日益提高。然而，不可否认，与欧美国家一百多年的市场经济发展相比，我国在发展水平、发展模式、发展质量、发展的可持续性等诸多方面都还存在一定的差距。

随着社会对发展质量和人们对生活质量要求的不断提升，质量方面的问题日益凸显。在我们的日常生活中，在我们的身边，经常能感受到这种差距和问题的存在：产品质量问题；服务质量的不如意；工作质量的低效率；人员素质的"瓶颈"制约；假冒伪劣商品的泛滥；环境质量的危机……

无论是国家、企业还是消费者，都对质量及质量问题越来越关注和重视。时至今日，质量已成为制约一个国家、企业、个人等实体各方面发展的"瓶颈"因素之一。在市场经济条件下，质量的好坏是任何组织、企业、个人生存与发展的起点。从国家的角度看，质量是振兴民族经济的基点，质量是一个国家综合实力的体现，质量是提高人民生活水平的前提；从企业的角度看，质量是企业的生命，质量是效益的前提，质量是企业创名牌的前提；从个人的角度看，质量是最大限度地实现自我价值的前提，质量是在人才竞争中立足的前提。因此，无论是国家、企业还是个人，都要重视质量的地位、意义并掌握提升质量的系统方法，这样才能立足于世界民族之林、立足于市场、立足于社会。

那么，什么是质量？更具体地说，什么是产品质量？服务质量？工作质量？生活质量？环境质量……为什么要重视质量？怎样提升质量？本教材编写的内容为读者提供了了解质量、掌握提升质量的知识与指南。

本教材最突出的特点是：

（1）理论与方法具有普遍适用性。质量的问题涉及社会生活中的方方面面，任何组织、企业都可能存在质量的问题，个人也可能存在质量的问题，本教材提供的对质量内涵的理解与认识以及提升质量的系统方法适用于各行各业，可用于各行各业追求高品质、不断改进，在市场竞争中立于不败之地。

（2）强调服务业质量的不断提升。服务业在国民经济发展中占有重要地位，以往的质量管理方法大多关注工业生产的质量提升，而本教材中更多地关注服务业的质量提升，例如，在质量概念、工具方法的应用方面更多地关注和研究其在服务业中的应用。

（3）图文并茂，通俗易懂。本教材中大部分内容采用了图解法，使以往空洞的说教变成生动活泼的图示，使读者更加通俗易懂、增加兴趣。

（4）注重实践的操作。关注质量的关键是如何提升质量，本教材以大部分篇幅阐述了组织、企业、个人在提升质量中应运用的方法及工具。其中涵盖质量管理的老七种工具、新七种工具、TQC、ISO9000族标准、质量成本、QC小组等。

本教材的宗旨是：希望无论是国家、企业还是个人，都要重视质量、不断改进质量、提升质量，追求卓越而快乐的每一天。

黄怡教授作为主持人牵头的质量管理课程经过20多年的建设与发展，目前已成为甘肃省省级精品课程及兰州商学院校级精品课程。本教材以介绍质量及质量管理的内涵、质量及质量管理的现状、提升质量的方法体系为主线，其内容共分六编17章。其中，第一编主要介绍质量管理相关基础及质量文化环境的内容；第二编主要介绍全面质量管理相关理论及QC小组；第三编主要介绍质量管理中统计学的相关基础知识和应用；第四编主要介绍质量管理工具及其应用；第五编主要介绍ISO9000族标准的相关知识；第六编主要介绍卓越绩效模式、六西格玛管理、环境质量管理与ISO14000、一体化管理体系和质量成本管理。

本教材第一章、第二章由黄怡编写；第六章、第七章、第八章、第九章、第十章、第十一章、第十二章、第十三章和第十七章由林艳编写；第三章、第四章、第五章和第十六章由王廷丽编写；第十四章由黄怡、逄健编写；第十五章由黄怡、刘远辉编写。最后由黄怡和林艳统稿。

本教材适用于高等院校经济管理类专业本科生、研究生阶段的学习及教学使用，也可用于各行各业提升质量的员工培训参考书。

本教材作为兰州财经大学省级精品课程建设项目，得到了兰州财经大学及工商管理学院领导的大力支持并以经费资助，由兰州财经大学专项科研经费资助出版，在此表示衷心的感谢。本教材在编写过程中参考了大量国内国外学者的著作、教材和文章，其中主要的在本教材后列出，亦在此表示诚挚的谢意。

由于作者水平有限，书中难免有不足的地方，敬请读者批评指正。

作者

2016年7月

目 录

第一编 质量与质量管理

第一章 质量管理总论 ··· 1
【导入案例】 ·· 1
第一节 质量及质量管理的发展 ··· 2
第二节 质量及质量管理的意义 ··· 6
第三节 质量管理大师简介 ·· 8
第四节 企业质量管理战略 ··· 19
思考题 ·· 23

第二章 质量管理基础——定义质量 ··· 24
【导入思考】 ·· 24
第一节 定义质量的理论依据 ··· 24
第二节 定义质量的实践应用 ··· 25
第三节 提升质量的运作实务 ··· 26
思考题 ·· 33

第三章 企业质量文化环境 ··· 34
【导入案例】 ·· 34
第一节 质量文化概述 ··· 35
第二节 企业质量文化环境的培育 ··· 40
第三节 质量文化与企业名牌战略 ··· 44
思考题 ·· 46

第二编 全面质量管理与 QC 小组

第四章 全面质量管理 ··· 47
【导入案例】 ·· 47

第一节　全面质量管理的产生背景和基本概念 …………………… 48
第二节　全面质量管理的基本方法 ……………………………… 53
第三节　全面质量管理的基本要求 ……………………………… 57
第四节　全面质量管理的基础工作 ……………………………… 60
思考题 …………………………………………………………… 65

第五章　QC 小组 …………………………………………… 66
【导入案例】 ……………………………………………………… 66
第一节　QC 小组的基本概念 …………………………………… 67
第二节　QC 小组的组建 ………………………………………… 70
第三节　QC 小组活动的程序 …………………………………… 74
第四节　QC 小组活动成果的总结与评价 ……………………… 77
思考题 …………………………………………………………… 86

第三编　质量管理与统计学

第六章　抽样检验 …………………………………………… 87
【导入思考】 ……………………………………………………… 87
第一节　概述 ……………………………………………………… 87
第二节　抽样方案的分类 ………………………………………… 91
第三节　计数抽样原理 …………………………………………… 93
第四节　计量抽样方案 …………………………………………… 98
思考题 …………………………………………………………… 102

第七章　可靠性技术 ………………………………………… 103
【导入案例】 ……………………………………………………… 103
第一节　可靠性及其相关概念 …………………………………… 104
第二节　可靠性的度量 …………………………………………… 107
思考题 …………………………………………………………… 119

第四编　质量管理的工具应用系统

第八章　质量管理的老七种工具 …………………………… 121
【导入思考】 ……………………………………………………… 121
第一节　质量管理老七种工具的发展简介 ……………………… 121
第二节　数据 ……………………………………………………… 122

第三节　老七种工具 …………………………………………… 124
思考题 …………………………………………………………… 151

第九章　质量管理的新七种工具 …………………………………… 152
第一节　质量管理新七种工具的发展简介 …………………… 152
第二节　新七种工具 …………………………………………… 153
思考题 …………………………………………………………… 188

第十章　质量管理的工具应用系统——其他工具 ………………… 190
【导入案例】 …………………………………………………… 190
第一节　质量功能配置 ………………………………………… 190
第二节　工序能力指数 ………………………………………… 199
第三节　流程图 ………………………………………………… 203
思考题 …………………………………………………………… 205

第五编　质量管理体系

第十一章　质量管理的基本原则与体系要求 ……………………… 207
【导入案例】 …………………………………………………… 207
第一节　质量管理的基本原则 ………………………………… 210
第二节　质量管理的体系要求 ………………………………… 214
思考题 …………………………………………………………… 216

第十二章　质量管理体系 …………………………………………… 217
第一节　领导作用 ……………………………………………… 218
第二节　策划 …………………………………………………… 219
第三节　支持 …………………………………………………… 220
第四节　运行 …………………………………………………… 222
第五节　绩效评价 ……………………………………………… 227
第六节　持续改进 ……………………………………………… 229
思考题 …………………………………………………………… 230

第六编　追求卓越的质量管理

第十三章　卓越绩效模式 …………………………………………… 231
【导入案例】 …………………………………………………… 231

第一节　世界三大质量奖简介 ·············· 232
　　第二节　全国质量奖 ························ 241
　　第三节　卓越绩效模式 ···················· 245
　　思考题 ·· 254

第十四章　六西格玛管理 ··················· 255
　　【导入案例】 ································ 255
　　第一节　六西格玛管理的发展历程 ······ 255
　　第二节　六西格玛管理的内涵 ············ 259
　　第三节　六西格玛管理与其他管理模式的关系 ··· 261
　　第四节　六西格玛管理模式的体系与框架 ··· 265
　　第五节　如何有效地推进六西格玛管理 ··· 271
　　思考题 ·· 274

第十五章　环境质量管理与ISO14000 ···· 281
　　【导入思考】 ································ 281
　　第一节　环境质量管理概述 ··············· 281
　　第二节　ISO14000环境管理标准简介 ·· 287
　　第三节　2015年新版ISO14001的主要内容 ··· 300
　　第四节　低碳经济及实现途径 ············ 301
　　思考题 ·· 304

第十六章　一体化管理体系 ················· 305
　　【导入案例】 ································ 305
　　第一节　一体化管理体系简介 ············ 307
　　第二节　建立一体化管理体系的必要性及可行性 ··· 309
　　第三节　一体化管理体系的内涵及相关要求 ··· 311
　　思考题 ·· 318

第十七章　质量成本管理的基础知识及思想演变 ··· 319
　　【导入案例】 ································ 319
　　第一节　质量成本的基础知识 ············ 319
　　第二节　专家论质量成本 ·················· 326
　　第三节　顾客视角的质量成本管理 ······ 330
　　思考题 ·· 334

附录 ………………………………………………………………………… 335
 附表1-1 正常检查一次抽样方案（GB2828的表3）……………… 335
 附表1-2 加严检查一次抽样方案（GB2828的表4）……………… 336
 附表1-3 放宽检查一次抽样方案（GB2828的表5）……………… 337
 附表2-1 单侧限"σ"法的样本量与接收常数（GB/T8054的表1）…… 338
 附表2-2 单侧限"s"法的样本量与接收常数（GB/T8054的表3）…… 338
 附表3-1 双侧限"σ"法的样本量与接收常数（GB/T8054的表2）…… 339
 附表3-2 双侧限"s"法的样本量与接收常数（GB/T8054的表4）…… 340

主要参考文献 ……………………………………………………………… 341

第一编　质量与质量管理

第一章　质量管理总论

质量——生存与价值的起点。

【导入案例】

要工期，还是要质量

前些年，北京一家著名的房地产企业由于工期要求很紧，就制定了非常强烈的奖罚激励制度，公司从上到下层层实行目标管理，要求必须按时完工，所有人在强大压力下日夜加班加点，总算按时完成了整栋大楼的建设，成功地实现了公司制定的目标管理计划，成为公司成功目标管理的典范。

但是，好景不长，半年之后该楼房一侧地基下沉了 30 厘米，楼体出现了大量裂缝，经技术鉴定是施工单位没有按施工要求施工。事实上，在目标管理的期限内，他们根本不可能用常规施工方法完成地基，再加上冬季施工，所以质量问题很快就暴露出来了。这栋楼成了这个创业老板挥之不去的一块心病，成了公司难以启齿的败笔，购买了这栋楼房屋的住户心里更不是滋味，以各种方式表达他们的愤怒，公司负责这栋楼的一位副总裁的衬衣已被撕了 3 件，事情还远远未了。

以质量和公司长期利益为代价的目标管理是没有意义的，数字目标往往不能反映公司最主要的东西，而且很难制定合理、准确的目标，如果制定的目标超过了系统的能力，要强调实现该目标，就会失去比目标更重要的东西。

(案例来源：陈荣秋，《生产运作管理》(第 3 版)，机械工业出版社 2009 年版)

第一节　质量及质量管理的发展

一、质量及质量观

随着经济与科技的发展以及人们生活水平的不断提高，无论是国家、组织还是消费者都对质量及质量问题越来越关注和重视。时至今日，质量已成为制约一个国家、企业、个人等实体各方面发展的重要因素之一。那么，什么是质量？更具体地说，什么是产品质量、服务质量、工作质量、环境质量、生活质量？为什么要重视质量？现在理解的质量与过去理解的质量有什么区别？这许多问题成为人们需要面对并制约经济发展的关键，这一系列问题亟须解决。

通常，人们理解的"质量"一般是"用实体的具体标准满足其需求的程度"去衡量的，如一件衣服的质量，人们通常用这样一些标准：质地、款式、做工、舒适性、安全性等去衡量。如果一件衣服的质地好、款式新颖、做工精细等，满足人们需求的程度高，人们则会说这件衣服的质量好，否则，称之为质量差。

质量公式为：

$$质量 = 实体的所有标准（特性）之总和满足人们需求的程度$$

此外，人们对质量要求越高，对应的需要满足的质量特性也就越多，因此，产品或服务需要满足的标准就越来越多。从这一点来理解，我们拿过去与现在作一比较：过去，人们对一件衣服的要求是耐穿；而现在人们对一件衣服的要求是款式、做工、质地、安全、保健、价格……因此，可以说，过去对质量的理解是小 Q 观，即"小质量"；而现在对质量的理解是大 Q 观，即"大质量"。

这种大质量观可以扩展到方方面面：

（1）从企业内部的产品质量到服务、工作、过程、人才等全方位的质量。

（2）从工业企业到商业服务业、政府机关、事业单位、高校等各行各业的质量。

（3）从组织质量到碳排放质量、生态质量、空气质量等环境质量。

（4）从宏观的社会、组织质量到人类自身的生活质量、饮食、身体健康质量等。

二、质量管理的百年发展历史

2015 年版 ISO9000 对质量管理（Quality management）的定义是："关于质量的管理。质量管理可包括制定质量方针和质量目标，以及通过质量策划、质量保证、质量控制和质量改进实现这些质量目标的过程。"质量管理最早产生于美国，创新于日本，后来普及全世界，我国在改革开放后引进。质量管理从产生到至今经历了百年的发展历史。

1. 世界质量管理测量表。质量管理的发展历程如图 1-1 所示。

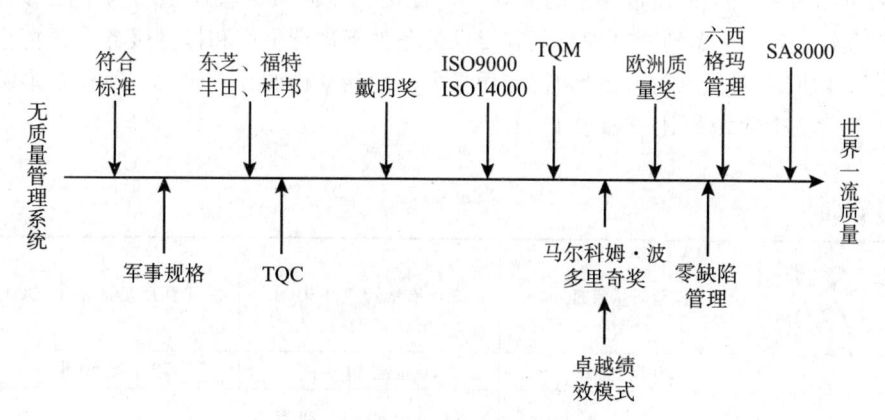

图 1-1　质量管理的发展历程

2. 百年质量管理的发展大致经历了四个阶段。

（1）质量检验阶段。20 世纪以前，产品质量主要依靠操作者本人的技艺水平和经验来保证，属于"操作者的质量管理"。20 世纪初，以 F. W. 泰勒为代表的科学管理理论的产生，促使产品的质量检验从加工制造中分离出来，质量管理的职能由操作者转移给工长，是"工长的质量管理"。随着企业生产规模的扩大和产品复杂程度的提高，产品有了技术标准（技术条件），各种检验工具和检验技术也随之发展，大多数企业开始设置检验部门，有的直属于厂长领导，这时是"检验员的质量管理"。上述几种做法都属于事后检验的质量管理方式。

（2）统计质量控制阶段。1924 年，美国数理统计学家 W. A. 休哈特提出控制和预防缺陷的概念。他运用数理统计的原理提出在生产过程中控制产品质量的"3σ"法，绘制出第一张控制图并建立了一套统计卡片。与此同时，美国贝尔研究所提出关于抽样检验的概念及其实施方案，成为运用数理统计理论解决质量问题的先驱，但当时并未被普遍接受。以数理统计理论为基础的统计质量控制的推广应用始自第二次世界大战。由于事后检验无法控制武器弹药的质量，美国国防部决定把数理统计法用于质量管理，并由标准协会制定有关数理统计方法应用于质量管理方面的规划，成立了专门委员会，于 1941~1942 年先后公布了一批美国战时的质量管理标准。

（3）全面质量管理阶段。20 世纪 50 年代以来，随着生产力的迅速发展和科学技术的日新月异，人们对产品的质量从注重产品的一般性能发展为注重产品的耐用性、可靠性、安全性、维修性和经济性等，在生产技术和企业管理中要求运用系统的观点来研究质量问题。在管理理论上也有了新的发展，突出重视人的因素，强调依靠企业全体人员的努力来保证质量。此外，还有"保护消费者利益"运动的兴起,企业之间市场竞争越来越激烈。在这种情况下,美国 A. V. 费根堡姆于 20 世纪 60 年代初提出全面质量管理的概念。他提出,全面质量管理是"为了能够在最经济的水平上,考虑到充分满足顾客要求的条件下进行生产和提供服务,并把企业各部门在研制质量、维持质量和提高质量方面的活动构成为一体的一种有效体系"。

上述三个阶段的比较如表 1-1 所示。

表 1-1

阶段 项目	检验质量管理	统计质量管理(SQC)	全面质量管理(TQC)
产生时间	20 世纪初	20 世纪 40 年代	20 世纪 60 年代
历史背景	1. 凭经验管理方式已不适应当时的工业生产 2. 泰勒提倡科学管理,其主要内容之一就是设置专职检验员 3. 检验员责任是对企业生产的产品进行检查	1. 第二次世界大战爆发后,军需品的需求量增加 2. 检验质量管理方式无法适应对军需品质量控制的要求。军需品不可能事后逐一检验 3. 质量控制统计方法得到广泛运用	1. 科技与经济的发展,使消费者需求日益提高 2. 局部生产过程的质量控制已无法适应消费者多方的质量需求 3. 费根堡姆提出企业的全面质量管理
效益评价	1. 加强产品质量检验 2. 杜绝不合格品进入流通领域 3. 使企业的经济效益迅速提高	1. 防检结合,使产品质量事先得到控制 2. 质量有了保证 3. 大大降低了企业内部的质量成本	1. 使质量管理成为全公司的事情 2. 使各方面的质量得到有效控制 3. 使全面质量管理成为一种先进的管理思想和方法而推广到全世界
缺陷分析	1. 检验只局限于生产过程 2. 属于事后检验 3. 只能起把关作用,不能预防废品的产生	1. 预防检验只局限于生产过程 2. 数理统计方法比较高深,不利于普及 3. 人们称之为"贵族经济"	各方面的工作有待于进一步规范与深化

(4) 现代质量管理阶段。质量管理进入 20 世纪 60 年代后,随着经济和科学技术的发展,产品更新的速度日益加快,消费者对产品进行选择的余地增大,对产品的需要日益多元化,对产品质量的要求也越来越高。这样,不论是在国内市场上还是在国际市场上都对企业都提出了严格的要求。企业为取得用户信任,使产品占领市场,获得更大的经济效益,都非常注重开展 TQC 工作。20 世纪 70 年代以来,世界各国的企业都在积极寻找并采用有效的管理方法,采用 TQC 的管理方式是其中之一。

当时，各企业开展 TQC 的形式主要有两种：第一，在企业内部致力于搞好基础工作，加强一条龙的全过程全员质量管理；第二，在企业外部致力于质量保证工作。具体如图 1-2 所示。

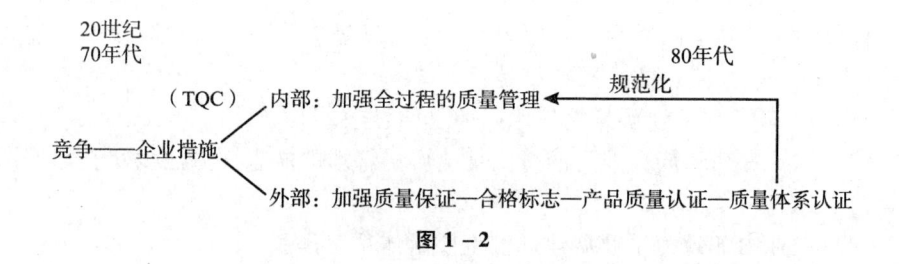

```
20世纪
70年代                                          80年代
                                              规范化
        （TQC）  内部：加强全过程的质量管理 ←┘
竞争——企业措施
              外部：加强质量保证—合格标志—产品质量认证—质量体系认证
```

图 1-2

随着用户需求的多变性与对质量的要求越来越高，对外质量保证工作的要求日益迫切。在消费者对产品要求不高时，企业只注重对用户在产品质量方面的保证，如提供一些产品合格标志、产品合格声明等，但由于科技的发展，产品日新月异，企业的"合格声明"的保证作用逐渐下降，因此，出现了由第三方来证实产品质量的现代质量认证制度。随后，用户觉得企业只提供产品质量方面的保证是远远不够的，他们认为，如果没有扎实的基础管理工作，没有健全的规章制度，没有高素质的人才以及有效的管理手段，那么，就不能长期稳定地保证产品质量，因此，企业还应提供生产产品管理能力方面的保证。

例如，某一用户购买了一批甲企业的产品，质量很好。那么，该用户会问，甲企业能否长期稳定地提供质量好的产品？这就要看生产产品背后的设备、人力、制度、管理等能力。再如，某高校培养出一批优秀毕业生，用人单位会问，该高校能否长期稳定地提供优秀毕业生？这就要看培养学生背后的教师队伍、教学设施、行政管理等方面的能力。

在这种情况下，各国由第三方来证实产品质量保证能力——质量体系的认证制度便应运而生。各国政府为促进这种质量管理活动的有效开展都制定了相应的质量政策，并制定、颁布了适用于本国的质量管理和质量保证标准。

20 世纪 80 年代以来，随着全球化趋势不断加强，越来越多的企业参与到国际分工和国际贸易中，虽然众多企业都通过了各自国家的产品质量认证与质量体系认证，但由于各国的质量体系认证标准不统一，例如 1979 年美国国家标准学会发布了 ANSIZ—1·15《质量体系通用指南》，1979 年英国发布了 BS5750 一套《质量保证标准》等，给多边贸易往来带来了诸多的问题与困难，因此，为了解决这一系列问题，国际标准化组织（ISO）于 1987 年 3 月颁布了一个统一的质量体系标准，称之为《质量管理与质量保证》系列标准，又称 ISO9000 族标准。

自 ISO9000 族标准发布以后，国际标准化组织要求各国以三种形式（即等同、等效、参照）采用为本国的质量体系标准。据统计，目前已有 60 多个国家不同程度地采用了这一标准。例如，美国等同采用称之为 ANSI/ASQCQ90；法国等同采用称之为 NF—EN29000；我国于 1988 年等效采用称之为 GB/T10300 系列标准，1992 年等同采用称之为 GB/T19000—ISO9000 系列标准。

国际质量体系标准 ISO9000 族标准的颁布与实施，使质量管理理论的研究与实践活动成为世界性的活动，它标志着质量管理进入了一个新的阶段——现代质量管理阶段，这一阶段的主要特征是：

（1）以 TQC 和八项质量管理原则为主导思想；

（2）以 ISO9000 族标准为准绳，规范质量管理的概念、方法以及实际工作程序等；

（3）企业内部致力于开展建立健全质量体系工作；

（4）企业外部的质量保证致力于积极申请 ISO9000 族标准认证，取得用户的信任；

（5）考虑到全面质量管理早已超出了 TQC 时代只注重统计方法应用的范畴，也超出了 TQC 时代的范畴，国际标准 ISO8402－1994 术语中将 TQC 中的 C（Control）代之以更为确切的 M（Management），称之为 TQM。

日本科技联盟在 1996 年 4 月将 TQC 改为 TQM 时重新定义了 TQM 的内涵：面对市场，C 已不适应，有一定的局限性；经营中管理的比重增大，涵盖经营决策、计划以及全过程；与国际标准结合，TQM 已成为国际通用的语言。

第二节　质量及质量管理的意义

质量——价值与尊严的起点。

质量（土壤）

图 1-3

一、从国家的角度看

1. 质量是振兴民族经济的基点。邓小平同志指出:"质量第一是一个重大政策,产品质量的好坏,从一个重要方面反映了民族的素质。"从宏观上讲,产品质量也是一个国家综合实力的体现,这已是世界上许多经济发达国家达成共识的真理。例如,日本的产品在第二次世界大战后被人们称之为东洋货,是劣质产品的代名词,在第二次世界大战后的日本,无论从经济地位而言还是从民族地位而言都是谈不上价值与尊严的。而今的日本,产品质量堪称世界第一,就连美国人都对其刮目相看了。因此,中国的经济要想立足于世界民族之林,争得其价值与尊严,就必须从产品质量以及各方面的质量做起。

2. 质量是提高人民生活水平的前提。社会主义的首要任务就是发展生产力,逐步提高人民的物质和文化生活水平。而人民的物质文化生活水平提高的标志主要表现在以下方面:商品丰富多彩、产品质量日益提高,市场中名、优、特、精品日益增多,能够不断满足消费者的需求;服务质量不断完善等。

二、从企业的角度看

1. 质量是企业的生命。在日本的企业界普遍流传这样一句话:"一个企业如果不重视质量,不搞质量管理,那么这个企业将在电话簿中消失掉。"

托尔斯泰曾经说过,幸福的家庭都是相似的,不幸的家庭各有各的不幸。但企业的情况刚好相反,成功的企业各有各的绝活,而失败的企业却是相似的——它们都从根本上失去了自己的顾客基础或市场基础——质量。

2. 质量是效益的前提。企业生产的产品是使用价值和价值的统一体,企业的产品在市场中要实现价值、获得利润,就必须使其使用价值满足消费者的需求。换句话说,就是产品质量好消费者才会购买,企业才能谈得上效益。

此外,在市场竞争日益加剧的今天,企业来自外部的利润空间已很狭小,向内部挖潜要利润已是必然。

3. 质量是企业创名牌的前提。现代企业要在市场中获胜,就必须实施名牌战略。然而实施名牌战略是一项系统工程,该项工程既包括以质量为内涵的质量战略,也包括以市场为核心的诸如企业形象、广告、知名度等一系列的营销策略。其中,质量战略是基础与前提,任何企业在处理这一关系时如果本末倒置,就会搬起石头砸自己的脚,在市场中昙花一现。在中国市场经济的大浪淘沙中,无数企业的盛衰都无不证明了这一真理。

广告也许可以使企业暂时赢得市场,但从企业的长期经营来看,它并不能构成企业的核心竞争能力,当代许多在广告和促销上取得开拓性成功的企业——秦池、巨人、亚细亚、孔府宴、中华鳖精等的衰落已证明了这一点。

三、从个人的角度看

1. 质量是最大限度地实现自我价值的前提。处于现代社会的人,是社会人而不是经济人,其需求是多层次的,最高的层次就是实现自我价值。然而自身的高素质、高质量是实现这一目标的基础与前提。

2. 质量是在人才竞争中立足的前提。当代社会是知识经济的社会,该经济形态的主要特点之一就是,企业在组织、营销、成本、人才等诸要素的竞争中,人力资本是取胜的关键。企业中的人力资本,就是拥有知识、能力、高素质、高质量的人,是企业的宝贵资源。因此,高质量人才在竞争中比一般人更具优势。

世界著名的质量管理大师朱兰博士说:"21世纪是质量的世纪。"因此,无论是国家、企业还是个人都要正确认识质量的地位与意义并施以对策,这样才能立足于世界民族之林、立足于市场、立足于社会。

第三节 质量管理大师简介

综观质量管理发展百年历史的不同阶段,质量管理大师们都做出了巨大贡献。为此,学习质量管理应了解这些大师及其管理思想。把握质量管理理论与实践发展的脉络有重要意义。

这些大师主要有泰罗、戴明、朱兰、费根堡姆、石川馨、水野滋、狩野纪昭、克劳士比等。

一、泰罗

弗雷德里克·温斯洛·泰罗(Frederick Winslow Taylor,1856~1915年)是美国古典管理学家,科学管理理论的主要倡导者,被后人尊称为"科学管理之父"。

他对质量管理的贡献是开创了质量管理的先河。20世纪初,以泰罗的《科学管理原理》(1911年)一书出版为标志,出现了科学管理运动。科学管理有很多内容与观点,诸如标准化、工作定额、差别计件工资、计划职能与执行职能相分离等。其中,在计划职能与执行职能相分离的理念下,泰罗主张实行职能管理,将管理的工作予以细分,使所有的管理者只承担一种职能。他设计出八个职能工长代替原来的一个职能工长,四个在计划部门,四个在车间,每个职能工长负责某一方面的工作。其中，要求在生产过程的最后阶段设检验工长，从而开创了质量专职检验的时代。

二、戴明

戴明（W. Edwards Deming，1900～1993年）博士是美国及世界著名的质量管理大师，他因对世界质量管理发展做出的卓越贡献而享誉全球。以戴明命名的"戴明品质奖"（1951年日本科技联盟设立），至今仍是日本品质管理的最高荣誉。作为质量管理的先驱者，戴明的学说对国际质量管理理论和方法始终产生着重要的影响。他认为，"质量是一种以最经济的手段，制造出市场上最有用的产品。一旦改进了产品质量，生产率就会自动提高。"戴明的主要著作是《戴明论质量管理：以全新视野来解决组织及企业的顽症》（Deming on Quality Management，2003年7月）。他提出的重要理论有戴明14条质量管理原则、戴明环（PDCA循环）等。

戴明主要观点"十四要点（Deming's 14 Points）"成为21世纪全面质量管理（TQM）的重要理论基础。

1. 建立和改进组织的长远目标（Create and publish the aims and purposes of the organization）。

2. 采用新观念（Learn the new philosophy）。

3. 停止依靠大量检验来保证质量，质量不是检验出来的（Understand the purpose of the inspection）。

4. 结束仅仅依靠价格选择供应商的做法（Stop awarding business based on the price alone）。

5. 持续地且永无止境地改进生产和服务系统（Improve constantly and forever the system）。

6. 建立工作岗位培训（Institute training）。

7. 领导挂帅（Teach and institute leadership）。

8. 排除恐惧，建立信任，建立创新的文化（Drive out fear, Create trust, and create a climate for innovation）。

9. 打破各个职能范围之间的障碍（Optimize the efforts of teams, groups, and staff areas）。

10. 做事看行动，不要停留在口头上（Eliminate exhortation for the work force）。

11. 重质量，不要只看数量，不要只重结果而忽视过程的管理（Eliminate Numerical Quotas for the work force, eliminate management by objective）。

12. 营造员工以工作为荣的氛围（Remove barriers that rob people of pride of workmanship）。

13. 为员工营造学习和自我改进的氛围（Encourage education and self-improvement for everyone）。

14. 采取行动完成转变（Take action to accomplish the transformation）。

三、朱兰

约瑟夫·M.朱兰（Joseph M. Juran，1904~2008年）是美国及世界著名质量大师，是举世公认的现代质量管理的领军人物。他在1951年出版了《质量控制手册》（Quality Control Handbook），到1998年已发行到第五版，改名为《朱兰质量手册》（Juran Quality Handbook）。在他所出版的20余本著作中，《朱兰质量手册》被誉为"质量管理领域的圣经"。

朱兰在理论上的主要贡献有以下六方面。

1. 朱兰关于质量的观点。朱兰博士认为，质量来源于顾客的需求。在《朱兰质量手册》中他对质量的定义是：质量是指那些能满足顾客需求，从而使顾客感到满意的"产品特性"。质量意味着无缺陷，也就是说，没有造成返工、故障、顾客不满意和顾客投诉等现象。

2. 朱兰质量螺旋曲线。朱兰博士认为质量的形成是有规律的，质量形成的全过程包括13个环节，即调研、计划、设计、规格、工艺、采购、仪器、生产、工序、检验、测试、销售、售后服务。

3. 朱兰质量管理三部曲。朱兰博士把质量管理的三个普遍过程即质量策划、质量控制和质量改进称为构成质量管理的三部曲（即朱兰质量管理三部曲）。

4. 提出"80/20原则"。朱兰博士最早把帕累托原理引入质量管理，并尖锐地指出质量责任的权重比例问题。他依据大量的实际调查和统计分析认为，企业产品或服务质量问题，追究其原因，只有20%来自基层操作人员，而恰恰有80%的质量问题是由于领导责任所引起的。在国际标准ISO9000中，与领导责任相关的要素所占的重要地位，在客观上证实了朱兰博士的"80/20原则"所反映的普遍规律。

5. 提出了排列图的工具。排列图是质量管理的老七种工具之一，是用数据说话，是寻找关键质量问题和关键原因的工具，是朱兰博士把帕累托原理引入质量管理的方法。

6. 朱兰的生活质量观。朱兰博士认为，现代科学技术、环境和质量密切相关。他说："社会工业化引起了一系列环境问题的出现，影响着人们的生活质量。"随着全球社会经济和科学技术的高速发展，质量的概念必然拓展到全社会的各个领域，包括人们赖以生存的环境质量、卫生保健质量以及人们在社会生活中的精神需求和满意程度。朱兰博士的生活质量观反映了人类经济活动的共同要求，经济发展的最终目的是为了不断满足人们日益增长的物质文化生活需求。

四、费根堡姆

费根堡姆（A. V. Feigenbaum）是美国通用电器公司质量经理、美国著名的质量管理大师。费根堡姆最先提出了全面质量管理的思想，并且在1961年出版了《全面质量管理》一书。在该书中提出全面质量管理概念："全面质量管理是为了能在最经济的水平上，考虑到充分满足用户要求的条件下进行市场研究、设计、生产和服务，把企业内各部门的研制质量、维持质量和提高质量的活动构成为一种有效的体系。"

此外，费根堡姆于20世纪下半叶提出了质量成本的概念。质量成本一般是指企业为了保证和提高产品质量或作业质量而发生的一切费用，以及因未达到质量标准而产生的一切损失或赔偿费用。质量成本管理是对质量成本进行管理的一种应用管理技术，主要包括质量成本的统计、核算、分析、考核以及质量成本的计划与控制等。

1998年费根堡姆在第三届上海国际质量研讨会（SISQ-3）上发表了《未来属于全面质量领先者》的演讲，把全面质量的发展归结为10项全面质量准则：

（1）质量是公司范围内全过程的管理；
（2）质量是由顾客来评价的；
（3）质量和成本是相合的、统一的，而不是相斥的、矛盾的；
（4）质量成功要求个人和团队的热情与协作精神；
（5）质量是一种管理方法；
（6）质量与创新相互依赖；
（7）全面质量是一种道德规范；
（8）质量要求不断地改进；
（9）全面质量是对提高生产率最有效的贡献者；
（10）质量是由联系顾客和供方的全面体系来实现的。

费根堡姆认为，这10项准则不是均等的，在某个阶段，其中的某几项是特别重要的。对于组织实践，费根堡姆认为，全面质量的成功在于系统地管理，离开系统的方法，组织难以取得持续的成功。费根堡姆提出，全面质量的有效在于"知识，在得到正确地应用的时候，才有力量"。

五、石川馨

日本能够在"二战"后迅速崛起，除了有戴明、朱兰等人的理论指导，在日本质量圈中有一位大师功不可没，他就是石川馨，没有他的领导，日本的质量运动不会取得今天这样的成功。1972年他曾著有《质量控制指南》一书。他毕生从事于质量管理的教育和企业实践的推动工作，曾获戴明奖、休哈特奖章等。他开创并形成了日本质量管理的理论和方法；带动和培养了日本质量管理理论与实践人才使其后继有人。石川馨教授以自传形式著述的《日本质量管理》一书，以其丰富的实践经验和务实的科学作风，深入浅出地阐述和总结了日本质量管理的主要特点与成功的经验，是日本质量管理思想的代表作。

主要贡献有：

1. 提出基本质量观。

（1）质量，始于教育，终于教育；
（2）质量管理是一切产业理所应当进行的工作；
（3）质量管理就是做理所应当做的事；
（4）了解顾客需求是质量改进的第一步；
（5）当质量监督检验不再是必需的生产环节时，质量控制才达到理想的状态；

（6）治标更要治本；

（7）质量控制是企业所有员工的责任，并贯穿于所有环节；

（8）高层管理者应明白质量问题的产生并不都是下属的责任。

2. 开展全公司的质量管理QC活动。自上而下的QC："瀑布效应"——领导的质量文化决定企业的发展，决定企业的产品质量。他有以下观点：

（1）全公司质量管理必须由企业领导亲自抓，政策和策略不明确，质量管理就无法推进；

（2）要明确责任和权限；

（3）权限应下放，但责任不能下放；

（4）不说服中层干部，质量管理无法推进；

（5）要做个不在公司也可以的人，但又要做个公司离不开的人；

（6）不会使用下级的人连半个人都算不上，会使用上级的人可算是一个成熟的人。

3. 质量管理是经营思想的革命（奉行质量第一，追求长期利益）。

（1）要不断提高和完善标准水平，力求用户满意。

（2）给质量和质量管理下定义，如狭义和广义的质量概念，质量管理的第一步是掌握消费者需求什么，不考虑成本便无法给质量下定义，要把隐藏的缺陷和不良的用户意见找出来等。

（3）质量管理小组活动：生产第一线的人最了解事实，质量管理小组活动适用于任何有人的地方，质量管理小组活动是公司经理、中层干部的一面镜子，因此，石川馨被称为QC小组之父。

（4）营销管理：是质量管理的入口和出口，商品要靠质量来销售，不能靠减价来销售。

（5）统计方法的应用：波动存在于一切工作之中，没有波动的数据是虚假的数据，没有统计分析便搞不好管理，企业中95%的问题可以用质量管理七种工具来解决（石川馨提出了鱼刺图，用头脑风暴法和图形的方法揭示出质量特性波动与潜在原因之间的关系），统计方法是技术人员应掌握的常识。

六、水野滋

水野滋是日本著名的质量管理专家，曾出版的著作有《全公司全面质量管理》和《新QC七种工具》。在《新QC七种工具》一书中主要介绍了关联图法、KJ法、系统图法、矩阵图法、矩阵数据解析法、PDPC法、箭头图法的具体内容及其在质量管理中的应用。

七、狩野纪昭

狩野纪昭是日本著名的质量管理专家,东京理科大学教授,研究领域为质量管理和工程。他生于1940年,现任日本质量管理学会会长、日本戴明奖申请委员会副主席、国际质量学院(IAQ)院士和理事以及美国质量学会(ASQ)终身会员、中国质量管理协会外籍荣誉顾问等。

他的主要贡献是提出了魅力品质理论(Kano模式),主要内容如下:

1. 质量的三个层次要求:基本质量—期望(满意)质量—魅力质量。

这三个层次质量的特点如下:

(1)基本质量,也称必需的质量特性。这类质量特性的特点是,即使提供充分也不会使顾客感到特别的兴奋和满意,但一旦不足却会引起强烈不满。

(2)满意质量,也称一元质量特性或期望的质量特性。这类质量特性的特点是,提供充足时,顾客就满意,越充足越满意,越不充足越不满意。

(3)魅力质量,也称惊喜的质量特性。这类质量特性的特点是,如果提供充足的话会使人产生满足,但不充足也不会使人产生不满。

2. Kano模式(狩野模式)的图形,如图1-4所示。

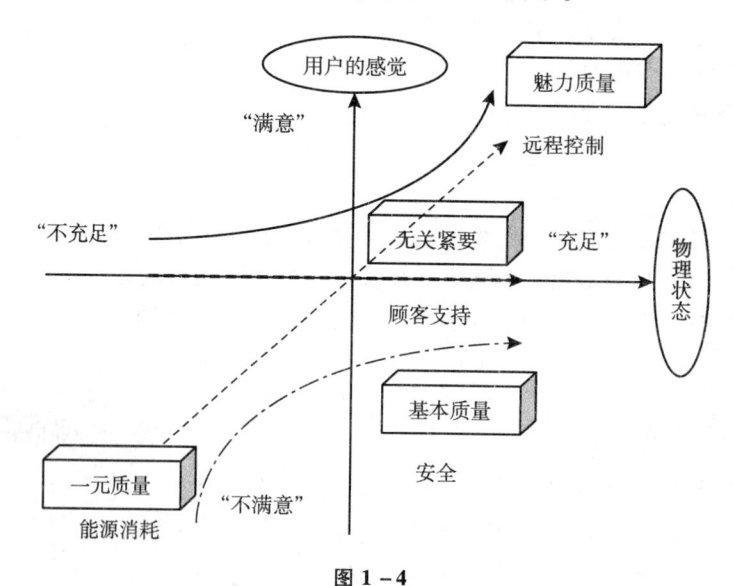

图 1-4

3. 品质管理的三个层次。魅力品质的三个层次反映了企业质量管理的不同阶段和水平,第一层次处于品质控制阶段,第二层次处于品质管理阶段,第三层次处于品质创造和魅力品质创造阶段。具体如图1-5所示。

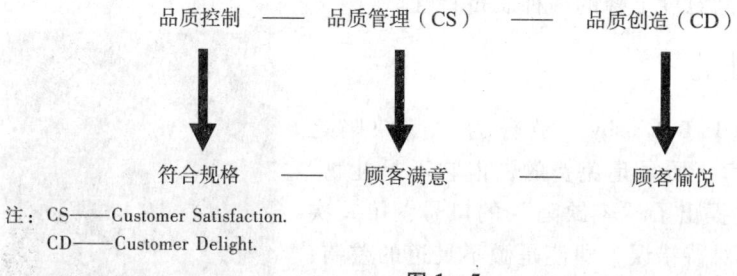

品质控制 —— 品质管理（CS） —— 品质创造（CD）

符合规格 —— 顾客满意 —— 顾客愉悦

注：CS——Customer Satisfaction.
　　CD——Customer Delight.

图 1-5

4. 魅力品质的生命周期。狩野纪昭认为，魅力品质的生命周期是从无关紧要—魅力质量——元质量（满意质量）—基本质量的不断循环。

在其他条件相同的情况下，具有充分魅力特性的产品或服务无疑会更容易吸引顾客，从而形成竞争优势。魅力特性是质量追求的最高境界，但是，随着时间流逝，由于竞争的结果，魅力特性会逐渐演变为必须特性。这时必须进行品质创造才能再达到魅力特性。这一生命周期在 Kano 模型中的表现是：无关紧要—魅力质量——元质量（满意质量）—基本质量—创造—魅力质量。所以企业只有在做好第一层次、第二层次质量特性的基础上不断创造魅力质量特性，才能永葆竞争优势。

5. 实现魅力质量的手段。
（1）创造魅力品质；
（2）品质流汗理论。

6. Kano 模式图形的进一步发展。Kano 模式图形在随后的研究中又加入了两个质量（两条线），即无关紧要质量和逆向质量。具体如图1-6所示。

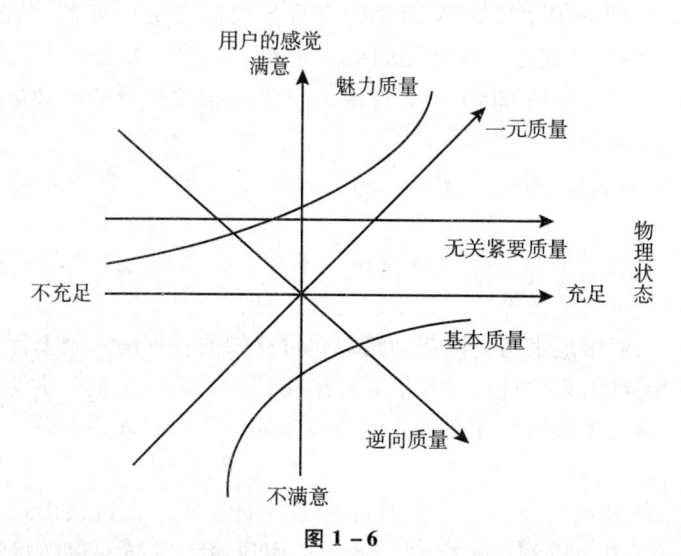

图 1-6

无关紧要质量是指质量的好坏不会影响顾客的满意度。逆向质量是指质量特性越好会使顾客满意度下降的一种质量特性。

八、克劳士比

克劳士比（P. B. Crosby）被誉为"零缺陷之父"。他有句名言：质量是免费的，但它不是礼物。1964年克劳士比提出了"零缺陷"的口号：第一次就把事情做对。对待错误，即使是微不足道的差错，也决不放过，一定要消除原因，避免其再次出现。"零缺陷"要求人们把一次做对和次次做对作为工作质量的执行标准，而不是口号。而要做到这一点，就要把工作重心放在预防上，在每一个工作场所和每一项工作任务中预防。

克劳士比拥有39年亲历亲为的质量管理专业人士和企业招待官的经验。在马丁·玛瑞埃塔公司工作期间，他创造了"零缺陷"的概念。在国际电话电报公司（ITT）作副总裁的14年里，他负责全球87个分部的质量工作。1979年他创建了"克劳士比学院"（PCA）并领导该机构发展成为全球最大的质量管理与文化变革管理的教育和咨询的上市公司。每年有超过2万名执行官和经理人接受该学院的教育与培训。1979年他出版了开山之作《质量免费——确定质量的艺术》，并由此把源于美国进而波及全球的质量革命运动推向新的阶段。他的"第一次就把事情做对"的商业哲学改变了美国人做人做事的方式，他也因此享有了"质量宗师"、"管理大师"以及美国"商界传奇"的美誉。2000年他获得了YMCA国际管理理事会颁发的著名的"麦克菲勒奖"（该奖的获得者还包括其他一些领先的商业思想家，比如爱德华·戴明、彼得·德鲁克和汤姆·彼得斯）；2001年2月他又当选为ASQ终身荣誉会员——美国质量界公认的最高荣誉。

1. 质量管理的绝对性。克劳士比认为，质量管理有一些原则是绝对的、基本的。

（1）质量即符合要求。质量既存在又不存在，在克劳士比的质量哲学里没有不同的质量水平或质量等级，质量的定义就是符合要求而不是好。同时，质量的要求必须可以清晰地表达，以帮助组织在可测知的目标的基础上而不是在经验或个人观点的基础上采取行动。如果管理层想让员工第一次就把事情做对，组织必须清楚地告诉员工事情是什么，并且通过领导、培训和营造一种合作的氛围来帮助员工达到这一目标。

（2）质量的系统是预防。产生质量的系统是预防，在错误出现之前就消除错误成因。预防产生质量，而检验并不能产生质量。预防发生在过程的设计阶段，包括沟通、计划、验证以及逐步消除出现不符合的时机。通过预防产生质量，要求资源的配置能保证工作正确地完成，而不是把资源浪费在问题的查找和补救上面。

克劳士比认为，培训、纪律、榜样和领导可以产生预防，管理层必须下决心持续地致力于营造以预防为导向的工作环境。

（3）工作标准是零缺陷。"差不多就好"是不可容忍的。零缺陷的工作标准意味着我们每一次和任何时候都要满足工作过程的全部要求。它是一种认真的符合我们所同意的要求的个人承诺。在管理者中普遍存在着一个态度：错误是不可避免的，并且是企业日常经营活动的很正常的一个部分，人们应该学会如何与它为伍。实际上，正是管理层的态度制造了绝大多数管理上的问题。质量改进过程的终极目标是零缺陷的产品和服务，即让质量成为习惯。零缺陷并不仅仅是一个激励士气的口号，而是一种工作态度和对预防的承诺。零缺陷的工作态度应该是"不害怕、不接收、不放过"。零缺陷并不意味着产品必须是完美无缺的，而是指组织中的每个人都要有决心第一次及每一次都符合要求，并且不接受不符合要求的东西。

（4）质量的衡量标准是"不符合要求的代价"。不符合要求的代价是浪费的代价，是不必要的代价。质量成本不仅包括那些明显的因素，比如返工和废品的损失，还应包括诸如花时间处理投诉和担保等问题在内的管理成本。通过展示不符合项的货币价值，可以增加管理者对质量问题的关注，从而促使他们选择时机去进行质量改进，并且这些不符合要求的成本可以成为质量改进取得成效的见证。

2. 质量改进的基本要素。克劳士比把问题看成一种不符合要求的"细菌"，我们可以通过接种疫苗避免问题的产生。质量改进的基本要素由三个独特的管理行动组成——决心、教育和实施。每一位员工都应了解质量改进的必要性。教育提供给所有员工统一的质量语言，帮助他们理解自身在整个质量改进过程中所扮演的角色，帮助他们掌握防止问题产生的基本知识。实施，是通过发展计划、资源安排和支持环境共同构建的一种质量改进哲学。在实施阶段，管理层必须通过榜样来领导，并提供持续的教育。

克劳士比认为，教育是任何一个组织在任何阶段都必不可少的过程，可用"6C"来表示，也可称为"变革管理的六个阶段"。

（1）领悟（Comprehension）——表明理解质量真谛的重要性。这种理解必须首先始于高层，然后逐渐扩展到员工。没有理解，质量改进将无从落实。

（2）承诺（Commitment）——也必须开始于高层，管理者制定"质量政策"以昭示心迹。

（3）能力（Competence）——这个阶段的教育与培训计划对系统地执行质量改进过程是至关重要的。

（4）沟通（Communication）——所有的努力都必须诉诸文字，成功的经验都要在组织内共享，以使置身于公司中的每一个人都能够完整地理解这个质量目标。

（5）改正（Correction）——主要关注于预防和提升绩效。

（6）坚持（Continuance）——强调质量管理在组织中必须变成一种生活方式。第二次才把事情做对既不快也不便宜，所以必须坚持，使质量成为一种习惯，成为人们做人做事的一种方式。

克劳士比在《质量无泪》（Quality Without Tears）一书中发表了著名的14点纲要。

（1）高层管理者的承诺——包括公布一份质量政策文件，其中应有：每一个员工都要不折不扣地根据质量要求来做事情，唯一的选择是向公司提出建议改变质量要求。

（2）组织质量改进团队——必须由部门主管组成一个质量改进委员会，以便统筹地考虑质量改进计划，委员会的使命是保证各有关部门及公司整体质量改进计划的实施。

（3）质量检测——各个职能部门的所有功能都需要建立合适的质量度量标准，以确定哪些地方需要改进。例如，会计部门的标准可能是延误报告的百分比；工程部门的标准可能是图纸的准确性；采购部门的标准可能是因不完整的资料而导致退货；机械设备部门的标准可能是因故障而导致时间损失。

（4）质量成本——由财务部做出估计，整个公司的质量成本是多少，并加以分析，找出在哪些方面可以做出质量改进，从而增加利润。

（5）质量意识——必须大大提高所有员工的质量意识，员工必须清楚了解产品或服务符合规格需要的重要性，以及不符合规格需要所造成的成本损失，这些信息必须由管理人员传达下去（当然是在他们接受培训之后），再通过其他途径如录像带、小册子、海报等来加以强化。

（6）质量改进的行动——鼓励所发现的问题由基层管理人员负责解决，如有需要才提交更高层的管理层去采取行动。

（7）零缺陷运动的策划——成立一个"零缺陷"计划委员会，部分成员可以是质量改进委员会的成员，着手策划一个符合公司战略目标和公司文化的"零缺陷"行动方案。

（8）教育与培训（督导员训练）——在推行任何质量改进计划的早期，各级管理人员必须通过适当的训练，让他们知道自己的角色和任务。

（9）零缺陷日——选定一个"零缺陷日"以郑重其事地让所有员工都知道公司新的质量标准。

（10）制定目标——为了使承诺变为行动，每一个员工都要为自己和所属的部门制定改进目标。管理人员需要与下属员工讨论有关目标，并鼓励下属自定目标。在可能的范围内，将有关的目标在显眼的地方张贴，并在定期会议上检查进展情况。

（11）消除产生错误的根源——应该鼓励所有员工一旦发现任何导致错误的成因立即向管理层报告，他们不一定需要直接采取行动，只是报告就可以了，管理层应该在接到报告后 24 小时内做出反应。

（12）表彰——对员工所做出的质量改进方面的杰出贡献，公司必须采用公开的、非金钱的认可及表扬。

（13）质量委员会（质量会议）——组织一个有广泛代表性的质量会议，其成员包括质量管理专业人员和质量改进小组组长，以定期的方式分享经验、讨论问题和意见。

（14）重新开始——为了强调改进质量是一个持续不断的过程，以上 13 点必须重复进行，从头再做时可以让新的同事参与，也可以重新肯定现有同事的承诺。

除《质量无泪》之外，克劳士比陆续出版了 14 本畅销书，包括《质量免费》、《质量再免费》、《领导法则》、《质量反思录》、《完整性——21 世纪的质量》、《经营事物》、《永续成功的组织》、《来谈质量》、《领导——成为执行官的艺术》、《我与质量》等。

第四节 企业质量管理战略

一、企业面临的质量环境

1. 21 世纪是质量的世纪。美国质量管理专家朱兰博士在 20 世纪末曾经有句名言："将要过去的 20 世纪是生产率的世纪，将要到来的 21 世纪是质量的世纪。"如今的 21 世纪，我们身边无处不体现了质量的世纪。21 世纪质量的发展趋势可以概括为：从小 Q 到大 Q，从数量管理到质量管理，从粗放管理到精细化管理，从基本质量到追求魅力质量，从重质量的管理到质量、速度、成本统一管理。

2. "3C"的环境。21 世纪驱动和影响组织的主要力量被称为"3C"的环境。即 Change、Customer、Competition。当今社会，变化无处不在，为了适应变化，就要不断地持续改进、提升质量。顾客是企业经营的上帝，顾客愉悦是目前企业经营的导向，而顾客的需求是在不断地变化，为做到顾客愉悦，必须在满足其基本要求的质量特性的前提下，不断挖掘顾客需求，提供顾客满意的质量特性，并且创造顾客尖叫的质量特性。如今的社会，竞争无处不在，为了在竞争中取胜，必须做到人无我有、人有我特，必须在市场中创造质量特性，寻求缝隙。

3. 质量管理＝经营管理。21 世纪的质量管理应当是全过程、全方位的管理。

不仅仅生产过程需要质量管理，在设计、开发、销售、服务方面，在企业战略、人力资源管理、工作管理层面，都需要质量管理。

二、我国的质量管理现状

质量管理大师朱兰提出质量大堤的概念，他在《朱兰质量手册》第35章"质量与社会"中指出：有史以来，人类社会就依赖于质量。在工业社会，大量的人群将其安全、健康甚至日常的幸福都置于许多保护性的质量控制"堤坝"之下，例如，现在人们的日常安全和健康完全依赖于制造品的质量，这些产品如药品、食物、飞机、汽车、电梯、隧道、桥梁等。在质量大堤上有着许多微小损坏，如设备故障、服务不到位等，会令人气恼且代价昂贵，那么，重大决口便更为严重，不只是一个人，各个国家以及它们的经济也都会危险地栖身于质量控制大堤之下。因此，必须用科学的方法全面协调、构筑安全的质量大堤，使人民生活在健康、幸福、快乐之中。

我国质量大堤的现状如何？可以用"不太安全"来概括。

1. 产品质量差，损失浪费严重。国家技术监督部门的调查资料显示，在近些年来的产品质量抽样检查中，不合格率：国有企业一般为20%~30%，乡镇企业一般为30%左右，个体私人企业一般为45%左右。不合格产品的覆盖范围也是很广的，诸如电视、冰箱、日用百货、医药、食品、建材、施工质量等。有关部门的统计资料表明：企业在生产过程中的次品、残品、返修品等不良品的损失金额平均要占工业总产值的10%~15%。曾有一家企业的管理者深有感触地说：过去，企业的质量损失究竟有多少，心中无数。近年来，通过统计分析才发现企业每年的质量损失竟达总产值的30%。也就是说，员工们一年中有4个月是在生产废品、次品和返修品。如此高的浪费和损失，实在令人痛心。

当今，工业发达国家所能接受的不合格水平一般在千分之三以下，高新技术产品已接近1个PPm（百万分之一），甚至是1个PPb（十亿分之一），而我国的企业却还在百位数上徘徊不前。

2. 食品安全问题困扰人民生活。近年来，食品安全问题严重影响人民的生活质量。例如，2008年，三鹿婴幼儿奶粉使全国29万婴幼儿患病；"佳之选"、"咯咯哒"鸡蛋含三聚氰胺；"大白兔"奶糖被指含三聚氰胺全面停售；"品客"薯片禁用物；海南查获最大宗60吨问题大米等。当前食品安全工作中比较突出的问题主要有以下四个方面：一是一些食品生产经营企业，包括种植养殖、生产加工、生产运输、经销餐饮等，在各个环节中都还存在一些质量安全方面的薄弱环节；二是一些地方政府部门的监管职能由于多方面原因，包括编制问题、经费问题、队伍建设中存在的问题，对法律实施造成了一定的困难，存在监管不到位的问题；三是法律赋予地方政府统一领导、组织协调、督促检查的作用发挥得不够理想，不少地方没有建立起强有力的工作机制；四是一些地方监管能力不足的问题相当突出，特别是基层检测设备不足、技术装备落后、监管力量薄弱，问题相当突出。

3. **假冒伪劣商品屡禁不止**。一般来说，假冒伪劣商品的存在是与经济发展的一定阶段相联系的。在我国，受到诸如生产力水平多层次性、市场运行机制的不健全、法制的不健全以及全民质量意识的淡薄等因素的影响，使假冒伪劣商品充斥市场，有些企业对生产假冒伪劣商品持无所谓的态度，尤其是在地方的保护下一些企业生产假冒伪劣商品理直气壮，甚至变得猖獗。相关法律不健全，执法缺乏力度，更使得有些造假者胆大妄为，铤而走险。这样，严重扰乱了正常的市场经济秩序，影响了消费者的利益，损害了国家及企业的形象。

4. **多数企业中质量管理部门的地位低下**。在我国，还有相当数量的企业不重视质量管理部门的作用，认为它只不过是企业的一个检验部门而已，只重视营销部门、财务部门的业绩。我国在20世纪80年代曾有过一段时间还探讨是否要撤销质管部门的问题。

5. **全面质量管理在我国的形式性**。全面质量管理（Total Quality Control，TQC）是一种以质量为核心的，以"三全"为标志，以达到"三满足"为目标，提高企业整体运作效率的现代化的科学管理思想与方法。在工业发达国家，全面质量管理的实施始于20世纪60年代。我国于1982年由国家经委推广全面质量管理并在企业中开始实行，然而，至今仍有相当数量的企业不了解TQC，未推行TQC，有相当数量的企业即使开展TQC也往往流于形式，主要是为了应付上级主管部门的检查。管理者在生产过程中只重视产品质量标准的符合性，以便检查中的高合格率，而不愿在如何改进质量、提高产品质量上下工夫。企业在开展的TQC工作中不愿意投入更多的精力与热情。而在日本的企业界却广泛流传着这样一句名言："一个企业如果不开展TQC，那么该企业将要从电话簿中消失掉！"

6. **贯彻ISO9000系列标准在我国的不扎实及形式性**。ISO9000系列标准是由国际标准化组织于1987年3月颁布的一种对企业全面质量管理进行标准化、规范化管理的科学管理方法。它是企业全面质量管理不断深化的客观要求。我国于1988年10月由国家技术监督局推广在企业中实施，简称"贯标"，该系列标准的核心是：第一，要求企业建立健全能控制企业生产经营服务一条龙的各个环节的一个管理系统，称之为质量体系（Quality System，QS）。第二，努力争取通过国际及国家权威认证机构的ISO9001—3的质量体系认证，以该种方式来满足消费者的需求，取得消费者的信任。

建立健全质量体系并积极通过认证对企业的发展有重要影响。然而，在我国企业的"贯标"中却表现出：有的企业建立健全质量体系成了写材料，落实中走形式；有的企业建立了质量体系却不愿意认证！有的企业为了认证而认证，建立健全质量体系流于形式；有的企业为了赶时髦而认证，不注重基础的工作，例如某企业已通过了ISO9001的认证，但经调查，该企业从未开展过TQC，对QC

小组一无所知。

7. 服务质量不尽如人意。目前的服务业整体而言,管理水平较低。大多处在满足顾客基本质量阶段,有的诸如旅游、物业等行业连基本质量阶段都达不到,有些诸如商场、医院等处在顾客满意质量管理阶段,处在魅力质量管理阶段的企业还很少。在服务中缺乏内心的主动性与自发的热情,微笑服务变成皮笑肉不笑;服务中缺乏艺术性,距离服务变成紧跟等。顾客是上帝的理念在许多企业的实践中难以落实。

8. 部分企业的"一把手"重速度、营销,轻质量。"质量意识"就是人们在日常生活与工作中对质量及质量问题的认识和重视程度。目前,我国众多企业的"一把手"质量意识是非常淡薄的,主要表现在:企业的"一把手"对待质量往往是空喊口号多、落实行动少。当问及许多企业领导对质量的态度,他们都会说质量很重要,企业的经营方针就是"质量第一"。但是,在实际操作中,在处理诸如交货期、营销手段、广告、利润等问题中,往往就把质量抛到了脑后。例如,交货期到了,许多人会说:"将这些不合格的也送出去!"

9. 企业员工的质量意识淡薄。部分企业由于教育培训经费短缺以及教育培训不到位,从而使员工对质量一知半解,对质量问题并没有高度的责任感与危机感。多数员工不理解质量,不重视质量,出现质量问题如果不属于自己就漠不关心。企业的 QC 小组活动,要么就没有,要么就是为应付上级检查而组建成立。

10. 多数企业的质量标准低。我国政府在 1996 年颁发的《质量振兴纲要(1996~2010 年)》中提出:"要严格按标准组织生产,没有标准不得进行生产","有条件的企业,应参照国际先进标准,制定具有竞争能力的高于现行国家、行业标准的企业内控标准。"然而,现实中,许多企业的内部控制标准低。多数企业是按企业标准来生产。

11. 维修服务部门成为企业售后服务的主力。多数企业往往不重视事前的预防工作,事中控制马马虎虎,在管理层中还存在一种观念:人是有缺点的,孰能无过?产品与工作也是如此。以此为由,便出现了制定一个容许错误的数字,即把良品率预定为 95%,那便是表示容许 5% 的错误存在。因此,企业养成了修补的习惯。产品质量一出问题便是维修服务部门的事,在我国维修服务部门的确很忙。

12. 来自各方面的污染严重,环境质量差。实施清洁生产,保护环境,是目前国际经济发展、实施可持续发展战略的共同要求。因此,国际标准化组织颁布了 ISO14000 环境管理国际标准,要求各国的企业贯彻执行。

ISO14000 环境管理国际标准要求企业建立起环境管理体制,改进自身的环境行为,采取清洁生产的工艺或管理方法来提高企业的效率,并能使社会受益。贯彻这一标准是企业实施可持续发展战略的必由之路,通过 ISO14000 认证的企业在市场中更具有竞争力。目前,在国际贸易中,越来越多的买主正在把产品是否符合 ISO14000 标准作为区别众多企业的尺度。然而，在我国，目前多数企业还不了解 ISO14000 环境管理国际标准，通过 ISO14000 认证的企业也是屈指可数。许多企业的污染仍然严重超标。

13. 有关质量管理方面的教育培训系统缺乏雄厚的力量。在我国，质量管理方面的教育培训系统严重短缺。目前，在开设质量管理课程的高校中，大多数以技术质量管理为主要内容，而忽略了全面的全公司的经营质量管理。政府部门并没有把对所管企业的质量培训纳入其发展战略之中。全民的宏观质量培训体系还未形成。

上述的种种质量问题，从某种程度上严重阻碍了我国经济与企业的发展，甚至是企业将要从电话簿中消失的一种信号。

三、企业质量管理战略路径

面对世界经济的全球化及快速发展的趋势，我国的质量现状必须引起每个公民的危机意识，作为每个中国人，必须思考如何提升我国的方方面面的质量、如何使中国制造赢得世界尊重、如何使中华民族立足世界之林……制定质量战略并有效实施是我国及企业的重大社会责任，其思路主要有三方面：

1. 建立健全培育观念的系统，如定义质量、质量意识、质量文化环境的培育等。
2. 引入有效的管理模式，如 TQC、ISO9000、零缺陷、六西格玛管理等。
3. 实施方法体系，如质量管理的新老七种工具、PDCA、质量成本、QC 小组、过程管理、质量屋、故障树等。

思 考 题

1. 简述质量及质量管理的意义。
2. 简述质量管理发展的百年历史。
3. 简述我国质量大堤的现状。
4. 简述质量管理的战略路径。
5. 质量管理有影响的大师有哪些？
6. 用绘画的形式表现质量或质量管理的意义。

第二章 质量管理基础——定义质量

要提升管理对象的质量,首先要定义管理对象的质量!

【导入思考】

小王被分到办公室工作,她很想把工作做好,给领导和同事一个好印象。然而,如何做好呢?

第一节 定义质量的理论依据

自从 ISO9000 标准颁布以来,质量管理的理论方法都以此为准绳进行规范。关于质量的定义,有以下表述。

一、1994 年版的定义

质量是实体满足明确需求与隐含需求能力的特性之总和。

理解:

1. 实体。实体是一个大质量的范畴,包括企业、产品、服务、工作、过程、体系等。

2. 明确需求与隐含需求。明确需求是文件中规定的需求,隐含需求是顾客的期望需求。

3. 特性。特性即标准,标准即是顾客需求的转换。

针对产品的主要特性有:

性能——指产品满足一定使用要求所具备的功能。例如,钟表的计时功能;冰箱的制冷功能等。一般用物理、化学等方面的性能指标来表示。

可信性——包括可用性、可靠性和维修性等内容。即所提供的产品在使用中功能的发挥是稳定的,零故障。如果发生故障也能及时修好。

安全性——指产品在使用过程中保证人身和环境免遭危害的程度。

适应性——是产品适应外界环境变化的能力。

经济性——指产品寿命周期总费用的合理性。包括产品价格与使用成本两方面。

时间性——即产品能及时交货、及时满足市场消费需求变化的能力。

针对服务的主要特性有功能性、经济性、安全性、时间性、舒适性、文明性等。

二、2000年版和2008年版的定义

质量是一组固有的特性满足要求的程度。

三、2015年版的定义

2015新版对质量的定义分为了两个层面。

1. 基本概念层面。在ISO9000：2015质量管理体系基础和术语（2.2）基本概念中（2.2.1）对质量的定义是，一个关注质量的组织倡导一种文化，结果导致其行为、态度、活动和过程，它们通过满足顾客和其他有关的相关方的需求和期望创造价值。

组织的产品和服务质量取决于满足顾客的能力以及对有关的相关方预期或非预期的影响。产品和服务质量不仅包括其预期的功能和性能，而且还涉及顾客对其价值和利益的感知。

2. 术语层面。在ISO9000：2015质量管理体系基础和术语（3.6）有关要求的术语中（3.6.2）对质量的定义是，质量（Quality）是实体的若干固有特性满足要求的程度。

实体Object（Entity，Item）即可感知或想象的任何事物。例如产品、服务、过程、人、组织、体系、资源。

第二节　定义质量的实践应用

就质量定义的内涵而言，对每一具体的管理对象都应从其自身的特点出发来分析，这是提升质量的前提，分析的准确性与合理性直接影响采取措施的有效性。

一、定义产品质量

产品质量是产品满足顾客明确需求与隐含需求能力的特性之总和；产品质量是产品的一组固有的特性满足顾客要求的程度。

二、定义服务质量

服务质量是服务满足顾客明确需求与隐含需求能力的特性之总和；服务质量是服务的一组固有的特性满足顾客要求的程度。

三、定义其他质量

例如,定义公交车的服务质量、教学质量、钢笔质量、一个人的质量、生活质量、环境质量……

1. 公交车的服务质量,是公交车满足乘客需求的所有特性之总和。这些特性主要有方便性、快捷性、舒适性、文明性、亲和性、安全性等。

2. 自来水生产的产品质量,是自来水满足用户需求的所有特性之总和。这些特性主要有卫生符合标准、及时供给、安全供给、水价适宜等。

3. 发电厂产品质量,是发出的电满足用户需求的所有特性之总和。这些特性主要有发电的安全性、可靠性、连续性、频率和电压的稳定性等。

4. 供电厂产品质量,是所供的电满足用户需求的所有特性之总和。这些特性主要有安全性、可靠性、连续性、准确性、文明性等。

5. 行政机关工作质量,是其工作满足相关方需求的所有特性之总和。这些特性主要有时间性、准确性、周全性、适应性、创造性、文明性等。

6. 高校教学质量,是教师的教学满足学生需求的所有特性之总和。这些特性主要有知识的可接受性、舒适性、时间性、适应性、文明性等。

第三节 提升质量的运作实务

在企业中运用本章知识点提升质量的思路是:
1. 定义管理对象的质量。
2. 分析管理对象的现状。
3. 针对不足采取对策。

【案例】

案例1 分析某城市公交车的服务质量现状并提出改进对策

1. 定义管理对象的质量。公交车的服务质量,是公交车满足乘客需求的所有特性之总和。这些特性主要有方便性、快捷性、舒适性、文明性、亲和性、安全性等。

2. 分析管理对象的现状。

方便性:基本实现、达到了乘客想去哪儿都有车。

快捷性和安全性:该方面统一性做得不太好,有的车快了不安全,有的车安全但又太慢了。

舒适性：该方面大车基本上实现了，但小型中巴车做得不太到位，如坐垫的卫生问题、空间布置问题等有待提高。

文明性：大多公交车做得不好，包括司机的文明驾驶、售票员的文明礼仪和用语等。

亲和性：大多公交车该方面做得不好，人性化管理，关爱度不够。

3. 采取对策。

第一，制定完善的制度，如岗位职责、文明礼貌用语规定、文明驾驶规定等。

第二，加强质量意识的教育，尤其是进行职业道德、文明礼貌用语的培训，营造质量文化的环境。

第三，加大执行力度，做好监控，使精神、观念、制度在行动中得到很好的体现。

案例 2　分析某高校教师的教学服务质量现状并提出改进对策

1. 定义管理对象的质量。高校教师的教学质量，是指教师在课堂上的讲授满足学生明确需要和潜在需要的特性之总和。高校教学质量这一定义的内涵可从三方面来表述。

（1）明确需要，指学生在有限的课堂时间内学到知识的需要。

（2）潜在需要，指学生在课堂上能轻松愉快地接受知识的需要。如希望教师亲切、富有幽默感等。

（3）教学质量特性，为了使学生的明确与潜在的需要变得能够实际把握和实现，应将需要转化为质量要求，这些质量要求即称为教学质量特性。这些特性主要有知识的可接受性、舒适性、时间性、适应性、文明性等。

2. 分析管理对象的现状。在财经类专业主要体现为：

第一，可接受性，指教师讲授的知识使学生能接受并灵活运用的程度。这取决于教师本身的素质、口才、教学方式与手段等。

第二，舒适性，指教师授课中所营造的课堂氛围使学生愉快地接受知识的程度。这取决于教师与学生的沟通方式、授课口才、技巧与幽默感等。

第三，时间性，指教师在课堂上把握时间的程度，以及能否正确或艺术地分配所讲的内容与时间的比例。提前或拖后结束内容都会引起学生的不愉快与反感。这取决于教师的授课技巧、课堂实践等。

第四，适应性，指教师适应不同对象（本科、成人、专科）及在课堂上处理异常变化的能力。这取决于教师授课经验等因素。

第五，文明性，指教师在传授知识的同时从仪表、语言、道德等方面对学生的思想、行为潜移默化的程度。

3. 采取对策。（略）

案例 3　质量门的开与关——长客股份"质量门—里程碑—控制点"全过程质量控制

中国北车长春轨道客车股份有限公司（以下简称"长客股份"）是国家重要的高速动车组、铁路客车、城市轨道车辆和转向架的研发、制造和检修基地。高速动车组的生产制造过程中，长客股份适时构建并实施了以"质量门—里程碑—控制点"为核心的全过程质量管控模式，在开工前、生产进程中和重要工序结束后设置不同级别的监督控制点，组织多功能小组进行不同层次、级别的评审，实现了生产全过程、全要素的质量监控和可追溯，有力保证了高速动车组整机质量和按期交付及安全运行。

目前，以"质量门—里程碑—控制点"为核心的质量管控模式已在长客股份内部所有在制产品质量管控中执行，并在兄弟企业和供应商中推行，对提升行业整体质量水平起到了重要作用。经过多年发展，长客股份搭建了较为完整的质量管理体系，于 1994 年在行业内率先通过了 ISO9001 质量管理体系认证，并在焊接等特殊工序推行 EN15085（DIN6701）焊接质量体系认证。但是，在长期的实践中，长客股份感到，对于高速动车组这种高速度、高等级、高标准、高要求的产品，仅依靠 ISO9001 质量管理标准远远不够，必须不断进行细化、完善和创新。为进一步加快国家轨道交通运输装备现代化、尽快弥补与国际先进水平间的差距，长客股份依照"先进、成熟、经济、适用、可靠"的技术方针，先后引进了阿尔斯通、西门子等合作伙伴成熟的动车组制造技术，并在此基础上自主研发了 CRH380B、CRH380C 等多个系列的和谐号高速动车组。

如何进一步确保高速动车组整机产品质量，保证中国高铁运输的安全稳定，成为长客股份面前的重要课题。经过分析和研究，公司提出了以"质量门—里程碑—控制点"为核心的全过程质量控制模式，并在高速动车组生产全过程中成功运用，效果显著。

一、"质量门—里程碑—控制点"体系的设计

1. 质量门。"质量门"是借用集成电路中"与门"的概念，只有当决定一件事的所有条件都具备时，这个事件才会发生。它将质量计划、质量标准、质量要素、质量控制方法、流程管理融为一体，通过"质量门"的设置、"质量门"的关闭、单个"质量门"的打开和所有"质量门"的贯通，实现高速动车组实现全过程的零缺陷质量控制的目标。简单地说，"质量门"就是一张通行证或驾驶证，只有按质量标准要求，所有预先设定的准备工作齐备后，项目才可以向下

流转。

2. 里程碑。"里程碑"是借用公路交通中里程指示标志的概念，是在产品实现过程中设置的重要检查和回顾项点，"里程碑"定义了当前阶段完成的标准和下一新阶段启动的前提，将产品实现全过程中的不同级别监控、评审、检查进行系统化管理。生产执行到"里程碑"节点时，必须对前期的工作成果进行回顾，以确保达到了策划的质量要求，通过里程碑的设定、评审和通过，以实现高速动车整机达到预设的质量标准。"里程碑"就是一张成绩单，上面写着合格与不合格的分数，描述产品实现过程中每个阶段的实际状态，只有达到合格分数时，产品才能向下一道工序交付；"里程碑"也是一张驾驶员的年度审核记录，只有记录中所有问题全部关闭时，生产才能进入下一个阶段。

3. 控制点。"控制点"是设置在"质量门"和"里程碑"间的一系列的过程检查项点，包括停止点（H）、监督点（W）和资料证明点（C）三类（见下表），根据产品工艺复杂程度及工序中具体工步的重要性进行设置，并按照高速动车组"三检一验"（即自检、互检、专检和验收）的工作原则，设置在生产单位操作者自检、班组长互检、质量部门专检、用户（用户代表）验收不同监控级别。在控制点上，按照监控级别，由负责人员按照文件策划的规定进行监控、检查、试验、把关和放行，以保证工序产品质量满足要求。可以说，"控制点"就是考试卷中的每一道题目，通过题目的设定、回答和批改，验证产品实现中每道工序、工步的执行情况；"控制点"也是公路上的交通警察，对产品实现情况进行适时把关，发现问题立即叫停，进行整改。

H点	停止点	在没有得到质量团队和/或用户代表确认前，生产不能继续进行
W点	监督点	该工步完成后，生产团队应通知质量团队和/或用户代表，但未得到质量团队和/或用户代表确认前，生产也可继续进行
C点	资料证明	该工步完成后，需要提供相关书面证明

通过"质量门"、"里程碑"、"控制点"的设定，使高速动车组产品实现过程的整个质量环控制环节全部贯通。

二、从理念到实践

1. 以"质量门—里程碑—控制点"为核心的全过程质量管理。长客股份高层领导一致认为，推进以"质量门—里程碑—控制点"为核心的全过程质量控制模式是实现公司三步走发展战略的基本方针，是"质量给进度让路"还是"进度给质量让路"的实质性问题。为此，公司开展了以"质量门—里程碑—控制点"为专题的大讨论活动，树立起了按质量计划、业务流程进行质量管理的科学理念，克服了过去不讲流程、只求进度的盲目生产观念；树立每一个环节都精心细致、讲求标准和方法的精益管理理念,克服了过去推着干、将就着干、凑合着干而有问题再说的标准不高、要求不严、执行不到位的粗放式管理的陈旧落后观念;树立以质量与核心技术赢得市场的蓝海战略理念。

2. 全过程质量控制模式策划。在高速动车组项目执行中,长客股份依照产品实现过程中研发设计、采购件与供应商管控、生产过程管控等环节的不同特点,在每个环节的重要节点和子过程分别设置了质量门、里程碑、控制点,设置时主要基于以下原则。

(1) 质量安全风险管理原则。根据高速动车组产品质量特性,结合长客股份生产经营实际,以相关法规、标准、规则、图样、标书、合同、部文、电报为依据,重点结合高速动车组"五防"(即防燃轴切轴、防配件脱落、防车辆火灾、防制动故障、防高压系统故障)的要求,针对影响行车安全及重要功能、性能的关键产品、关键工序、关键项点及关键环节,编制《车辆质量安全风险管理手册》,明确高速动车组整机项目安全风险目标、风险源的识别原则、"安全风险"责任分工,识别研发设计、工艺策划、物资采购、生产制造、售后服务等阶段,将其设置为控制点,并在"质量门"和"里程碑"评审中予以重点关注。

(2) 故障导向安全原则。在对以"质量门—里程碑—控制点"为核心的全过程质量控制模式进行策划时,长客股份借助RAMS管理平台,按照故障导向安全原则收集有关产品故障数据,采取故障树、事件树分析,辨别危害类别、来源、频次及后果,评估风险等级,制定风险减轻预防措施,进行风险控制和管理,把风险降低到合理而可容忍的程度,通过运用隐患识别分析、故障模式及影响分析(FMEA)等工具,对可能出现产品质量问题和对项目进度造成影响的问题进行详细分析,设置"质量门"、"里程碑"和"控制点",并在产品研发、生产制造、物资采购等环节进行管控,可以做到提前发现、提前预防、提前应对,以确保车辆的技术质量要求。

(3) "现场、现车"生产实际原则。通过过程审核的方式查找项目执行和产品实现过程中的薄弱环节,审核内容主要包括责任分工、资源配置、文件要求、内外部交流、人员资质、专用工具可行性等方面,发现项目前期准备中存在的问题,寻找项目可能存在的薄弱环节,为"质量门"、"里程碑"、"控制点"的设置和检查表的编制提供依据,同时,针对发现的问题组织进行整改。为保证过程审核的独立性,过程审核一般由项目质量团队邀请非本项目的第三方人员,必要时也可邀请用户参加;如果是技术引进项目,还可以邀请技术转让方代表参加。

3. 生产环节的落实。高速动车组车体制造及装配过程"质量门"设置,主要在重要工序节点设置。在"质量门"设置明确以后,项目质量团队负责根据项目"质量门"和监控点设置情况,编制"质量门"评审计划、"质量门"检查表等文件,这些文件将经过项目经理的批准,以正式文件的形式在项目团队内发布执行。如对车体焊接开始"质量门"的焊接工序,要求焊接场地封闭、干燥、照明充分，有挡光板和良好的通风装置；要配置足够数量的手工焊接、自动化焊接设备、热处理窑、探伤设备、焊缝检验设备等；要配置足够数量的焊接翻转装置、焊接组焊卡具、焊接气密性试验装置等；根据图纸确定焊接工艺评定项，提出焊接工艺评定项目录，完成焊接工艺评定项试样，权威部门出具焊接工艺评定报告；编制 WPS 文件（焊接工艺操作规程）、返修工艺操作规程、组对工艺文件等；编制焊缝检验文件、组对尺寸检验文件、探伤检验文件。焊接工程师、焊工、探伤人员的资质；焊接板材、焊接气体、焊丝要通过认证；开工前 AP 试样的制作；检验工具的配置，如焊角尺、样板、气体流量计等。全部评价条款完成后，根据评价情况，由项目质量经理编制"质量门"评审报告，并根据规则评判该"质量门"是否通过，"质量门"审核的结论分为通过（绿灯）、有条件通过（黄灯，如少于5%的一般问题未解决同时对每一项问题制定了改进措施）和不通过（红灯，如关键问题未解决或不少于5%的一般问题未解决，需改进后重新进行评审）。当"质量门"的评审结论是红灯时，包括项目经理在内的任何项目团队成员都无权决策，必须将该"质量门"评审情况向公司总经理汇报，并由项目经理组织编制整改计划，组织进行整改，对于整改结果由公司总经理组织专题会议进行验证。在验证通过后，重新进行"质量门"评审。

4. 设计环节的执行。质量是设计出来的，长客股份将"质量门—里程碑—控制点"管控理念融入设计过程质量管控，采取了"节点质量门评审、重要环节里程碑确认、出图控制点审查、季度信息通报、固化企业标准"等一系列方法，从产品实现源头开始，根除影响行车安全和重要功能性能的质量安全隐患，杜绝低层次质量问题，确保整机产品质量安全。

（1）长客股份建立了完善的产品研发设计平台，组织编制了设计评审、设计质量门等设计评审工作流程，在设计输入、输出、方案设计、详细设计等关键节点合理设置设计过程质量门，设置各阶段质量门参加评审人员资质要求，整车及重要系统级设计评审必须经公司技术专家组评审，以实现对产品设计过程的有效监督。

（2）产品设计的重要环节实行里程碑确认机制，通过科学计算、现场试验等方式进行合理验证，以确保产品设计满足顾客、法律法规和技术规范的要求。其中，型式试验大纲是核心环节。针对高速动车组，长客股份联合北京交大、青岛四方车辆研究所等权威机构共同制定试验大纲，整车试验包含启动加速试验、动力制动特性试验、惰性阻力试验、横向运行稳定性试验等50余项。另外，还对车体、转向架构架、牵引系统、制动系统、辅助系统、网络控制系统、空调系统、门系统、卫生间系统等80余个系统和部件进行型式试验，试验项目超过1 000项，通过这些型式试验，有效验证了产品设计结构、保证了整机产品的质量安全。

（3）在出图环节设置控制点，进行全方位文件审查，成立专家组，组织有经验的老同志和相关技术人员对所有要出图晒发的文件进行评审和技术把关；同时，公司还聘请了部分退休的专家，专项负责重大产品的设计把关，从而保证产品设计质量。这样确保技术部门的所有技术文件均体现集体设计水平，而非仅仅代表个人水平，以实现设计一次成功。

（4）为彻底杜绝低层次质量问题、人为质量问题和重复性问题，长客股份定期发布设计质量信息简报，对凡在产品研发设计、生产制造、售后运营中发现的质量信息进行季度通报。如果再次发生问题，将与考核挂钩。

（5）针对成熟设计产品和结构，长客股份通过组织编制设计企业标准、修订设计手册的方式，将其进一步固化和完善。企业标准设计的作用，反映在新员工和年轻设计者身上是保证设计程序不出错、保证执行标准不出错、以验证形式防止设计反复；反映在老员工身上，就是提醒设计人员工作更加细致，防止漏项。

5. 采购环节的执行。为确保采购产品质量满足高速动车组项目执行需求，长客股份组建了采购质量工程师队伍，将采购环节进行细化，实行了供应商十步阶梯管理，"质量门—里程碑—控制点"细化到每个阶梯中，只有这些阶梯全部通过，采购产品才能允许装车使用。所谓十步阶梯，即供应商资质审核、质量合同谈判、合同会议启动、研发制造过程控制、首件检验、放行检验、入厂检验及不合格品处理、过程审核、数据分析及现场监造和质量业绩评价等采购产品实现过程质量管控的十个步骤。同时，将日常工作中积累的经验加以总结、固化，编制《城铁车内装质量手册》、《旅客界面安全管理手册》、《采购件检验手册》、《供应商质量管理手册》，运用图示化的形式建立了明确、统一的质量标准，实现了产品检验的有法可依。此外，长客股份还进一步完善考核激励机制，陆续建立了质量责任追究管理机制、产品质量量化评价机制和供应商索赔管理机制，将质量问题与公司各级领导的业绩考核、行政处理、经济处罚进行挂钩。在全公司实行"以质论价、优质优价"质量激励机制，推行了质量工资制度，利用量化打分的方式将工资总额中的10%~20%（依照工序重要性确定）与当月产品实物质量进行挂钩。据测算，每月参与产品质量量化分配的人均月工资额在2 000元左右，约占员工总收入的30%。

三、从体系到文化

在模式推行过程中，长客股份倡导建立了以"精益"为核心的质量文化，系统总结出"一人一秒钟内出现的错误，几十人一天也难以查清；万根线束，根根合格，才能确保安全正点；一点也不能差，差一点也不行"三句话职业操守和"四个必须"工作要求，即"必须做到作业有序、必须保证现场整洁、必须严格作业计划、必须执行作业规范"。公司推行了全员"工艺文件一口清、质量标准一口清、行为规范一口清、安全操规一口清"，同时，坚持质量问题小题大做、放大处理,通过每周过程监督、每月质量讲评的方式,把质量问题对全员通报和演示,把典型问题做成大照片来警示,在每个车间建立红蓝板,好的贴在红板上及时表扬奖励,不好的贴在蓝板上纳入考核。设立了质量问题反思台,对够不上处罚的由班组长陪同到反思台反思,何时自己认识到位了,何时自己走下来,以达到"一人交学费、全员受教育"的工作目标。质量文化的建立和推行,对促进"质量门—里程碑—控制点"为核心的全过程质量控制模式的实行起到了重要的推动作用。

(案例来源:中国质量 CHINA QUALITY 2015/09)

思 考 题

1. 如何理解质量的概念。
2. 定义质量的现实意义是什么?
3. 什么是特性?特性和需求有哪些关系?
4. 如何定义办公室的工作质量?
5. ISO9000 标准 1994 年版与 2008 年版定义质量有什么区别?
6. ISO9000 标准 2008 年版与 2015 年版定义质量有什么区别?

第三章 企业质量文化环境

质量文化决定了你会做什么以及如何去做。
——美国企业家赖利·费瑞尔（Larry C. Farrell）

【导入案例】

奔驰公司质量文化的开展

戴姆勒—奔驰公司创建于1883年，是德国最大的汽车制造公司，公司生产160多个品种、3 700多个型号的产品。奔驰汽车虽然成名甚早，但在竞争十分激烈的世界市场上名牌的桂冠并不是靠辈分得来的，而是靠质量。正因为有卓越的质量作后盾，戴姆勒—奔驰公司对自己的产品十分有信心。"如果有人发现奔驰牌汽车发生故障被修理车拖走，我们将赠您1万美元。"这句话成了奔驰公司走向世界的金字招牌，奔驰获得如此的高质量，得益于公司严格的管理制度和质量文化。

首先，重视人才的素质，严格质量意识。在保证质量方面，奔驰公司认为，只有全体员工都重视质量，产品的质量才有保证。因此，奔驰公司很强调企业精神，强调工人参与，努力营造一种严格质量意识的企业理念。奔驰公司的决策者十分注意培训技工队伍，在德国国内就设有502个培训中心。在提高人员素质的同时，又通过福利待遇等调动了员工的积极性，使员工意识到产品质量的好坏直接关系到公司效益的好坏，关系到每一个员工的切身利益。

其次，精工细作，一丝不苟，严肃工作制度。奔驰车有目前的声誉，得益于每个员工工作态度都极为严肃、认真，这是奔驰车获得成功的真正"秘诀"。奔驰公司对产品的每一个部件的制作都一丝不苟。在判断一辆汽车时，人们首先注意的是它的外观、性能，而很少注意它的座位，但即使在这个极少惹人注意的部位，奔驰公司也极为认真。座位的纺织面料用的羊毛是专门从新西兰进口的，粗细必须为23~25微米，纺织时，根据各种面料的要求不同，还要掺入从中国进口的真丝和从印度进口的羊绒。为了保持名牌，可以说是不惜工本。从制作座椅的这种认真精神可以推想到对主要机件的加工该是如何精细了。

最后，把好质量关，严格检查制度。凡是参观过奔驰公司的人都会得出一种印象：即使是一颗小小的螺丝钉，在安装到车上前，也要先经过检查，每一个组装阶段都有检查，最后经专门技师检查签字，车辆才能开出生产线。许多笨重的劳动如焊接、安装发动机和挡风玻璃等都采用机器人，从而保证了质量的统一。除了对本身产品质量的精益求精，奔驰汽车还严格要求采购员以消费者家庭成员的身份，设身处地地为顾客着想，各个采购部的经理要对其经营范围的商品品种、规格和质量全部负责。

为了进一步把好质量关，奔驰公司在美国、欧洲、加拿大、拉丁美洲、亚洲等地专门设有质量检测中心。"中心"内有大批的质检技术人员及高质量的设备，每年要抽检上万辆奔驰汽车，层层把关，严格检验。由于采取了多种措施，奔驰车在人们心目中树立了高品质的形象，赢得了全世界人们的青睐。

（案例来源：《质量文化的作用》，中国企业培训网，2008年9月10日）

第一节 质量文化概述

一、质量文化的含义

目前，人们对于"质量文化"尚无统一的定义，不同定义之间对于相关概念的理解和界定还存在着某些差异性，我们在此列出几种主要观点，以供读者参考。

从人类社会学的角度看，"文化"概念反映了任何特定人类群体世代相传的本质特征。人类学家威廉·A.哈维兰在其《当代人类学》一书中指出，文化是一系列规范或准则。《美国传统词典》对"文化"一词的解释是，"人类群体或民族世代相传的行为模式、艺术、宗教信仰、群体组织和其他一切人类生产活动、思维活动的本质特性的总和。"从这一经典的定义出发，根据文化的可觉察性特征以及文化自身对文化变革的抗性特征，我们能够推演出文化概念所包含的两个不同层面，即文化的较深层面和文化的较浅层面。在较深层次不易察觉的层面上，文化代表着基本的价值观念，这些价值观念是一个人类群体所共有的，即使这一群体中成员不断更新，文化也会得以延续和保持。依据文化所反映的价值观念的内在亲和性，可以划分出文化的各种特定类型或范畴。例如，以儒家文化为背景的行为模式、伦理道德、经营思想、法制和国家观念的总和构成东亚文化的主要特征。相反，在较易觉察的层面上，文化体现了群体的行为方式。例如，传统的英国文化体现出刻板而保守的绅士风格，甚至在英格兰国家足球队队员身上也能或多或少地捕捉到英国传统文化的影子。

文化的两个不同层面之间是相互作用的，一个层面的变化自然影响到另一个层面，其最为明显的表现就在于群体共有的基本价值观念作用于群体的行为模式。同时，这种因果关系也可以逆向推定，即行为模式和实践活动也可以反作用于群体共有的基本价值观念。群体共有的基本价值观念正是群体行为模式和实践活动长期积累的结果或效应，质量文化的形成与发展正是人类自20世纪以来的质量实践活动的自然结果。作为人类社会的基本实践活动之一，质量实践活动是伴随着工业文明的脚步共同成长起来的。如今，从乡村旅馆到皇家大酒店，从米老鼠到航天飞机，从街道小院到联合国大厦，质量实践活动已经从最初的工业领域渗透到人类社会生活的方方面面。从纯技术的范畴看，质量实践体现为确保实体（可以觉察或想象到的任何事物）与需要和期望有关的性质得到持续满足的完整过程，包括两个基本的方面：一是满足既定的需要和期望；二是满足需要和期望的能力的持续改进。随着质量实践活动的不断积累，质量实践逐步超越了其纯技术的范畴而演变为一种文化现象——质量文化。

作为一个解释当代质量实践活动的基本概念，"质量文化"的含义是指"以近代、现代以来的工业化进程为基础，以特定的民族文化为背景，群体或民族在质量实践活动中逐步形成的物质基础、技术知识、管理思想、行为模式、法律制度与道德规范等因素及其总和"。质量文化的概念天然地体现着20世纪以来工业文明的特征，它继承了当代质量实践活动的主流价值观念——TQM思想的绝大多数精髓，并突破了20世纪80年代以来在西方发达国家得到广泛关注与研究的企业文化的界限。可以认为，质量文化是当代文化学研究的最新课题，也是国家或地区借助于文化力量振兴其经济竞争力的强大武器。

值得说明的是，由于质量文化思想还处在初创阶段，存在着将质量文化概念与企业文化概念混同的现象。

从含义上看，企业文化通常是指企业内大多数成员的共同价值观和行为模式，它体现为企业全体员工所普遍接受和共同遵循的理想追求、价值观念和行为准则；而质量文化是指群体或民族在质量实践中所形成的技术知识、行为模式、制度与道德规范等因素及其总和。两者在概念上是完全不同的。从范畴上看，企业文化研究的重点是塑造企业的核心价值观念，它可能是质量取向的，也可能是非质量取向的，其着眼点是组织层次；而质量文化研究的重点是国家或地区范围内的质量文化建设，其着眼点包括组织层次、地区经济层次或国家经济层次。毫无疑问，质量文化涉及的范围更宽，包含的层次更多，产生的影响更大。因此，将质量文化界定为某种特定含义的企业文化是一种基本的认识误区。图3-1展示了质量文化与企业文化之间的相互关系。

有些机构或学者认为的"质量文化"或"品质文化"，可以理解为"企业质量文化"，它是从组织层面研究企业的质量实践活动，既是企业文化的一个子范畴，也是质量文化的一个子范畴。例如，中国质量协会指出，质量文化是决定产品质量的重要因素，同时又与一个国家的政治、经济、社会文化有着密切关系。质量文化是企业文化的核心部分，是企业和社会在长期的生产经营过程中自然形成的一系列有关质量问题的意识与观念，而不是"质量"和"文化"的简单叠加。

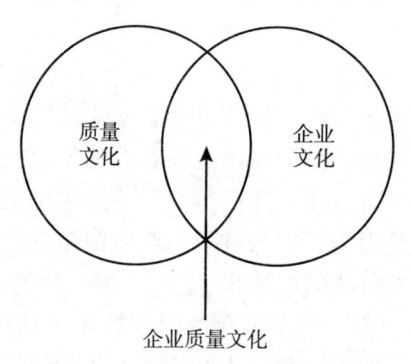

图 3-1 质量文化与企业文化的关系

本教材中所指的是企业质量文化，即从企业的范畴内来界定质量文化，其定义是：质量文化是反映企业以质量为中心的价值理念、行为准则、企业形象等精神活动的总和。

二、质量文化的层次

质量文化是一种管理文化，也是一种组织文化。在质量改进活动中，质量文化通过潜移默化的方式沟通员工的思想，从而产生对企业质量目标、质量观念、质量行为规范的"认同感"。在质量文化所形成的氛围中，员工为了得到领导和同事的认同而产生自我激励的动因，为实现企业的质量改进目标而努力工作。

从时间的横断面上看，质量文化的结构化特征由其物质层面、行为层面、制度层面和精神层面构成，这四个层面按照从低到高的顺序共同组成了质量文化金字塔。其中，物质层面和行为层面属于质量文化中的较浅层面；而制度层面和精神层面属于质量文化中的较深层面。

1. 质量文化的物质层面。物质层面是质量文化的基础性层面，构成质量文化金字塔的基座。质量文化的物质层面由国家或地区经济中的现有物质性因素构成，包括财富的数量与结构、财富的质量、科学与技术水平、人力资源的状况等。一般来说，某一国家或地区经济中物质性因素水平决定着该国或该地区质量文化的基本力量，在一个物质层面相对薄弱的国家，其质量文化的强度也相对较弱。

但是，就影响力的大小而言，与其他层面相比，物质层面对质量文化强度的影响力相对较小。日本经济的发展进程清楚地表明，通过强化其他层面的作用，质量文化的强度能够得到显著的加强，而强大的质量文化又能够促进经济的持续、快速、健康发展,从而推动经济进入一个更高的物质层面,这就使质量文化得以建立在不断提高的物质层面之上。

2. 质量文化的行为层面。质量文化的行为层面建立在其物质层面之上,物质层面是行为层面的载体。行为层面体现为群体使用物质层面的因素创造财富的行为模式。在同样的物质层面之上,不同的行为模式将导致不同的质量文化强度。然而,与物质层面相比,行为层面对质量文化的影响更大。从地区经济的角度看,在物质层面水平基本相同的城市之间存在的质量文化强度的差异通常归因于群体的行为模式差异。可以用来测度行为模式与质量文化强度之间相关性的例子大多来自服务业,这是因为,在服务业,组织的服务行为对顾客而言基本上是透明的,并与顾客的消费行为同时发生。

3. 质量文化的制度层面。质量文化的制度层面是塑造行为层面的主要机制。制度层面涉及三个方面,即标准化与规范体系、奖励制度和法律体系。其中,标准化与规范体系提供了对行为及行为结果的指导与评价体系,揭示了质量实践活动的基本目标:满足既定的需要或期望。奖励制度体现出对行为模式的激励与导向作用,并传达出国家或地区管理当局的政治倾向。例如,20世纪80年代中期,美国政府由于意识到美国经济竞争力正在减弱,通过立法程序设立了马可姆·鲍德里奇国家质量奖(Malcolm Baldrige National Quality Award),希望借此重振美国经济。而法律体系是行为层面的强制性塑造机制。法律体系对质量文化的影响力依赖于三个方面,即执法的公正性、执法的及时性和质量法律体系的健全性。

4. 质量文化的精神层面。质量文化的精神层面位于质量文化金字塔的顶层,既是质量文化的核心内容和最高境界,也是质量文化建设的最终目标。它表现为群体积极主动地尊重与维护顾客主权的价值取向和精神追求。精神层面涉及四个群体的价值取向,即:尊重顾客主权;积极主动地维护社会质量文化的权威;追求行为结果的社会效益与完美主义;以连续与持久的眼光看待经济资源,倡导社会的可持续发展理念。

三、质量文化的特点

质量文化是社会发展对质量的客观要求在人们头脑中的反映和体现,它深深地打上了经济管理体制和社会经济状况的烙印,不同的经济管理体制和经济发展阶段客观上要求与其相适应的质量文化。

1. 质量文化具有客观性。质量文化根植于企业长期的生产经营实践中,是客观存在的,并影响着企业成败兴衰。犹如每个人都有自己独特的个性、风格和观念一样,每个企业只要留下了历史的足迹,都会形成自己的质量文化。

2. 质量文化具有社会性。质量文化是社会文化在企业的特殊形态,亦称社会文化中的"亚文化",不同的社会制度具有不同的质量文化。同一社会形态中,因所有制不同,其质量文化的特征也存在差异。质量文化既是全体员工意志一致性、精神寄托、非纯理性的体现，也是大众的社会性的统一意志。质量文化反映了企业行为满足社会需要并得到社会承认的一种精神支柱。

3. 质量文化具有继承性。质量文化重视研究传统价值观念、行为规范等精神文化范畴在管理中的核心作用，而这一点在以往管理理论中并不被人所重视。质量文化从民族文化中吸取营养，兼承本企业优秀文化传统，随着企业的成长而发展，作为意识形态的质量文化将会被后继员工所接受，并将一代一代地传下去。

4. 质量文化具有鲜明的时代性。质量文化属于亚文化的层次，存在于一个国家一定的社会物质文化生活环境之中，必然反映时代的风貌和体现时代的要求，并与时代的发展保持同步。随着科学技术的发展和人类文明水平的提高，人们认识事物的水平、道德水准以及评价事物的标准也发生相应的变化，因而整个人类的价值观也将相应地改变。所以，企业的质量文化作为一种历史现象，其内涵也必将随着生产力的发展而发生变化，而且这种变化会向着更高的水平发展。

四、质量文化的作用

1. 导向作用。即把企业员工个人目标引导到企业所确定的目标上来。企业为了实现预定的质量目标，需要制定一系列策略来引导员工。而如果有了一个良好的企业文化环境，员工就会在潜移默化中接受共同的价值观念，形成一股力量向既定方向努力。

2. 约束作用。作为一个组织，企业常常需要制定出各种规章制度来保证产品和工作的质量，这当然是完全必要的，但是，即使有了千万条规章制度，也很难规范每个员工的行为，而企业文化则是用一种无形的约束力量形成一种行为规范来制约员工的行为，从而弥补规章制度的不足。

3. 凝聚作用。质量文化是企业文化的亚文化，具有极强的凝聚力量，而这种文化是一种黏合剂，把各方面、各层次的人都团结在本企业文化的周围，对企业产生一种凝聚力和向心力，使员工个人思想感情和命运与企业的安危紧密联系起来，使他们感到个人工作、学习、生活等都离不开企业这个集体，从而与企业同甘苦、共命运。

4. 激励作用。质量文化建设的核心是要创造出共同的价值观念，优秀的质量文化都是要创造一种人人受重视、受尊重，追求卓越，追求完美，好上还要更好的文化氛围。良好的文化氛围往往能产生一种激励机制，使员工所做出的贡献都能及时得到赞赏和奖励，由此激励员工为完成自我价值和企业发展而不断进取。

5. 辐射作用。质量文化塑造了企业的质量形象。优良的企业形象是企业成功的标志，它包括两个方面：一是内部形象，它可以激发企业员工对本企业的自豪感、责任感和崇尚心理；二是外部形象，它能够更深刻地反映出该企业文化的特点及内涵。企业质量形象除对本企业产生很大影响外，还会对本地区乃至国内外企业产生一定的影响。因此，质量文化具有巨大的辐射作用。

第二节　企业质量文化环境的培育

质量文化是企业文化的核心和重要内涵，这一关系是市场经济的本质表现和基本要求，市场经济越发达，这种关系越明显。世界上成功的企业无一不是以其优秀的质量文化作为取胜之道的。对于我国广大企业，无论是从当前的质量实际出发，还是从适应市场经济的发展需要考虑，都迫切需要树立质量意识。而企业的质量意识又是植根于自身的质量文化土壤之中，任何具有竞争活力的、追求卓越经营的质量战略都必须以培育相应的质量文化为其出发点和归宿。

现代企业的竞争，归根结底是企业综合实力的竞争，而质量是企业实力体现的核心要素之一。因此，企业培育重视质量的文化氛围，应从以下三个方面进行。

一、教育培训

只有通过教育培训，增强全民和企业员工的质量意识，民众重视质量、关注质量，提高员工的业务素质和操作技能，才能最终保证产品质量。质量的竞争最终实质就是智力的竞争和知识的竞争，教育培训是实现现代化管理的重大战略措施。各级管理者必须把人才培养列于首位。因此，教育培训应贯穿于质量管理的始终，质量管理是"始于教育，终于教育"。

1. 从国家的角度出发，应逐步培育全民质量意识。

（1）政策导向。在这方面，我国政府一向非常重视。例如，改革开放以来，20世纪90年代初，制定了"质量兴国"的经济发展战略（1995年以后才更改为"科教兴国"战略）；1996年颁布了《质量振兴纲要》（1995~2010年中国质量发展目标）；2001年在中国质量管理协会设立了全国质量管理奖，并于2001年9月28日正式启动。这些措施将引导企业追求质量、重视质量。

（2）宣传。舆论导向，利用广播电视、报纸杂志等媒介宣传质量的意义，如我国举行的"质量万里行"活动、"3·15"消费者权益保护日、每年9月的质量月活动、中央电视台焦点访谈的质量曝光等活动促使全体民众重视质量，增强质量意识。

（3）发展经济。大力提高生产力水平，从而提高人民的收入水平，使人们对质量的要求逐步提高，使人们追求质量的要求得以真正实现。

（4）不断完善市场竞争环境。使各种性质的经济实体和个人有一个公平的竞争环境，这样才能使"质量"这一最基本的要素受到普遍重视。

2. 从企业的角度出发，要从观念上培育一种以质量为核心的企业文化环境，营造人人关心质量的文化氛围。

日本质量管理大师石川馨教授指出：企业的质量管理始于教育，终于教育。

(1) 抓住关键人物。这里的关键人物在企业中主要指三类人：一是高层领导；二是中层管理人员；三是非正式团体的领袖。

在全社会和企业界，文化是由人们的价值观及信念所界定的。企业家们设定企业价值，并通过日常行为去强化，他们的行为决定什么重要和应该去做，以及什么不重要和不应该去做。员工的行为表现、产品和服务的质量控制以及对顾客的重视程度都由最高决策人即企业家来决定。在成功企业环境中，人们会强烈感觉到企业家的灵魂所在。

企业家也是质量文化的保护者，创造质量文化只是成功的一半，保持下去以至数代不变是十分艰难的。当企业处于困境中的时候则更为艰难，企业承受巨大的压力和挑战，企业家能够在极恶劣的经济环境中经营，坚守质量文化的根本，使员工与企业荣辱与共，这些已经为世界著名企业家的实践所证明。

此外，质量管理方面还有诸如世界著名的质量管理专家朱兰博士提出的8020原则（出现质量问题，80%的责任在领导，20%的责任在员工）以及日本质量管理大师石川馨教授提出的9010原则（在QC小组的工作中如果出现问题，90%的责任在管理者，10%的责任在员工），这些都说明了关键人物的重要性。

表3-1是国外目前流行的关于领导质量意识的自我测评表，领导者可根据自身的想法、表现做出评价，为自身的变革与改进提供依据。

(2) 分层施教，因人制宜。质量教育虽然是对全体成员的教育，但也要有所侧重。一般把企业中的人员分为三类：第一类是高层管理人员（在日本称之为将帅营）；第二类是中层管理技术骨干（在日本称之为领航营）；第三类是一般员工（在日本称之为共识营、耕心营）。不同的人员接受教育的时间、内容、要求是不同的。这种教育方式具有针对性，能取得较好的效果。

表3-1   国外企业界流行的领导质量意识个人测评表

阶段	行为表现
1. 模糊	没有认识到质量管理的作用，一出现质量问题就指责下级
2. 启蒙	承认质量管理的作用，但不愿花时间和财力去开展这项工作
3. 明白	逐步了解了质量管理的意义和内容，支持并帮助这项工作
4. 行动	认识到质量管理的权威性，知道自己在这项工作中的责任，参与并领导这项工作
5. 自觉	认识到质量是企业的生命，积极努力地去做这项工作

表3-2是日本某企业的质量教育培训计划，可供企业参考。

表 3-2　　　　　　　　　日本某企业的质量教育培训计划

人员类别	教育目的	时间	要求	课程的主要内容
主管教育	1. 了解方向性 2. 制定战略、方针、政策	至少 30 小时	1. 公司外环境优美、无公务打扰的地方 2. 以此课程为第一优先，全心全力投入 3. 不允许有人以处理公事为由不参加 4. 不允许有人因公事而中途开溜	1. 质量的内涵及意义 2. TQC 的意义 3. TQC 价值理念 4. 改进质量的策略
管理教育	1. 掌握理论 2. 掌握工具 3. 组织实施 4. 学会沟通技巧	至少 40 小时	1. 学员要尽心学习，彻底掌握所学内容 2. 组织研讨会，培养学员的沟通能力	1. 主管的职责，领导作风 2. 沟通技巧 3. 进行 TQC 的行动步骤 4. 新老七种工具
员工教育	1. 了解 TQC 的意义 2. 学会怎么做	至少 20 小时	1. 教育形式要生动具体（教材、录像带） 2. 组织讨论 3. 指定作业 4. 全体一线成员参加	1. 以"How To"为主 2. 新老七种工具 3. 如何搞好 QC 小组 4. 如何搜集数据与资料 5. 如何绘制及运用图表等

（3）采取灵活多样的教育培训形式。如举办质量管理培训班、专题讲座、电视讲座、板报宣传、购置相关书刊、到各大专院校进行脱产学习、函授教育等活动。

（4）实施现场教育。现场教育具有直观、形象、员工易接受等特点。例如，海尔公司的第一个质量理念是"有缺陷的产品就是废品"；第二个质量理念是"谁生产不合格的产品，谁就是不合格的员工"；第三个质量理念是"质量改进是个没有终点的连续性活动，停止就意味着开始倒退"。海尔传播质量意识的第一个行动就是曾轰动全国而后被广泛传为佳话的砸冰箱事件。海尔公司在初期质量管理方面主要采取泰勒的科学管理方式，制定了符合实际情况的规章制度，做到有章可依，并严格执行，强化现场管理。经过几年的努力，海尔冰箱于 1988 年获得了中国冰箱史上的第一块金牌。

（5）实施形象教育。这是把以质量为核心的企业精神通过有形物质直接进行外化的一种教育方式。例如，通过厂容、厂貌、厂歌、厂徽、商标、统一标识、广告等使员工热爱企业，重视质量，关心质量。

（6）活动教育。如常州有一家企业举办了"用户挑缺陷活动"，即用户可以对该厂的产品挑毛病，用户每挑出一处毛病奖励 20 元，以此来教育员工重视质量。有的企业还举办质量知识竞赛、QC 小组活动、定期召开 QC 小组成果发布会、开展质量日活动和零缺陷日活动等。通过这些活动达到质量教育的目的。

(7) 感情投资。管理心理学认为，感情是人们联结的纽带。感情投资是人们增强凝聚力、向心力的基础。在日本的企业中都十分重视这一问题，例如，记住每一个员工的生日、开展对话谈心活动等，这样可以缩小领导与员工之间的感情距离，使领导的质量教育意图容易被员工接受，同时也加强了员工对领导的理解与支持。

(8) 领导示范。即树立质量参与意识，它是指企业的高层管理者率先垂范、身体力行，并带动企业的全体员工积极参与企业的质量管理。质量文化的真正接受者和体现者是企业全体员工，没有他们的参与，没有他们的积极性、主动性和创造性，质量目标是无法实现的。但是，质量的最终评判者是顾客，只有顾客满意的产品才能算是真正优质的产品。所以，广大消费者的评判、监督及质量信息反馈能促使企业不断改进和提高产品质量。现在，一些企业已经开始建立顾客情报系统，对自己的产品实行质量跟踪，了解产品在使用中的真实质量状况，包括及时、妥善处理顾客意见和投诉，并定期进行顾客访问调查，这也是顾客参与质量管理的重要形式。

企业培育和提高员工对质量的参与意识，通常主要依靠两个方面的工作：一是加强对全体员工的质量管理教育培训，先对企业高层经营管理者进行教育，只有他们树立了质量的责任感和紧迫感，才能不遗余力地积极投入，并带领全体员工参与质量活动，从而增强企业的凝聚力；二是企业必须建立并不断调整、完善沟通方式和渠道，在企业内部及外部形成一个简捷、有效的沟通网络，以利于企业的内部顾客和外部顾客全面参与企业的质量管理活动。

二、制度层面

要让所有民众、企业员工重视质量，除了上述的启发式、潜移默化式的"软"教育外，还必须实施"硬"教育的方式，即加强规章制度建设，把制度与质量挂起钩来，通过制度的约束使人们树立质量意识。

就国家而言，应制定一套完整的教育培训制度，使全民的教育活动有章可循。例如，各大专院校质量管理教育培训系统的建立与完善、政府部门的领导干部培训制度、企业的"第一把手"培训制度、有关事业单位高层领导的培训制度等。

就企业而言，应积极贯彻 ISO9000 族标准，建立健全企业的质量体系，使企业生产经营服务一条龙的管理通过质量的红线得以规范和保证，使质量意识融于企业的经营管理理念之中。例如，目前大多企业实行的"质量工资制"、"质量否决制"等制度，就是强化员工质量意识、使员工重视质量的有效方法。如大连市某企业实行"一等品质量"工资制，即"一等品计酬，二、三等无酬，等外品倒扣"。此外，把各项管理指标和工作指标与质量指标挂起钩来，以产品质量来核算工资多少，二线辅助工人和管理人员亦根据其服务的车间的产品质量来决定工资总额，使企业的全体员工都关心产品质量。

三、现场管理

企业应重视以质量环为基础的生产经营服务全过程的产品质量及各项工作质量的管理，培育健康的质量竞争意识，以追求完美的质量为起点，以获得完美的质量为归宿。

在企业的现场管理中，以生产优质品为载体，把下一部门看成是上一部门的用户，把下一道工序看成是上一道工序的用户，不合格品不流入下一道工序，层层把关，层层保证。

通过上述三条路径，可营造一个人人关心质量、人人重视质量、"质量在我心中"的文化氛围，为企业提升质量创造一个良好的人文环境。

表3-3是一个测评表，用于衡量企业是否拥有良好的质量文化环境。

表3-3　　　　　　　　　　优秀企业的质量文化环境测评表

系　统	标　志
教育培训系统	1. 以质量为生命的企业精神 2. 在员工中具备良好的质量心态
制度系统	1. 企业的各项规章制度以质量为红线 2. 有健全的质量体系
实物流程系统	1. 产品（服务、工作）质量优越 2. 名牌战略以质量为基础 3. 营销手段中以质量为语言

第三节　质量文化与企业名牌战略

对大中型企业来说，仅有名牌是不够的，因为名牌企业也存在着规模效益和传播范围问题。因此，企业必须在提高和保持名牌内在质量、加大名牌宣传力度的同时，把扩大现有名牌的规模和传播范围提上日程。也就是说，企业不能仅仅满足于行业名牌、区域名牌、国内名牌，而是要努力使自己的产品走出国门，红遍世界。"大名牌"不仅能够使企业获得规模经济效益，而且还可以获得范围经济效益和网络经济效益等，进而大幅度地强化企业质量文化建设的物质基础，从而为名牌战略的实施提供必要的物质保证。

一、质量文化有助于名牌战略的长期实施

质量文化有助于增强企业创名牌的内在激励机制。企业是实施名牌战略的载

体，只有按照市场经济的要求理顺产权关系、实现转机建制，使企业真正成为市场竞争的主体，企业才有创名牌的自我激励机制。良好的企业文化可以增强企业的凝聚力和向心力，协调各部门的关系，促进企业内部的改革，完善各种管理制度，增强企业员工创名牌的主动性和积极性，提高员工的名牌意识。

优秀的质量文化可以保证名牌战略的实施。创名牌和保名牌犹如创业和守业一样，创易而守难。过去，我国就有不少企业当产品小有名气后不是在改进产品质量和服务上下工夫，而是"偷梁换柱"，或以次充好，这不仅严重损害了消费者的利益，也败坏了名牌产品的声誉，结果自砸牌子；有些企业不思进取，不注重产品创新，逐步使品牌形象淡化；有些企业处置商标的使用权时不注重监督和保护，致使原有名牌贬值等。这些现象之所以存在，关键就是缺少优秀的企业质量文化建设。

二、正确的价值观是实施名牌战略的根本保证

倡导新的企业价值观，强化名牌意识，是实施名牌战略的根本保证。企业价值观是企业员工在长期实践中逐步建立起来的一种共同的价值取向、心理趋向和文化定式。它是企业文化的核心，是企业的精神支柱和活力源泉，对企业的运行状况和发展方向具有决定作用。企业员工的名牌意识，实质上就是人们对名牌重要性的认识和评价，是企业价值观在品牌方面的具体体现。正确的名牌意识可以指导企业实施有效的名牌战略，制定正确的名牌发展规划，生产真正适销对路的产品，从而夺取市场、获取效益。

质量观念是企业价值观的重要组成部分，是名牌意识的核心内容。没有高质量的产品作基础，企业创名牌是不可能的。为此，企业必须要持之以恒地实施全面质量管理，不断进行质量改进，使自己的产品具有质量特色。但要创立名牌产品，仅靠推行质量标准和确保质量水平还不够，关键是该产品的质量水平能否最大限度地满足消费者要求的质量水平。

三、良好的企业形象是企业实施名牌战略的坚强后盾

质量文化是企业形象的集中体现。企业文化形象是对企业的经营理念、精神文化、营销战略的优化设计与塑造。它包括企业的理念识别、行为识别和视觉识别等三部分。品牌是企业理念的浓缩，是企业行为的高峰呈现，是企业视觉识别系统的核心构成，因而品牌是企业形象的集中体现。在市场经济条件下，没有良好的企业形象和企业信誉就意味着企业没有广阔的市场，更谈不上实施名牌战略。因为科技进步使企业在产品质量和性能方面极易接近或趋同，企业竞争力的强弱主要取决于社会对企业认同与接受的程度。在这种情况下，企业只有对产品、服务等进行精心设计和形象策划，把企业的价值观、独特的个性、优秀的产品、优质的服务以及企业的社会责任等因素透过品牌或其他途径传达到社会中

去，最大限度地取得社会公众的认同，才能获得成功。

鉴于此，企业必须在充分考虑自己的人员素质、技术实力、行业特点、历史沿革甚至地理位置等因素的基础上，给企业进行准确的市场定位，制定正确的市场定位和形象设计，制定正确的名牌发展战略，并随着形势的发展以及企业任务和环境的变化，及时地对企业形象和名牌战略规划进行监测、修正、完善，从而建设一条有利于企业自身发展的名牌之路。

思 考 题

1. 质量文化的内涵是什么？
2. 质量文化与企业文化的关系是什么？
3. 如何建设良好的质量文化？
4. 质量文化对企业名牌战略实施的保证作用是什么？

第二编　全面质量管理与QC小组

第四章　全面质量管理

全面质量管理的基本原理与其他概念的本质差别就在于，它强调，为了取得真正的经济效益，管理必须始于识别顾客的质量要求，终于顾客对其手中的产品感到满意。全面质量管理就是为了实现这一目标而指导人、硬件设施、信息的协调活动。

——［美］费根堡姆（A. V. Feigenbaum）

【导入案例】

美国西南航空公司的全面质量管理

美国西南航空公司是建立高绩效组织进行全面质量管理的成功典范。该公司成立于1971年，最初只在得克萨斯州提供短距离运输服务。尽管美国航空业麻烦不断，西南航空公司在其历史上还是取得了1973~2002年连续28年赢利的骄人成绩，创造了美国航空业的连续赢利纪录。这样的业绩来自公司低成本的运营模式，也直接得益于西南航空公司员工的高效率工作和在飞行途中给乘客创造轻松愉快环境的服务方式。事实上，西南航空公司的总裁兼首席执行官赫伯·克勒赫从公司成立起就坚持宣传"快乐和家庭化"的服务理念和战略，并通过员工的力量将这种理念的价值充分体现和发挥出来，在成功降低成本的同时使顾客满意。

西南航空公司对新员工的技术培训时间根据不同部门的要求从两个星期到六个星期不等，西南航空公司承担所有的培训费用，并保证其完成培训后能够被雇用。西南航空公司要求所有员工（包括飞行员）每年都要参加"关心顾客"课程的学习。西南航空公司的"人民大学"为员工和管理人员开设很多专门的课程。这些课程包括团队建设、绩效评价、心理压力控制、安全、职业发展。这所

"大学"还开设"新员工庆典"课程,这是一门一天的课程,让员工了解公司的历史、文化及工作场所实践。另外,还为非财务人员开设课程使其了解财务术语,为其他人员开设多种领导发展课程。

西南航空公司在航空公司业内创造了第一个利益共享计划。通过公司的业务通讯、周报及每季度发行的新闻录像带向员工提供公司财务和营业情况的信息。员工通过多种委员会(工人管理人员联合委员会)参与决策,这些委员会对各种问题做出决策,这些问题涉及的范围很广,包括重新制定福利计划和选择新制服等。

西南航空公司建立起一种独特的政策开放体系,这一体系渗透到公司的各个部门。管理层走近员工,参与一线员工的工作,倾听员工的心声,告诉员工关于如何改进工作的建议和思想。西南航空公司与其他服务性公司不同的是,它并不认为顾客永远是对的。赫伯·克勒赫说:"实际上,顾客也并不总是对的,他们也经常犯错。我们经常遇到毒瘾者、醉汉或可耻的家伙。这时我们不说顾客永远是对的。我们说:你永远也不要再乘坐西南航空公司的航班了,因为你竟然那样对待我们的员工。"西南航空公司的管理层了解一线员工的工作,支持和尊敬一线员工的工作,甚至宁愿"得罪"无理的顾客。这使西南航空公司始终保持行业内最低的离职率。在西南航空公司,管理层的工作首先是确保所有的员工都能得到很好的关照、尊重和爱;其次是处理看起来进展不顺利的事情,并推动它的进展,帮助它变得好点,或者快点;最后是维护西南航空公司的战略。

西南航空公司的综合策略已经得到了回报。到 2006 年,西南航空公司拥有的飞机已由最初的 4 架发展到 450 余架,成为美国最大航空公司之一,每年将超过 8 300 万旅客运送到美国境内 63 个城市。西南航空这一品牌也已经成为美国乘客心目中"黄金航班"的象征。短航线、低价格、准点、航班服务简单朴实、员工高效及归属感等系列体系使美国西南航空公司的低价竞争战略得以实现,成为其他企业无法模仿的核心竞争力。1993~1996 年,该公司连续 4 年夺得美国运输部的"三重冠",即航班最准时、行李处理得最好、顾客最满意的冠军。1997~2000 年,连续 4 年被著名的《财富》杂志评为全球最受赞赏的公司之一,并在 2001 年《财富》杂志列出的 100 家美国最受员工欢迎的公司中名列第四。

(案例来源:http://www.517hb.com/html/newsys/newsys1684.htm)

第一节 全面质量管理的产生背景和基本概念

一、全面质量管理产生的背景

全面质量管理起源于 20 世纪 50 年代的美国。当时的美国面临着质量管理的新问题。一方面，人们对产品质量的要求大为提高，从注重一般性能发展到讲求产品的耐用性、可靠性、经济性。为了满足用户对产品质量的高标准和高要求，仅仅依靠传统的对局部生产过程进行把关式的质量管理方式已不适应，而原有的质量管理方法也已难以妥善解决现代生产中的质量问题，人们亟须一种新的理论与方法来指导质量管理活动。另一方面，随着管理理论的开展，人的因素越来越受到重视，尤其是被管理者在生产活动中的作用得到承认。在实践中，开始推行"工业民主"、"参与管理"和"目标管理"，强调让工人参与企业管理，充分发挥其自觉性、主动性和创造力。在质量管理中，出现了要求工人实行"自我控制"的"无缺点运动"，建立了"质量提案制度"。这一切为全面质量管理的产生提供了理论与实践的基础，同时，一般系统论和系统工程被引入企业管理领域以后，使人们运用系统观点综合分析研究质量问题成为可能。于是，全面质量管理应运而生。

1951年，朱兰博士将当时关于质量管理的一些重要思想和论文汇编成《质量控制手册》，后来这本书风靡全球。

同一时期，美国的贝尔实验室开展了"全面质量保证计划"（overall quality assurance plan）活动，宣传和强调从建立质量标准到产品最终处理为止的各种活动的重要性。

1956年，美国通用电器公司的费根堡姆在《哈佛商业评论》上发表了论文《全面质量控制》（Total Quality Control），首次提出了TQC——全面质量管理的概念。他指出，现代产品的质量问题在技术上日益复杂，只有从系统观点出发统一计划和组织才能解决。他与质量管理专家J. E. 朱兰等人一起倡导并在美国一些企业首先推行全面质量管理。

1961年，费根堡姆出版了书籍——《全面质量控制》。他认为，"全面质量管理是为了能够在最经济的水平上，并考虑到充分满足顾客要求的条件下进行市场研究、设计、制造和售后服务，把企业内部各部门研制质量、维持质量和提高质量的活动整合为一体的一种有效的体系。"质量管理由制造过程中的统计质量控制发展到了对满足顾客要求所必须关注的各方面的控制和管理。

质量管理开始渗透到各个行业，服务业也开始普遍实行质量管理。20世纪50年代后期，美国一些银行、航空公司为了解决自己所面对的问题，逐步开始运用质量管理的思想和方法，并取得了很好的效果。全面质量管理产生后，迅速地从美国推广到西方各国，其理论、技术和方法在实践中有了新的发展。

随着全面质量管理的传播，各国也纷纷开展全面质量管理。在全面质量管理运动中，成就最为突出的当属日本。日本从"二战"的战败国一跃而成为世界经济强国，并能对当时美国的经济霸主地位产生严重威胁，以及最近几十年里日本制造成为高质量的代名词，这一切都应主要归功于全面质量管理。

"二战"后，美国在帮助日本重建经济基础时，派了大量专家前往日本。爱德华·戴明就是其中一位。戴明是统计专家，他在帮助日本的过程中将各种管理原则与统计方法相结合，逐步建立了致力于产品（服务）和过程的无止境改进的全面质量管理思想，并为日本所接受和发展。全面质量管理在日本叫做"全公司质量管理"（Company-wide Quality Control，CWQC）。石川馨博士是这样概括的：CWQC 的特点在于整个公司从上层管理层到全体职员都参与质量管理。不仅研究、设计和制造部门参与，其他部门如销售、材料供应、计划、会计和人事等所有部门也都参与。质量管理的概念和方法不仅用于解决原材料、生产过程和产品设计等问题，当上层管理者决定公司方针时也可以被用于进行行业分析和检查方针的实施情况以及解决销售、人事管理等问题。日本在开展全面质量管理的深度和广度上都比其他国家更为深刻。

1969 年，质量管理国际大会总结了日本式质量管理的经验，归纳出六大特点：(1) 开展全公司性的质量管理；(2) 实行质量管理的审核制度；(3) 质量管理的教育与培训制度化；(4) 积极开展质量管理小组活动；(5) 灵活应用质量管理的统计方法；(6) 组织全国范围的质量管理推进活动。因此，20 世纪 80 年代以后，日本的全面质量管理已成为其他国家争先学习的经验。

经过几十年的发展，全面质量管理也得到了进一步的深化。自 20 世纪 80 年代后期以来，全面质量管理由早期的 TQC 演变为 TQM（Total Quality Management）。TQM 的实质是以顾客满意、附加价值和持续改善为核心的一种全面的经营管理理念。它指的是组织以质量为中心、以全员参与为基础，目的在于通过让顾客满意及本组织所有成员和社会受益而达到长期成功的一种管理理念。TQM 强调用事实和数据说话，强调广泛应用统计方法和技术。TQM 的对象不仅包括一般意义上的产品和服务，还包括组织的所有活动、过程、人员和组织结构等各个方面。

中国自 1978 年开始在北京内燃机总厂和清河毛纺厂等企业进行全面质量管理试点，以后在全国范围内推广，颁布了《工业企业全面质量管理暂行办法》，初步形成了一套具有中国特色的全面质量管理理论和方法体系，并取得了一些有益的经验，主要内容有：(1) 建立行政和群体组织（学术团体）相结合的质量管理推进机构；(2) 制定符合中国国情的质量管理政策、法令和规章制度；(3) 普遍开展质量管理教育与培训；(4) 组织全国"质量月"，大规模地开展群众性质量管理活动。

就中国企业而言，主要是通过实施 ISO9000 标准来实现质量的提高。ISO9000 系列国际质量管理标准于 1987 年问世。这是 TQM 发展到一定阶段的产物。ISO9000 标准在许多方面反映了 TQM 的思想，可以把它看做 TQM 的一部分。

但我们要特别注意，企业达到了 ISO9000 标准并不意味着它成功地实现了全面质量管理。因为 ISO9000 标准具有一致性，在一定时期内保持相对稳定是企业质量管理的基本要求；而全面质量管理则始终不断地寻求改进的机会，是更高的要求。目前，很多中国企业还是把 ISO9000 标准当作申请的过程，虽然按照 ISO9000 标准操作，质量有很大提高，但企业的文化并未因此而改变，领导也并没有全身心地投入。而且，尤其需要注意的是，TQM 中所定义的质量是一个多维的概念，它不仅与最终产品有关，并且与组织如何交货、如何迅速响应顾客的投诉等都有关。因此，中国企业要真正贯彻全面质量管理，还有很长的路要走，需要在流程、技巧、技术支持、培训系统、企业价值观和文化等方面都做出全面的改进。

随着全面质量管理的发展，各国纷纷设立国家质量奖以促进全面质量管理的普及和提升企业的管理水平及企业竞争力。日本的戴明奖是最早设立的国家质量奖，它始创于 1951 年。如今，它已成为世界上最著名的三大质量奖项之一。另外两个为美国波多里奇国家质量奖（1987 年建立）和欧洲质量奖（1992 年建立）。其他国家的质量奖的设置大都以美国质量奖或者欧洲质量奖为蓝本。各国都希望通过质量奖的实施来实现对全面质量管理发展的促进，最终实现国家经济竞争力的提升。

随着经济全球化的发展，竞争越来越激烈，环境对企业成本、绩效和服务的要求越来越高，对质量的要求也越来越高，企业如何在这种环境里实现可持续发展，全面质量管理将成为企业实现其战略目标的强有力的保证。

二、全面质量管理的含义

到目前为止，对于全面质量管理并没有权威性的定义。但是，这并不影响在全球范围内对于全面质量管理的理解达成共识。

全面质量管理（Total Quality Management，TQM）是一种由顾客的需要和期望驱动的管理哲学。TQM 是以质量为中心建立在全员参与基础上的一种管理方法，其目的在于长期获得顾客满意以及组织成员和社会的利益。

费根堡姆对 TQM 的定义是："为了能够在最经济的水平上，并考虑到充分满足顾客要求的条件下进行市场研究、设计、制造和售后服务，把企业内部各部门研制质量、维持质量和提高质量的活动整合为一体的一种有效的体系。"

费根堡姆的全面质量管理观点在世界范围内得到了广泛的接受。但各个国家在实践中都结合自己的实际进行了创新。特别是 20 世纪 80 年代后期以来，全面质量管理得到了进一步的扩展和深化，其含义远远超出了一般意义上的质量管理的领域，而成为一种综合的、全面的经营管理方式和理念。在这一过程中，全面质量管理的概念也得到了进一步的发展。

ISO8402 对 TQM 的定义是：一个组织以质量为中心，以全员参与为基础，目的在于通过让顾客满意和本组织所有成员及社会受益而达到长期成功的管理途径。这一定义反映了全面质量管理概念的最新发展，也得到了质量管理界的广泛共识。

具体来说，TQM 蕴涵着如下含义：

（1）强烈地关注顾客。从现在和未来的角度来看，顾客已成为企业的衣食父母。"以顾客为中心"的管理模式正逐渐受到企业的高度重视。全面质量管理注重顾客价值，其主导思想就是"顾客的满意和认同是长期赢得市场、创造价值的关键"。为此，全面质量管理要求必须把以顾客为中心的思想贯穿到企业业务流程的管理中，即从市场调查、产品设计、试制、生产、检验、仓储、销售到售后服务的各个环节都应该牢固树立"顾客第一"的思想，不但要生产物美价廉的产品，而且要为顾客做好服务工作，最终让顾客放心满意。

（2）坚持不断地改进。TQM 是一种永远不能满足的承诺，"非常好"还是不够，质量总能得到改进，"没有最好，只有更好"。在这种观念的指导下，企业持续不断地改进产品或服务的质量和可靠性，确保企业获得对手难以模仿的竞争优势。

（3）改进组织中每项工作的质量。TQM 采用广义的质量定义。它不仅与最终产品有关，并且还与组织如何交货、如何迅速地响应顾客的投诉、如何为客户提供更好的售后服务等有关系。

（4）精确地度量。TQM 采用统计度量组织作业中人的每一个关键变量，然后与标准和基准进行比较以发现问题，追踪问题的根源，从而达到消除问题、提高品质的目的。

（5）向员工授权。TQM 吸收生产线上的工人加入改进过程，广泛地采用团队形式作为授权的载体，依靠团队发现和解决问题。

三、全面质量管理的内容

全面质量管理过程的全面性，决定了全面质量管理的内容应当包括设计过程、制造过程、辅助过程、使用过程等四个过程的质量管理。

1. 设计过程的质量管理。产品设计过程的质量管理是全面质量管理的首要环节。这里所指的设计过程，包括市场调查、产品设计、工艺准备、试制和鉴定等过程（即产品正式投产前的全部技术准备过程）。主要工作内容包括：通过市场调查研究，根据用户要求、科技情报与企业的经营目标，制定产品质量目标；组织由销售、使用、科研、设计、工艺、制度和质管等多部门参加的审查和验证，确定适合的设计方案；保证技术文件的质量；做好标准化的审查工作；督促遵守设计试制的工作程序；等等。

2. 制造过程的质量管理。制造过程，是指对产品直接进行加工的过程。它是产品质量形成的基础，是企业质量管理的基本环节。它的基本任务是保证产品的制造质量，建立一个能够稳定生产合格品的生产系统。主要工作内容包括：组织质量检验工作；组织和促进文明生产；组织质量分析，掌握质量动态；组织工序的质量控制，建立管理点；等等。

3. 辅助过程的质量管理。辅助过程，是指为保证制造过程正常进行而提供各种物资技术条件的过程。它包括物资采购供应、动力生产、设备维修、工具制造、仓库保管、运输服务等。其主要内容有：做好物资采购供应（包括外协准备）的质量管理，保证采购质量，严格入库物资的检查验收，按质、按量、按期地提供生产所需要的各种物资（包括原材料、辅助材料、燃料等）；组织好设备维修工作，保持设备良好的技术状态；做好工具制造和供应的质量管理工作等。另外，企业物资采购的质量管理也将日益显得重要。

4. 使用过程的质量管理。使用过程是考验产品实际质量的过程，它是企业内部质量管理的继续，也是全面质量管理的出发点和落脚点。这一过程质量管理的基本任务是提高服务质量（包括售前服务和售后服务），保证产品的实际使用效果，不断促使企业研究和改进产品质量。其主要内容有：开展技术服务工作，处理出厂产品质量问题；调查产品使用效果和用户要求。

第二节　全面质量管理的基本方法

全面质量管理的根本目的在于最大限度地满足顾客和社会的需要，既要满足现实明确的规定和要求，又要满足潜在的需要。随着社会、技术和工业生产的发展，要求不断地改进和提高产品质量，提高组织的质量保证能力，以满足顾客不断提高的满意程度。美国质量专家戴明教授总结了一套系统的工作方法，被称为戴明循环，或简称为 PDCA 循环。任何一个全面质量管理过程都要遵循 PDCA 循环，即质量管理活动要按照计划、实施、检查、处置的顺序进行，形成从制定计划开始，经过组织实施、检查效果和总结提高的管理过程，这已成为全面质量管理的基本工作方法。2000 年版 ISO9000 质量管理体系标准强调的"质量的持续改进"，也是全面质量管理的目的之一，质量改进过程就是运用 PDCA 循环这一规则进行的。

一、PDCA 循环的工作程序

全面质量管理的基本方法可以概况为四句话十八个字，即：一个过程，四个阶段，八个步骤，数理统计方法。

1. 一个过程。即企业管理是一个过程。企业在不同时间内应完成不同的工作任务。企业的每项生产经营活动都有一个产生、形成、实施和验证的过程。

2. 四个阶段。即"计划（plan）—实施（do）—检查（check）—处置（action）"四个阶段的循环方式，简称 PDCA 循环，又称"戴明循环"。

（1）计划（P）。第一阶段是计划。包括制定方针、目标、计划书、管理项目等。对具体产品或工作部门来说，则是要以提高产品和服务的质量、降低损耗、降低成本为目标，经过分析判断，选定改进质量的重点问题，制定解决问题的措施和计划。

（2）实施（D）。第二阶段是执行。按照既定的计划内容和日程安排，组织有关人员执行计划，落实具体对策，力求实现计划的要求和预定的目标。

（3）检查（C）。第三阶段是检查。实施过程中，按照计划要求检查执行的情况，并进一步发现执行过程出现的问题，判断按计划执行是否取得了预期的效果，或执行过程是否出现偏离计划的情况，从而把握对策的效果，更好地为执行计划提供信息。

（4）处置（A）。第四阶段是处置。总结并肯定成功的经验，明确遗留的问题，将有益的经验转化上升为工作标准，以后按此标准进行。对没有解决的问题，提出下一阶段的工作目标，作为以后活动计划的依据，为下一轮PDCA循环计划的制定提供资料。这一巩固成绩、克服缺点的处置阶段是最重要的过程。

3. 八个步骤。为了解决和改进质量问题，PDCA循环中的四个阶段还可以具体划分为八个步骤。

第一步，找出问题。分析现状，找出存在的问题，包括产品（服务）质量问题及管理中存在的问题。尽可能用数据说明。

第二步，分析原因。分析产生问题的各种影响因素，尽可能将这些因素都罗列出来。请注意：

（1）要逐个问题、逐个因素详加分析；

（2）切忌主观、笼统、粗枝大叶。

第三步，确定主因。找出影响质量的主要因素。请注意：

（1）影响质量的因素往往是多方面的，从大的方面看，可以有操作者（人）、机器设备（机）、原材料（料）、工艺方法或加工方法（法）、环境条件（环）以及检测工具和检测方法（检）等。即使是管理问题，其影响因素也是多方面的，例如管理者、被管理者、管理方法、使用的管理工具、人际关系等。

（2）每项大的影响因素中又包含许多小的影响因素。例如，从操作者来说，既有不同操作者的区别，又有同一操作者因心理状况、身体状况变化引起的不同原因，还有诸如质量意识、工作能力等多方面的因素。

（3）在这些因素中，要全力找出影响质量的主要的、直接的因素，以便从主要因素入手解决存在的问题。

（4）切忌"眉毛胡子一把抓"、"丢了西瓜捡芝麻"。

（5）切忌什么因素都去管，结果管不了而导致改进的失败。

第四步，制定措施。针对影响质量的主要因素制定措施，提出改进计划，并预计其效果。请注意：

（1）措施和活动计划要具体、明确，切忌空洞、模糊。

（2）措施和活动计划具体明确"5W1H"的内容，也就是说，要回答：为什么制定这一措施计划，预计达到什么目标，在哪里执行这一措施计划，由哪个单位或哪个人来执行,何时开始、何时完成,如何执行。

以上四步是 P—计划阶段的具体化。

第五步,执行计划。按既定的措施计划实施,也就是 D—执行阶段。请注意:执行中若发现新的问题或情况发生变化(如人员变动),应及时修改措施计划。

第六步,检查效果。根据措施计划的要求,检查、验证实际执行的结果,看是否达到了预期的效果,也就是 C—检查阶段。请注意:

(1) 检查效果要对照措施计划中规定的目标进行。

(2) 检查效果必须实事求是,不得夸大,也不得缩小,未完全达到目标也没有关系。

第七步,纳入标准。根据检查的结果进行总结,把成功的经验和失败的教训都纳入有关标准、规程、制度之中,巩固已经取得的成绩。请注意:

(1) 这一步是非常重要的,需要下决心,否则,质量改进就失去了意义。

(2) 在涉及更改标准、程序、制度时应慎重,必要时还需要进行多次 PDCA 循环加以验证,而且还要按 GB/T 19000—ISO9000 族标准的规定采取控制措施。

(3) 非书面的巩固措施有时也是必要的。

第八步,遗留问题。根据检查的结果提出这一循环尚未解决的问题,分析因质量改进造成的新问题,把它们转到下一次 PDCA 循环的第一步去。请注意:

(1) 对遗留问题应进行分析,一方面要充分看到成绩,不要因为遗留问题而打击了对质量改进的积极性,影响了士气;另一方面又不能盲目乐观,对遗留的问题视而不见。

(2) 质量改进之所以是持续的、不间断的,就在于任何质量改进都可能有遗留问题,进一步改进质量的可能性总是存在的。

第七、八两步是 A—处理阶段的具体化。

说明:四个阶段必须遵循,不能跨越;八个步骤可增可减,视具体情况而定。

在应用 PDCA 四个循环阶段、八个步骤来解决质量问题时,需要收集和整理大量的书籍资料,并用科学的方法进行系统的分析。最常用的七种统计方法是排列图、因果图、直方图、分层法、相关图、控制图及统计分析表。这套方法是以数理统计为理论基础,不仅科学可靠,而且比较直观。

二、PDCA 循环的工作特点

1. 四个阶段一个也不能少。PDCA 的四个阶段,反映了从事一项工作的逻辑思路,是必须遵循的。它不仅适用于整个质量管理过程,也适用于质量管理任何一个方面的活动。P 阶段设定质量目标,并提出实现这些目标的具体措施和方案;D 阶段按照已制定的计划和措施去具体实施;C 阶段则是对照计划检查执行情况；A 阶段则为总结成绩，提出不足，在部分改进的基础上进行下一个 PDCA 循环。这四个阶段环环相扣，缺一不可。具体如图 4-1 所示。

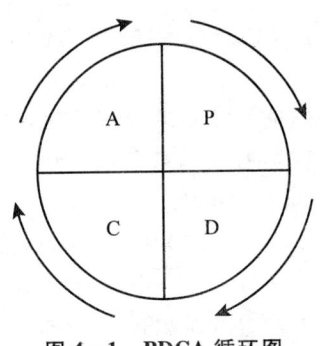

图 4-1 PDCA 循环图

2. 大环套小环，互相促进。PDCA 循环是组织进行行政管理（包括方针目标管理、生产计划管理、销售服务管理、人事财务管理等）特别是质量管理的一种科学方法，适用于组织各个方面和各个层次的工作。

因此，整个组织就是一个大的 PDCA 循环，各部门又都有各自的 PDCA 循环，依次又有更小的 PDCA 循环，直至具体落实到每个人，如图 4-2 所示。上一级 PDCA 循环是下一级 PDCA 循环的根据，下一级 PDCA 循环又是上一级 PDCA 循环的贯彻落实和具体化。通过循环把质量改进或组织的各项工作有机地联系起来，彼此协同，互相促进。

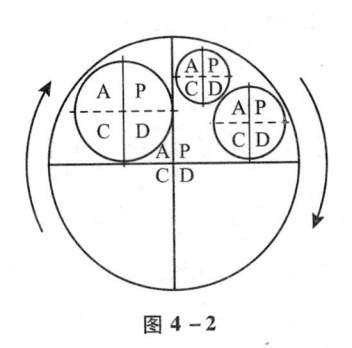

图 4-2

3. 不断循环上升。四个阶段要周而复始地转动，而每一次转动都有新的内容和目标，因而也意味着前进了一步，好似爬楼梯，逐步上升，如图 4-3 所示。在质量改进上经过了一次循环，解决了一个问题，质量水平就有了新的提高。

目标

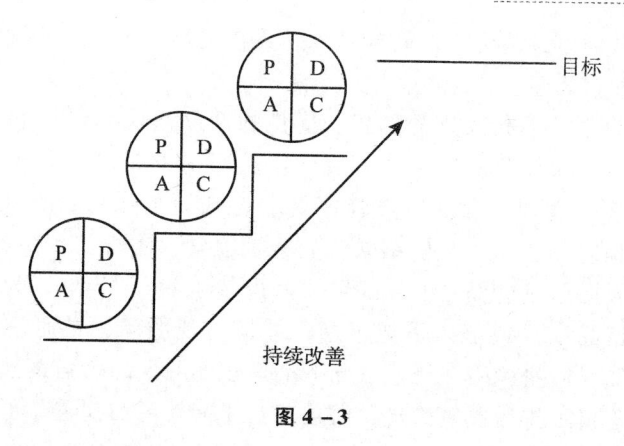

持续改善

图 4-3

4. 推动 PDCA 循环，关键在 A —处置阶段。处置阶段的主要工作就是对这一循环的计划实施情况进行总结，把成功的经验和失败的教训纳入标准、制度和规定中，以巩固成绩。同时，发现问题，纠正错误，防止同类错误再次发生，进而提出新的目标和任务，从原有的循环带出新的循环，把上下循环联系在一起，保持 PDCA 循环的运行不息。因此，推动全面质量管理的过程中一定要始终如一地抓住处置总结阶段。

全面质量管理是涉及组织经营管理所有环节和所有部门、人员的综合性管理系统，它的目标与组织的经营目标相一致，它的任务直接关系到组织的生存发展。实质上，全面质量管理已处于组织经营战略的中心位置，推动组织走上"质量经营"、"质量效益型"的新的发展道路；全面质量管理也将会得到更有力的推行，以发挥越来越大的作用。

第三节 全面质量管理的基本要求

全面质量管理在我国也得到一定的发展。我国专家在总结实践经验中提出了"三全一多样"的观点，即认为推行全面质量管理必须要满足"三全一多样"的基本要求。

1. 全过程的质量管理。任何产品或服务的质量，都有一个产生、形成和实现的过程。从全过程的角度来看，质量产生、形成和实现的整个过程是由多个相互联系、相互影响的环节所组成的，每一个环节都或轻或重地影响着最终的质量状况。为了保证和提高质量，就必须把影响质量的所有环节和因素都控制起来。为此，全过程的质量管理包括了从市场调研、产品设计开发、生产（作业）到销售、服务等全部有关过程的质量管理。换句话说，要保证产品或服务的质量，不仅要搞好生产或作业过程的质量管理，还要搞好设计过程和使用过程的质量管理。要把质量形成全过程的各个环节或有关因素控制起来，形成一个综合性的质量管理体系，做到以预防为主、防检结合、重在提高。为此，全面质量管理强调必须体现如下两个思想。

（1）预防为主、不断改进的思想。优良的产品质量是设计和生产制造出来的，而不是靠事后的检验决定的。事后的检验面对的是已经既成事实的产品质量。根据这一基本道理，全面质量管理要求把管理工作的重点从"事后把关"转移到"事前预防"上来，从管结果转变为管因素，实行"预防为主"的方针，把不合格品消灭在形成过程之中，做到"防患于未然"。当然，为了保证产品质量，防止不合格品出厂或流入下道工序，并把发现的问题及时反馈，防止再出现、再发生，加强质量检验在任何情况下都是必不可少的。强调预防为主、不断改进的思想，不仅不排斥质量检验，而且甚至要求其更加完善、更加科学。质量检验是全面质量管理的重要组成部分，企业内行之有效的质量检验制度必须坚持，并且要进一步使之科学化、完善化、规范化。

（2）为顾客服务的思想。顾客有内部和外部之分：外部的顾客可以是最终的顾客，也可以是产品的经销商或再加工者；内部的顾客是企业的部门和人员。实行全过程的质量管理要求企业所有工作环节都必须树立为顾客服务的思想。内部顾客满意是外部顾客满意的基础。因此，在企业内部要树立"下道工序是顾客"、"努力为下道工序服务"的思想。现代工业生产是一环扣一环，前道工序的质量会影响后道工序的质量，一道工序出了质量问题，就会影响整个过程以至产品质量。因此，要求每道工序的工序质量都要经得起下道工序即"顾客"的检验，满足下道工序的要求。有些企业开展的"三工序"活动即复查上道工序的质量、保证本道工序的质量、坚持优质和准时为下道工序服务是为顾客服务思想的具体体现。只有每道工序在质量上都坚持高标准，都为下道工序着想，都为下道工序提供最大的便利，企业才能目标一致地、协调地生产出符合规定要求和满足用户期望的产品。

可见，全过程的质量管理就意味着全面质量管理要"始于识别顾客的需要，终于满足顾客的需要"。

2. 全员的质量管理。产品和/或服务质量是企业各方面、各部门、各环节工作质量的综合反映。企业中任何一个环节、任何一个人的工作质量都会不同程度地直接或间接地影响着产品质量或服务质量。因此，产品质量人人有责，人人关心产品质量和服务质量，人人做好本职工作，全体参加质量管理，才能生产出顾客满意的产品。要实现全员的质量管理，应当做好三个方面的工作。

（1）必须抓好全员的质量教育和培训。教育和培训的目的有两个：第一，加强员工的质量意识，牢固树立"质量第一"的思想；第二，提高员工的技术素质和管理能力，增强参与意识。在教育和培训过程中，要分析不同层次员工的需求，有针对性地开展教育和培训。

（2）要制定各部门、各级各类人员的质量责任制，明确任务和职权，各司其职，密切配合，以形成一个高效、协调、严密的质量管理工作的系统。这就要求企业的管理者要勇于授权、敢于放权。授权是现代质量管理的基本要求之一，原因在于：第一，顾客和其他相关方能否满意、企业能否对市场变化做出迅速反应决定了企业能否生存，而提高反应速度的重要和有效的方式就是授权；第二，企业的员工有强烈的参与意识，同时也有很高的聪明才智，赋予他们权力和相应的责任，也能够激发他们的积极性和创造性。在明确职权和职责的同时，还应该要求各部门和相关人员对于质量做出相应的承诺。当然，为了激发他们的积极性和责任心，企业应该将质量责任同奖惩机制挂起钩来。只有这样，才能够确保责、权、利三者的统一。

（3）要开展多种形式的群众性质量管理活动，充分发挥员工的聪明才智和当家做主的进取精神。群众性质量管理活动的重要形式之一是质量管理小组。除了质量管理小组之外，还有很多群众性质量管理活动，如合理化建议制度、与质量相关的劳动竞赛等。总之，企业应该发挥创造性，采取多种形式激发全员参与的积极性。

3. 全企业的质量管理。全企业的质量管理可以从纵横两个方面加以理解。从纵向的组织管理角度来看，质量目标的实现有赖于企业的上层、中层、基层管理乃至一线员工的通力协作，其中尤以高层管理能否全力以赴起着决定性的作用。从企业职能间的横向配合来看，要保证和提高产品质量，必须使企业研制、维持和改进质量的所有活动构成一个有效的整体。全企业的质量管理可以从两个角度来理解。

（1）从组织管理的角度来看，每个企业都可以划分成上层管理、中层管理和基层管理。"全企业的质量管理"就是要求企业各管理层次都有明确的质量管理活动内容。当然，各层次活动的侧重点不同。上层管理侧重于质量决策，制定出企业的质量方针、质量目标、质量政策和质量计划，并统一组织和协调企业各部门、各环节、各类人员的质量管理活动，保证实现企业经营管理的最终目的；中层管理则要贯彻落实领导层的质量决策，运用一定的方法找到各部门的关键、薄弱环节或必须解决的重要事项，确定本部门的目标和对策，更好地执行各自的质量职能，并对基层工作进行具体的业务管理；基层管理则要求每个员工都要严格地按标准、按规范进行生产，相互间进行分工合作，互相支持协助，并结合岗位工作开展群众合理化建议和质量管理小组活动，不断进行作业改善。

（2）从质量职能角度来看，产品质量职能是分散在全企业的有关部门中的，要保证和提高产品质量，就必须将分散在企业各部门的质量职能充分发挥出来。

但由于各部门的职责和作用不同，其质量管理的内容也是不一样的。为了有效地进行全面质量管理，就必须加强各部门之间的组织协调，并且为了从组织上、制度上保证企业长期稳定地生产出符合规定要求、满足顾客期望的产品，最终必须要建立起全企业的质量管理体系,使企业的所有研制、维持和改进质量的活动构成一个有效的整体。建立和健全企业质量管理体系,是全面质量管理深化发展的重要标志。

可见,全企业的质量管理就是"以质量为中心,领导重视、组织落实、体系完善"。

4. 多方法的质量管理。影响产品质量和服务质量的因素越来越复杂:既有物质的因素,又有人的因素;既有技术的因素,又有管理的因素;既有企业内部的因素,又有随着现代科学技术的发展对产品质量和服务质量提出越来越高要求的企业外部的因素。要把这一系列因素系统地控制起来,全面管好,就必须根据不同情况,区别不同的影响因素,广泛、灵活地运用多种多样的现代化管理办法来解决当代质量问题。

目前,质量管理中广泛使用各种方法,统计方法是重要的组成部分。除此之外,还有很多非统计方法。常用的质量管理方法有所谓的老七种工具,具体包括因果图、排列图、直方图、控制图、散布图、分层图、调查表;还有新七种工具,具体包括关联图法、KJ法、系统图法、矩阵图法、矩阵数据分析法、PDPC法、箭头图法。除了以上方法外,还有很多方法,尤其是一些新方法近年来得到了广泛的关注,具体包括质量功能展开(QFD)、田口方法、故障模式和影响分析(FMEA)、头脑风暴法(Brainstorming)、六西格玛法(6σ)、水平对比法(Benchmarking)、业务流程再造(BPR)等。

总之,为了实现质量目标,必须综合应用各种先进的管理方法和技术手段,必须善于学习和引进国内外先进企业的经验,不断改进本组织的业务流程和工作方法,不断提高组织成员的质量意识和质量技能。"多方法的质量管理"要求的是"程序科学、方法灵活、实事求是、讲求实效"。

上述"三全一多样",都是围绕着"有效地利用人力、物力、财力、信息等资源,以最经济的手段生产出顾客满意的产品"这一企业目标的,这是我国企业推行全面质量管理的出发点和落脚点,也是全面质量管理的基本要求。坚持质量第一,把顾客的需要放在第一位,树立为顾客服务、对顾客负责的思想,是我国企业推行全面质量管理贯彻始终的指导思想。

第四节 全面质量管理的基础工作

开展全面质量管理工作必须做好一系列基础工作,基础工作的好坏决定了组织全面质量管理的水平,也决定了组织能否面向市场长期地提供满足顾客需要的产品。根据国内外的经验,开展全面质量管理,应着重做好以下五个方面的工作。

一、质量教育工作

产品质量的好坏,取决于组织员工队伍的技术水平、各部门的管理水平。全面质量管理是"以质量为中心,以人为本"的管理,因此,开展全面质量管理活动,必须从提高员工的素质抓起,把质量教育作为"第一道工序"。只有通过质量教育工作不断地提高全体员工的质量意识,掌握和运用质量管理的理论、方法和技术,自觉提高业务水平、操作技术水平和管理能力,不断改进和提高工作质量,才能生产出顾客满意的产品。

质量管理教育工作主要包括两个方面:一方面是全面质量管理基本思想、基本原理的宣传和教育;另一方面是员工的技术业务的培训和教育。全面质量管理要求组织的每个成员都参与,这就要求全体员工都要树立质量意识,了解质量管理的基本思想、基本原理和基本方法。广大员工是产品质量的实现者,这就要求他们除了具备良好的质量意识之外还应有过硬的本领。由于科学技术的迅猛发展,组织的设备、工艺、操作方法都在不断变化着,每个人都面临着知识的老化问题,这就非常有必要不断地学习新的知识、新的技术,以跟上时代的步伐。质量教育工作要贯穿质量经营的始终。

当然,质量教育工作不能搞"一刀切",应根据不同岗位、不同层次有侧重点地进行教育和培训。例如,组织的决策者应着重学习管理的原理、决策的理论和方法;而操作工人则应着重练好操作技能。

二、标准化工作

标准是对重复性事物和概念所作的统一规定,它以科学、技术和实践经验的综合为基础,经过有关方面协商一致,由主管机构批准,以特定形式发布,作为共同遵守的准则和依据。标准是衡量产品质量和各项工作质量的尺度,也是组织进行生产加工和经营管理工作的依据。

标准包括技术标准和管理标准两类。技术标准是对技术活动中需要统一协调的事物制定的技术准则,它是根据不同时期的科学水平和实践经验,针对具有普遍性和重复出现的技术问题提出的最佳解决方案,并经过一定程序批准的在一定范围内共同遵守的技术规定。其对象既可以是物质的(如产品、材料、工具),也可以是非物质的(如程序、方法、符号、图形)。管理标准是为合理组织、利用和发展生产力,正确处理生产、交换、分配和消费中的相互关系,以及行政和经济管理机构为行使其计划、监督、指挥、协调、控制等管理职能而制定的准则。它是组织和管理生产经营活动的依据与手段,是管理现代化的产物,是随着管理的科学化而不断发展起来的。其中更多的是各种规章制度、工作程序、工作规范、操作规程等。

标准化是在经济、技术、科学和管理等社会实践中,对重复性事物和概念,通过制定、发布和实施标准达到统一，以获得最佳秩序和社会效益的活动。标准化工作为组织的生产经营活动建立了一定的程序，使组织各部门相互提供的条件符合各自的要求，使各个生产环节的活动协调一致，使组织的各种经济活动遵循共同的准则，使复杂的管理工作系统化、规范化、简单化，从而保证组织生产经营活动能够高效、准确、连续不断地进行。标准化工作是组织提高产品质量和发展品种的重要手段，也为组织实现各项管理职能提供了共同遵守的准则和依据。

组织进行标准化工作，就是为组织的经营活动建立一定的秩序，使组织各部门相互提供的条件符合各自的要求，各个经营环节的活动协调一致，使组织的各种经济活动遵循共同的准则，使组织复杂的管理工作系统化、规范化、简单化，保证组织经营活动能够高效、准确、连续不断地进行。标准化工作是组织提高产品或服务质量和发展品种的重要手段，而且为组织实现各项管理职能提供了共同遵守的准则和依据。标准化工作的对象和范围十分广泛，但大多数都与质量有关。目前国际标准化组织所颁布的国际标准中有半数以上与产品质量直接有关。

组织标准化是指以提高经济效益为目的，以搞好管理、技术、生产、服务和营销等各项工作为主要内容，制定、贯彻实施和管理维护标准的一种有组织活动。组织标准化是社会其他方面标准化工作的支柱和基础，搞好组织标准化对于提高组织质量管理水平也有重要意义。

组织开展标准化工作应从以下三个方面进行。

1. 了解组织标准化的基本任务。组织开展标准化工作，是"以顾客为关注焦点"的思想为指导，为组织的经营活动建立秩序，使组织提供满足顾客需要的产品和服务。组织标准化的基本任务有：贯彻执行国家、行业和地方有关标准化的法律、法规、规章和方针政策；贯彻实施有关的技术法规、国家标准、行业标准、地方标准和上级标准；正确制定、修订和贯彻实施组织标准，在制定、修订组织内部标准时，应积极采用国际标准和国外先进标准；积极承担上级标准的制定和修订任务；建立和健全组织内标准体系并使之正常、有效运行；对组织内标准的贯彻实施进行监督和检查。组织标准化的所有任务是建立在经济、技术的发展和顾客需要的变化之上的。

2. 建立组织的标准体系。应结合正式颁布的标准（包括国际标准、国家标准、行业标准及组织标准）和组织实际情况，形成自己的标准体系。一个组织建立标准体系，主要以技术标准为主体，还涉及组织管理标准和工作标准。

根据组织经营活动全过程中具有的多样性、相关性和重复性，组织的标准化工作必须具有系统性、关联性。组织的标准与标准之间、组织标准与组织外部相关标准之间必须协调统一，组织的标准应做到完整配套、相互联系。例如，一种产品存在，其功能、耐用性、安全性、经济性等方面应符合顾客对该产品的要求，应要求有技术标准、安全标准和管理标准等一整套标准。

3. 对组织标准体系的贯彻实施与监督。标准本身具有科学性和群众性。标准应充分运用现代化专业技术和管理技术,在总结经验的基础上,依靠群众自己来制定和贯彻标准。尤其是制定管理标准时,要自下而上,多次反复修正,取得一致后贯彻执行。组织的标准体系要有连贯性,各种标准连贯一致,相互配合协调。一经正式发布,即具有权威性,标准就是组织的"法"。因此,标准文件要严格按一定的管理程序审核,内容明确、要求具体,不能抽象和模棱两可。在组织内设置专门的监督检查部门,以保证标准的贯彻实施。

对组织标准贯彻实施进行监督的主要内容有:

(1) 在国家标准、行业标准和地方标准中,组织必须严格执行的强制性标准一旦不符合某些强制标准时,其产品和服务应禁止提供给顾客。强制性标准是指若不符合此类标准将使顾客造成较大损害的一类标准。另一类标准是推荐性标准,组织一经明确采用,应严格执行。组织已备案的组织内部标准,也应严格执行。

(2) 组织提供的产品或服务,必须按标准组织生产或服务,并按标准进行检验,应当在产品或服务说明书、包装物上标注所执行标准的代号、编号、名称。

(3) 组织研制新产品、提供新服务、改进产品、进行技术改造和技术引进,都必须进行标准化审查。

(4) 组织应当接受标准化行政管理部门依据有关法律、法规对实施标准情况进行监督检查。

三、计量工作

计量管理工作包括精密测量、理化试验和技术鉴定等工作,它是保证产品质量特性的数据统一、技术标准的贯彻执行、零部件的互换和生产优质产品的重要手段。因此,计量管理工作是全面质量管理的一个重要环节。计量工作的重要任务是统一计量单位制定、组织量值正确传递、保证量值统一。由于计量工作对工业生产技术的发展以及产品质量有直接影响,所以,为做好这项工作,必须对外购、使用、修理以及本企业生产监视和测量装置实行严格管理,以充分发挥它们在质量管理中的作用。

搞好计量工作的主要要求是:需用的量具及试验、分析仪器必须配备齐全,完整无缺;保证量具及化验、分析仪器的质量稳定,示值准确一致,修复及时;根据不同情况,选择正确的测试计量方法;对量具和精密仪表进行定期维修;禁止不合格量具和测量仪表投入使用;选择正确的测试计量方法;进行检测技术和测量手段的革新与改造。

搞好计量工作必须抓好以下五个主要环节:

(1) 监视和测量装置的正确、合理使用。

(2) 监视和测量装置的检定。

（3）监视和测量装置的及时修理与报废。
（4）监视和测量装置的妥善保管。
（5）改革监视和测量装置与计量方法，实现检验测试手段现代化。

为了做好计量工作，充分发挥其在工业生产和质量管理中的作用，组织必须设置专门的计量管理机构和理化试验室，负责组织全企业的计量和理化试验工作。

四、质量信息工作

质量信息，指的是反映产品质量和产供销各环节工作质量的原始记录、基本数据以及产品使用过程中反映出来的各种信息资料。

搞好质量管理工作，掌握产品质量运动的发展规律，必须深入实践、认真调查研究，掌握大量的、齐全的、准确的信息资料。质量信息的准确性、完整性和及时性将严重影响决策的质量。质量信息能及时地反映影响产品质量的发展动向，从而为保证和提高产品质量提供依据。质量信息是质量管理不可缺少的重要依据，是改进产品质量、组织内外两个反馈、改善各环节工作质量最直接的原始资料。质量信息工作是正确认识影响产品质量诸因素变化和产品质量波动的内在联系、掌握产品质量规律性的基本手段，是使用电子计算机进行质量管理的基础，是加强质量管理不可缺少的一项基础工作。

质量信息大致可以分为两大类：一类是长远的和方向性的市场动态信息，它主要供组织领导者和有关人员作战略决策用，根据这些情报，组织做出类似于发展什么产品、淘汰什么产品的方针性的决策；另一类是组织内部生产过程中的质量动态信息，它主要供各部门的有关人员进行日常管理时作战术性决策用。

质量信息的主要来源有：
（1）国内外科学技术动态。
（2）国内外同类产品的动态。
（3）国内外相关市场的供求变化。
（4）产品在使用过程中反映出来的有关信息。
（5）产品在设计和制造过程中的有关信息。

为了充分发挥质量信息的作用，必须力求做到准确、及时、全面、系统，还必须做好搜集、整理、分析、处理、传递、汇总、储存、建档等工作，实行严格的科学管理，以便于使用。为此，组织必须建立质量信息反馈系统和质量信息中心，加强质量信息的管理工作。

五、质量责任制

质量责任制就是把组织各职能部门和工作岗位的质量责任与他们的工作职责联系起来，以保证产品和服务质量的一种责任制度。组织中的每一个部门、每一位员工都应明确规定其具体任务及应承担的责任和权利范围,做到事事有人管、人人有专责、办事有标准、考核有依据。把与质量有关的各项工作同员工的积极性和责任心结合起来,形成一个严密的质量管理工作系统,一旦发现产品质量问题,可以迅速进行质量跟踪,查清质量责任,总结经验教训,更好地保证和提高产品质量。

组织开展质量责任制工作,主要从以下五个方面进行。

(1) 明确质量责任制的实质是责、权、利三者的统一。责、权必须对等一致,同时与利益挂钩,建立激励与约束机制。质量责任制就是通过一定的规定和制度具体体现出每一位员工在质量管理工作中的责、权、利。

(2) 要根据不同层次、不同对象、不同质量目标来制定各部门和各级各类人员的质量责任制。在建立各级质量责任制时,应根据组织的质量方针目标,围绕产品质量产生、形成和实现的全过程各个环节的质量职能,明确各级部门和各类人员在质量管理活动中的任务、职责和权限。这样,可使组织所有部门和全体员工真正明白自己的质量责任。

(3) 规定责任任务时尽量避免空话、大话,要尽可能具体、量化,便于考核。

(4) 规定质量责任制时,要由粗到细逐步完善。组织应从自身的实际情况出发,循序渐进,切忌照抄照搬、弄虚作假。

(5) 组织只有制定相应的质量奖惩措施,才能将质量责任制落到实处。质量奖惩的方法多种多样,可以根据自己的情况选择适当的方法从物质上和精神上给予奖惩。"质量否决权"就是我国组织较普遍运用的一种质量奖惩制度。

制定质量责任制时,应分别制定机构质量责任制和岗位质量责任制。机构质量责任制的主要内容为:明确各部门在质量管理中的质量职能,明确相应地应该赋予各部门的职责和职权。岗位质量责任制的主要内容为组织内各类人员的质量责任制度,它使每个成员明确自己在质量管理中的分工以及具体应承担的任务和责任。在实行质量责任制时,应有综合质量管理机构负责对各部门及员工的质量管理工作进行组织、协调、督促、综合和考核,使整个组织形成有效的质量管理系统,使质量管理有可靠的组织保证。

思 考 题

1. 全面质量管理的基本概念是什么?
2. 全面质量管理的基本要求是什么?
3. 全面质量管理必须做好哪些基础工作?
4. PDCA 循环的内容和步骤是什么?

第五章　QC 小组

1+1≥2 的效果，就是 QC 团队的力量。

【导入案例】

一个自我管理的奶酪制作团队

星期一早晨 6 点，在凯瑞伯食品公司的 R.G. 布什工厂车间，绿色团队替换了已工作 12 小时的银色团队。凯瑞伯食品公司是美国第二大生产奶酪公司，有 53 名员工的布什工厂（位于亚利桑那州坦泼附近）负责生产散装奶酪，然后再送到其他工厂做成最终的产品。布什工厂的生产效率非常高，每周生产约 100 万磅的奶酪，这不仅要归功于先进的生产管理技术，还与运用自我管理团队有关。除绿色和银色团队外，还有红色、蓝色、维修、支持和管理团队。

有 6 个成员的绿色团队负责压缩、脱水、装盒、包装和放入托盘等流程。在交接班的开始，从两个团队中指派的交接员谈论了他们认为可能存在并为此找了一夜的 pH 值问题。两个团队的成员在流程监控室的计算机屏幕、电源开关和仪表盘前各就各位，他们检查了流程在过去几小时内的工作情况，并查阅了预防性维修计划表。其他三个团队今天在操作室工作，负责手工劳动，制作纸桶，将奶酪装入桶中，将它们安放在托盘上。

团队成员奔波于这些工作中，其中包括传递信息的工作，这是与工厂指派的团队领导接触最密切的工作。团队成员承担了团队顾问的工作职能，团队顾问以前是指导团队的非团队成员。在这家工厂，工作的交接一直被看做是比拥有最称职的员工还重要的事情：来瑞是该团队中技术能力最强的员工，但是今天他被派去装奶酪桶了。

该团队在自己的班组上处理了一大堆问题。计算机显示屏提示监控室蒂姆的脱水器出了问题，他通知了托尼，托尼离开做桶的岗位几分钟去查看阀门，并清除了一块堵塞物。后来，pH 值的问题又出现了，它现在已经低于技术要求了。更糟的事情是发现了一些烧糊的奶酪，需要关掉脱水器对其进行清洗。团队采纳了维修组的意见，无论如何必须对脱水器作一次更全面彻底的清洗。

团队想在可能的情况下马上恢复生产，因为脱水器停工要花费公司的钱，而且质量不合格的奶酪会影响团队的产量。当过滤器被彻底清洗并重新安装好之后，开工的准备已经就绪了。

团队在工作过程中简直是被信息包围了。一个 3 英尺长的电子信号灯在操作协调性、生产和顾客投诉等不同方面提示他们。一个布告牌上写满了关于原料消耗和鼓励机制等信息，在监控室的外面挂着一幅标语，提醒他们"争分夺秒"。

绿色团队成员们经常交流，除了每天日常工作中的交流外，他们每月还召开团队会议，讨论目标、问题、日程、计划和任何需要考虑的事情。还召开纠正操作团队会议、沟通员会议和鼓动会议。成员们知道所有这些会议都是享受权利和合作付出的代价，但是，他们认为这样的代价要比让管理部门做所有的决策好得多。

团队最近第一次解雇了一个队员，这是一件非常困难的事情，因为他不仅是一名队员，而且还是一个朋友。他们解雇他是因为他的技术能力不够，尽管他原来也解决了一些问题。他们想尽办法帮助他，但是问题还在继续，团队感到他会拖累大家的工作。

绿色团队的最新成员泰德概括了团队对自我管理的感受：当我到这时，我发现这是我自己的天地。我不需要一个老板盯着，因为我知道该怎么做这份工作。我从不认为有经验的人站在其他有经验的人旁边监视他们的工作是合情合理的，如果你 14 岁我可以这样盯着，但我是成年人，并且凯瑞伯公司尊重这一点。

(资料来源：陈建华主编，《质量管理的 100 种方法》，中国经济出版社 2006 年版)

第一节 QC 小组的基本概念

一、QC 小组概述

QC 小组，即质量管理小组，是指在生产或工作岗位上从事各种劳动的员工，围绕企业的方针目标和现场存在的问题，以改进质量、降低消耗、提高经营绩效和人的素质为目的组织起来，运用质量管理的理论和方法开展活动的群众组织。

这个概念包含了四层意思：

(1) QC 小组活动的成员可以是组织中任何岗位或职务的人员，不论是领导者、管理者，还是技术人员、工人、服务人员，都可以成为 QC 小组成员。

（2）QC 小组活动应依据企业的经营战略、方针目标和现场存在的问题选择课题，活动内容非常广泛。

（3）QC 小组活动的目标是提高人的素质，发挥人的积极性和创造性，改进质量，降低消耗，提高经营绩效。

（4）开展 QC 小组活动时，应运用全面质量管理的理论和方法工具，有较强的科学性，不使用这些方法的小组不能称其为 QC 小组。

QC 小组活动起源于日本。21 世纪 50 年代起，日本开始对现场负责人进行质量管理教育，并出现了名为"现场 QC 小组讨论会"的组织，1962 年正式改名为"QC 小组"，开始在全国注册登记，当时第一个注册登记的是日本电子公社松山搬运机 QC 小组。日本是世界上按员工比例计算 QC 小组最多的国家。目前，QC 小组在世界上发展十分迅速，已遍及五大洲的 40 多个国家和地区。

QC 小组活动在我国的开展有深厚的基础。早在 20 世纪 50 年代初期，就有马恒昌小组、毛泽东号机车组、郝建秀小组、赵梦桃小组等一大批先进的班组，坚持"质量第一"的方针，对工作认真负责、一丝不苟，在提高产品质量上不断做出贡献，提供了班组质量管理的好经验。20 世纪 60 年代，大庆油田坚持"三老四严"、"四个一样"和"质量回访"制度，在班组内开展岗位练兵，天天讲质量，事事讲严细，做到"项项工程质量全优"，出了质量问题就"推倒重来"。1964 年，洛阳轴承厂滚子车间终磨小组首创了"产品质量信得过"活动，多年来加工的轴承滚子做到了"自己信得过，检验员信得过，用户信得过，国家信得过"，成为我国第一批"产品质量信得过小组"。所有这些群众性质量管理活动，为 QC 小组在我国的建立和发展奠定了基础。1978 年 9 月，北京内燃机总厂在学习日本的全面管理经验后，建立了我国第一个 QC 小组。此后，随着全面质量管理的开展，QC 小组活动逐步扩展到电子、纺织、基建、商业、运输、服务等行业。

二、QC 小组的分类

根据工作性质和内容的不同，QC 小组大致可以分为四种类型。

（1）现场型。主要以班组、工序、服务现场员工为主组成，以稳定工序、改进产品质量、降低物质消耗、提高服务质量为目的。

（2）攻关型。一般由干部、工程技术人员和工人三结合组成，以解决有一定难度的质量问题为目的。

（3）管理型。以管理人员为主组成，以提高工作质量、改善与解决管理中的问题、提高管理水平为目的。

（4）服务型。由从事服务性工作的员工组成，以提高服务质量和推动服务工作标准化、程序化、科学化以及提高经济效益和社会效益为目的。

三、QC 小组的特点

1. 明显的自主性。QC 小组以员工自愿参加为基础，实行自主管理、自我教育、互相启发、共同提高，充分发挥小组成员的聪明才智和积极性、创造性。

2. 广泛的群众性。QC 小组是吸引广大员工积极参与质量管理的有效组织形式，不仅包括领导人员、技术人员、管理人员，而且更注重吸引在生产、服务工作第一线的操作人员参加，参加 QC 小组活动的总体人数越多越好，涉及的层面越广越好。

3. 高度的民主性。这不仅是指 QC 小组的组长可以是民主推选的，可以由 QC 小组成员轮流担任课题小组长，以发现和培养管理人才；同时还指在 QC 小组内部讨论问题、解决问题时，小组成员间是平等的，不分职位与技术等级高低，高度发扬民主，各抒己见，互相启发，集思广益，以保证既定目标的实现。

4. 严密的科学性。QC 小组在活动中遵循 PDCA 循环的工作方式，严格按照 QC 小组活动的程序和步骤进行，步步深入地分析问题、解决问题；在活动中坚持用数据说明事实，用科学的方法来分析和解决问题，而不是凭"想当然"或个人经验。

四、QC 小组活动的宗旨和作用

1. QC 小组活动的宗旨。QC 小组活动的宗旨，即 QC 小组活动的目的和意义，可以概括为三个方面。

（1）提高员工的素质，激发员工的积极性和创造性。广大员工在平凡的工作岗位上通过开展 QC 小组活动，发现问题、分析问题、解决问题，改进工作和周围环境，从中获得成功的乐趣，体会到自身的价值和工作的意义，体验到生活的充实与精神的满足。人们有了这样的感受，便会激发出巨大的积极性和创造性，自身的潜能才会得到更大程度的发挥。

（2）改进质量，降低消耗，提高经济效益。广大员工通过开展 QC 小组活动，不断改进产品质量、工作质量、服务质量，不断提高生产、服务、工作效率，提高资源利用率，不仅关系个人利益，而且关系企业兴衰和社会经济质量。QC 小组应注意选择这方面的课题，开展扎实的活动，取得实效。

（3）构建文明的和心情舒畅的生产、服务、工作现场。将 QC 小组活动与 6S、TPM 等活动结合在一起是较为普遍的做法。开展 6S 活动，是加强现场管理、创造良好工作环境的重要内容和有效方法。6S 指的是日文 SEIRI（整理）、SEITON（整顿）、SEISO（清扫）、SEIKETSU（清洁）、SHITSUKE（素养）和英文 SAFETY（安全）六个单词，因为这六个单词前面的发音都是"S"，所以简称为 6S。整理：将办公场所和工作现场中的物品、设备清楚地区分为需要品和不需要品，对需要品进行妥善保管，对不需要品则进行处理或报废。整顿：将需要品依据所规定的定位、定量等方式摆放整齐,并明确地对其予以标识,使寻找需要品的时间减少为零。清扫:将办公场所和现场的工作环境打扫干净,使其保持在无垃圾、无灰尘、无脏污、干净整洁的状态,并防止其污染的发生。清洁:将整理、整顿、清扫的实施做法进行到底,且维持其成果,并对其实施做法予以标准化、制度化。素养:以"人性"为出发点,透过整理、整顿、清扫、清洁等合理化的改善活动,培养上下一体的共同管理语言,使全体人员养成守标准、守规定的良好习惯,进而促进全面管理水平的提升。安全:指企业在产品生产过程中能够在工作状态、行为、设备及管理等一系列活动中给员工带来既安全又舒适的工作环境。将6S活动内容纳入QC小组活动课题,通过QC小组活动改善现场环境。

在以上三条宗旨中,关键的一条是提高员工的素质,激发员工的积极性和创造性。因为只有人的责任心很强、技术业务能力很高,又有极大的积极性和创造性,才会千方百计地提高质量、降低消耗、提高经济效益,也才会建立起文明的和心情舒畅的生产、服务、工作现场。而后两个方面的实践又会反作用于员工素质、积极性、创造性的进一步提高。所以,QC小组活动的这三条宗旨是相辅相成、缺一不可的。

2. 开展QC小组活动的作用。开展QC小组活动,能够体现现代管理以人为本的精神,调动全体员工发挥聪明才智,积极参与组织的全面质量管理、质量管理体系和追求卓越绩效的活动,为组织的可持续发展贡献力量。具体来说,可起到以下的作用:

(1) 有利于开发智力资源、发掘人的潜能、提高人的素质。
(2) 有利于预防质量问题和改进质量。
(3) 有利于减少消耗、降低成本、提高劳动效率。
(4) 有利于改善和加强各项专业管理,提高整体管理水平。
(5) 有利于实现全员参与管理。
(6) 有利于建立和谐的人际关系,增强员工的团结协作精神。
(7) 有助于提高员工的科学思维能力、组织协调能力、分析与解决问题的能力。
(8) 有利于提升顾客的满意度。

第二节 QC小组的组建

一、组建QC小组的原则

QC小组,是开展QC小组活动的基本组织单位。组建QC小组的工作做得如何,将直接影响QC小组活动的效果。为了做好组建QC小组的工作,一般应遵循"自愿参加,上下结合"与"实事求是,灵活多样"原则。

1. 自愿参加,上下结合。"自愿参加",是指在组建 QC 小组时,小组成员对 QC 小组活动的宗旨有了比较深刻的理解和共识,共同产生了自觉参与质量管理、自愿结合在一起、自主地开展活动的要求。这样组建起来的 QC 小组不是靠行政命令,小组成员就不会有"被迫"、"义务"等感觉,从而其在以后开展活动中能更好地发挥无私奉献的主人翁精神,充分发挥自己的积极性、主动性、创造性,不向企业要特殊条件,而是自己挤时间、创造条件自主地开展活动。小组成员就会在小组活动中进行自我学习,相互启发,共同研究,协力解决共同关心的问题,实现自我控制、自我提高的目标。

强调自愿参加,并不意味着 QC 小组只能自发地产生,更不是说企业的管理者就可以放弃指导与领导的职责。这里所讲的"上下结合",就是要把来自上面的管理者的组织、引导与启发员工的自觉自愿相结合,组建本企业的 QC 小组。没有广大员工自觉自愿地参加 QC 小组活动,QC 小组活动就会停滞不前,QC 小组就没有生命力。

2. 实事求是,灵活多样。组建 QC 小组,是为了给广大员工参与企业管理和不断改进提供一种组织形式。员工自愿结合成各种类型的 QC 小组,围绕企业的经营战略、方针目标和身边存在的各种问题,形式多样地、自主地开展活动,从而有效地推动企业目标的实现和自身素质的提高。由于各个企业的情况不同,因此,在组建 QC 小组时一定要从企业实际出发,以解决企业实际问题为出发点,实事求是地筹划 QC 小组的组建工作。当广大员工对 QC 小组活动的认识还不清楚、积极性还不高的时候,不要急于追求"普及率",不要一哄而起地组建 QC 小组,而是先启发少数人的自觉自愿,组建少量的 QC 小组,指导他们卓有成效地开展活动,并取得成果。这就可以为广大员工参加 QC 小组活动起到典型的引路、示范作用,让广大员工从身边的实例中增加对 QC 小组活动宗旨的感性认识,加深理解,逐步诱发其参与 QC 小组活动的愿望,使企业中 QC 小组像"滚雪球"一样扩展开来。

由于各个企业的特点不同,乃至于一个企业的内部各个部门的特点也不同,因而在组建 QC 小组时形式可以灵活多样。从解决实际问题的需要出发,组成适宜类型的 QC 小组,以方便活动,易出成果。不要搞一个模式、一刀切。比如,一些工业企业、建筑施工企业组织的三结合技术攻关型的 QC 小组,商业、服务业广泛组织的现场型或服务型的 QC 小组,企、事业单位中组织的管理型 QC 小组,以及在我国一些企业中出现的"三合一"QC 小组、"四合一"QC 小组、"自主管理小组"等,模式多种多样,不拘一格。这样,就可以使 QC 小组这一群众参与管理的有效组织形式,如同百花园中争奇斗艳的鲜花一样,呈现出百花齐放的蓬勃局面。

二、QC 小组的成员及职责

QC 小组成员主要包括组长和组员。

为了便于活动，小组人员不宜过多，一般为 3~10 人较合适。小组成员要牢固树立"质量第一"的思想，努力学习全面质量管理基本知识和其他现代管理方法，熟悉本岗位的技术标准和工艺规程，具有一定的专业知识和技术水平，并能积极参加活动。QC 小组组长是小组的带头人。组长一般由全体组员选举产生，也可在组员同意的前提下由行政领导提名。对于自愿结合的班组 QC 小组来说，组长通常由小组的发起人担任。QC 小组组长应是全面质量管理的热心人，事业心强，技术水平和思维能力较强，能善于团结周围群众，发挥集体智慧，掌握了全面质量管理的基本知识和常用数理统计方法，并有一定的组织活动的能力。

1. QC 小组组长的职责及地位。

（1）QC 小组组长的职责。QC 小组组长是 QC 小组的核心人物，一个 QC 小组能否有效地开展活动，组长起着重要的作用。QC 小组组长可以是自荐并经小组成员认可的，也可以是由小组成员共同推举的。

QC 小组组长的基本职责就是组织领导 QC 小组有效地开展活动。组长是一个 QC 小组的组织领导者。在 QC 小组组建时，组长要负责向有关部门办理 QC 小组的注册登记手续；QC 小组组建后，组长要负责组织小组成员制定 QC 小组活动计划，组织人员分工，带领组员按计划开展活动，负责保管 QC 小组活动的原始记录，参加上级主管部门召开的有关 QC 小组活动的会议，并向组员传达。总之，QC 小组活动自始至终都贯穿着组长的组织领导，这里需要强调的是，QC 小组组长的组织领导作用不是靠行政命令，而是靠自己对 QC 小组活动的高度热情、积极奉献、言传身教以及模范带头的行动，团结全体组员、激励全体组员与自己一道主动有效地开展 QC 小组活动。

（2）QC 小组组长在 QC 小组中的地位与职责，决定了要做好一个 QC 小组组长所应该具备的一些条件，也就是对组长的一些要求。

第一，推行全面质量管理的热心人。QC 小组组长不仅应是热爱企业、热爱本职工作、事业心强的企业骨干，而且对开展 QC 小组活动要有很高的热情。这样，在带领 QC 小组开展活动时才能任劳任怨、不怕困难、积极工作。

第二，业务知识丰富。QC 小组组长无论是技术水平、操作技能，还是专业知识、质量管理知识，都应比一般员工的水平高。在 QC 小组活动中，小组组长不仅是组织者，还能当"小先生"，带动组员不断提高技术业务素质。

第三，具有一定的组织能力。QC 小组组长要能够调动组员的积极性和创造性，善于集思广益，团结全体组员一道工作，使 QC 小组不仅能在解决企业的质量、消耗等问题方面做出贡献，还能在改善管理、改善人际关系和加强班组建设等方面做出贡献。

虽然对QC小组组长的要求比较高，然而这正是发现、培养和锻炼人才的极好机会。QC小组组长只要在QC小组活动实践中勇于进取、乐于奉献，不断总结经验教训、改进工作、提高素质，不仅能够成为一个优秀的QC小组组长，而且也能成为管理者的后备军。中国有的企业规定，在选拔班组长、工段长时，优先在QC小组组长中挑选。

2. 对QC小组组员的要求。QC小组的组员，可以由与所选课题有关的人员组成，也可以由一些工作岗位相近、兴趣爱好相投的人员组成。这些人组织在一起，推举出组长（或自荐经组员认可），便可向主管部门注册登记。QC小组的组员不受职务的限制，工人、技术人员可以当组员，管理者也可以当组员。

三、QC小组组建程序与注册登记

1. QC小组组建程序。由于各个企业的情况、欲组建的QC小组的类型以及欲选择的活动课题特点等不同，所以组建QC小组的程序也不尽相同，大致可以分为三种情况。

（1）自下而上的组建程序。由同一班组的几个人（或一个人）根据想要选择的课题内容推举一位组长（或邀请几位同事），共同商定是否组成一个QC小组、给小组取个什么名字、先要选个什么课题以及确认组长人选。基本取得共识后，由经确认的QC小组组长向所在车间（或部门）申请注册登记，经主管部门审查认为具备建组条件后，即可发给小组注册登记表和课题注册登记表。组长按要求填好注册登记表，并交主管部门编录注册登记号，该QC小组组建工作便告完成。这种组建程序通常适用于那些由同一班组（或同一科室）内的部分成员组成的现场型、服务型包括一些管理型的QC小组。他们所选的课题一般都是自己身边的、力所能及的较小的问题。这样组建的QC小组，成员的活动积极性、主动性很高，企业主管部门应给予支持和指导，包括对小组骨干成员的必要的培训，以使QC小组活动持续有效地发展。

（2）自上而下的组建程序。这是中国企业当前较普遍采用的。首先，由企业主管QC小组活动的部门根据企业实际情况提出全企业开展QC小组活动的设想方案，然后与车间（或部门）的领导协商，达成共识后，由车间（或部门）与QC小组活动的主管部门共同确定本单位应建几个QC小组，并提出组长人选，进而与组长一起确定每个QC小组所需的组员和所选的课题内容。然后由企业主管部门会同车间（部门）领导发给QC小组组长注册登记表。组长按要求填完两表（即小组注册登记表、课题注册登记表），经企业主管部门审核同意，并编上注册号，小组组建工作即告完成。

这种组建程序较普遍地被"三结合"技术攻关型QC小组所采用。这类QC小组所选择的课题往往都是企业或车间（部门）急需解决的、有较大难度、牵涉面较广的技术、设备、工艺问题，需要企业或车间为QC小组活动提供一定的技术、资金条件，因此，难以自下而上组建。还有一些管理型 QC 小组，由于其活动课题也是自上而下确定，并且是涉及部门较多的综合性管理课题，因此，通常也采取这种程序组建。这样组建的 QC 小组，容易紧密结合企业的方针目标，抓住关键课题，会给企业和 QC 小组成员带来直接经济效益。又由于其有领导与技术人员的参与，活动易得到人力、物力、财力和时间的保证，利于取得成效。但易使成员产生"完成任务"感，影响活动的积极性、主动性。

（3）上下结合的组建程序。这是介于上面两种之间的一种。它通常是由上级推荐课题范围，经下级讨论认可，上下协商来组建。这主要是涉及组长和组员人选的确定、课题内容的初步选择等问题，其他程序与前两种相同。这样组建小组，可取前两种所长，避其所短，应积极倡导。

2. QC 小组的注册登记。无论是以哪种程序组建的 QC 小组都应做好注册登记工作。由组织中负责 QC 小组活动的主管部门发放注册登记表、登记编号和统一保管。

QC 小组注册登记的作用是：
（1）便于组织掌握整体 QC 小组活动的概况。
（2）便于纳入组织年度 QC 小组活动管理计划。
（3）只有登记注册后，才可参加各级优秀 QC 小组的评选。
（4）便于主管部门督促 QC 小组坚持开展活动。

QC 小组的注册登记，不同于活动课题的注册登记。前者每年一次，后者为每更换课题时登记一次。如若上一年度的活动课题尚未结束，则不能注册登记新课题，此时应向主管部门说明情况。

第三节　QC 小组活动的程序

一、QC 小组活动的基本条件

要使 QC 小组活动取得良好的成效，组织需创造适宜的氛围，并应具备以下基本条件。

1. 领导重视。广泛开展 QC 小组活动是通过全员参与、追求卓越的一项重要措施，是增强组织竞争力的有效途径。各级领导要高度重视，热情支持，积极引导，并把它作为组织取得成功的关键要素来抓。

2. 员工有认识、有要求。在全面质量管理普及教育的基础上，使广大员工对开展 QC 小组活动的宗旨、作用有共识，有参加 QC 小组活动的愿望和要求，这样才能形成参与的自觉性和主动性，使 QC 小组活动扎根于广泛的群众沃土中。

3. 有一批活动骨干。QC 小组活动的主管部门要善于在质量管理工作中发现一些质量意识好、热衷于不断改进质量的积极分子,有意识地对他们进行培养教育,使他们比别人先学一步、多学一些,既掌握质量管理理论,又会运用QC小组活动的有关知识和方法,还懂得如何组织好QC小组活动。

4. 建立健全有关规章制度。为使组织的QC小组活动持续、健康地发展,主管部门应把QC小组活动纳入管理体系,并对QC小组的组建、注册登记、活动、管理、培训、成果发表、评选和奖励等项工作制定出相应的规章制度,使QC小组活动有章可循。

二、QC小组活动的程序

QC小组成立后,就要根据课题和目标开展活动,活动是小组生命力的源泉。小组活动应遵循PDCA循环,以事实为依据,用数据说话,正确、适宜地运用统计技术方法,并结合专业技术,这样才能达到预期目标,取得有价值的成果。

QC小组活动课题的类型有:(1)问题解决型——现场型、服务型、管理型、攻关型。(2)创新型——追求卓越、探求新品。

QC小组活动课题目标值来源不同或课题类型不同,其解决程序略有不同,具体如表5-1至表5-3所示。

表5-1 三种不同情况课题的QC小组活动程序

QC小组	序号	自定目标值课题 基本步骤	指令目标值课题 基本步骤	创新型课题 基本步骤	QC小组
P	步骤1	选择课题	选择课题	选择课题	P
	步骤2	现状调查	设定目标	设定目标	
	步骤3	设定目标	目标可行性分析(通过现状调查)	提出各种方案并确定最佳方案	
	步骤4	分析原因	分析原因	制定对策表	
	步骤5	确定主要原因	确定主要原因	按对策表实施	D
	步骤6	制定对策	制定对策	确认效果 达到目标 (是)(否)	C
D	步骤7	实施对策	实施对策	标准化	A
C	步骤8	检查效果 是否达到目标 (是)(否)	检查效果 是否达到目标 (是)(否)	总结与今后打算	
A	步骤9	制定巩固措施	制定巩固措施		
	步骤10	总结和下一步打算	总结和下一步打算		

表 5-2　　　　　　　　　　QC 小组活动程序各步骤——要点

序号	基本步骤	方法和要点
1	选择课题	1. 课题来源：指令性、指导性、小组自选 2. 选题注意： （1）宜小不宜大 （2）课题名称应一目了然地看出要解决什么问题，不可抽象 （3）选题理由，直接阐明目的和必要性
2	现状调查	掌握问题严重到什么程度： 1. 用数据说话，选择客观、可比、离活动最近时间的数据 2. 对现状调查取得的数据要整理、分类，进行分层分析，以便找到问题的症结：从不同角度进行分类分析到现场观察、测量、跟踪掌握问题的实质
3	设定目标	1. 目标与问题相对应：通常 1 个为宜，最多不超过 2 个 2. 目标明确：用数据表达的目标值（量化的） 3. 制定的目标，既要有一定的挑战性，又要经过努力可以实现
4	分析原因	小组成员充分开阔思路，针对问题从可以设想的角度收集可能产生问题的全部原因（如果是指令目标值课题，现存问题不明确，则在分析原因前要把现状与目标值之间的差距调查分析清楚）： 1. 要针对所存在的问题分析原因 2. 分析原因要展示问题的全貌，可以从人、机、料、法、环、测量的角度展开分析 3. 分析原因要彻底，一层一层展开分析，分析到可采取对策的具体因素为止 4. 要正确、恰当地应用统计方法，常用方法有因果图、系统图（树图）、关联图
5	确定主要原因	确定主要原因的三个步骤： 1. 主要原因要在末端因素中选取 2. 剔除末端因素中的不可抗拒因素（虽然有影响，但不可抗拒，小组无法采取对策） 3. 对末端因素逐条确认，找出真正影响问题的主要原因 确认方法： 1. 现场验证，到现场通过试验取得数据来证明 2. 现场测试、测量，到现场通过亲自测试、测量取得数据，与标准进行比较，看其符合程度来证明 3. 调查分析，对于人的方面的有些因素，不能用试验和测量方法取得数据，可以设计调查表，到现场进行调查、分析，取得数据来确认。例如，对"操作者未及时修整砂轮"因素的确认： 确认——通过对现场操作进行随机抽查 工艺规定——每磨 10 个工件必须重新修整砂轮 调查——3 天内随机抽查 10 人次（不同班次） 调查结果——磨 10 个工件修整一次砂轮的 2 人次，磨 15 个工件修整一次砂轮的 2 人次，磨 20 个工件修整一次砂轮的 5 人次，磨 25 个工件修整一次砂轮的 1 人次，工艺执行率仅为 20%，因此，判定操作者未及时修整砂轮为主要原因
6	制定对策	对所确定的每条主要原因制定对策。制定对策的三个步骤： 1. 提出对策。小组成员开动脑筋，敞开思想，独立思考，相互启发，从各个角度提出改进的想法。对策提得越具体越好 2. 研究、确定所采取的对策。分析对策的有效性、可实施性，避免采用临时性的应急对策，尽量采用依靠小组自己的力量、自己动手能够做到的对策 3. 制定对策表。通常包含序号、要因、对策、目标、措施、地点、时间、负责人

续表

序号	基本步骤	方法和要点
7	实施对策	1. 按对策表列出的改进措施计划加以实施 2. 组长除完成自己负责的对策外,还要组织和协调,并定期检查实施的进度 3. 实施过程中遇到困难无法进行下去时,应及时由小组成员讨论,如确实无法克服,可以修改对策,再按新对策实施 4. 每条对策实施完毕,要再次收集数据,与对策表所定的目标比较,检查对策是否已彻底实施并达到了要求 5. 在实施过程中应做好活动记录,以便为整理成果提供依据

8	检查效果
	是否达到目标
	(是) ↓
	(否) ↑
		对策表中所有对策全部实施完成后,要按新的条件来做,并收集数据,检查效果:
		1. 把对策实施后的数据与对策实施前的状况以及小组制定的目标进行比较。
		  (1) 达到目标,说明问题已解决,可以进入下一步骤
		  (2) 未达到目标,说明问题没有彻底解决,可能是主要原因尚未完全找到,所以要回到第四步骤分析原因阶段重新开始并往下直至达到目标
		2. 计算经济效益。计算出的经济效益减去本课题活动中的耗费,才能得出所带来的直接经济效益

9	制定巩固措施	取得效果后,就要把效果维持下去,并防止问题的再发生,为此,要制定巩固措施: 1. 把对策表中通过实施已证明有效的措施纳入标准,如作业指导书、班组管理办法、制度 2. 到现场确认,是否按新的方法操作和执行了上述标准 3. 在取得效果的巩固期内要做好记录,进行统计,用数据说明成果的巩固情况
10	总结和下一步打算	1. 通过此次活动,除解决了本课题外,还解决了哪些相关问题,还需要抓住哪些没有解决的问题 2. 检查在活动程序方面、在以事实为依据用数据说话方面、在方法的应用方面,明确哪些是成功的且用得好,哪些方面还不太成功而尚有不足需要改进,还有哪些心得体会 3. 总结通过此次活动所取得的无形效果 4. 在做好以上几点的基础上提出下一次活动要解决的课题,以便 QC 小组活动持续地开展下去

第四节　QC 小组活动成果的总结与评价

一、QC 小组活动成果

QC 小组根据自己选定或领导指定的课题,通过全体成员的共同努力,运用 PDCA 循环等管理技术和专业技术进行活动。当一个课题进入尾声后,需要进行认真总结,将总结的成果进行发表,以有利于下一个活动课题的顺利开展。

表 5-3　QC 小组活动程序常用方法

序号	程序	方法	QC 小组老七种工具							QC 小组新七种工具							其他方法				
		分层法	调查表	排列图	因果图	直方图	控制图	散布图	系统图	关联图	亲和图	矩阵图	箭头图	PDPC法	矩阵数据分析法	简易图表	正交试验设计法	优选法	水平对比法	头脑风暴法	流程图
1	选题	◎	◎													◎			◎	◎	
2	现状调查	◎	◎	◎		◎	◎									◎			◎		◎
3	设定目标		◎													◎					
4	分析原因				◎				◎		◎									◎	
5	确定主要原因		◎					○		◎											
6	制定对策																				
7	按对策实施		◎	◎		◎	○	◎								◎	◎	◎		◎	◎
8	检查效果			◎		◎	◎	◎				◎				◎			◎		
9	制定巩固措施		◎			◎	◎									◎					◎
10	总结和下一步打算															◎					

注：(1) ◎表示特别有效；○表示有效。(2) 简易图表包括折线图、柱状图、饼分图、甘特图、雷达图。

1. 成果类型。QC 小组经过质量攻关，凭借自己的创造力和主观能动性达到预先的目标以后，所获得的成果可以分为两大类：一类是有形成果；另一类是无形成果。

（1）有形成果。所谓有形成果，主要是指为社会和企业所创造出来的物质财富，如产品质量的提高、物质消耗的降低、经济效益的增长和劳动生产率的提高等。由于这些成果都可以用定量的数据来衡量，因而被称为有形成果。对于有形成果，我们必须使用统计数据、图表等形式来表示。

（2）无形成果。所谓无形成果，一般包括改善环境、改善人际关系、提高员工素质、避免事故等。由于无形成果属于比较抽象的事物，因此，不可以用数据来衡量，仅可以用文字来定性描述。对于无形成果，我们应该尽可能地使用主观调查的方法将它转化为图形表达的形式。

（3）同等重视有形成果和无形成果。有形成果是 QC 小组总结的重要内容，也是评价 QC 小组活动的成效和对其进行奖励的依据，但在总结过程中不能忽视无形成果的总结和交流，因为它是开发 QC 小组成员智力、发现人才、培养人才、调动积极性、提高员工素质的具体表现。

实践证明，无形成果是随着小组活动的产生而产生，随着活动的不断深入而扩大，没有无形成果的产生和扩大，有形成果是不可能产生的。然而，目前 QC 小组在活动过程中往往只注意有形成果而忽视无形成果，这对于提高 QC 小组的自身素质和对今后活动的发展是不利的。

2. QC 小组活动成果报告。要把 QC 小组活动取得的成果总结出来，写成文字材料，以用于认证、发表、交流、评选、推广，并达到提高的目的，就需要掌握一定的编写规律和要领，以及撰写 QC 小组成果报告的一些基本要求。

（1）成果报告的主要内容。
- 企业简介或工程、项目简介。
- 小组概况，包括组长、顾问、组员以及他们的职务、分工等。
- 选题理由和依据。
- 现状调查和依据。
- 设定目标值及对其进行可行性分析。
- 明确主要问题和原因。
- 确定主要原因并对其予以验证。
- 制定对策，编制对策表。
- 按对策实施，要描述全部的实施环节和内容。
- 检查确认实施的效果。
- 制定巩固措施。
- 总结、体会，明确遗留问题和今后活动的大体安排。

（2）成果报告的编写。
- 成果报告的编写准备。首先，由 QC 小组组长制定成果报告，编写计划和进度表，亲自或责成某小组成员拟订编写提纲；其次，收集和整理小组活动的原始记录与资料；再次，确定成果报告执笔人；最后，小组全体成员回顾本课题活动的全过程，总结分析活动的经验教训，经讨论统一看法后，由执笔人开始编写。

◆ 成果报告的编写要求。一是严格按活动程序进行总结；二是文字精练，描述条理清楚、逻辑性强；三是根据选题抓住重点，切忌节外生枝；四是内容真实可靠，避免虚假；五是以图表、数据为主，配以少量文字说明，使成果报告清晰、醒目；六是不要用专业技术性太强的名词术语，必要时其计量单位要规范化、标准化。

◆ 成果报告的编写技巧。成果报告是 QC 小组活动全过程的书面表现形式，编写得成功，既对本组成员是一种鼓舞，也是对参与交流的其他小组成员的一种启示。为此，需运用以下技巧：一是课题名称要短小、鲜明、易懂；二是开头要引人入胜，结尾要令人回味；三是成果的中心问题应该明确并富有挑战性；四是活动的程序和时间顺序能连贯地体现 PDCA 循环；五是要认真总结出特色。所谓特色是指在 PDCA 循环运用方面，在以事实为依据、用数据说话方面，在方法的应用方面，其成功之处、创新方处、有推广价值之处。

3. 成果发表。成果发表是指在一定的场合和规定的时间内（一般是 15 分钟），由 QC 小组的某个或几个成员对本小组的成果报告当众发布。

（1）成果发表的形式。

◆ 现场发表型。这是指在车间、厂或公司范围内进行成果发表交流。因为都是"熟人"，所以比较简化，通常采用实物对比、重点活动阶段的介绍或集体共同发表的方式。

◆ 会议发表型。这是指很多 QC 小组按一定程序在大会上发表自己的成果，以便交流和评比。根据会议组织者的级别不同，有全国 QC 小组成果发表会议，省、市级 QC 小组成果发表会议，局、系统级 QC 小组成果发表会议，公司、厂级和行业级 QC 小组成果发表会议。按发表目的的不同，有评选表彰式、发表分析式和经验交流式等。评选表彰式出于评选表彰优秀 QC 小组并向上级推荐的目的，由评委现场打分决定名次；发表分析式的目的是提高小组活动的有效性和总结编写成果报告的水平，发表结束，由评委分析其优缺点，指出不足，找出原因，以利提高；经验交流式的目的是学习交流、沟通信息，在发表之后进行现场提问答疑，探讨一些共同关心的问题。

◆ 文娱发表型。这是指把成果内容用小品、演讲或其他文娱形式来表现的一种发表形式。可由一人介绍，多人表演成果内容，或配以道具、漫画、连环画及音响等丰富多彩的表现形式进行成果发表。形式生动活泼，引人入胜。

（2）成果发表的作用。QC 小组的成果发表不是为了走形式，也不是仅仅为了评出几个优秀 QC 小组，它的作用在于：

◆ 交流经验，相互启发，共同提高。

◆ 鼓舞士气，满足小组成员自我实现的需要。

◆ 现身说法,吸引更多的员工参加 QC 小组活动。
◆ 使评选优秀 QC 小组和优秀成果具有广泛的群众基础。
◆ 提高 QC 小组成员科学总结成果的能力。
◆ 培养和发现基层质量管理工作的人才。

我国自 1979 年至 2005 年共举办全国 QC 小组代表会议 27 次,命名了国家级优秀 QC 小组近 20 000 个,累计创造直接经济效益 4 000 亿元。

二、对 QC 小组活动成果的评审

评审就是评价和审核。对 QC 小组活动成果的评审,就是按照评审标准,衡量小组活动达到标准的程度,审查小组活动成果是否完整、正确、真实和有效。评审的目的是为了肯定取得的成绩,指出不足,同时也为了表彰先进和落实奖励,使 QC 小组活动能够扎扎实实地开展下去。

1. 评审的基本要求。为了达到评审的目的,对 QC 小组活动成果的评审应该满足以下三条基本要求。

(1) 有利于调动积极性。广大员工自发地组织起来参加 QC 小组活动,进行质量改进,具有深远的意义。为此,评审时要充分肯定他们的成绩,帮助他们总结成功的经验,同时诚恳地指出存在的缺点,以帮助他们提高活动水平。切不可对其缺点加以指责,以免挫伤他们的积极性。

(2) 有利于提高 QC 小组的活动水平。QC 小组经过活动取得成果后,愿意与大家一起分享成功的喜悦,同时也愿意听取领导、专家和同行指出他们的活动成果有哪些不足之处,以便在下次活动中改进。为此,要对他们的成果内容和活动过程进行评审,认真负责地指出其缺点和不足。这样才能不断提高活动水平。

(3) 有利于交流和沟通。QC 小组活动成果的发表是进行交流的主要方式,而评审活动对交流能起到引导作用。对一个小组的活动成果进行评审,总结成功的经验,指出其存在的缺陷和不足,并提出改进意见,对其他小组来说,也能从中得到启发与帮助。为此,在总结成功的经验时,一定要实事求是,即使是指出缺陷和不足也要有依据。

2. 评审的原则。根据评审目的,对 QC 小组活动成果的评审包含两部分内容:一是肯定成绩;二是指出不足。在肯定成绩方面一般比较容易掌握,指出不足时则不易把握好尺度。而评审不好,就达不到以上所述的基本要求。因此,评审要按以下原则进行。

(1) 从大处着眼,找主要问题。每个 QC 小组的活动成果都不可能十全十美,它总是存在着某些缺陷和不足,在评审活动成果时,除了帮助其总结成功的经验外,还要与评审标准对照,找出其中的主要问题。如果没有找出主要问题,只是找出很多小问题,就会把评审工作引向错误的方向,甚至会挫伤 QC 小组成员的积极性。因此,评审应从大处着眼,找主要问题。

（2）要客观并有依据。提出评审意见，特别是指出问题和不足，一定要站在客观的立场上。所谓客观，就是要依照事物的本来面目去考察，不带个人偏见。为此，对提出的每一条不足都要有依据：是不符合 QC 小组活动程序哪一步骤的要求，还是不符合评审标准中哪一条款。这样才能避免把个人的偏见带到评审意见中。

（3）避免在专业技术上钻牛角尖。QC 小组的活动成果一般包含两方面内容，即专业技术方面和管理技术方面。每一个 QC 小组的活动成果，其专业技术是各不相同的。同一个专业，各企业之间由于设备条件、工艺、环境等的不同也会有很大的差异，有的甚至关系到专业技术的秘密。因此，应该主要针对其管理技术进行评审，避免在专业技术上钻牛角尖。

（4）不单纯以经济效益为评选依据。QC 小组活动的成果分为有形成果和无形成果两个方面。在评审 QC 小组成果时，如果经济效益越高打分就越大，则那些非常有实用价值的"现场型"和"服务型"的成果就无法进入各级优秀 QC 小组的行列，这必然会挫伤广大员工参加 QC 小组的积极性。因此，在评审和评选优秀 QC 小组成果时，不能单纯以经济效益为依据，还应该重视无形成果。

3. 评审标准。1997 年，中国质量管理协会制定并颁布了 QC 小组活动成果的评审标准，供各级质量管理协会使用。经过三年的运行，于 2000 年对评审标准重新进行修订。评审标准分为现场评审和发表评审两种方式。

（1）QC 小组活动成果的现场评审。QC 小组活动开展得如何，最真实的体现是活动现场。因此，对现场的评审是评审 QC 小组活动成果的重要方面。现场评审的各个项目分别是：小组的组成、活动情况与活动记录、小组成员的积极性、收集并运用资料和数据的情况、实施改进对策的努力程度及有效性、效果能否维持和巩固、小组的经历及活动的持续性、小组活动的环境、小组活动成果对本部门的影响及贡献等。评审的项目及内容如表 5-4 所示。

表 5-4　　　　　　　　QC 小组活动成果现场评审表

序号	评审项目	评审内容	配分	得分
1	QC 小组的组织	1. 要按有关规定进行小组登记和课题登记 2. 小组活动时小组成员的出勤情况 3. 小组成员参与分担组内工作的情况	7~15	
2	活动情况与活动记录	1. 活动过程需按 QC 小组活动程序进行 2. 取得数据的各项原始记录要妥善保存 3. 活动记录要完整、真实，并能反映活动的全过程 4. 每一阶段的活动能否按计划完成 5. 活动记录的内容与发表资料的一致性	20~40	
3	活动成果及成果的维持、巩固	1. 对成果内容进行核实和确认，并已达到所制定的目标 2. 取得的经济效益已得到财务部门的认可 3. 改进的有效措施已纳入有关标准 4. 现场已按新的标准作业，并把成果巩固在较好的水准上	15~30	

续表

序号	评审项目	评审内容	配分	得分
4	QC 小组教育	1. QC 小组成员对 QC 小组活动程序的了解情况 2. QC 小组成员对方法、工具的了解情况	7~15	
总体评价			总得分	

（2）QC 小组活动成果的发表评审。在 QC 小组活动成果发表时，为了相互启发、学习交流、肯定成绩、指出不足，以及评选优秀的 QC 小组，还需要对成果发表进行评审。发表评审的内容主要有：选题、原因分析、对策的制定与实施、活动效果和整个小组活动的特点等。QC 小组活动成果发表评审的项目及内容如表 5-5 所示。

表 5-5　　　　　　　　QC 小组活动成果发表评审表（修订版）

小组名称：　　　　　　　　　　　　　　　　课题名称：

序号	评审项目	评审内容	配分	得分
1	选题	1. 所选课题应与上级方针目标相结合，或是本小组现场急需解决的问题 2. 课题名称要简洁明确地直接针对所存在的问题 3. 现状已清楚掌握，数据充分，并通过分析已明确问题的症结所在 4. 现状已为制定目标提供了依据 5. 目标设定不要过多，并有量化的目标值和一定的依据 6. 工具运用正确、适宜	8~15	
2	原因分析	1. 应针对问题的症结分析原因，因果关系要明确、清楚 2. 原因分析透彻，一直分析到可直接采取对策的程度 3. 主要原因要从末端因素中选取 4. 应对所有末端因素都进行要因确认，并且是用数据、事实客观地证明确实是主要原因 5. 工具运用正确、适宜	13~20	
3	对策与实施	1. 应针对所确定的主要原因，逐条制定对策 2. 对策应按 5W1H 的原则制定，每条对策在实施后都能检查是否已完成（达到目标）及有无效果 3. 要按对策表逐条实施，且实施后的结果都有所交代 4. 大部分对策是由本组成员来实施的，遇到困难能努力克服 5. 工具运用正确、适宜	13~20	

续表

序号	评审项目	评审内容	配分	得分
4	效果	1. 取得效果后与原状比较,确认其改进的有效性,与所制定的目标比较,看其是否达到 2. 取得经济效益的计算实事求是、无夸大 3. 已注意了对无形效果的评价 4. 改进后的有效方法和措施已纳入有关标准,并按新标准实施 5. 改进后的效果能维持、巩固在良好的水准,并用图表表示出巩固期的数据 6. 工具运用正确、适宜	13~20	
5	发表	1. 发表资料要系统分明,前后连贯,逻辑性好 2. 发表资料要通俗易懂,应以图、表、数据为主,避免通篇文字、照本宣读	5~10	
6	特点	统计方法运用突出,有特色,具有启发性	8~15	
总体评价			总得分	

上述标准适用于问题解决类的现场型、攻关型、服务型和管理型的 QC 小组活动成果的评审,在评审 QC 小组活动成果时可直接采用。有的单位确因行业的特殊性不适合直接采用时,可自行修订后采用,但需要遵循上述标准的原则及内涵。

创新类型的小组成果发表评审标准如表 5-6 所示。

表 5-6　　　"创新型"课题 QC 小组活动成果发表评审表

小组名称:　　　　　　　　　　　　　　　　　　　　课题名称:

序号	评审项目	评审内容	配分	得分
1	选题	1. 选题是否有创新的含义 2. 选题的理由、必要性要具体充分 3. 目标要具有挑战性,并有量化的目标和分析	13~20	
2	提出方案、确定最佳方案	1. 应充分、广泛地提出方案 2. 确定最佳方案要分析透彻、事先评价、科学决策,必要时要作模拟实验 3. 工具运用正确、适宜	20~30	
3	对策与实施	1. 按 5W1H 的原则制定对策表 2. 按对策表逐条实施,每条对策实施后的结果都有交代 3. 工具运用正确、适宜	13~20	

续表

序号	评审项目	评审内容	配分	得分
4	效果	1. 确认效果并与目标比较 2. 经济效益的计算实事求是、无夸大 3. 注意了活动过程及对无形效果的评价 4. 成果已发挥作用并纳入有关标准及管理规范	8~15	
5	发表	1. 发表资料要系统分明，前后连贯，逻辑性好 2. 发表资料应以图表、数据为主，通俗易懂，不用专业性较强的词句和内容 3. 发表时要从容大方，有礼貌地讲成果 4. 回答问题时诚恳、简要，不强辩	6~10	
6	特点	1. 课题具体务实 2. 充分体现小组成员的创造性	0~5	
总体评价			总得分	

评审表中要求的"工具运用正确、适宜"，这里运用正确是指方法应用符合该方法的用途、应用步骤和使用时的注意事项；运用适宜是指方法应用符合 QC 小组活动程序各步骤的需要。

4. 评审的方法。

（1）基层企业对 QC 小组活动成果的评审。基层企业对 QC 小组活动成果的评审要进行现场评审和发表评审。现场评审是企业对 QC 小组活动成果进行评审的重要方面。QC 小组取得成果，向企业主管部门申报后，企业要组织有关人员组成评审组，深入 QC 小组活动现场，面向 QC 小组全体成员，了解他们活动过程的详细情况，以及他们做出的努力、克服的困难、取得的成绩。这直接体现了企业领导对 QC 小组活动的关心和支持。

现场评审的时间一般安排在小组取得成果后 2 个月左右为宜。相隔时间太短，不能很好地看出效果的维持和巩固的情况；相隔时间太长，则不利于更好地调动小组成员的积极性。

现场评审时，企业主管部门要组织熟悉 QC 小组活动的有关人员组成评审组，严格按照表 5-4 中的内容进行评审。评审组成员最好不少于 5 人。

发表评审可在企业举办的 QC 小组成果发表会上进行。也要由企业主管部门聘请熟悉 QC 小组活动的有关人员组成评审组，一般不少于 5 人，严格按表 5-5 中的内容进行评审计分。

把现场评审和发表评审两项综合起来，就是对该 QC 小组活动成果评审的总成绩。企业评审的重心应放在审核成果的真实性及有效性上，因此，现场评审的成绩占总成绩的 60% 为宜。

（2）各级质量管理协会对 QC 小组活动成果的评审。各级质量管理协会对 QC 小组活动成果的评审，一般都与评选各级优秀 QC 小组结合在一起进行。各级质协为了树立典型、带动全局、交流经验、明确导向、肯定成绩、表彰激励，每年应定期召开 QC 小组活动成果发表会，在企业选派的优秀 QC 小组中，通过发表评审，评选出本地区、本行业的优秀 QC 小组和参加更高一级优秀 QC 小组评选的小组。

各级质协对 QC 小组活动成果的评审，为减轻企业的负担，一般只进行发表评审，即只审查文字资料。评审时由主办质协聘请懂质量管理理论、能指导小组活动、会评价小组成果的人员担任评委，组成评审组，评委一般不少于 7 人。在评选省、市级优胜 QC 小组时，为保证评审质量，更好地达到评审目的，使评选能在公平竞赛的环境中进行，必须聘请经省、市质协考评合格并聘任的省、市级 QC 小组活动诊断师担任评委；在评选国家级优秀 QC 小组时，必须聘请经中国质协考评合格并聘为国家级 QC 小组活动诊断师的人员担任评委。

评审一般应按以下程序进行：由发表会的主办部门把参加发表的小组的成果材料收齐后，提前交每一评委进行审阅；评委审阅后，对每一个成果材料按评审原则和评审标准提出初步的评审意见。

评审意见一般包括两部分内容。第一部分是对成果的总体评价；第二部分是指出成果内容中的不足之处。总体评价，是从成果的总体去看属于什么类型，成果有什么主要特点，在 PDCA 程序运用方面、在以事实为依据用数据说话方面、在方法的应用方面有哪些成功之处，在哪些方面有交流、推广的价值，以及还有些什么不足。

指出不足之处时要具体指出每一条缺陷之所在，并说明为什么存在缺陷。这也就是评审前的准备，如果没有这样的准备，评委们很难在短短的 15 分钟发表后给出恰如其分的分数。然后，在发表会场，听完每一个成果的发表及提问、答辩，评委们严格按表"QC 小组活动成果发表评审表"的内容逐条评分，评出成绩。同时，还要根据发表及回答提问的情况修正初步的评审意见。评审意见可提供给发表小组，作为以后活动中改进、提高的参考，或提供作为现场讲评之用。

思 考 题

1. 质量管理小组的概念是什么？
2. 简述质量管理小组的特点。
3. 质量管理小组组建的原则和程序是什么？
4. 质量管理小组活动成果的评审标准由哪两部分组成？如何发布评审结果？

第三编 质量管理与统计学

第六章 抽样检验

除了上帝，其他人要用数据说话！

——［美］威廉·爱德华·戴明

【导入思考】

著名质量管理大师戴明说过，除了上帝，其他人要用数据说话！说明了数据是质量管理活动的基础。在质量管理过程中，需要有目的地收集有关质量数据，并对数据进行归纳、整理、加工、分析，从中获得有关产品质量或生产状态的信息，从而发现产品存在的质量问题以及产生问题的原因，以便对产品的设计、生产工艺进行改进，以保证和提高产品质量。应如何理解通过数据及其特征发现并解决质量问题的机理？

对产品的检验通常通过两种方式进行：全数检验与抽样检验。全数检验就是对全部产品逐个进行测定从而判定每个产品合格与否的检验。抽样检验不是逐个检验作为总体的检验批中的所有单位产品，而是按照规定的抽样方案和程序，从群体中随机抽取一部分，然后对该部分进行检验，把其结果与判定基准相对比，然后利用统计的方法来判断群体的合格或不合格的检验过程，最后对检验批做出接收或拒收判定的一种检验方法。这是一种以数理统计为基础的科学的产品检验方法，是质量管理的重要组成部分和技术手段。

第一节 概 述

一、抽样检验产生的背景

抽样检验的研究起始于20世纪20年代。1944年，道奇和罗米格发表了合著

《一次和二次抽样检查表》，这套抽样检查表目前在国际上仍被广泛地应用。1974年，国际标准化组织发布了"计数抽样检查程序及表"（ISO2859 - 1974），1999年颁布了ISO2859 - 1：1999 替代它。

第二次世界大战时期，美国军方采购军火时，在检验人员极度缺乏的情况下，为保证其大量购入军火的品质，专门组织了一批优秀数理统计专家，依据数学统计理论建立了一套产品抽样检验模式，以满足战时的需要。

1987 年，我国也在 ISO 标准同等采用基础上建立了抽样检验国家标准 GB/T2828 - 1987"逐批检查计数抽样程序及抽样表"，于 2003 年颁布了 GB/T2828.1 - 2003/ISO2859 - 1：1999 替代 1987 年版标准。此外，我国于 1991 年发布了 GB/T13262 - 91"不合格品率的计算标准型一次抽样检查及抽样表（适用于孤立批的检查）"等国家标准。

二、基本概念

1. 个体，是指可以对其进行一系列观测的一件具体的、一般的物体，或可以对其进行一系列观测的一定数量的物质，或一个定性或定量的观测值。

2. 总体，是指所考虑的个体的全体。

3. 批，是指在相同条件下生产或按规定方式汇总起来的一定数量的个体。

（1）批的组成。构成一个批的单位产品的生产条件应尽可能相同，应当由原、辅料基本相同，生产员工变动较小，生产时期大约相同等生产条件下生产的单位产品组成批。此时，批的特性值只有随机波动，不会有较大的差别。这样做，主要是为了抽取样品的方便及使样品更具有代表性，从而使抽样检验更为有效。如果有证据表明不同的机器设备、不同的操作者或不同批次的原材料等条件的变化对产品质量有明显影响时，应当尽可能以同一机器设备、同一操作者或同一批次的原材料所生产的产品组成批，构成批的上述各种条件通常很少能够同时满足。如果想使它们都得到满足，往往需要把批分得比较小，这样品质一致而且容易追溯。但这样做会使检验工作量大大增加，反而不能达到抽样检验应有的经济效益，因此，除非产品品质时好时坏、波动较大，必须采用较小的批，以保证批的合理外，当产品品质较稳定时（比如生产过程处于统计控制状态），采用大批量是经济的。当然，在使用大批量时，应当考虑到仓库场地限制以及不合格批的返工等可能造成的困难。

（2）批的大小（批量）（N）。一批产品中所包含的单位产品的总数叫做批量，通常用英文大写字母 N 表示。例如，一批塑胶料由 1 000 袋组成，我们说这批塑胶料的批量为 1 000；对于 700 双鞋来讲，一个单位产品只可能是一双而绝不可能是一只，批量就是 700 双；一批 100 公斤合成纤维，如果规定每 10 克纤维为一个单位产品，那么，这批产品的批量为 10 000。

当我们从成品、半成品、零部件中抽取一部分样本加以测定分析时，绝不是仅为获取抽出样品本身的情报或状况，而是要从样本的检验结果判定群体（或该批量，或该工程）的状态、以便对群体采取措施。群体与样本、数据的关系如表6-1所示。

表6-1　　　　　　　　　　群体与样本、数据的关系

目　的	群　体	样　本	数　据
生产过程的 管理和改善	生产过程 → 批	→ 样本	→ 数据
关于批量检查 品质判定	批	→ 样本	→ 数据

4. 检验，是指通过观察和判断必要时可结合测量、试验进行的符合性评价。

5. 抽样检验，是指按照规定的抽样方案随机地从一批或一个过程中抽取部分个体或材料进行的检验。

6. 缺陷，是指个体中与规定用途有关的要求不符合的任何一项（点）。

7. 缺陷的分级。个体的缺陷往往不止一种，其后果不一定一样，应根据缺陷后果的严重性予以分级。

8. 致命缺陷（A类缺陷）。对使用、维护产品或与此有关的人员可能造成危害或不安全状况的缺陷，或可能损坏重要产品功能的缺陷，叫致命缺陷。

9. 重缺陷（B类缺陷）。不同于致命缺陷，但能引起失效或显著降低产品预期性能的缺陷叫重缺陷。

10. 轻缺陷（C类缺陷）。不会显著降低产品预期性能的缺陷，或偏离标准差但只轻微影响产品的有效使用或操作的缺陷。

11. 不合格品。有缺陷的个体，包括A类不合格品、B类不合格品、C类不合格品。

12. 不合格品率。被观测的个体集中的不合格品数除以被观测的个体总数即不合格率。

三、抽样注意事项

进行取样及记录数据，是为了将来采取行动措施。如果取样及数据记录是不可靠的，必将导致将来采取的行动措施产生偏差及无效。

为了取样可靠，以随机抽样为原则，也就是说，取样要能反映群体的各种情况。群体中的个体被取样的机会要均等。按以下方法执行，能大致符合随机抽样的精神：

（1）物品在不断移动时，可用一定间隔抽取样本或设定时间抽取样本的方法，但一定间隔本身也要随机规定为宜，也就是时间分布均匀性。

（2）在已经包装好零部件的箱中取样，尽可能用上、中、下层均等取样，如纸箱是一捆捆包装的，从顶部抽样当然方便，但并不合理。

（3）如果是流体物品，尽可能搅拌均匀后再取样。

（4）按比例抽样。如果组成一个批的产品的原材料来源不同、生产日期与班组不同，有可能对产品品质有较大影响，此时应把此批产品分为若干层，按比例在各层抽检，尽可能抽检到每批材料、每个生产日期与每个班组。

四、免检、全数检验与抽样检验的适用场合

1. 免检。所谓免检即对产品不作任何检查。也有对部分项目实施免检的做法。

免检通常用于通用标准件（如标准螺丝等）及以往产品品质有良好记录的供应商，但供应商内部仍然需要对产品进行检查。

对于实施免检的产品，经过一个时期（比如半年）后，有必要采用抽样检查核实免检品的品质，一旦有缺陷发生，就回到正常的检查方法。同样，在使用中一旦发现免检品有任何品质问题，应即刻导入正常的检查方法。

2. 全数检验。全数检验是对全部产品的全部（或部分）项目进行检查来判断产品的品质。

全数检验一般在以下情况下适用：

（1）当某个缺陷可能影响到人身安全时，如彩电、冰箱等家电的耐压特性。

（2）当产品很昂贵的时候，如飞机产品。

（3）必须保证是全数良品时。

以下条件优先考虑全数检验：

（1）检查很容易完成，且费用低廉。

（2）当批的不良率比要求高出很多时。

3. 抽样检验。抽样检验一般在以下情况下适用：

（1）用于破坏性检查的时候。

（2）产量大而不能进行全数检查的时候。

（3）连续性生产的产品。

以下条件优先考虑抽样检验：

（1）用于核实不是很好的全数检验的结果时。

（2）当许多特性必须检查时。

（3）当检查费用高时。

（4）用于收货检查（核实供应商完成的检查）时。

第二节　抽样方案的分类

一、按产品质量特性分类

1. 计数抽样方案。当质量特性值只能取一组特定的数值，而不能取这些数值之间的数值时，这样的特性值称为计数值。计数值可进一步区分为计件值和计点值。对产品进行按件检查时所产生的属性（如评定合格与不合格）数据称为计件值。每件产品中质量缺陷的个数称为计点值。如棉布上的疵点数、铸件上的砂眼数等。

计数抽样方案是根据规定的要求，用计数方法衡量产品质量特性，把样本的单位产品仅区分为合格品或不合格品（计件），或计算产品的缺陷数（计点），据其测定结果与判定标准比较，最后对其做出接收或拒收制订的抽样方案。

2. 计量检验方案。当质量特性值可以取给定范围内的任何一个可能的数值时，这样的特性值称为计量值。如用各种计量工具测量的数据（长度、重量、时间、温度等），就是计量值。

计量检验方案就是单位产品质量特性值为计量值（强度、尺寸等）的抽样方案。它是对样本中的单位产品的质量特征进行直接定量计测，并用计量值为批判定标准的抽样方案。

二、按抽样方案的制定原理分类

1. 标准型抽样方案。该方案是为了保护生产方利益，同时也保护使用方利益，预先限制生产方风险 α 的大小而制订的抽样方案。

2. 挑选型抽样方案。该方案对经检验判为合格的批，只要替换样本中的不合格品；而对于经检验判为拒收的批次，必须全检，并将所有不合格全替换成合格品。

3. 调整型抽样方案。该类方案由一组方案（正常方案、加严方案和放宽方案）和一套转移规则组成，根据过去的检验资料及时调整方案的宽严，以控制质量波动，并刺激生产方主动、积极地不断改进质量。该类方案适用于连续批产品。

三、按抽取样本的数量分类

1. 一次抽样方案。仅需从批中抽取一个大小为 n 的样本，如果样本的不合格品个数 d 不超过某个预先指定的数 c，判定此批为合格，否则判为不合格（如图 6-1 所示）。

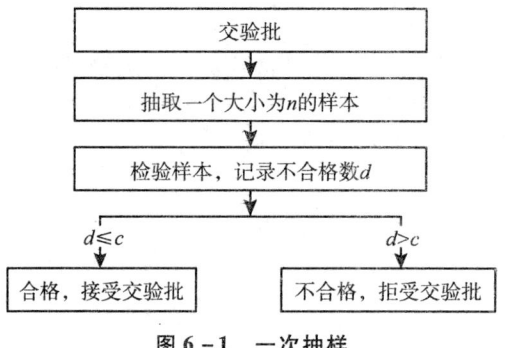

```
                    ┌─────────┐
                    │  交验批  │
                    └────┬────┘
                         ↓
              ┌──────────────────────┐
              │ 抽取一个大小为n的样本 │
              └──────────┬───────────┘
                         ↓
              ┌──────────────────────┐
              │ 检验样本，记录不合格数d │
              └──────────┬───────────┘
                    d≤c ↙    ↘ d>c
          ┌──────────────┐  ┌──────────────┐
          │ 合格，接受交验批 │  │ 不合格，拒受交验批 │
          └──────────────┘  └──────────────┘
```

图 6-1　一次抽样

一次抽样的优点在于，方案的设计、培训与管理比较简单，抽样量是常数，有关批质量的情报能最大限度地被利用；其缺点是，抽样量比其他类型大，在心理上仅依据一次抽样结果就做出判定似欠慎重。

2. 二次抽样方案。最多从批中抽取两个样本，对第一个样本检验后，可能有三种结果：接受、拒收、继续抽样。若得出"继续抽样"的结论，抽取第二个样本进行检验，最终做出接受还是拒收的判断，如图 6-2 所示。

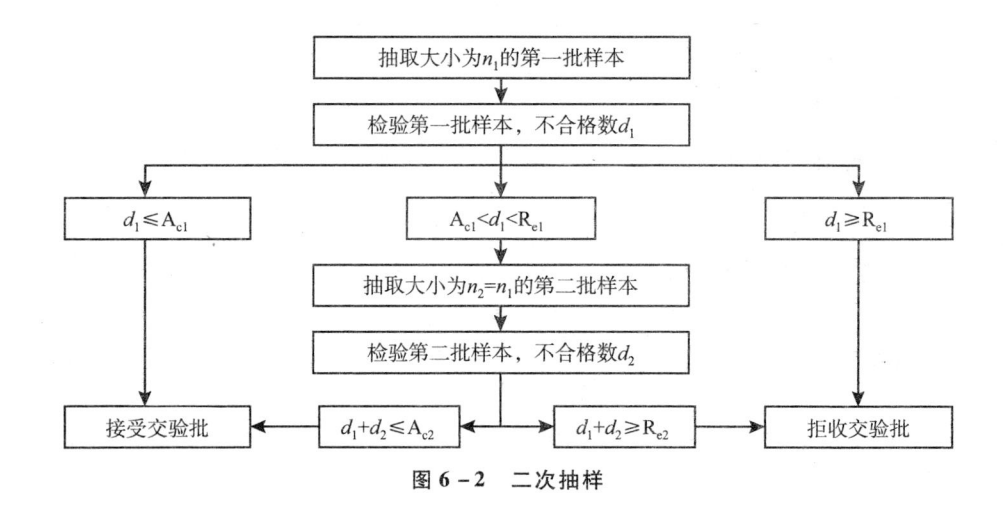

图 6-2　二次抽样

3. 多次抽样。多次抽样是一种允许抽取两个以上具有同等大小的样本，最终才能对批做出接受与否的判定。是否需要第 i 次抽样要根据前次（$i-1$ 次）抽样结果而定。多次抽样操作复杂，需作专门训练。ISO2859 的多次抽样多达 7 次，GB2828-87 为 5 次。因此，通常采用一次或二次抽样方案。

第三节 计数抽样原理

一、计数抽样检验的基本原理

1. 抽样方案。抽样方案是指为实施抽样检查而确定的一组规则。它包括抽取样本的方式、样本的大小和判定批是否合格的标准等。

一般在计数抽样检验中用三个参数来表征方案：样本大小 n、合格判定数 Ac（Accept，或 c）和不合格判定数 Re（Rcject）。但在一次抽验方案中，由于 $Re = Ac + 1$，所以一般仅用 (n/c) 符号表示。

2. 抽样方案的操作特性曲线（OC 曲线）。

（1）关于一次抽样方案的特性曲线与接收概率。如果采用方案 (n, c) 来检验，那么"判断此批合格"的概率或者说"接收概率"就要依赖于批不合格品率 p，p 越大，接收概率越小，即这个"接收概率 L"是批不合格品率 p 的函数，记为 $L(p)$，$L(p)$ 又称为抽检方案 (n, c) 的抽检函数。把 $L(p)$ 画在坐标上，就得到了抽样特性曲线，简称 OC（Operating Characteristic）曲线。如图6-3所示。

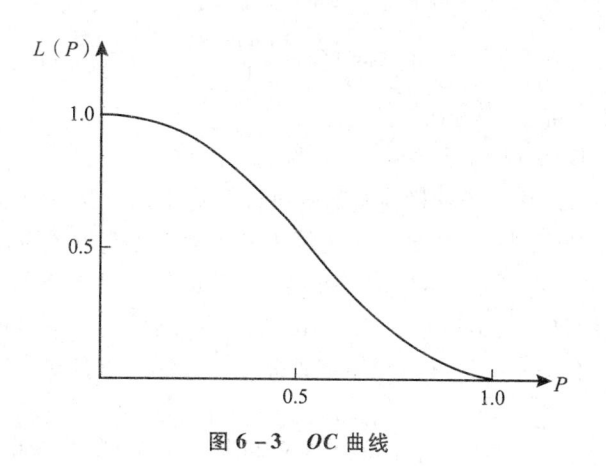

图 6-3 OC 曲线

（2）理想的抽样方案。由生产者和消费者协商确定一个批不合格品率 p_0，当 $p < p_0$ 时，要求100%地接收，即 $L(p) = 1$；当 $p > p_0$ 时，要求100%地拒收，即 $L(p) = 0$。这就构成一个理想的抽样方案，要想达到这种理想境界，唯一的办法是进行准确无误的全检。因此，这样的抽样方案实际上是不存在的。因为即使百分之百全检，有时也会有错检和漏检。

3. 接收概率的计算方法。我们先对一次计件抽样方案给出接收概率的计算方法。设产品批的不合格品率为 p，从批量为 N 的一批产品中随机抽取 n 件，假设样本中的不合格品数量为 X，X 为随机变量，则接收概率为：

$$L(p) = P(X \leq c) = P(X=0) + P(X=1) + \cdots + P(X=c)$$

这里的关键在于计算 $P(X=d)$ 的值，其计算方法如下：

（1）利用超几何分布计算。在总体 N 件产品中有 Np 件不合格品，有 $N(1-p)$ 件合格品，那么，抽取 n 件产品组成的样本中有 d 件不合格品的概率为：

$$P(X=d) = \frac{C_{Np}^d C_{N(1-p)}^{n-d}}{C_N^n}$$

其中，组合数为 $C_m^n = \dfrac{n!}{m!(n-m)!}$。

（2）利用二项分布计算。因为组合数的计算复杂，在实际中人们希望简化该计算过程。当 N 较大且 $n/N < 0.1$ 时可以用二项分布来简化计算。当批量 N 较大时，抽取一个产品后对这批产品的不合格率影响不大，可以认为每次抽取一个产品时，这批产品的不合格率是不变的。因此，可以近似地用二项分布来计算，即：

$$P(X=d) = C_N^n p^d (1-p)^{n-d}$$

（3）利用泊松分布计算。当 N 较大，$n/N < 0.1$，且 p 较小，np 在 $0.1 \sim 10$ 时，可以用泊松分布来进一步简化计算。这样有：

$$P(X=d) = \frac{(np)^d}{d!} e^{-np}$$

4. OC 曲线分析。

（1）两类风险 α 和 β。

第 Ⅰ 类风险 α，是由于抽样检验的随机性，将本来合格的批误判为拒收的概率，这对生产方是不利的，因此，称为第 Ⅰ 类风险或生产方风险，以 α 表示。例如，当 $N=1\,000$、$n=10$、$c=0$ 时，做出的 OC 曲线，不合格品率的标准是 $p=5\%$。假如实际检验的 p 是 2% 时，比标准要求的质量要高，应判合格。但从 OC 曲线可以看出，在 100 次检查中，仍有 2 次左右被判为不合格，这就产生了第 Ⅰ 类风险。

第 Ⅱ 类风险 β，是由于抽样检验的随机性，将本来不合格的批有可能误判为可接收，将对使用方产生不利，该概率称为第 Ⅱ 类风险或使用方风险，以 β 表示。假如实际检验不合格率为 20%，质量很差，但是，由于是抽样检验，在 100 次检查中，仍有 10 次可能判为合格而被接收，于是生产了第 Ⅱ 类风险。

两类风险如图 6-4 所示。

图 6-4　OC 曲线

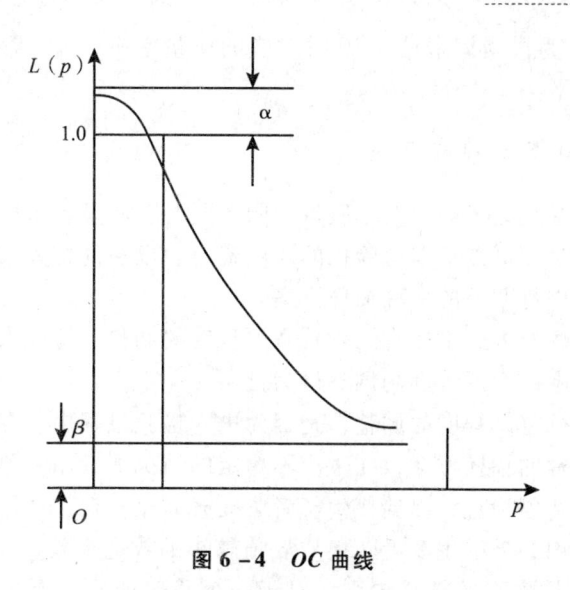

（2）抽样方案的辨别率。抽样方案的辨别率是指对于高质量以低概率拒收以保护生产方和对于低质量以高概率拒收以保护使用方的能力。

质量高低的标准是供货合同中规定的质量指标，从经济性的角度考虑，同一产品对于不同的使用方可以用不同的质量指标。

因为存在着两类风险 α 和 β，生产方和使用方都要承受一定的风险，具体情况一般是双方协定。协定的主导思想是：高质量产品（p 较小），使用方应以高概率接受，这可以保护厂方的利益；低质量产品（p 较大），使用方应以低概率接收，这可以保护使用方的利益。

具体做法是：对于高质量产品，双方商定一个 p_0，称为合格质量水平（Acceptable Quality Level），有时也记为 AQL，对计件产品来讲，当不合格率 $p \leqslant p_0$ 时，认为是高质量的产品，这时接受概率要大，比如可要求 $L(p) \geqslant 1-\alpha$，其中 α 也要双方商定，一般取为 0.01、0.05、0.1。

对于低质量产品，双方商定一个 $p_1(p_1 > p_0)$，称为极限质量水平（Limiting Quality Level），对于计件产品，当不合格率 $p \geqslant p_1$ 时，认为是低质量产品，这时接受概率就小。比如，可以要求 $L(p) \leqslant \beta$ 时，认为是低质量产品，β 也要双方商定，一般可取 0.01。

因而有：
$$\begin{cases} L(p) \geqslant 1-\alpha & p \leqslant p_0 \\ L(p) \leqslant \beta & p \geqslant p_1 \end{cases}$$

常用辨别率 OR 定量衡量某个抽样方案的判别率：
$$OR = \frac{p_{0.1}}{p_{0.95}}$$

上式中，$p_{0.1}$为接受概率是 0.10 时对应的质量水平；$p_{0.95}$是接受概率为 0.95 时对应的质量水平。

二、计数调整型抽样方案

宽严程度的调整方案是：对批质量相同，同时，质量要求一定的检验批进行连续接受性检验时，可以根据检验批的历史资料和以往的检验结果，按照预先规定的规则对方案进行调整的一种抽样方案。

常见的方案调整方式主要有三种：宽严程度的调整、检验水平的调整和检验方式的调整。其中，宽严程度的调整最为常用。

之所以要进行宽严程度的调整，是因为进入检验过程中，在质量正常的情况下，一般采用正常的抽样方案；在生产不稳定的情况下，用 β 值更小的加严检验方案，甚至可以暂停检查，以促使生产者去提升质量；在生产稳定且 $p<AQL$ 时，为了节约检验费用，鼓励生产者转换成 α 值较小的放宽检验。

1. 调整型抽样方案的转移规则。对于一个确定的质量要求，调整型抽样检验方案由三个 AQL 抽样检验方案组成，并用一组转换规则把它们有机地联系起来。三个抽样方案是：

（1）正常抽样方案。这是在产品质量正常的情况下采用的检验方案。

（2）加严抽样方案。这是在产品质量变坏或生产不稳定时采用的检验方案，以减少第二种错判的概率，保护使用方的利益。

（3）放宽抽样方案。这是当产品质量比所要求的质量稳定时所采用的抽样方案，以减少第一种错判的概率，保护生产方的利益。

调整型抽样检验系统需要一套转移规则。不同的抽样方案可以有不同的转移规则（如图 6-5 所示），如 GB2828.1-2003 中规定如下。

（1）从正常到加严。连续五批或不到五批中有两批不被接受。

（2）从加严到正常。连续五批被接受。

（3）从正常到放宽。需要下列条件同时满足：当前的转移得分至少是 30 分；生产稳定；负责部门认为放宽检验可取。

（4）从放宽到正常。下列条件之一发生：一批不被接受；生产不稳定或延迟；认为恢复正常检验正当的其他情况。

（5）从加严到暂停。从加严检验开始后，不合格批累积到五批。

一般情况下，正常检验一开始就应该计算转移得分。负责部门另有规定的除外。正常检验开始时，转移得分设定为 0，随着每个批次被检验，更新转移得分。具体的转移得分计算规则如下。

图 6-5 转移规则简图

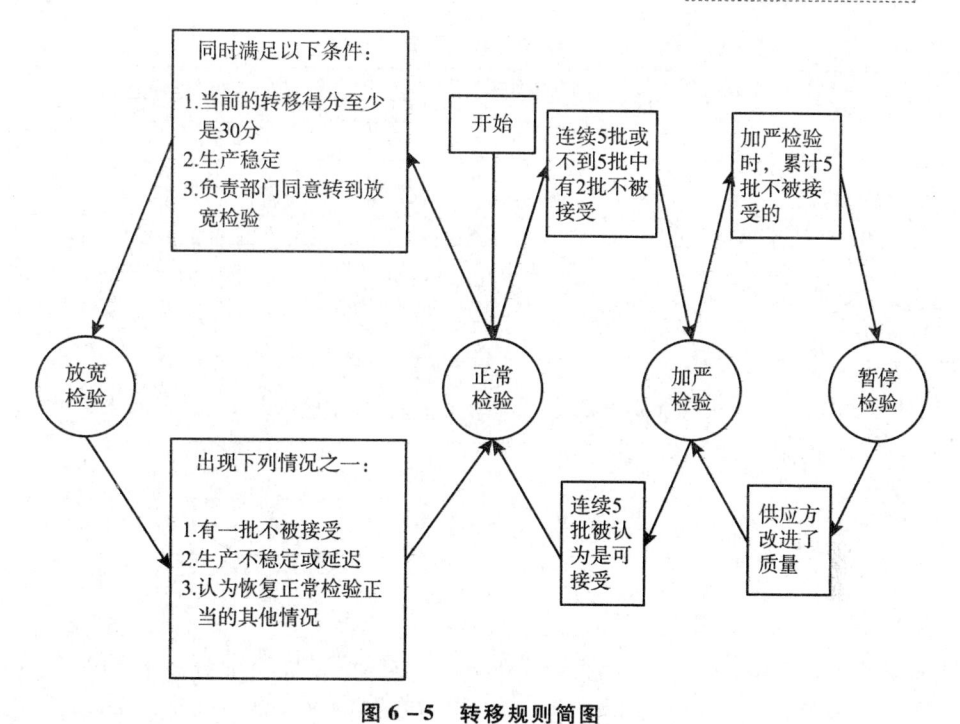

（1）一次抽样方案。当接收数大于或等于 2 时，如果当 AQL 加严一级后，该批被接受，则给转移得分加上 3 分，否则将转移得分重新设定为 0；当接收数为 0 时，如果该批被接受，则给转移得分加上 2 分，否则将转移得分重新设定为 0。

（2）二次和多次抽样。在使用二次抽样方案时，如果该批在检验第一样本后被接受，给转移得分加 3 分，否则将转移得分重新设定为 0；当使用多次抽样方案时，如果该批在检验第一或第二样本后被接受，则给转移得分加上 3 分，否则，将转移得分重新设定为 0。

2. 检查水平。检查水平决定批量（N）与样本大小（n）之间的关系，由"样本大小字码表"（见表 6-2）规定。"GB2828-87 样本大小字码中"给出了三个一般检查水平（Ⅰ、Ⅱ、Ⅲ）和四个特殊检查水平（S-1、S-2、S-3、S-4）。这七个检查水平之间的关系是越来越严格，检查量也越来越大。检查量通常用字母 A、B、C、D…表示，排在前面的字母对应的检查量小，排在后面的字母对应的检查量大。除非另有规定，通常采用一般检查水平Ⅱ。当需要的判别力比较低时，可使用一般检查水平Ⅰ，当需要的判别力比较高时，可使用一般检查水平Ⅲ。特殊检查水平仅适用于且必须使用较小的样本，而且能够或必须允许较大的误判风险。

表6-2　　　　　　　　　　　　　　样本大小字码表

批　量	特殊检查水平				一般检查水平		
	S-1	S-2	S-3	S-4	Ⅰ	Ⅱ	Ⅲ
2~8	A	A	A	A	A	A	B
9~15	A	A	A	A	A	B	C
16~25	A	A	B	B	B	C	D
26~50	A	B	B	C	C	D	E
51~90	B	B	C	C	C	E	F
91~150	B	B	C	D	D	F	G
151~280	B	C	D	E	E	G	H
281~500	B	C	D	E	F	H	J
501~1 200	C	C	E	F	G	J	K
1 201~3 200	C	D	E	G	H	K	L
3 201~10 000	C	D	F	G	J	L	M
10 001~35 000	C	D	F	H	K	M	N
35 001~150 000	D	E	G	J	L	N	P
150 001~5 000 000	D	E	G	J	M	P	Q
>5 000 000	D	E	H	K	N	Q	R

说明：当订单数量小于抽查件数时，将该订单数量看做抽查件数，抽样方案的判定数组[Ac, Re]保持不变。例如，有一批服装的订单数是3 000件，按照一般检查水平Ⅱ，AQL2.5标准抽查125件，次品数≤7就通过，次品数≥8就不接收。再如，订单数为17件，按AQL2.5标准抽查5件，无次品就接受，有1件次品都不接受。

【例6-1】给定$N=4\ 500$，$AQL=1.5$，采用一般检验水平Ⅱ，请制定一次正常、加严、放宽方案。

解：①正常检验一次抽样方案的检索。根据$N=4\ 500$和检验水平Ⅱ，从表6-2中可以查得字码L，在附表1-1中，由样本大小字码L所在的行向右，在样本量一栏里读取样本数为200，继续向右与$AQL=1.5$所在列相交处读取[7, 8]，因此，抽样方案为200 [7, 8]。

②加严检验一次抽样方案的检索。按照第一步的步骤，可以得到加严检验一次抽样方案为200 [5, 6]。

③放宽检验一次抽样方案检索。按照第一步的步骤，可以得到放宽检验的一次方案为80 [5, 6]。

第四节　计量抽样方案

一、概述

1. 概念。计量抽样方案是指定量地检验从批中随机抽取的样本，利用样本数据计算统计量，并与判定标准比较，以判断产品批是否合格的活动。

2. 适用条件。通常情况下，采用计量抽样方案需要事先知道质量特性值的分布，并需要获知较多的工序情报，因此，它适用于产品质量特性以计量值表示服从或近似服从正态分布的批检查。

3. 分类。

（1）按照产品的规格是否具有上、下界限来进行分类，可以将方案分为"双侧"与"单侧"；

（2）按照抽查的类型进行分类，可以分为一次抽查、二次抽查和多次抽查等；

（3）按照总体标准差已知与否，可以将抽样方案分为标准差已知和未知两种。

假定质量特性指标 X 服从正态分布 $N(\mu, \sigma^2)$，由于 μ 通常是未知的，因而需要从该产品中抽取 n 个产品测定其特性值，然后用样本均值进行估计。对不同的质量要求有不同的接受判别规则。

二、对于具有下规格限的标准型一次抽样检验方案

1. 接受概率。因为要求指标值越大越好，所以可以定一个 k_L，当 $\overline{X} \geq k_L$ 时接受该产品；反之，就拒收。这时计量一次抽样方案可以用 (n, k_L) 表示。

根据正态分布的性质，$\overline{X}$ 服从 $N(\mu, \sigma^2/n)$，接受概率是 μ 的函数，当 σ 已知时有：

$$L(\mu) = P(\overline{X} \geq k_L) = 1 - \Phi\left(\frac{k_L - \mu}{\sigma/\sqrt{n}}\right)$$

随着 μ 的增大，$L(\mu)$ 也增大。

2. 方案的制订。要制定一个计量标准型一次抽样方案 (n, k_L)，应该事先给出四个值，即生产方风险 α、使用方风险 β、双方可以接受的合格批质量均值指标 μ_0 和极限批质量指标均值 μ_1，且 $\mu_0 > \mu_1$。从维护生产方利益的角度提出一个批质量指标均值，当批质量指标均值大于 μ_0 时，要求以大于或等于 $1-\alpha$ 的高概率接受。从保护使用方利益的角度提出一个批量指标均值 μ_1，当质量指标小于 μ_1 时，要求以小于或等于 β 的低概率接收，即：

$$\begin{cases} L(\mu) \geq 1 - \alpha \ (\mu \geq \mu_0) \\ L(\mu) \leq \beta \ (\mu \leq \mu_1) \end{cases}$$

从以下两个式子可以计算出 (n, k_L)：

$$\begin{cases} L(\mu_0) = 1 - \alpha \\ L(\mu_1) = \beta \end{cases}$$

即：

$$\begin{cases} L(\mu_0) = 1 - \Phi\left(\dfrac{k_l - \mu_0}{\sigma/\sqrt{n}}\right) \\ L(\mu_1) = 1 - \Phi\left(\dfrac{k_l - \mu_1}{\sigma/\sqrt{n}}\right) \end{cases}$$

或

$$\begin{cases} \Phi\left(\dfrac{k_l - \mu_0}{\sigma/\sqrt{n}}\right) = \alpha \\ \Phi\left(\dfrac{k_l - \mu_1}{\sigma/\sqrt{n}}\right) = 1 - \beta \end{cases}$$

记 u_α 与 $u_{1-\beta}$ 分别为标准正态分布的 α 与 $1-\beta$ 分位数，则有：

$$\frac{k_L - \mu_0}{\sigma/\sqrt{n}} = u_\alpha$$

$$\frac{k_L - \mu}{\sigma/\sqrt{n}} = u_{1-\beta}$$

当 σ 已知时有：

$$\begin{cases} n = \left(\dfrac{(u_\alpha + u_\beta)\sigma}{\mu_0 - \mu_1}\right)^2 \\ k_L = \dfrac{\mu_1 u_\alpha + \mu_0 u_\beta}{u_\alpha + u_\beta} \end{cases} \tag{6.1}$$

当 σ 未知时，因为涉及 t 分布，这里省略计算公式。

3. 抽样检验标的的使用。

（1）σ 法。上述抽样检验方案是在 σ 已知时给出的，所以也称为 σ 法。在 $\alpha = 0.05$、$\beta = 0.10$ 时，有 $u_\alpha = -1.645$、$u_\beta = -1.282$，从公式（6.1）可知：

$$\left(\frac{\mu_0 - \mu_1}{\sigma}\right)^2 = \left(\frac{u_\alpha - u_\beta}{\sqrt{n}}\right)^2 = \left(\frac{2.927}{\sqrt{n}}\right)^2 \tag{6.2}$$

$$k_L = \mu_0 - \frac{\mu_0 - \mu_1}{u_\alpha + u_\beta} u_\alpha = \mu_0 - \sigma \frac{1.645}{\sqrt{n}}$$

若记 $A' = (\mu_0 - \mu_1)/\sigma$，则有：

$$n = (2.927/A')^2$$

接收规则可以改为：

$$Q_L = \frac{\overline{X} - \mu_0}{\sigma} \geq -\frac{1.645}{\sqrt{n}} = k$$

因此，我们也可以把抽样方案记为 (n, k)，在国标 GB/T8054 中给出了有关的表，见附表 2-1，使用这些表可以查得抽样方案。步骤如下：

第一步，计算 $A' = (\mu_0 - \mu_1)/\sigma$；

第二步，由 A' 的值从附表 2-1 查出 (n, k)；

第三步，计算 $Q_L = (\overline{X} - \mu_0)/\sigma$；

第四步，当 $Q_L \geq k$ 时接收，否则拒收。

(2) s 法。当 σ 未知时，我们一般常用 s 作为 σ 的估计，在 GB/T8054 中称此为 s 法，相关的表见附表 2-2，可以查得抽样方案。步骤如下：

第一步，计算 $B' = (\mu_0 - \mu_1)/s$；

第二步，由 B' 的值从附表 2-2 查出 (n, k)；

第三步，计算 $Q_L = (\overline{X} - \mu_0)/s$；

第四步，当 $Q_L \geq k$ 接收，否则拒收。

三、对于具有上规格限的标准型一次抽样检验方案

对上规格限的情况，由于要求指标值越小越好，因而可以定一个 k_U，当 $\overline{X} \leq k_U$ 时接受该产品，否则就拒收。这时计量一次抽样方案可以用 (n, k_U) 表示。

计算过程与"具有下规格限的标准型一次抽样检验方案"相同，这里不再赘述。

四、对于具有双侧规格限的标准型一次抽样检验方案

1. 接受概率。由于具有双侧规格限的标准型一次抽样检验方案指标要适中，不能太大也不能太小，因此，可以确定 k_L 与 k_U，当 $\overline{X} \leq k_L$ 或 $\overline{X} \geq k_U$ 时拒收该产品，否则就接受该产品。接受概率是 μ 的函数，也可以用 $L(\mu)$ 表示。这时计量一次抽样方案可以用 (n, k_L, k_U) 表示。

当 σ 已知时有：

$$L(\mu) = P(k_L \leq \overline{X} \leq k_U) = \phi\left(\frac{k_U - \mu}{\frac{\sigma}{\sqrt{n}}}\right) - \phi\left(\frac{k_L - \mu}{\frac{\sigma}{\sqrt{n}}}\right)$$

如果 $\mu_0 = (k_U - k_L)/2$，$k = (k_U - k_L)/2$，那么，$k_U = \mu_0 + k$，$k_L = \mu_0 - k$，这样，$\overline{X} \leq k_L$ 就相当于 $\overline{X} - \mu_0 \leq -k$，$\overline{X} \geq k_U$ 就相当于 $\overline{X} - \mu_0 \geq k$，所以，判断是否接受的规则为 $|\overline{X} - \mu_0| < k$，反之就拒绝，这样，抽样方案就可以记为 (n, k)，这时，$L(\mu)$ 可以用下式表示：

$$L(\mu) = \phi\left(\frac{\mu_0 + k - \mu}{\frac{\sigma}{\sqrt{n}}}\right) - \phi\left(\frac{\mu_0 - k - \mu}{\frac{\sigma}{\sqrt{n}}}\right)$$

能够证明 $L(\mu)$ 在 $\mu = \mu_0$ 时达到最大，并且关于 $\mu = \mu_0$ 对称。

2. 检验方案的确定方法。由于抽样方案的 OC 曲线关于 μ_0 对称，且在 μ_0 达到最大，因此，为制定抽样方案，可以用双方协商给出 d_0 与 d_1，当 $\mu_0 - d_0 < \mu < \mu_0 + d_0$ 时以高概率（大于 $1-\alpha$）接收，当 $\mu < \mu_0 - d_1$ 或 $\mu > \mu_0 + d_1$ 时以低概率

（小于 β）接收。

在 GB/T8054 中给出了制订方案的有关表，见附表 3-1 和附表 3-2，下面就介绍这些表格的使用方法。为了与仅给出上限或下限的情况一致起见，用下面的判别方法。

当 σ 已知时，用 σ 法。步骤如下：

第一步，计算 $A=(d_1-d_0)/\sigma$，从表中查出样本量 n；

第二步，计算 $C=2d_0/\sigma$，从表中查出常数 k；

第三步，计算统计量：

$$Q_U = \frac{\mu_0 + d_0 - \overline{X}}{\sigma}, \quad Q_L = \frac{\overline{X} - \mu_0 + d_0}{\sigma}$$

第四步，当 $Q_L \geq k$ 且 $Q_U \geq k$ 时接受，否则拒收。

当 σ 未知时，用 s 法，只要将上面公式中的 σ 改为 s，改用 s 法见附表 3-2，步骤同上。

思 考 题

1. 抽样检验的优缺点有哪些？
2. 什么是 OC 曲线？什么是方案的鉴别能力？
3. 为什么要设置检验水平？确定检验水平主要应考虑哪些因素？
4. 在某外购件的验收抽样检查中，规定 $AQL=2.5\%$，批量 $N=6\,000$ 件，检查水平为 Ⅱ，如果采用一次抽样检查，试求调整型正常、加严和放宽的三个抽样方案。
5. 试述一次、两次和多次抽样方案的基本程序。

第七章　可靠性技术

好质量并不一定意味着高质量，而是可预测的低成本并且具有适合市场的均匀性和可靠性程度。

——［美］威廉·爱德华·戴明

【导入案例】

随着市场经济的发展，竞争日趋激烈，人们不仅要求产品物美价廉，而且十分重视产品的可靠性和安全性。产品的可靠性不仅影响生产公司的前途，而且影响使用者的安全（苏联的"联盟11号"宇宙飞船返回时，因压力阀门提前打开而造成三名宇航员全部死亡）。可靠性好的产品，不但可以减少公司的维修费用，而且可以很快就打出品牌，大幅度提升公司形象，增加公司收入。

日本的汽车、家用电器等产品，虽然在性能、价格方面与我国彼此相仿，却能占领美国以及国际市场，主要的原因就是日本的产品可靠性胜过我国一筹。美国的康明斯、卡勃彼特柴油机，大修期为12 000小时，而我国的柴油机不过1 000小时，有的甚至几十小时、几百小时就出现故障。

我国生产的电梯，平均使用寿命（指两次大修期的间隔时期）为3年左右，而国外的电梯平均寿命在10年以上，是我们的3倍；故障率，国外平均为0.05次，而我国为1次以上，高出20倍，这样的产品怎么能有竞争力呢！

在经济全球化的大环境中，提高可靠性是我们努力的方向！

产品可靠性是全面质量管理所涉及的主要领域之一。一个可靠的产品应该是在整个使用期间能够执行设计要求功能的产品。产品的质量指标是产品技术性能指标和产品可靠性指标的综合。仅仅用产品技术性能指标不能反映产品质量的全貌。只有具备优良的技术性能指标同时又具备经久耐用、充分可靠以及易维护、易使用等特点的产品，才称得上是一个高质量的产品。可靠性指标和技术性能指标最大的区别在于：技术性能不涉及时间因素，它可以用仪器来测量；可靠性与时间紧密联系，它不能直接用仪器测量，要衡量产品的可靠性，必须进行大量的试验分析和统计分析以及调查研究和数学计算。

可靠性是一种质量特性，它体现了当今的购买者对产品的一种主要要求。可靠性是一种综合性的技术，应该从成本性能、顾客的要求及公司的水平等方面综合考虑。确定可靠性目标和方案，然后通过试验对可靠性方案进行评估，以控制产品的质量，满足顾客的需求。

因此，要想在竞争中立于不败之地，就要狠抓产品质量，特别是产品可靠性，没有可靠性就没有质量，企业就无法在激烈的竞争中生存和发展。我国的可靠性工作起步较晚，20世纪70年代才开始在电子工业和航空工业中初步形成可靠性研究体系，并将其应用于军工产品。其他行业可靠性工作起步更晚，差距更大，与先进国家的差距有20~30年。因此，可靠性问题必须引起政府和企业的高度重视，抓好可靠性工作，不仅是关系到企业生存和发展的大问题，也是关系到国家经济兴衰的大问题。

第一节 可靠性及其相关概念

一、可靠性的含义

所谓可靠性是指产品（包括零件和元器件、整机设备、系统）在规定的条件下、在规定的时间内完成规定功能的能力。在不需要特别说明的情况下，一般将元件、产品、系统的可靠性统称为产品的可靠性。对可靠性含义的理解包括四个方面。

1. 规定的能力或效能。这是指产品标准或产品技术条件中所规定的各项技术性能（技术指标）。

可靠性表现为是否具有特定的功能、能力或发挥相应的效能。产品正常发挥其预定的功能，则具有相应的能力或效能；终止发挥其效能，则不具有相应的能力或效能，而称其为失效或故障。

所谓失效，可以定义为元件、产品、系统或其一部分不能完成预定功能的事件或状态。失效的元件、产品或系统，经过维修，有可能排除故障，恢复其能力或效能，继续发挥预定的功能。

失效的实例包括装置根本不能工作（如轿车不能启动）、装置运行不稳定（轿车无为地空转），或者是装置的性能恶化（如轿车变速越来越困难）。由于每种失效的特性不同，因此，必须清楚地定义失效。可修复的失效通常称为故障。

对于可修复产品来说，可靠性的含义应指产品在其整个寿命周期内完成规定功能的能力。其中，故障是指产品或产品的一部分不能完成规定功能的事件或状态。对某些产品如电子元器件等亦称失效。故障分为致命性故障（产品不能完成规定任务或可能导致重大损失）、系统性故障（由某一固有因素引起，以特定形式出现的)、偶然故障(由于偶然因素引起的)。

2. 可能性或概率。用这种方式表示可靠性为产品、元件和系统的不同设计方案之间的比较提供了基础。例如,可靠度为 0.97 表明,从平均意义上讲,在特定的运行条件下,在给定的时间内,100 个项目中有 97 个会发挥其效能。

对于一个具体的产品,应按上述各点分别给予具体、明确的定义。

对产品而言,可靠性越高就越好。可靠性高的产品,可以长时间正常工作(这正是所有消费者需要得到的);从专业术语上来说,即产品的可靠性越高产品可以无故障工作的时间就越长。

3. 规定的环境和使用条件。这里所说的规定条件包括产品所处的环境条件(温度、湿度、压力、震动、冲击、尘埃、雨淋、日晒等)、使用条件(载荷大小和性质、操作者的技术水平等)、维修条件(维修方法、手段、设备和技术水平等)。在不同的规定条件下,产品的可靠性是不同的。

4. 规定的时间。这是指产品的生命周期(如交换机寿命 20 年、手机寿命 5 年、手机滑盖寿命 6 万次、汽车寿命 30 万公里等)。任何元件、产品和系统都有其寿命,正常发挥其效能总有一定的时间范围,最终总是会失效直到彻底损耗。

在发挥效能的不同时间内,可靠性是不同的。

在规定的时间内不发生失效,或发生失效的次数少,可靠性就高;或者发生故障前正常运行的时间长,可靠性就高。如汽车行驶里程、装置使用次数等。

二、可靠性的分类

从可靠性分析和研究的对象与层次分为:元件可靠性、产品可靠性和系统可靠性。产品和系统是由元件组成的,元件的可靠性影响着产品和系统的可靠性,不同的产品和系统又使元件处于不同的运行条件下;元件或产品在系统中的不同结合方式(串联、并联或混联)影响着系统整体的可靠性。

从可靠性设计的角度分为:固有可靠性和实现可靠性。固有可靠性是指产品在设计制造中赋予的可靠性。实现可靠性是指产品在使用中表现出的一种能力特性,它与固有可靠性、安装、操作、维修等有关。实现可靠性一般都低于固有可靠性。

三、可靠性、维修性与可用性

1. 维修性与可用性。导致设备停机或停工的失效迟早会发生,对可维修的产品就会涉及维修。

(1) 维修性。维修性是指,在特定条件下和规定时间内,系统或产品按照规定的程序和方法进行维修可以保持或恢复到其规定状态的能力。

维修性取决于两类维修活动：预防性维修和纠正性维修。预防性维修属于一种主动维修，是通过对正常使用的产品或系统的监视、检测，发现失效征兆，为防止失效发生，使其保持规定的状态所进行的活动，如设备的日常维护和保养。其主要目的是延长设备寿命、延长设备无故障时间、降低设备全寿命费用。加强预防性维护是保证设备高效、安全运行的一项重要措施。纠正性维修属于一种被动维修，是在产品或系统发生故障后使其恢复到规定状态所进行的维修。

较高的可靠性通常维修较少，但一般需要较高的设计和生产成本。

可维修的产品，其可靠性主要的参数是 MTBF（Mean Time Between Fail），即平均故障间隔时间，也就是两次维修间的平均时间；不可维修的产品，用参数 MTTF（Mean Time To Fail）。

（2）可用性。可用性是指设备不因为失效而停机的可能性或概率。可用性有两个基本定义，即运行可用性和内在可用性。

第一，运行可用性。

$$A_0 = \frac{MTBM}{MTBM + MDT}$$

其中，MTBM 为两次维修之间的平均间隔时间，惯称平均无故障工作时间，它是英文 Mean Time Between Maintenance 的缩写，包括纠正性维修时间和预防性维修时间。MDT 为平均停工时间（Mean Down Time），是纠正性维修时间和预防性维修时间与等待时间之和。

通常公司经理在做计划、设备配备时经常用运行可用性；在设计过程中不能用它，此时，用内在可用性来代替。

第二，内在可用性。

$$A_i = \frac{MTBF}{MTBF + MTTR}$$

其中，MTBF 为平均失效间隔时间（Mean Time Between Failure）；MTTR 为平均修理时间（Mean Time to Repair）。

因为在设计环境中维修停工时间和等待时间不能确定，假定它们不存在，所以内在可用性的假设条件为理想条件。

假设可用性为 0.97，则有：

$$0.97 = MTBF/(MTBF + MTTR)$$

$$MTBF = \frac{97}{3} MTTR$$

也就是说，如果 MTTR 为 3 小时，MTBF 就应该等于 97 小时。设计者可以根据这样的信息对所进行的设计进行评价并适当修改。

2. 产品可靠性指标的选择。

（1）指标的选择。不能或难以维修的产品，例如卫星、导弹和海缆等，不言而喻，维修性方面的指标是无须考虑的，关键是系统在规定工作期间的可靠度指标。平均工作时间或平均寿命也不宜用做此类系统的可靠性指标，除非有附加说明，因为具有相同平均工作时间指标的系统，其实际可靠度可能差异很大。

视间断使用或连续运行的不同，可维修系统对可靠性和维修性指标的考虑也有较大差别。如测量雷达、炮瞄雷达和部分军用电台等间断使用系统，可靠度或平均无故障工作时间应作为主要可靠性指标，而有些类型的测量仪表，虽然也是间断使用设备，但人们更关心的则是它们的利用率；对诸如广播、电视、通信、卫星通信地面站和港口管制雷达等连续运行系统，有效度应是它们的主要指标。

（2）指标的高低。论证了不同任务应选用的不同指标之后，继而要论证这些指标的高低。一方面，指标低了不能满足使用要求，乃至完全失去使用价值，甚至还会造成严重后果。例如，军事装备的可靠性太低，不仅会丧失战机，而且还将处于被动挨打状态；民用设备比如钢铁和化学工业自动控制系统的可靠性过低，将会发生冻结和爆炸事故。因此，从造成后果是否严重的角度判断，后果严重的，可靠性指标应该高些；后果不严重的，可靠性指标可以低些。另一方面，可靠性指标定得过高，从使用角度来说虽然是有利的，但会造成额外经济损失，还会延长工程周期，所以也是没有必要的。以黑白电视接收机为例，假设第一种电视机是由次品组装而成的，售价为 50 元，$MTBF = 100$ 小时；第二种由正品经过筛选组装而成，售价为 360 元，$MTBF = 5\ 000$ 小时；第三种采用宇航级元器件组装，售价为 1 500 元，$MTBF$ 上升到 5 万小时。无疑，第一种电视机虽然价格低廉，但故障率太高，平均不到 1 个月就可能发生一次故障，从收看效果、耽误的时间和支出的修理费用来看是得不偿失的；第三种电视机的性能价格比（此处指 $MTBF$）最好，但人们一般不会支付这样高的代价去换取并不必要的高可靠性指标。

（3）指标选择应注意的问题。在指标论证中，要注意被论证系统是独立地完成某种任务抑或属于更大系统中的一个组成单元。对于后者，即完成任务的前提是整个大系统要完成任务，则其可靠性指标应该根据大系统来分析和确定。如果被论证的系统与大系统内其他组成部分相比，在同样复杂的程度下，其 $MTBF$ 已经高出数倍，一般就不应再花大力气去提高它的指标要求。

第二节　可靠性的度量

可靠性的度量分为单元可靠性和系统可靠性。

可靠性水平或相应的能力可以通过可靠度、失效率、平均失效时间、平均失效间隔时间来度量。

可靠性随时间变化的规律可以通过可靠度函数、产品寿命曲线、累计失效函数、失效概率密度等来表示。

一、单元可靠性的度量

1. 失效率（λ）和失效率曲线。

（1）失效率曲线——浴盆曲线（如图 7-1 所示）。

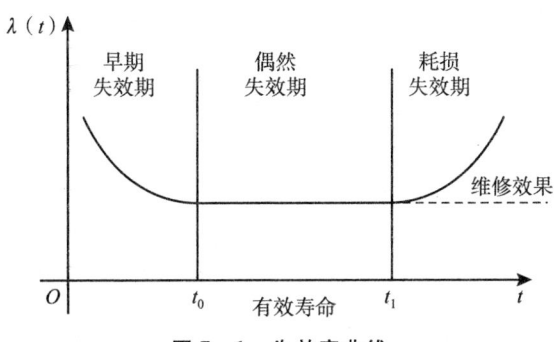

图 7-1 失效率曲线

第一，早期失效期为递减型（功能性失效）。产品使用的早期，失效率较高而下降很快。主要由于设计、制造、贮存、运输等形成的缺陷，以及调试、磨合、启动不当等人为因素所造成的。

使产品失效率达到偶然失效期的时间 t_0 称为交付使用点。

第二，偶然失效期为恒定型（可靠性失效），主要由非预期的过载、误操作、意外的天灾以及一些尚不清楚的偶然因素所造成。由于失效原因多属偶然，故称为偶然失效期。偶然失效期是能有效工作的时期，这段时间称为有效寿命。为降低偶然失效期的失效率而增长有效寿命，应注意提高产品的质量，精心使用和维护。

第三，耗损失效期，失效率是递增型。失效率上升较快，这是由于产品已经老化、疲劳、磨损、蠕变、腐蚀等所谓由耗损引起的，故称为耗损失效期。针对耗损失效的原因，应该注意检查、监控、预测耗损开始的时间，提前维修，使失效率仍不上升。当然，修复若需花很大费用而延长寿命不多，则不如报废更为经济。

（2）累计失效率曲线。考虑失效问题时，我们假设在大量产品使用的过程中记录每个产品第一次失效的时间，然后按照时间在图上描上累计失效百分率，这样形成的曲线叫做累计失效百分率，如图 7-2 所示。

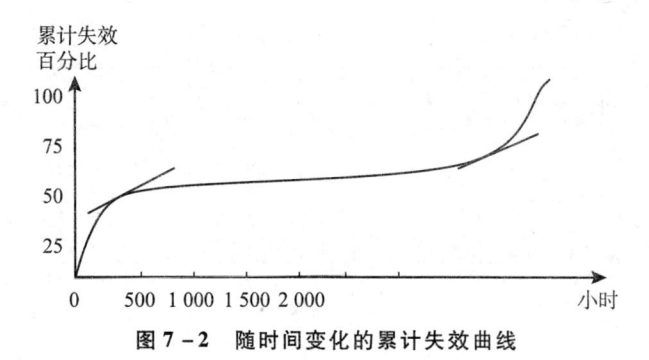

图 7-2 随时间变化的累计失效曲线

图 7-2 中曲线上任何一点的斜率表示该时刻的失效率。

2. 失效率的计算。

（1）失效率。失效率（故障率）$\lambda(t)$，是指某产品（零部件）工作到时间 t 之后在单位时间 Δt 内发生失效的概率。它是失效间隔时间的倒数，也就是说，$\lambda = 1/MTBF$。对某一类产品而言，产品在不同的时刻有不同的失效率（也就是失效率是时间的函数）。

$$\lambda = 总失效数/总单元运行时数$$

$$\lambda = 总失效数/(试验单元数 \times 试验时数)$$

从以上公式可以看出，20 个单元试验 200 个小时与 2 个单元试验 2 000 个小时在总单元运行时数上没有任何区别，然而由于失效率随产品生命周期的不同时期而变化，这两个公式反映的失效率的差别是非常明显的。

例如，有用的寿命期从 10 小时开始，耗损期从 200 小时开始，在 1 000 小时以前几乎完全肯定会出现失效，而在 100 个小时的实验中几乎不可能失效。

【例 7-1】假设有 10 个单元试验了 100 个小时，4 个单元失效，各单元的失效分别发生在 8 小时、33 小时、67 小时、68 小时，其余各单元满意地发挥效能直到试验结束。

解：λ = (4 个单元失效)/(776 单元运行时数) = 0.00515 个失效/小时

（2）可靠度函数 $R(t)$、累计失效分布函数 $F(t)$、失效密度函数 $f(t)$。

第一，可靠度函数 $R(t)$、累计失效分布函数 $F(t)$、失效密度函数 $f(t)$ 的含义。

可靠度，是指产品在规定的条件下、在规定的时间内产品完成规定功能的概率。它是时间的函数，记作 $R(t)$，也称为可靠度函数。$R(t) = P(t < T)$，其中，t 为时间变量，T 为发生失效的时间。当 $t = 0$ 时，$R(0) = 1$；当 $t = \infty$ 时，$R(\infty) = 0$。

例如，某产品样本的基本情况如图 7-3 所示。

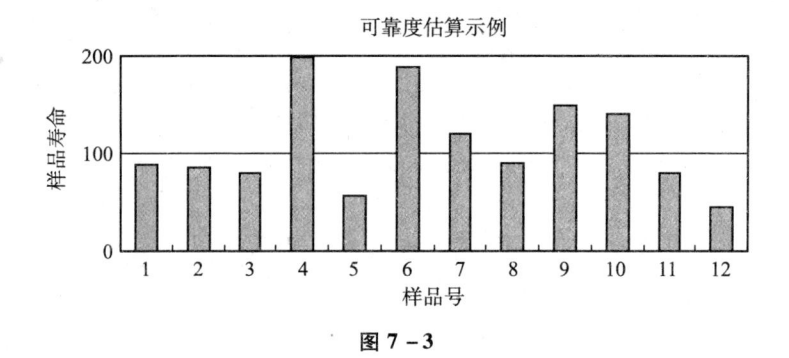

可靠度估算示例

图 7-3

则有：

$$\overline{R(t)} = \frac{12-7}{12} = 0.42$$

失效概率密度是累积失效概率 $F(t)$ 对时间的变化率。它表示产品寿命落在包含 t 的单位时间内的概率，即 t 时刻产品在单位时间内失效的概率。记作 $f(t)$。大量观察表明，该概率随时间变化的数学模型可以利用指数函数来建立。

λ 表示失效率，可以用以下指数密度来表示失效概率密度函数：

$$f(t) = \lambda e^{-\lambda t} \qquad t \geq 0$$

在时间 $t_1 \sim t_2$ 之间的失效概率表示如下：

$$\lambda e^{-\lambda(t_2 - t_1)}$$

累计失效分布函数是指产品在规定的条件下、在规定的时间内不能完成规定功能的概率。它也是时间的函数，记作 $F(t)$，也称为累积失效概率。

在区间 $(0, T)$ 的失效概率可以由下列累计失效分布函数给出：

$$F(t) = p(T \leq t) = 1 - e^{-\lambda T}$$

它与可靠性概率的关系就是：

$$R(t) = 1 - F(T) = e^{-\lambda T}$$

【例 7-2】假设一个项目在 100 个小时的正常使用条件下具有 0.97 的可靠性。请确定失效率。

解：$0.97 = e^{-\lambda 100}$

$Ln0.97 = -100\lambda$

$\lambda = -(Ln0.97)/100 = 0.034/100 = 0.0003$（个故障/每小时）

第二，$F(t)$、$R(t)$ 与失效时间的关系。

在可维修项目可靠性的计算中，失效率的倒数通常用 θ 表示，它表示平均失效间隔时间（MTBF）。例如，一台机器运行了 10 000 小时，发生了 4 次失效，每次失效都得到了及时的修理，则平均失效时间为：

$MTBF = 10\,000/4 = 2\,500$（小时）

$$\lambda = 1/2\ 500 = 0.000\ 4\ (个失效/小时)$$

从而得出:
$$F(T) = 1 - e^{-T/\theta}$$
$$R(T) = e^{-T/\theta}$$

比如, $\lambda = 0.000\ 3$ (个失效/小时), 则 $\theta = 1/0.000\ 3 = 3\ 333$ (小时)。也就是说, 预计平均 3 333 小时发生一次失效。

【例 7 - 3】假设一个电子元件的失效率为 $\lambda = 0.000\ 1$ 个失效/小时, $MTTF$ 为 $\theta = 1/0.000\ 1 = 10\ 000$ 小时, 在 15 000 小时内, 求元件不失效的概率。

解: 在 15 000 小时内, 元件不失效的概率 $= R(15\ 000) = e^{-15\ 000/10\ 000} = e^{-1.5} = 0.022\ 3$。

第三, $f(t)$、$F(t)$ 及 $R(t)$ 的关系。根据以上计算不难发现 $F(t)$ 与 $R(t)$ 之间有"互余"的关系, 也就是说, $F(t) + R(t) = 1$。

对于可维修产品, $f(t)$、$F(t)$ 及 $R(t)$ 的关系呈现指数关系, 这一点已从理论上得到证明。$f(t)$、$F(t)$ 及 $R(t)$ 的关系如图 7 - 4 所示。

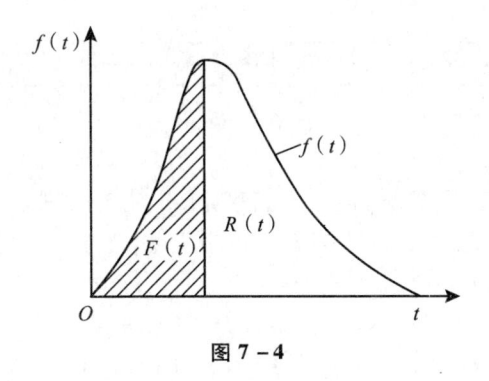

图 7 - 4

二、系统可靠性的度量与预测

研究可靠性, 可根据不同对象分成单元可靠性与系统可靠性两个方面。前者把产品作为整体考虑, 后者则注重于产品内部的功能关系。系统可靠性在很大程度上取决于零部件的可靠性。

1. 可靠性预测。所谓可靠性预测是一种根据所得的有效率数据计算器件或系统可能达到的可靠性指标, 或对于实际应用的产品计算出其在特定条件下完成规定功能的概率的预报方法。

通过预测可以达到如下目的: (1) 协调设计参数及指标, 提高产品的可靠性; (2) 进行方案比较, 选择最佳方案; (3) 发现薄弱环节, 提出改进措施。

可靠性预测方法有多种: (1) 数学模型法。(2) 布尔真值表法, 又称状态枚举法。系统中每个单元都有"成功"和"失败"两个状态, 将系统中所有组合列出，然后列出系统"成功"和"失败"的状态，最后进行系统可靠度的计算。若系统有 n 个单元，而每个单元又有两个状态，则 n 个单元所构成的系统共有 2^n 个状态。

2. 可靠性分配

（1）概念。所谓可靠性分配，就是把系统的可靠性指标对系统中的子系统或部件进行合理分配的过程。通常分配应考虑下列因素：技术水平；复杂程度；重要程度；任务情况。此外，一般还要受费用、重量、尺寸等条件的约束。总之，最终都是力求以最小的代价来达到系统可靠性的要求。

（2）分配方法。分配方法有多种，在此只介绍等分配方法。等分配方法用于设计初期，对各单元可靠性资料掌握很少，故假定各单元条件相同。

第一，串联系统。系统中的下属几个组件全部工作正常时系统才正常，当系统中一个或一个以上的组件失效时系统就失效，这样的系统就称串联系统。串联系统的可靠性框图就是几个组件的串联图。设系统下属组件的可靠度分别为 r_1，r_2，r_3，r_4，…，r_n，串联系统的框图如图 7-5 所示。

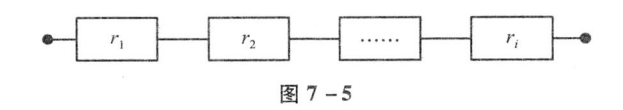

图 7-5

用 S_s 和 S_i 分别表示系统和单元的正常工作状态，则依据串联系统的定义，串联系统中正常事件是"交"的关系，逻辑上为"与"的关系，系统要正常工作，各子系统必须都正常工作，则有：

$$S_s = S_1 \cap S_2 \cap S_3 \cap \wedge \cap S_n$$

系统正常工作的概率为各单元概率之积，因而有

$$R_s = r_1 \times r_2 \times \cdots \times r_n = \prod_{i=1}^{n} r_i$$

【例 7-4】一种机载侦察及武器控制系统将完成六种专门的任务，每项任务的定义如表 7-1 所示。由于体积、重量及功率的限制，为了能够完成各项任务，每一任务专用的设备必须与其他任务专用设备组合使用。为了完成任务 E，必须由设备 3、设备 4 及设备 5 一起工作。

表 7-1

任务	任务说明	完成任务所需的设备组合
A	远距飞机侦察	1
B	远及（或）近距海面舰船探测	1，2

续表

任务	任务说明	完成任务所需的设备组合
C	海区状态信息收集	1，3
D	水下监视	1，3，4
E	舰上发射导弹的远距末端制导	3，4，5
F	在范围气象资料收集	1，2，3，6

该系统各设备的可靠度如表 7-2 所示。

表 7-2

设备	1	2	3	4	5	6
可靠度	0.95	0.93	0.99	0.91	0.90	0.95

整个任务时间为 3 小时，为完成所有任务，要求在 3 小时内所有设备都工作。某一设备可能同时保证几项任务成功。

问题：成功完成每项任务的概率是多少？在 3 小时中成功完成所有六项任务的概率是多少？

解：如图 7-6 所示。

值得注意的是，成功完成六项任务的概率 P_s 不等于完成各项任务可靠度 R_A、R_B、R_C、R_D、R_E、R_F 的乘积。因为有的设备如设备 1、设备 2、设备 3 及设备 4 具有多功能。若采用这种任务可靠度相乘的办法，将会使某些设备多次参加计算，从而造成错误计算。这是一个典型的多功能部件的例子。

本例所表明的要点是，多任务或多工作模式系统的可靠度应该用各个任务的可靠度表示。这种方法是很有用的，因为它使我们能够评价系统研制过程中各种能力的状态，而不是总的任务可靠度。例如，我们假设任务 A 和 B 是主要任务，我们知道在 3 小时中有 88% 的可能性会成功完成 2 种功能。然而，如果我们把任务 A 和 B 与其他不太重要的任务一起计算，我们只了解到整个系统有 68% 的机会可能完成任务。根据任务 A 和 B 的重要性及成功完成任务 A 和 B 的高概率，将有利于管理部门决定继续研制该系统。

第二，并联系统。系统中的几个下属组件，只要其中一个工作正常，则系统就正常工作，只有全部组件都失效时，系统才失效，这样的系统就称并联系统。并联系统的可靠性方框图为 n 个组件的并联图，如图 7-7 所示。

任务 A：

$R_A = R_1 = 0.95$

任务 B：

$R_B = R_1 R_2 = (0.95)(0.93) = 0.88$

任务 C：

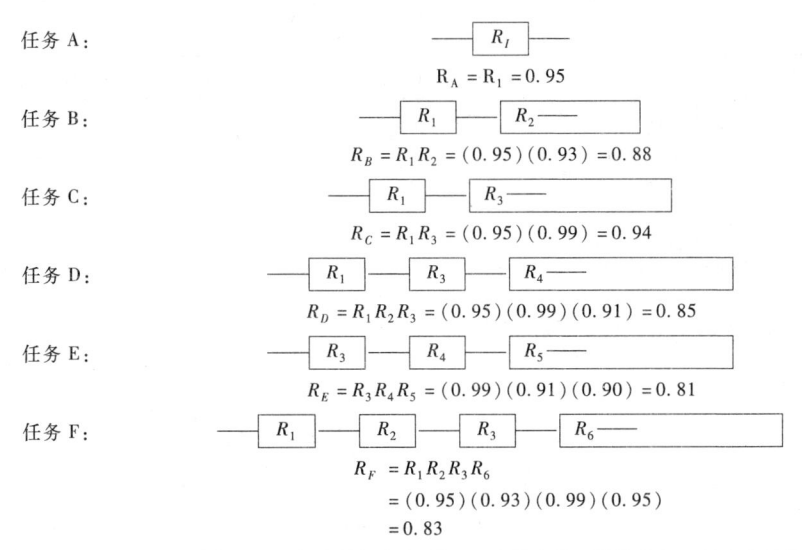

$R_C = R_1 R_3 = (0.95)(0.99) = 0.94$

任务 D：

$R_D = R_1 R_2 R_3 = (0.95)(0.99)(0.91) = 0.85$

任务 E：

$R_E = R_3 R_4 R_5 = (0.99)(0.91)(0.90) = 0.81$

任务 F：

$R_F = R_1 R_2 R_3 R_6$
$= (0.95)(0.93)(0.99)(0.95)$
$= 0.83$

注：①在3小时中成功完成全部六项任务的概率 P_s 等于六个设备的可靠性之积。因为为了能在3小时中成功地完成全部六项任务，所有设备必须工作。

②

$P_s = R_1 R_2 R_3 R_4 R_5 R_6$
$= (0.95)(0.93)(0.99)(0.91)(0.90)(0.95)$
$= 0.68$

图 7-6

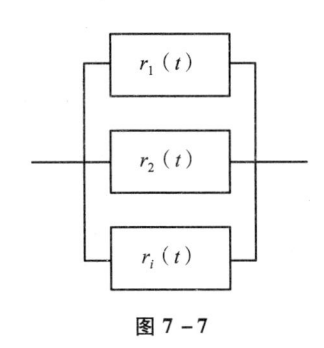

图 7-7

设组成组件的可靠度分别为 $r_1, r_2, \cdots, r_n$，相应组件的失效（故障）概率分别为 $q_1, q_2, \cdots, q_n$，并设并联系统的失效（故障）概率为 Q_s。

用 S_s 和 S_i 分别表示系统和单元的正常工作状态，用 F_s 和 F_i 表示系统和单元不正常工作，则依据并联系统的定义，并联系统中不正常事件逻辑上为"或"的关系，系统要不正常工作，必须各子系统都不正常工作，则有：

$$R_s = 1 - \prod_{i=1}^{n}(1 - r_i)$$

第三，串联、并联系统可靠性的计算。由产品的可靠性框图写出系统的可靠性数学表达式的方法很多。采用串联、并联系统可靠性公式进行化简是常用的方法。例如，对图 7-8a 所示的系统，化简成串联系统，若以小写字母代表各组件的可靠度时，化简后两个环节的可靠度表达式如图 7-8b 所示。

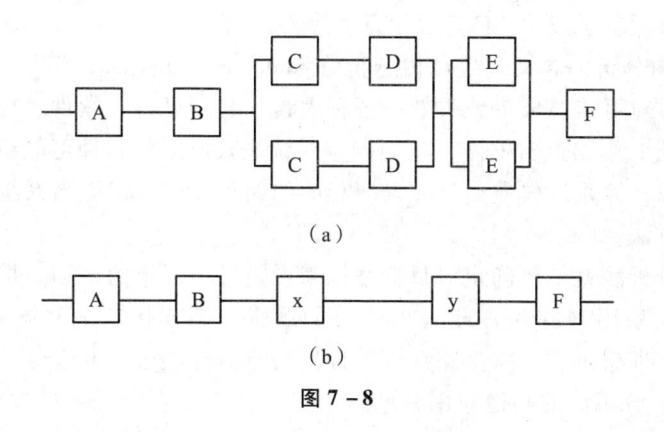

图 7-8

系统下属组件包括多种功能者，则属于多功能系统。例如，某一系统有两种功能，功能 I 要求组件 A 或者 B 工作，功能 II 要求组件 B 或者 C 工作，完成某一特定任务，要求 I、II 两种功能都正常。此系统功能 I 和功能 II 及完成任务的可靠性框图如图 7-9 所示。

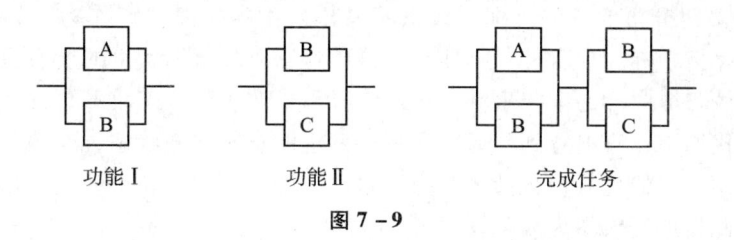

图 7-9

假定各组件可靠度已给出：$r_a=0.9$，$r_b=0.8$，$r_c=0.7$，那么，完成任务的概率计算，可在先根据并联关系分别算出功能 I、II 的基础上，再按照串联关系计算即可。

三、故障树分析

1. 故障树的含义。故障树是描写故障原因与结果关系的逻辑图，它与鱼刺图有些相似，但在应用中有很大的区别：

（1）在结果方面，鱼刺图可以是任何结果，而故障树中的结果只能是故障，即最不理想的事物。

（2）鱼刺图用大鱼刺、中鱼刺、小鱼刺表示原因，而故障树用树木状表示原因。

(3) 鱼刺图采用一般的推理方法，而故障树应用逻辑推理方法，采用了一些逻辑符号，例如逻辑门符号，⌒表示与门（and），表示下面的事项全部发生，上面的事项才会发生。⌒表示或门（or），表示下面的事项至少有一个发生，上面的事项就会发生。▭表示基本事件。

2. 故障树分析的含义。故障树分析（Fault Tree Analysis, FTA）是在系统设计过程中通过对可能造成系统失效的各种因素（包括硬件、软件、环境、人为因素）进行分析，画出逻辑框图，从而确定系统失效原因的各种可能组合方式或其发生概率，以计算系统失效概率，采取相应的纠正措施，以提高系统可靠性的一种设计分析方法。

故障树分析法就是要确定对目标系统来说是最不理想的事物，把产生该事物原因的因果关系用（并联）或（串联）的逻辑步骤连接起来并展开成树木状，用以弄清最不理想事物的发生路线，并提出防范措施的科学方法。

3. 故障树分析法的其他应用领域。
(1) 企业中方针目标及实施事项的展开。
(2) 为解决企业内的各种问题所采取措施的展开。
(3) 在企业建立健全质量体系、开展质量保证活动中的应用。
(4) 在价值工程中用于功能分析的展开。
(5) 在决策中的决策树法的应用。

4. 故障树分析的过程。把系统最不希望发生的故障状态作为逻辑分析的目标，在故障树中称为顶事件；继而找出导致这一故障状态发生的所有可能的直接原因，在故障树中称为中间事件；再跟踪找出导致这些中间故障事件发生的所有可能的直接原因；直追寻到引起中间事件发生的全部部件状态，在故障树中称为底事件。用相应的代表符号及逻辑把顶事件、中间事件、底事件连接成树形逻辑图，则称此树形逻辑图为故障树。

故障树是一种特殊的倒立树状逻辑因果关系图，它用事件符号、逻辑门符号和转移符号描述系统中各种事件之间的因果关系。"底事件"是导致其事件的原因事件，位于所讨论故障树底端；"结果事件"是由其他事件或事件组合所导致的事件，它总是位于某个逻辑门的输出端。

故障树分析的大致步骤为：(1) 熟悉并分析对象；(2) 选定顶事件；(3) 故障树的构建与简化；(4) 计算分析；(5) 评价改进。

【例7-5】意外的存货断供的故障树如图7-10所示。

【例7-6】削减制造成本的故障树分析如图7-11所示。

第七章 可靠性技术

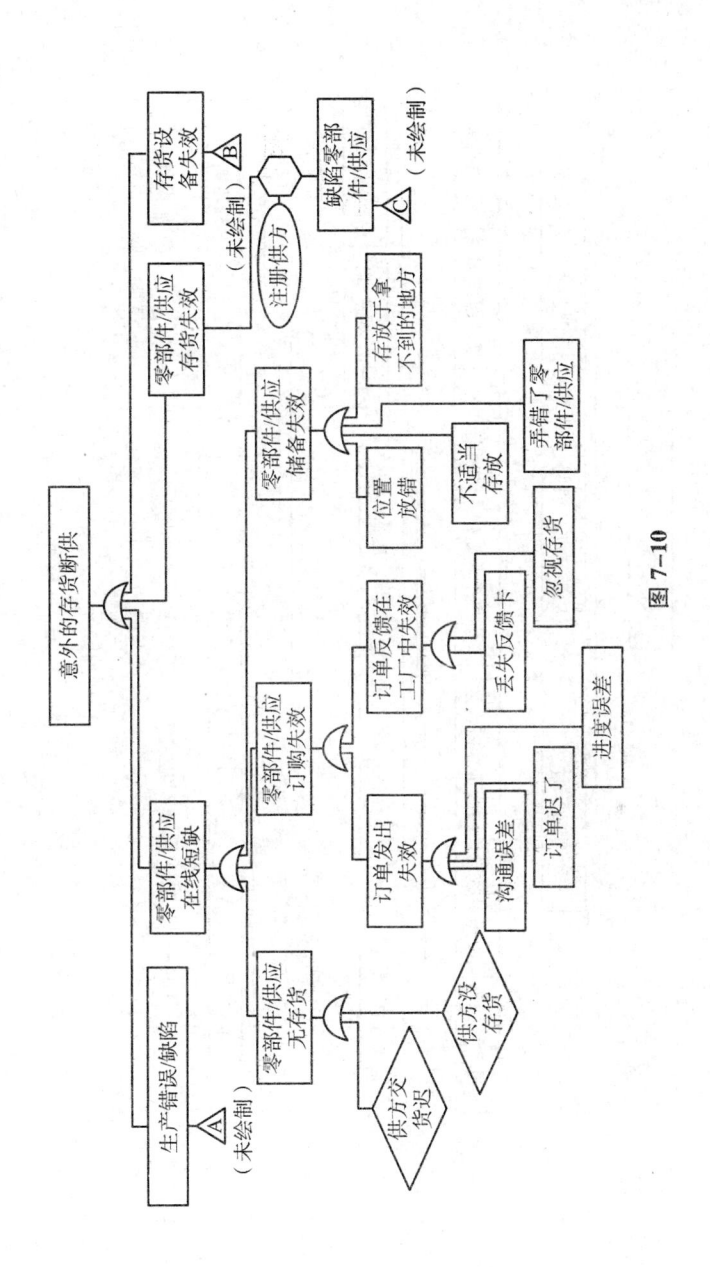

图 7-10

图 7-11

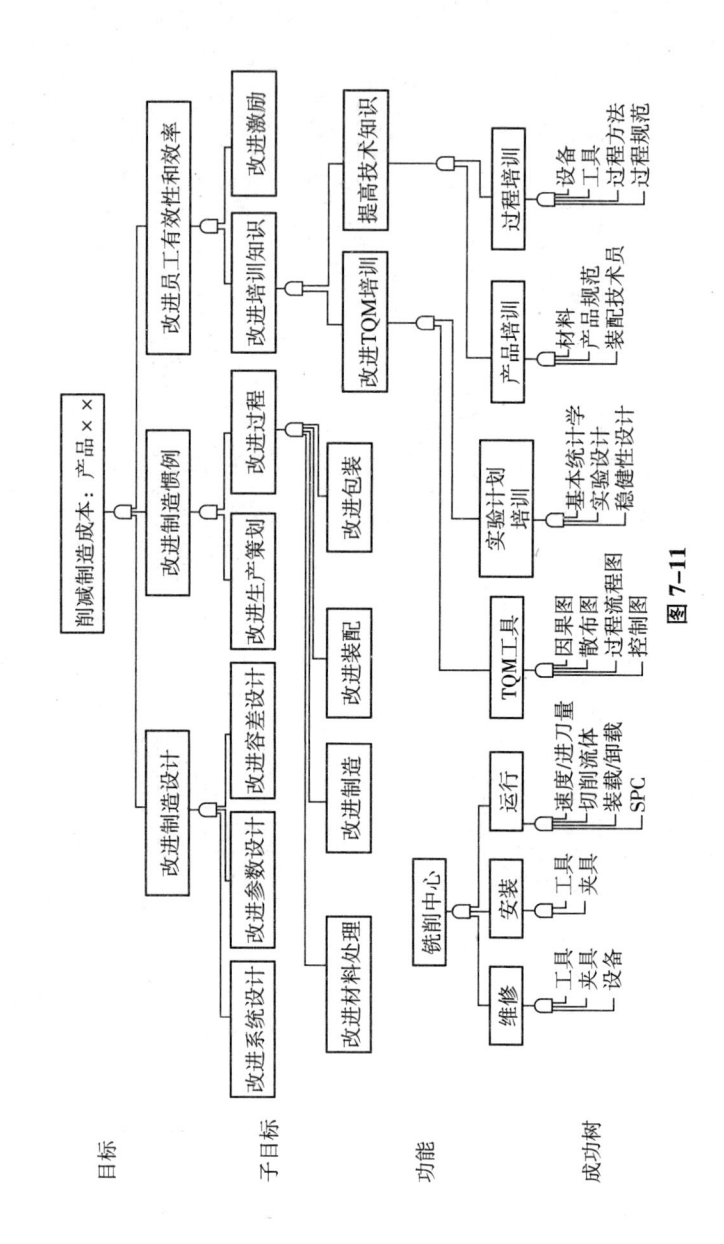

思 考 题

1. 什么是产品可靠性？一般用什么函数来描述产品的可靠性？
2. 做出失效率曲线，并说明各失效期的特点。
3. 什么是系统可靠性？在系统可靠性研究中我们主要研究哪些方面？
4. 某批电子管有 200 000 只，从开始工作到 1 000 小时内有 100 只出现故障，求 $R(1\ 000)$。
5. 设某系统由三个元件并联而成，各元件的可靠度分别为：$R_1 = 0.76$，$R_2 = 0.84$，$R_3 = 0.95$，试求该系统的可靠度。

第四编　质量管理的工具应用系统

第八章　质量管理的老七种工具

企业内95%的质量管理问题，可通过企业上上下下全体人员活用这QC七工具而得到解决。全面质量管理的推行，也离不开企业各级、各部门人员对这些工具的掌握与灵活应用。

——[日] 石川馨

【导入思考】

如何发现质量问题？发现了质量问题如何解决？面对一大堆有可能引起质量问题的原因，从何下手？为什么产品本身没有缺陷，但却卖不出去？怎样才能更好地配置资源，从而提高管理质量？……这些问题都需要质量管理工具来帮我们解决。

工具可以理解为是一种技术——一种管理的技术。

质量管理的工具自产生到今天，经历了一个不断发展与完善的过程，形成了包括老七种工具和新七种工具在内的、融合了多种现代管理方法的工具体系，为企业有效开展TQC以及质量体系的有效运行从而为提升质量提供了强大的支持。

第一节　质量管理老七种工具的发展简介

1. 简介。从表8-1中可看出，老七种工具产生于20世纪60年代的全面质量管理阶段。全面质量管理的特点是"三全一多样"，即全企业、全过程、全员和多种方法。其中的"一全"是全员，即要求企业所有员工都参与。然而，在数理统计阶段，进行质量管理所用的方法需要较高的数学基础与专业技术知识，在企业中一般只有专业技术人员才能掌握，一线的员工只能望尘莫及。如何才能实现全员的质量管理呢？这是一个现实问题！基于这种要求——老七种工具应运而生。老七种工具是日本的以石川馨为代表的一些专家学者本着适应一线员工的原则，对高深的数理统计方法进行了概括与提炼，提出了一些简便易懂的方法，并称之为质量管理的七种工具。那么，为什么又称为"老"呢？这主要是与随后不断出现的质量管理方法相比较而言。需要指出的是，"老"并不意味着"过时"！

表 8-1　　　　　　　　　　质量管理工具发展过程简表

阶段	检验质量管理	统计质量管理	全面质量管理	现代质量管理
时间	20 世纪初	20 世纪 40 年代	20 世纪 60 年代	20 世纪 80 年代
内容	简单的检验技术	数理统计方法	数理统计方法 + 老七种工具	数理统计方法 + 老七种工具 + 新七种工具 + 其他工具
特点	技术方法	技术方法	技术方法 + 管理方法	技术方法 + 管理方法
应用范围	生产过程终端	生产全过程	全企业、全过程、全员	全企业、全过程、全员

老七种工具有两大特点：第一，通俗易懂，一线员工能掌握；第二，主要解决企业的现场质量问题。

2. 内容支持系统。如图 8-1 所示。

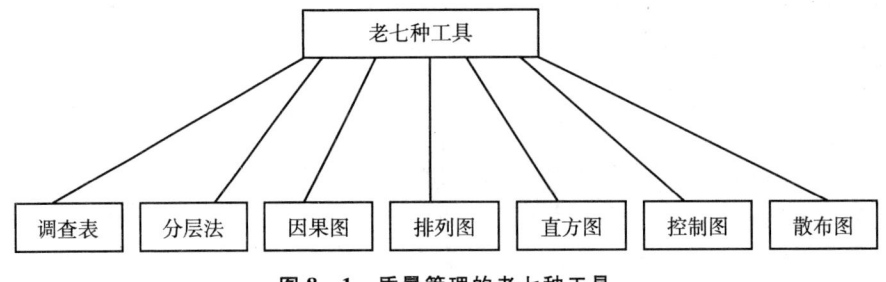

图 8-1　质量管理的老七种工具

老七种工具包括：调查表、分层法、因果图、排列图、直方图、控制图、散布图。

3. 应用说明。

（1）在解决某一质量问题时，各工具的应用不是孤立的，应考虑各工具的综合应用效果。

（2）在网络时代的今天，老七种工具的应用可以借助于计算机来进行。

第二节　数　　据

数据是定量地描述客观事物的数值。例如 10 支铅笔、50 个零件的直径的大小等。为做到科学管理，TQC 主张最好用数据说话，管理对象中能定量的尽量定量，对于实在不能定量的可归结为语言资料来分析管理。

一、收集数据的要求

1. 真实性。要通过调查、记录、检验等取得实践中的数据，不能主观估计数据或假造数据。

2. 可靠性。数据应有一定程度的准确性，误差不能过大。误差是实测值与真实值的差值。误差总是存在的，不管通过什么方法取得的数据都是这样，但误差不能太大，应在允许的范围内。

3. 代表性。一般所收集的数据往往是从被考察的全体（总体）事物中的一个部分（样本）中取得的。即用样本推断总体，这就存在一个代表性的问题。例如，要对 100 000 件服装进行检查，每件逐个检查是非常麻烦的，但抽 100 件检查就好些，然而有个前提是这 100 件必须具备代表性。这就要求取样必须采取随机抽样的办法，此外，还应注明收集数据的时间、地点、环境等。

4. 及时性。收集数据一定要及时，以便及时发现问题所在。

二、收集数据的方法

收集数据所用的方法有很多，凡是管理学、营销学等介绍的方法都是可以运用的。例如原始记录、抽样调查、普查、重点调查、典型调查、市场调查、德尔菲法、BS 法等。

三、数据的类别

在质量管理中，依据不同的目的和标准把数据分为下面一些类别。

1. 质量特性值，即测量或测定质量指标所得的数值，一般称为数据。根据质量指标性质的不同，质量特性值可分为计数值和计量值两大类。

（1）计数值数据。当质量特性值只能取一组特定的数值而不能取这些数值之间的数值时，这样的特性值称为计数值。

计数值可进一步区分为计件值和计点值。对产品进行按件检查时，所产生的属性（如评定合格与不合格）数据称为计件值。每件产品中质量缺陷的个数称为计点值，如棉布上的疵点数、铸件上的砂眼数等。

（2）计量值数据。当质量特性值可以取给定范围内的任何一个可能的数值时，这样的特性值称为计量值。如用各种计量工具测量的数据（长度、重量、时间、温度等）就是计量值。

不同类别的质量特性值所形成的统计规律是不同的，从而形成了不同的控制方法。在质量管理中区分上述数据的目的是为了准确、合理地进行管理。因为数据的特征之一就是具有波动性，这一波动性是有规律的。而两类数据的波动规律是不同的，所以要分别进行收集、整理、分析。

2. 评比值数据。给难以定量的事物赋予一定的数值,把比较其优劣的数据称为评比值数据。评比值数据的表示方法一般有以下三种:

(1) 优劣值法。根据被比较事物的优劣程度定出等级。例如,商业企业中营业员分特级、一级、二级、三级、四级和见习营业员;商品质量分一等品、二等品、三等品。

(2) 顺序值法。根据被比较事物的差异排出顺序数据。例如,在比赛中的第一名、第二名等;材料的硬度以摩氏1,2,3,…,10度来表示。

(3) 评分值法。凭感官观察,按一定规则给被比较的事物评出分数。例如微笑服务。

四、数据的特性

1. 波动性。世界上没有绝对相同的事物,同一批产品由相同的机器加工出来也有所差异(在大小、尺寸、厚度等方面)。某一工厂的同一工人在相同机器上生产出的鞋子,即使是相同尺码的,也存在差别,有的穿起来紧些,有的则松些。双胞胎很像,但也存在差异。

在质量管理中,我们承认这种客观上造成的差异,并对数据的波动规定了一个允许的范围,称为"公差"。例如,某零件的尺寸标准是 $\phi 8mm^{-0.1}_{-0.05}$,公差是 $0.05mm$,意味着 $T_下 = 7.95mm$ 和 $T_上 = 7.90mm$。

2. 规律性。数据虽有波动性,但不是杂乱无章的,而是呈现出一定的规律性。也就是说,其分布是有规律的。例如,盐每袋500克,若装100袋分别精确地测量它们的重量,就会发现不是完全相同的,有的比500克轻,有的比500克重,但都在500克附近上下波动。这种分布规律主要有正态分布、二项分布、泊松分布等。

第三节 老七种工具

一、调查表

调查表是为了了解现场质量问题而设计的简单、形象的图表。

1. 概念。调查表法是利用统计表来进行数据整理和粗略原因分析的一种方法,也叫检查表法或统计分析表法。统计分析表是最为基本的质量原因分析方法,也是最为常用的方法之一。在实际工作中,经常把统计分析表和分层法结合起来使用,这样可以把可能影响质量的原因调查得更为清楚。需要注意的是,统计分析表必须针对具体的产品设计出专用的调查表进行调查和分析。

调查表的作用是:反映质量状况,及时发现质量问题,为采取质量改进措施提供依据。

设计调查表时应注意以下问题：
(1) 针对现场的质量问题灵活地设计。
(2) 列入调查表的项目应含义明确。
(3) 登记应简单，最好用符号，以便用最少的时间将现场资料记录下来。

2. 常用类型。

(1) 缺陷位置调查表。若要对产品各个部位的缺陷情况进行调查，可将产品的草图或展开图画在调查表上，当某种缺陷发生时，可采用不同的符号或颜色在发生缺陷的部位上标出。若在草图上划分缺陷分布情况区域，可进行分层研究。分区域要尽可能等分。缺陷位置调查表的一般格式可参照表8-2绘制。

表8-2　　　　　　　　　缺陷位置调查表

名称		调查项目	尘粒		日期	
代号			流漆		检查者	
工序名称	喷漆		色斑		制表者	

(简图位置)

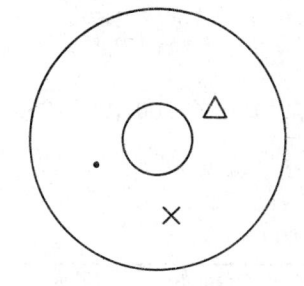

△ 尘粒
× 流漆
• 色斑

(2) 不良项目调查表。该调查表用于调查不合格品是由哪些质量特性不符合质量标准要求造成的，以及它们各自出现次数的多少。

【例8-1】以内燃机车修理厂柴油机总装工段一次组装不合格的返修为例，如表8-3所示。

表8-3　　　　　　　　　某厂柴油机不良项目调查表

名称	柴油机	项目数	7	日期	××××年1~12月
代号		不良件数	208台	检查人	
工段名称	总装工段	检查数	310台	制表人	
返修项目名称		频数	小计	占返修活比率（%）	
汽缸内径椭圆度超差			72	34.6	
进水管漏水			46	22.1	
凸轮轴超差			30	14.5	
检爆阀座漏水			24	11.5	

续表

出水管漏水	12	5.8
栽丝漏水	10	3.8
其他	14	7.7
总计	208	100

【例 8-2】不合格产品调查表（如表 8-4 所示）。

表 8-4　　　　　某产品不良项目调查表

不合格项目	缺陷出现数	合计
表面缺陷	正正正正正正	30
砂眼	正正正正正一	26
加工不合格	正正正正正正正丅	47
形状不合格	正正正一	16
其他	正丅	7
合计		126

（3）不良原因调查表。要弄清楚各种不良品发生的原因，就需要按设备、操作者、时间等标志进行分层调查，填写不良原因调查表。

这种调查表是针对一定的问题设计的。

【例 8-3】某商店于某星期天抽样调查了 600 名顾客，其中有 300 名顾客未达成交易。管理者想弄清未成交的原因，如表 8-5 所示。

表 8-5　　　　　某商场未成交生意的原因调查表

未成交原因	品种不全	规格不符	花色不适	质量不好	服务不好	其他
人数	82	68	63	47	28	12

二、直方图法

1. 概念。直方图（Histogram）法是从总体中随机抽取样本，将从样本中获得的数据进行整理，从而找出数据变化的规律，以便测量工序质量好坏的一种方法。它是常用的质量管理工具。

通过直方图可以认识产品质量分布状况、判断工序质量的好坏、预测产品质量的发展趋势，进而及时掌握工序质量变化规律。

在正常情况下，直方图呈正态分布状，分布在公差范围之内（如图 8-2 所示）。如果根据实际资料绘出的图不是正态分布状直方图，说明工序质量不稳定，易于出现不合格品。常见的异常直方图有锯齿形、孤岛形、偏向形、平顶形、双峰形等。对每种异常直方图，要找出原因，采取措施及时予以纠正。正态分布状直方图的图形如图 8-2 所示。

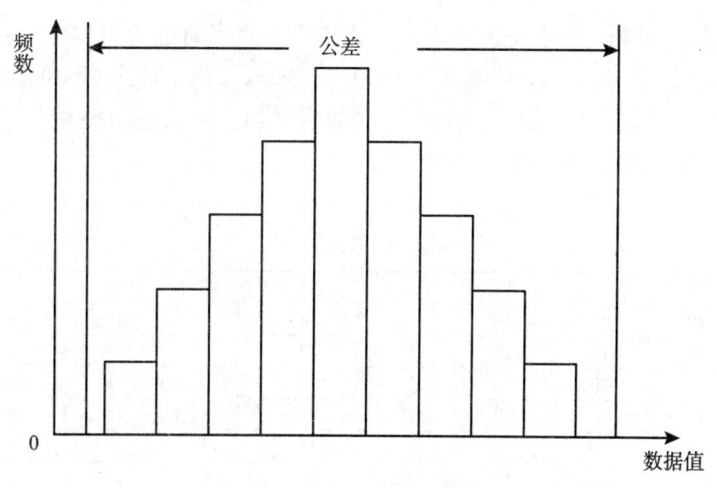

图 8-2 正态分布状直方图

2. 作图步骤。

第一步，收集数据50个以上，记作 N。

第二步，定组数，记作 K。参考数据如表8-6所示。

表8-6　　　　　　　　　分组数参考表

样本 N	组数 K
50~100	6~10
100~250	7~12
250以上	10~20

第三步，求极差 R。在原始数据中找出最大值和最小值，计算两者的差就是极差，即 $R = X_{max} - X_{min}$。

第四步，定组距 H。$H = R/K$。

第五步，定组界。分组界应该能够包括最大值和最小值。第一组的上下限值为最小值 $X_{min} \pm \frac{H}{2}$。第一组的上界限值就是第二组的下界限值，第二组的下界限值加上组距就是第二组的上界限值，也就是第三组的下界限值，依次类推，可定出各组的组界。

第六步，进行各组的次数分配（用唱票法），作频数分布表，并计算组中值（中心值）。

第七步，将分组资料图示化，形成直方图。

第八步，在图中标出公差，分析质量状态。

第九步，如果需要还可计算出 X 的均值与 σ，进一步进行分析比较。

3. 举例。现以某企业在分析某一产品的质量水平时运用直方图为例。

【例 8-4】 某零件的质量要求为 $\Phi50_0^{+0.035}$ mm，现从加工过程中随机抽取 100 件，测得 100 个数据，管理人员根据这些数据做出直方图进行分析。

本例中 $N = 100$，如表 8-7 所示。

表 8-7 数据表 单位：0.001mm

23	19	26	11	20	11	17	16	14	16
22	20	7	10	15	14	7	19	9	18
16	17	14	17	17	24	20	16	27	15
21	14	20	16	15	9	14	8	16	14
14	17	13	9	20	21	8	14	19	19
0	6	9	10	14	16	13	8	18	19
20	16	11	19	16	27	16	22	16	17
19	9	11	13	19	13	8	5	14	13
27	17	14	17	16	5	17	13	20	8
27	3	12	20	13	25	16	13	29	10

本例中取组数 $K = 10$。在本例中，最大上偏差 $L = 29$，下偏差 $S = 0$，所以，极差 $R = 29$，组距 $H = 29/10 = 2.9$，第一组下限 $= 0 \pm 3/2 = (-1.5 \sim +1.5)$，频数分布如表 8-8 所示。

表 8-8 频数分布表

组号	组界值	中心值 X	频数统计	频数 F
1	-1.5~1.5	0	/	1
2	1.5~4.5	3	/	1
3	4.5~7.5	6	////	5
4	7.5~10.5	9	//// //// ////	14
5	10.5~13.5	12	//// //// ///	13
6	13.5~16.5	15	//// //// //// //// //// //	27
7	16.5~19.5	18	//// //// //// ///	18
8	19.5~22.5	21	//// //// //	12
9	22.5~25.5	24	///	3
10	25.5~28.5	27	////	5
11	28.5~31.5	30	/	1
合计				100

由表 8-8 中的数据绘制直方图，如图 8-3 所示。

4. 常见的直方图类型。一般来说，直方图中"T"表示公差允许的范围，"B"表示产品实际达到的范围。直方图的类型和形状如图 8-4 至图 8-7 所示。

图 8-3 直方图

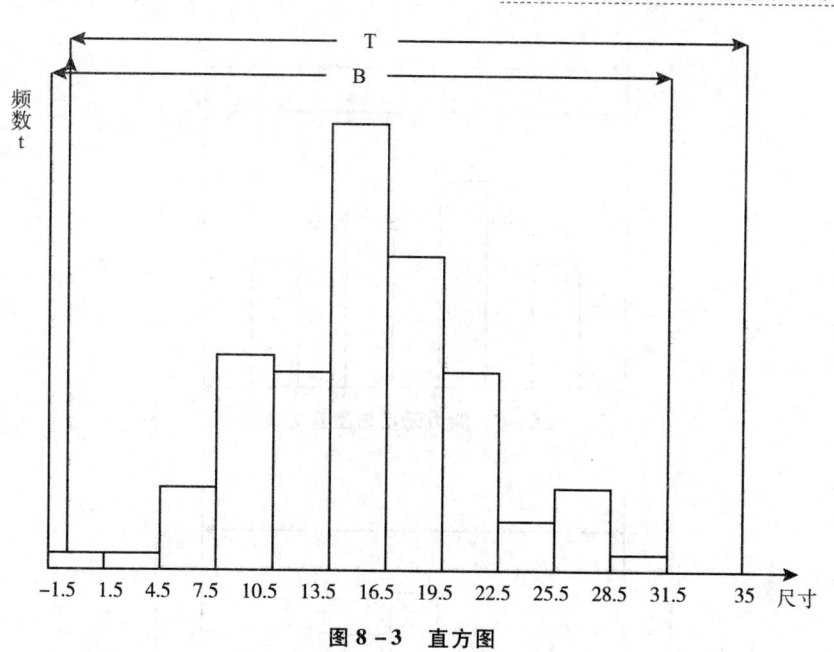

此外，还常见的直方图形状如图 8-8 所示。

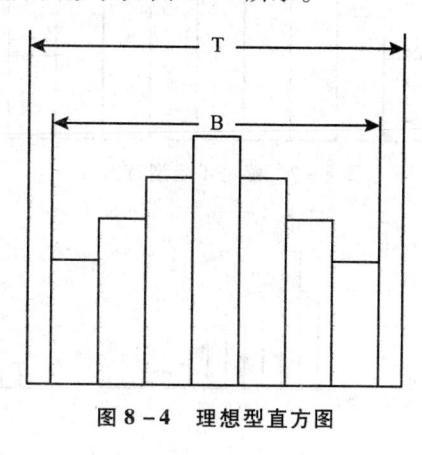

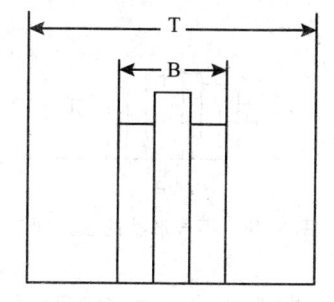

图 8-4 理想型直方图

图 8-5 能力富裕型直方图

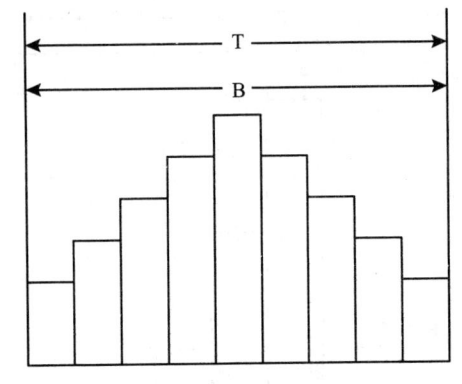

图 8-6 能力无富裕型直方图

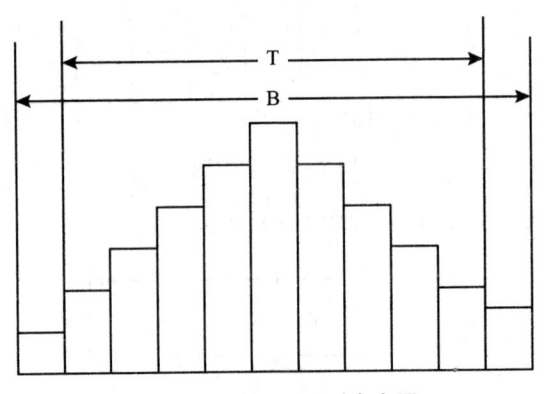

图 8-7 能力不足型直方图

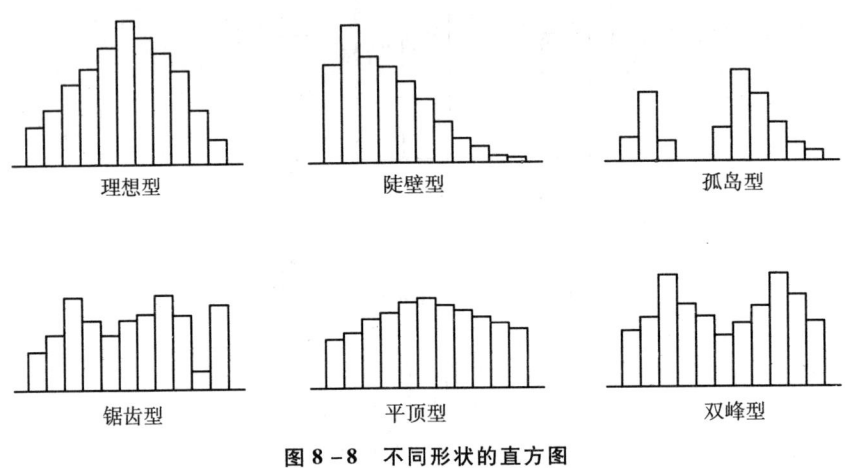

理想型　　　　陡壁型　　　　孤岛型

锯齿型　　　　平顶型　　　　双峰型

图 8-8 不同形状的直方图

（1）理想型（对称型）。"B"的中心值与"T"的中心值相同或接近，平均值附近的数据频数最多，频数在中间值向两边缓慢下降，并且以平均值左右对称。这种形状是最常见的。

（2）锯齿型。制作频数分布表时，若分组过多，会出现此种形状。另外，当测量方法有问题或读错测量数据时也会出现这种形状。

（3）陡壁型。数据的平均值位于中间值的左侧（或右侧），从左至右（或从右至左），数据分布的频数增加后突然减少，形状不对称。

（4）平顶型。当几种平均值不同的分布混在一起或某种要素缓慢变化时，常出现这种形状。

（5）双峰型。靠近直方图中间值的频数较少，两侧各有一个"峰"。当有两种不同的平均值相差大的分布混在一起时，常出现这种形状。

（6）孤岛型。在标准型的直方图的一侧有一个"小岛"。出现这种情况是夹杂了其他分布的少量数据，如工序异常、测量错误或混有另一分布的少量数据。

（7）能力富裕型。"杀鸡安排了宰牛刀"。主要是安排的不合适，造成能力浪费。

（8）能力无富裕型。看图形，这种安排好像没有质量问题，各种能力都得到了充分的利用，但只要有一点点偶然因素发生，就会有不合格产品产生。

（9）能力不足型。已经有产品质量问题。造成这种情况的原因是，工人或设备不能保证公差要求的精度。从工作安排的角度来说，"宰牛也不应该安排杀鸡刀"。

三、因果图（鱼刺图）

一个问题出现了，是什么原因造成的？掌握因果图，会使人静下心来很快理清思路。

因果图反映事物的因果关系，弄清影响质量问题的所有原因。日本质量管理大师石川馨教授曾说："某项结果的形成，必定有其原因，设法利用图解法找出这些原因来。"该工具为有针对性地解决问题、提出相应的对策提供了理论依据。

1. 鱼刺图的制作步骤。绘制因果分析图最一般的方法是"大枝展开法"，这种方法是从大枝到中枝、从中枝到小枝，按此次序提出各种要因，这样往往可以将各种因素限制在预先确定的框框内，容易形成小而整齐的因果图。因果分析图的具体绘制一般按照下述步骤进行。

步骤1：确定问题，如图8-9所示。

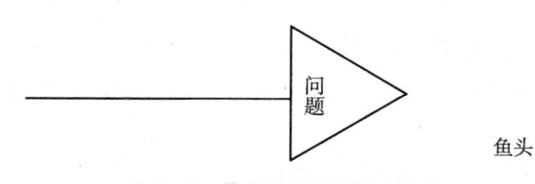

图8-9 鱼刺图确定问题图示

步骤2：找出影响问题的大原因。一般来说，从理论上而言，大原因的方向有：人（Man）、机（Machine）、料（Material）、法（Method）、环（Environment）五个方面。在实践中可根据问题具体设定。如图8-10所示。

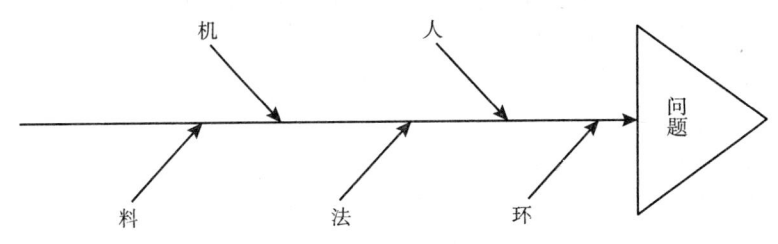

图8-10 鱼刺图分析问题图示

步骤3：找出影响问题的中原因及小原因，如图8-11所示。

步骤4：找出主要原因。在企业中，通常情况下是采用有经验的人员表决的方法来确定。也可以结合新七种工具中的KJ法、关联图法来寻找最主要的原因。

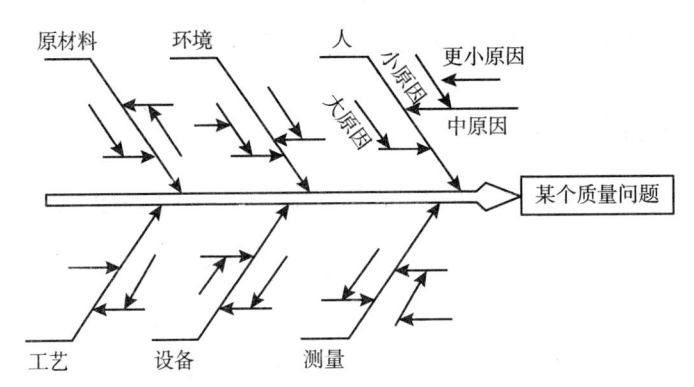

图8-11 鱼刺图分析问题图示

步骤5：针对主要原因提出相应的措施。

2. 制作鱼刺图应注意的事项。

（1）应注意图形的美观，线条间应保持平行。

（2）要注意大、中、小原因之间的逻辑顺序。例如，在人的素质、业务水平、珠算水平中，人的素质是大原因，业务水平是中原因，珠算水平是小原因。

（3）分析原因时要充分调动员工的积极性，集思广益地把各种原因尽量找出来。

（4）应根据主要原因提出相应的措施。

（5）最后应注明日期、制作者。

3. 鱼刺图应用的优点。
(1) 使原因与结果一目了然，有助于问题的彻底解决。
(2) 能集思广益、充分调动员工的积极性。
4. 应用。

【例8-5】某卷烟厂在检查库存中发现有78%的卷烟的烟丝含水率超出标准（国家规定的标准为：上限13%，下限9%）。实践证明，烟丝含水率超过13%，则会出现霉变；如果低于9%，则会发生干、松懈、香味减退的现象。为控制烟丝的含水率，管理人员首先运用鱼刺图分析了烟丝含水率超标的原因，如图8-12所示。

针对主要原因提出的措施有：
(1) 对库房进行修补。
(2) 购买去湿机、吸湿剂等有关去湿通风设备。
(3) 改进包装。

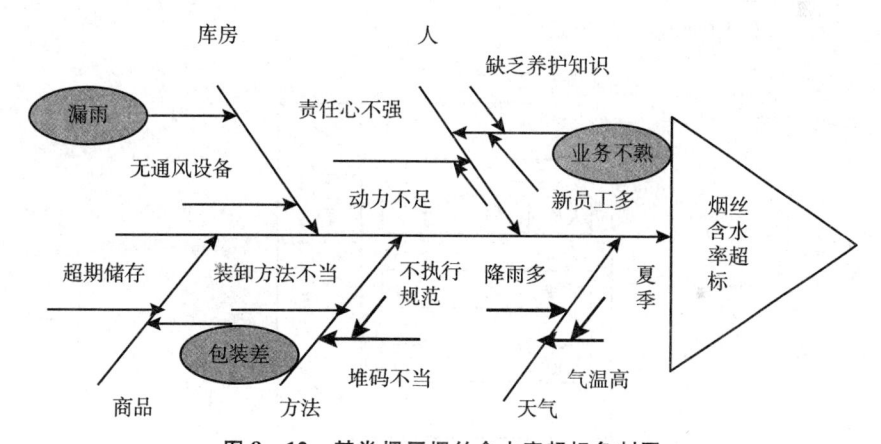

图8-12 某卷烟厂烟丝含水率超标鱼刺图

上述措施经初步实施后，立刻就收到了效果，使库存中卷烟烟丝的含水率降到了控制标准以内。

5. 关于鱼刺图应用的说明。
(1) 鱼刺图可应用于各行各业，如工业企业、商业、服务业、学校、医院、宾馆、银行甚至个人。
(2) 鱼刺图在应用中应与其他工具如关联图、排列图等结合起来效果更显著。

四、分层法

这是一种将所收集到的数据分门别类以便分析质量问题及原因的工具。

1. 分层法的概念。分层法又称分类法，即把收集来的原始质量数据按照一定的目的和要求加以分类整理，以便分析质量问题及其影响因素的一种方法。根据分层的目的，按照一定的标志加以区分，把性质相同、在同一条件下收集的数据归在一起。分层时，应使同一层的数据波动幅度尽可能小，而层间的差别尽可能大。

2. 分层的标志。

（1）操作者，包括操作者的年龄、工种、性别、技术级别等。

（2）生产手段，如机器、输入设备、输出设备、工艺装备等。

（3）操作方法，指操作规程、工序等。

（4）原材料，包括供应厂家、批次、成分等。

（5）检查条件，指检查人员、测试仪器、测试方法等。

（6）时间，如日期、班次等。

（7）环境条件，包括地区、温度、清洁度、湿度、震动等。

曾有一位管理学者这样描述分层法：分层就好像把不同的物品放进不同的抽屉里一样。具体如图8-13所示。

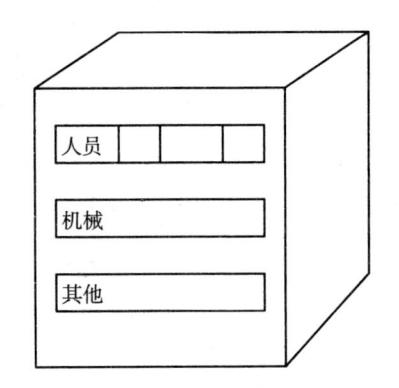

图8-13 分层法图示

3. 应用。

【例8-6】某班某日生产中出现了40件次品，按生产时间（班次）、操作者进行分层，得到如表8-9所示的资料。

表8-9　　　　　　　　　　某班日生产分层

时间		操作者	设备	数据（次品数）/件	
某日	早班	A	甲	12	20
		B	乙	8	
	中班	C	乙	6	20
		D	甲	14	

从表 8-9 中可以看出,次品数量与时间(班次)没有多大关系,但受设备的影响较为明显,甲设备生产的次品总比乙设备多。由此可见,甲设备是导致产品不合格的主要原因。

【例 8-7】某超市的管理部门在一个月内收到顾客的表扬信共 78 封。这个的数据如果不分层,只能说明该超市员工受表扬的情况,但如果按不同标志进行分层,就可以进一步看清问题的实质。管理人员根据营业人员的等级分层,统计数字得出表 8-10。

从表 8-10 中的分层可以看出,营业员的级别越高,受表扬越多,平均每人 3 封,其他人均是 1 封左右。这说明该超市的服务质量处于较好的受控状态,但是,还要积极探求如何提高较低级别营业人员的积极性,以提高整体服务质量水平。

表 8-10 某超市收到表扬信分层表

营业员等级 \ 项目	表扬信数	人数
特级、一级	18	6
二级、三级	46	30
四级以下	14	20
合计	78	56

4. 运用分层法应注意的问题。

(1) 分层要选择适当的标志。

(2) 收集数据一开始就要考虑到分层的问题,即一开始就要考虑分门别类地收集数据。

(3) 应把分层法与其他工具(如排列图、直方图等)联合起来使用效果更好。

(4) 运用分层法进行数据分层时,往往可以按几个不同的层别分层,从而分别得到某一层面的结论,但是,不同层别的数据之间存在着有机联系时,即因素之间存在着交互作用时,仅从某一个侧面进行分层分析将会导致错误的结论,这时应将不同层中有关联的因素放在一起进行综合考虑。

五、排列图

摆在面前的问题或原因有许多,由于受到资源的制约,全部解决是不现实的,必须找出主要的问题先解决。那么,哪个是主要的问题或主要的原因呢?可用排列图表示。

1. 排列图的来源。19 世纪,意大利经济学家巴雷特(Pareto)在分析研究本国社会财富的分配状况时,从大量的统计资料中发现,占人口比例的少数人(资本家)拥有绝大部分的社会财富,而占有少量社会财富的却是大多数人。即关键的少数和次要的多数的关系。他依据统计数字画成图,人们称之为巴雷特曲线图,后来,美国质量管理学家朱兰把它运用到质量管理中,如图8-14所示。

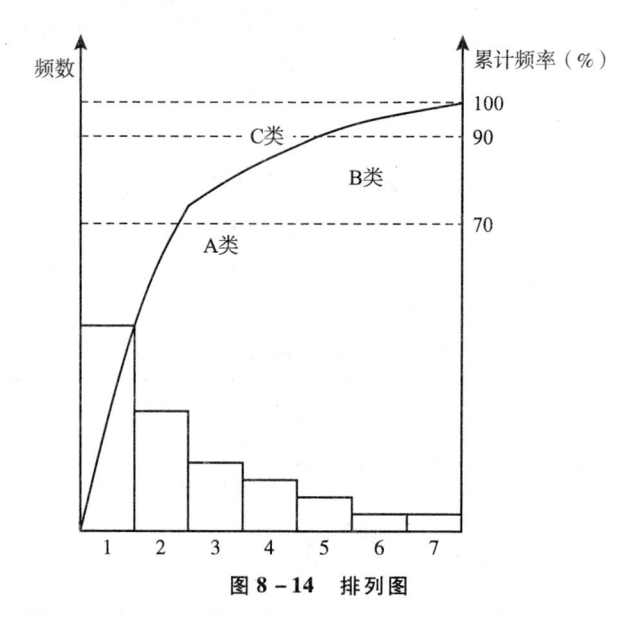

图8-14 排列图

此后,人们在生产实践中发现,经济管理活动中也存在这种不均衡分布的规律,因而经济学家逐步把巴雷特的分类原理和方法应用到物资管理、成本管理、生产管理、质量管理等领域。

排列图与鱼刺图、关联图的主要区别是:鱼刺图与关联图在找主要原因时,是用讨论的形式,凭主观判定来决定的;而排列图则是用数据来说话,用数据证明各类因素占全体因素的百分比。

2. 作图步骤。为了更好地掌握排列图,下面用实例来说明。

【例8-8】某企业对新生产的一种测量仪表的故障情况进行了一个月的调查,共出现故障129次。经分层整理得出表8-11,要求用排列图进行分析,找出关键问题并提出解决问题的措施。

表8-11　　　　　　某企业测量仪表故障原因调查表

序号	故障原因	故障次数
1	早期故障	54
2	操作失误	35
3	耗损故障	22
4	原因不明	18
小计		129

第一步，收集一定期间的数据（见表 8-11 中的数据）。

第二步，把这些数据按原因、人员等标志进行分层，统计各项目的个数，即频数。

第三步，调整与计算。把频数从大到小排列，并计算累计频数和累计频率，如表 8-12 所示。

表 8-12　　　　　某企业测量仪表故障原因的频数统计表

序号	故障原因	故障次数（频数）	累计频数	累计频率（%）
1	早期故障	54	54	41.9
2	操作失误	35	89	69.0
3	耗损故障	22	111	86.0
4	原因不明	18	129	100
合计		129		

第四步，以左侧纵坐标为频数，横坐标按频数由大到小依次将各项目的频数用直方图表示出来。

第五步，以右侧纵坐标为频率，依次将各项目的频率累加并用虚线表示。

第六步，找出 A、B、C 三类因素，如图 8-15 所示。

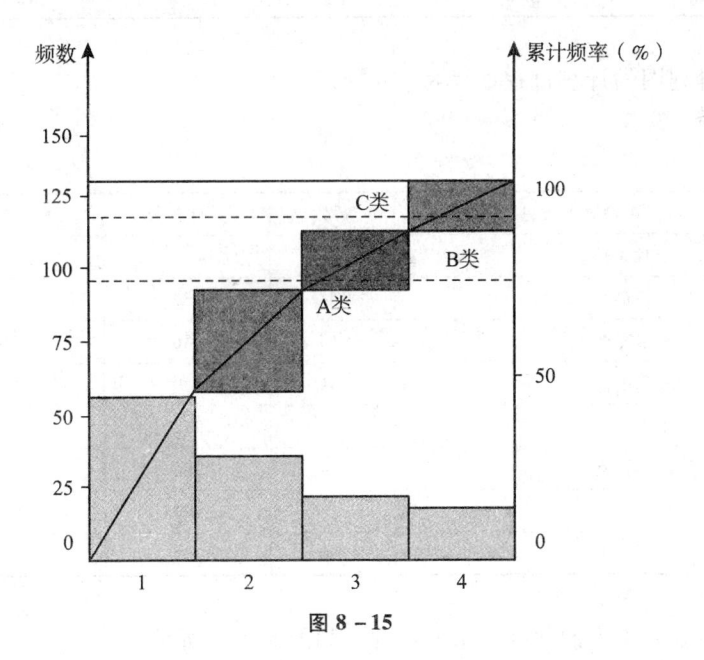

图 8-15

第七步，针对 A 类因素提出解决问题的措施。对早期故障应分清以下原因后，采取相应措施：由于是新产品，因此，如果是由于安装缺陷，则应及时进行调整，以便顺利经过磨合期；如果是产品本身的设计、制造缺陷，则应及时反馈给相应的部门进行改进。对操作失误，应查明责任人后，采取调离岗位或培训等措施。

3. 制作排列图应注意的问题。

（1）频数项目的调整是关键。

（2）对图形的高低、宽窄的调整是艺术。

（3）注意画累计曲线的技巧。

（4）A 类问题的选择不能太多，最好不要超过三个。

（5）对选出的 A 类问题还可进一步作排列图进行分析，找出关键的关键。

4. 排列图在实践中的应用实例。

【例 8-9】某理发店由于服务质量差，顾客逐渐减少，该理发店面临倒闭的危机。为扭转这种情况，管理人员对影响服务质量的因素进行了调查，得出表 8-13，并做出排列图进行分析，找出关键问题，提出解决问题的措施。

表 8-13　　　　　　　　　理发店顾客意见原因调查表

影响服务质量的因素	等候时间长	做活粗糙	服务态度差	卫生不好	洗头水冷热不均	清理不认真	其他	总计
意见数	78	54	44	42	54	14	4	290

制作排列图的计算过程如表 8-14 所示。

表 8-14

序号	影响服务质量的因素	频数	累计频数	累计频率（%）
1	等候时间长	78	78	26.9
2	做活粗糙	54	132	45.5
3	洗头水冷热不均	54	186	64.1
4	服务态度差	44	230	79.3
5	卫生不好	42	272	93.8
6	清理不认真	14	286	98.6
7	其他	4	290	100
总计		290		

根据表 8-14 中的数据做出的排列图如图 8-16 所示。

图 8-16

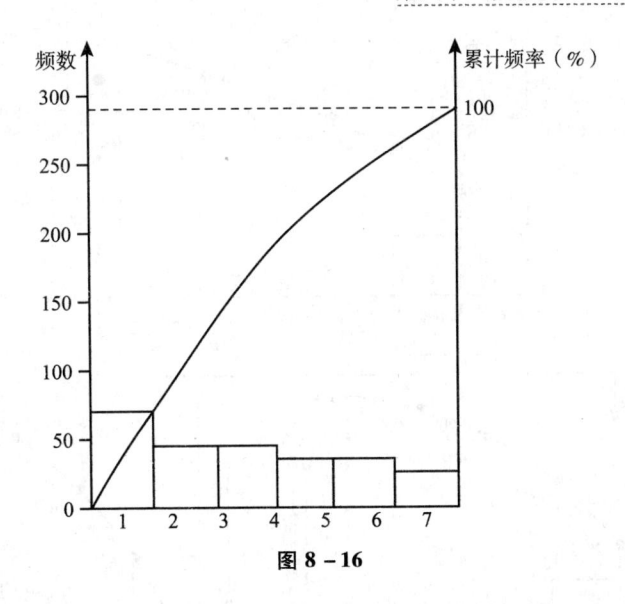

根据上述计算与图形可以看出,等候时间长、做活粗糙、洗头水冷热不均是主要原因,比重占总原因的64.1%。为此该店的管理人员提出的措施为:

①新增理发设施与人员。
②延长营业时间。
③进行技术培训。
④制定管理制度。
⑤定期进行技术考核。
⑥进一步加强全面质量管理。

经过对上述措施的实施,取得了明显的实效。

【例8-10】分层法与排列图结合使用举例,具体如图8-17所示。

六、散布图法

1. 概念。散布图法又称相关图法,是通过分析和研究两种因素的数据的关系来控制影响产品质量的相关因素的一种有效方法。它用于分析质量与影响因素之间是否存在相关关系以及相关关系的远近。在质量管理中还可以用于分析和寻找多元变量之间最佳质量结合点。

相关关系一般可分为:原因与结果的关系;结果与结果的关系;原因与原因的关系。

用相关图法,可以应用相关系数、回归分析等进行定量的分析处理,确定各种因素对产品质量影响程度的大小。如果两个数据之间的相关关系很强,则可以通过对一个变量的控制来间接控制另外一个变量。

图 8-17

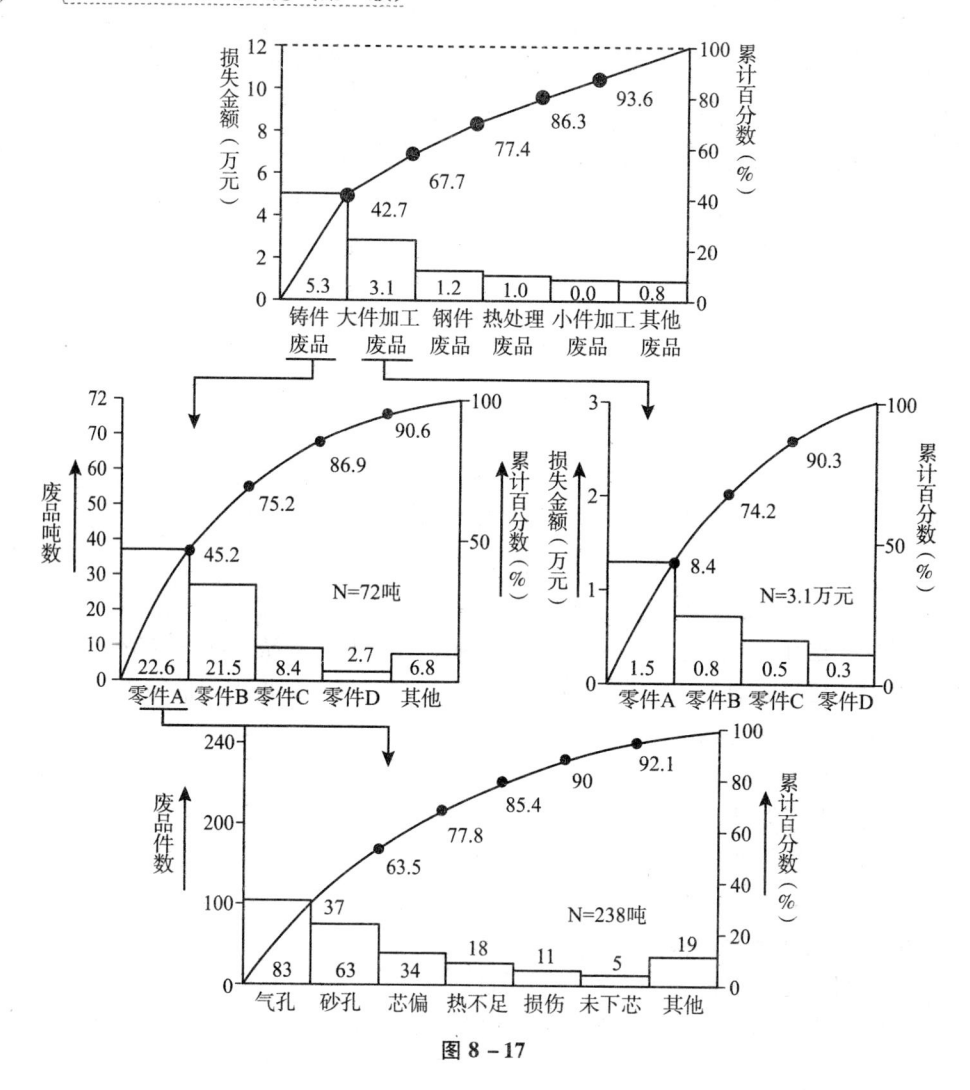

相关图的分析，可以帮助我们肯定或者否定关于两个变量之间可能关系的假设。

相关关系的远近用相关系数表示，它的取值范围是（-1，+1）。"+"表示正相关，即 X 与 Y 同方向变化；"-"表示负相关，即 X 与 Y 反方向变化。它的表达式为：

$$r = \frac{\sum(x_i - \bar{x})(y_i - \bar{y})}{\sqrt{\sum(x_i - \bar{x})^2 \sum(y_i - \bar{y})^2}}$$

2. 常见图形。在相关图中，两个要素之间可能具有非常强烈的正相关或者弱的正相关。这些都体现了这两个要素之间不同的因果关系。一般情况下，两个变量之间的相关类型主要有六种，即强正相关、弱正相关、不相关、强负相关、弱负相关和非线性相关，如图 8-18 所示。

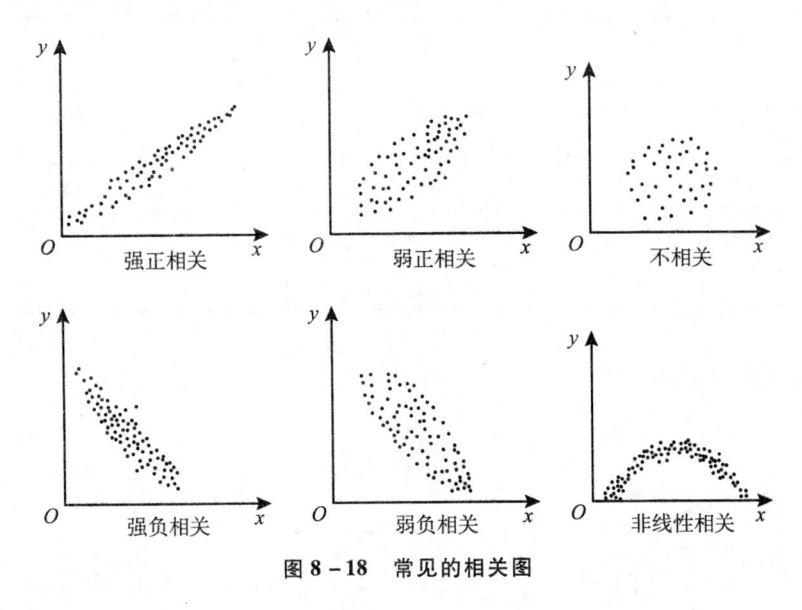

图 8-18 常见的相关图

3. 作图步骤。
（1）确定研究对象。
（2）收集数据。
（3）画出横坐标 x 与纵坐标 y，添上特性值标度。
（4）根据数据画出坐标点。

4. 注意事项。
（1）作散布图时，要注意对数据进行正确的分层，否则可能做出错误的判断。
（2）对明显偏离群体的点子，要查明原因。对被确定为异常的点子要剔除。
（3）当收集的数据较多时，难免出现重复数据。在作图时为了表示这种情况，在点的右上方标明重复次数。
（4）由相关分析所得的结论仅适用于试验的取值范围内，不能随意加大适用范围。在取值范围不同时，再作相应的试验与分析。
（5）观察图形配合相应的数学模型。
（6）根据模型分析决策。

5. 应用。

【例 8-11】某一种材料的强度和它的拉伸倍数是有一定关系的，为了确定这两者之间的关系，我们通过改变拉伸倍数，然后测定强度，获得了一组数据，如表 8-15 所示。

表 8-15

编号	拉伸倍数 x	强度 y	编号	拉伸倍数 x	强度 y	编号	拉伸倍数 x	强度 y
1	1.9	14	7	3.0	30	13	5.2	35
2	2.0	13	8	3.5	27	14	6.0	55
3	2.1	18	9	4.0	40	15	6.3	64
4	2.5	25	10	4.5	42	16	6.5	60
5	2.7	28	11	4.6	35	17	7.1	53
6	2.7	25	12	5.0	55	18	8.0	65

作相关图如图 8-19 所示。

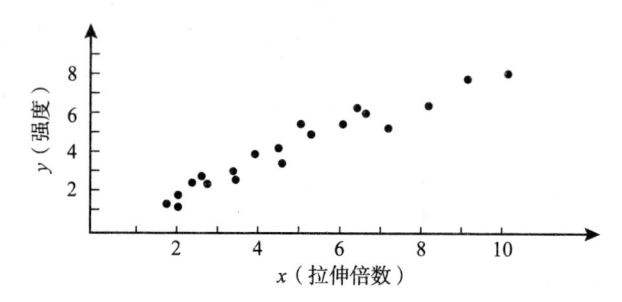

图 8-19 材料的强度与其拉伸倍数相关图

可以看出，该材料的强度和它的拉伸倍数呈现正相关关系，即拉伸倍数越大，强度越大。

七、控制图

1. 概念。控制图又称管理图，它是由美国的休哈特（W. A. Shewhart）于 1924 年首先提出，用于判断和预报生产工序中质量状况是否发生异常波动，从而分析和判断工序是否处于稳定状态，带有控制界限的图形。

一般情况下，过程质量特性值 X 通常为计量值数据，它的分布服从正态分布，即 $X \sim N(\mu, \sigma^2)$，在过程受控的前提下，μ 和 σ^2 基本上不随时间变化，对正态分布有：

$$P[(\mu - 3\sigma) < X < (\mu + 3\sigma)] = 0.9973$$

具体如图 8-20 所示。

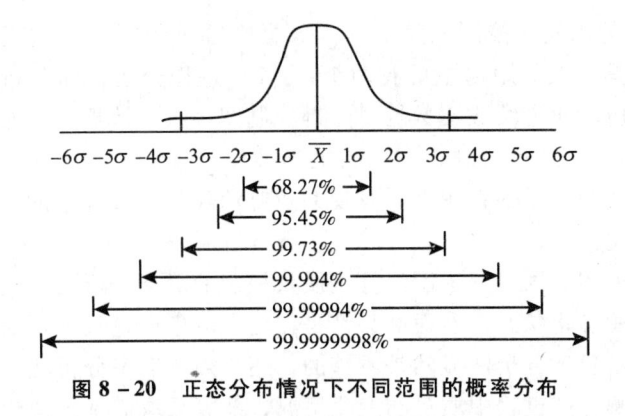

图 8-20 正态分布情况下不同范围的概率分布

控制界限可以用 3σ 原则确定控制图的控制线（Control Lines）。即：

$$CL = \mu$$
$$UCL = \mu + 3\sigma$$
$$LCL = \mu - 3\sigma$$

图 8-21 是 $\bar{x}$ 控制图的示意图。图 8-21 中，控制线用 CL（Control Line）表示，上控制线用 UCL（Upper Control Limit）表示，下控制线用 LCL（Lower Control Limit）表示。

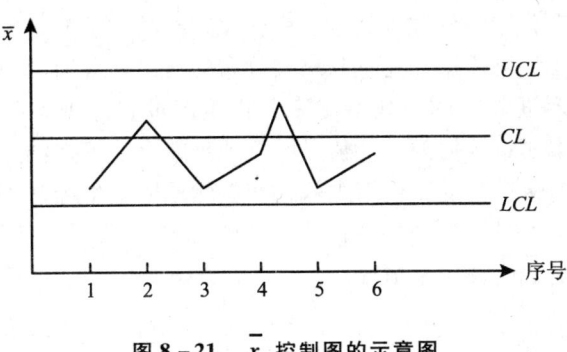

图 8-21　$\bar{x}$ 控制图的示意图

生产过程中的产品质量总是波动的。从统计学的角度看，这种波动的产生有两方面原因：一是系统性波动（由系统原因造成的质量波动）；二是正常波动（由非系统原因造成的质量波动）。在工序处于稳定状态的情况下，产品质量的特性值服从正态分布，即以期望值（理想质量目标）X 为中心线，以 $X \pm 3\sigma$ 为上、下限，99.7% 的质量数据值应落在界限内。所以，在实际生产过程中，产品质量在上下限之间围绕中心波动属正常波动；一旦超出这一界限，则属系统性波动，说明工序运行发生了变化，出现了异常情况，应及时查明原因，采取措施予以纠正，以防不合格产品的产生。

2. 控制图的用途。控制图是用样本数据来分析判断生产过程是否处于稳定状态的有效工具。它的用途主要有两个：（1）过程分析，即分析生产过程是否稳定。为此，应随机连续收集数据，绘制控制图，观察数据点分布情况并判定生产过程状态。（2）过程控制，即控制生产过程质量状态。为此，要定时抽样取得数据，将其变为点子描在图上，发现并及时消除生产过程中的失调现象，预防不合格品的产生。

前述的排列图、因果分析图法等是质量控制的静态分析法，反映的是质量在某一段时间里的静止状态。然而产品都是在动态的生产过程中形成的，因此，在质量控制中单用静态分析法显然是不够的，还必须有动态分析法。只有动态分析法才能随时了解生产过程中质量的变化情况，及时采取措施，使生产处于稳定状态，起到预防出现废品的作用。控制图就是典型的动态分析法。

3. 控制图的原理。影响生产过程和产品质量的原因，可分为系统性原因和偶然性原因。在生产过程中，如果仅仅存在偶然性原因而不存在系统性原因，这时生产过程是处于稳定状态，或称为控制状态，其产品质量特性值的波动是有一定规律的，即质量特性值的分布服从正态分布。控制图就是利用这个规律来识别生产过程中的异常原因，控制系统性原因造成的质量波动，保证生产过程处于控制状态。

如何衡量生产过程是否处于稳定状态呢？我们知道，一定状态下生产的产品其质量是具有一定分布的，过程状态发生变化，产品质量分布也随之改变。

综上所述，我们可依据描述产品质量分布的集中位置和离散程度的统计特征值，随时间（生产进程）的变化情况来分析生产过程是否处于稳定状态。在控制图中，只要样本质量数据的特征值是随机地落在上、下控制界限之内，就表明产品质量分布基本保持不变，生产中只存在偶然原因，生产过程是稳定的。而一旦发生了质量数据点飞出控制界限之外，或排列有缺陷，则说明生产过程中存在系统原因，生产过程出现异常情况。

4. 控制图的种类。

（1）按用途分类。

第一，分析用控制图。主要是用来调查分析生产过程是否处于控制状态。绘制分析用控制图时，一般需连续抽取 20~25 组样本数据，计算控制界限。

第二，管理（或控制）用控制图。主要用来控制生产过程，使之经常保持在稳定状态下。当根据分析用控制图判明生产处于稳定状态时，一般都是把分析用控制图的控制界限延长作为管理用控制图的控制界限，并按一定的时间间隔取样、计算、打点，根据点子分布情况判断生产过程是否有异常原因影响。

（2）按质量数据特点分类。

第一，计量值控制图。主要适用于质量特性值属于计量值的控制，如时间、长度、重量、强度、成分等连续型变量。计量值性质的质量特性值服从正态分布规律。

常见的计量值控制图主要有以下类型：

- 均值—标准差控制图。均值控制图主要用于判断生产过程中的均值是否处于或保持在所要求的统计控制状态；标准差控制图主要用于判断生产过程的标准差是否处于或保持在所要求的统计控制状态。这两张图通常一起用，因此，称为均值—标准差控制图，记为 $\bar{x}$—s。由于这种控制图在实践中运用得比较多，本章随后将详细介绍均值—标准差控制图的设计步骤。

- 均值—级差控制图。将均值—标准差控制图（$\bar{x}$—s 图）中的 s 图用级差控制图（R 图）代替，即得 $\bar{x}$—R 图，这里用级差控制图来判断生产过程的波动是否处于或保持在所要的统计控制状态，把 $\bar{x}$ 与 R 图一起用，就称为均值—级差控制图。

- 中位数—级差控制图。用 $\tilde{x}$ 表示样本组的中位数。在 $\bar{x}$—R 图中，以 $\tilde{x}$ 代替 $\bar{x}$ 就得到 $\tilde{x} - R$ 控制图。由于中位数易得，不必进行任何计算，加之中位数不受样本两端异常数值的影响而较稳定，故在一些企业的过程控制上广泛应用。

- 单值—移动级差控制图。单值控制图（即 x 图）只有一个测量值。它适用于单件加工时间较长的过程，也适用于在一较长的抽样间隔内只能获得一个观察值的情形，如生产成本、生产效率等，或是在生产过程质量均匀的场合，如液体的浓度等，每次只需测一个值时，这里的单值是指每次所得的一个测量值，移动级差是指相邻两次观察值的差的绝对值，也即两个数据的级差。

第二，计数值控制图。通常用于控制质量数据中的计数值，如不合格品数、疵点数、不合格品率、单位面积上的疵点数等离散型变量。根据计数值的不同又可分为计件值控制图和计点值控制图。

计件控制图的主要类型如下：

- 不合格品率控制图（p 图）。不合格品率控制图用于判断生产过程中的不合格品率是否处于或保持在所要求的水平，记为 p 图。

- 不合格品数控制图（pn 图）。不合格品数控制图是通常在子样本大小 n 固定的情况下，通过控制不合格品数来控制过程的一种情形，记为 pn 图。

计点控制图的主要类型如下：缺陷数控制图和单位缺陷数控制图。缺陷数属计点数据，如布匹上的疵点、铸件表面的氧化坑、喷漆表面的色斑、一定长度的导线在规定电压试验后被击穿的点数等。计点数据在实际生产过程中出现缺陷的机会面较大，但每次出现的概率却很小。因此，计点数据一般遵循泊松分布，其期望与方差都是 λ。

常用的控制图列表如表 8-16 所示。

表 8 – 16　　　　　　　　　　　控制图的类型

数据类型	分布	控制图名称	代号	中心线	上、下线	编号
计量	正态分布	均值—标准差控制图	$\bar{x}$—s	$\bar{\bar{x}}$ $\bar{s}$	$\bar{\bar{x}} \pm A_3 \bar{s}$ $B_4 \bar{s}, B_3 \bar{s}$	GB4091.2
		均值—极差控制图	$\bar{x}$—R	$\bar{\bar{x}}$ $\bar{R}$	$\bar{\bar{x}} \pm A_2 \bar{R}$ $D_4 \bar{R}, D_3 \bar{R}$	GB4091.3
		中位数—极差控制图	$\tilde{x}$—R	$\bar{\tilde{x}}$ $\bar{R}$	$\bar{\tilde{x}} \pm \tilde{A}_2 \bar{R}$ $D_4 \bar{R}, D_3 \bar{R}$	GB4091.4
		单值—移动极差控制图	$\tilde{x}$—R	$\bar{x}$ $\bar{R}$	$\bar{x} \pm 2.66 \bar{R}$ $3.27 \bar{R}, 0$	GB4091.5
计件	二项分布	不合格率控制图	p	$\bar{p}$	$\bar{p} \pm 3 \sqrt{\bar{p}(1-\bar{p})/n}$	GB4091.6
		不合格数控制图	pn	$n\bar{p}$	$n\bar{p} \pm 3 \sqrt{n\bar{p}(1-\bar{p})}$	GB4091.7
计点	泊松分布	单位缺陷控制图	u	$\bar{u}$	$\bar{u} \pm 3 \sqrt{\bar{u}/n}$	GB4091.8
		缺陷数控制图	c	$\bar{c}$	$\bar{c} \pm 3 \sqrt{\bar{c}}$	GB4091.9

5. 均值—标准差控制图的设计步骤。均值—标准差控制图的设计过程如下：

第一步，收集数据。根据选定的特性值，按照一定的时间间隔和抽样方式得到一个样本容量为 n 的样本，一共抽取 k 个样本，一般情况下要求 $k \geq 25$，$n = 4, 5$。

第二步，计算每个样本的平均值和标准差。用 x_{ij} 表示第 i 个样本的第 j 个观察值，用 $\bar{x}_i$ 表示第 i 个样本的平均值，用 s_i 表示第 i 个样本的标准差。计算公式如下：

$$\bar{x}_i = \frac{1}{n} \sum x_{ij}$$

$$s_i = \sqrt{\frac{1}{n-1} \sum_{j=1}^{n} (x_{ij} - \bar{x}_i)^2} \quad i = 1, 2, 3, \cdots, k$$

第三步，计算这些样本的平均值的平均值，记为 $\bar{\bar{x}}$，以及标准差的平均值，记为 $\bar{s}$。计算公式如下：

$$\bar{\bar{x}} = \sum_{i=1}^{k} \bar{x}_i / k \qquad \bar{s} = \sum_{i=1}^{k} s_i / k$$

第四步，计算 $\bar{x}$ 图和 s 图的上、下控制界限。计算控制界限需要样本平均值的标准差以及标准差的标准差。根据 3σ 原则，在 $\bar{x}$ 图的上、下控制界限为 $\bar{\bar{x}} \pm 3\sigma_{\bar{x}}$，根据正态分布理论，若 $x \sim N(\mu, \sigma^2)$，则有 $\bar{x} \sim N(\mu, \sigma^2/n)$，所以 $\sigma_{\bar{x}} = \sigma/\sqrt{n}$，由于 σ 未知，用其无偏估计 $\bar{s}/c_2^*$ 代替，c_2^* 由表 8 – 16 给出，则 $\bar{x}$ 图的上、下控制界限为 $\bar{\bar{x}} \pm 3\bar{s}/(C_2^* \sqrt{n}) = \bar{\bar{x}} \pm A_1^* \bar{s}$，其中，$A_1^* = \dfrac{3}{C_2^* \sqrt{n}}$。

s 图的上、下控制界限为 $3±\sigma_s$，经过计算得到下式：
$$\mathrm{Var}(s) = \sigma^2[1-(C_2^*)^2]$$
所以
$$\sigma_s = \sigma\sqrt{1-(C_2^*)^2}$$
同样，σ 用其无偏估计 $\bar{s}/C_2^*$ 代替，则有：
$$\bar{s}±3\bar{s}\sqrt{1-(C_2^*)^2}/C_2^* = \left(1±\frac{3\sqrt{1-(C_2^*)^2}}{C_2^*}\right)\bar{s}$$

记 $B_3 = 1-\dfrac{3\sqrt{1-(C_2^*)^2}}{C_2^*}$，$B_4 = 1+\dfrac{3\sqrt{1-(C_2^*)^2}}{C_2^*}$，则 s 图的上控制限为 $B_4\bar{s}$，下控制限为 $B_3\bar{s}$，若 $B_3<0$，就用零替代。

以上 A_1^*，B_3，B_4 都是与样本容量 n 有关的常数，具体数值如表 8-17 所示。

表 8-17　　　　　　　　　　$\bar{x}-s$ 图的系数表

样本大小	A_1^*	C_2^*	B_3	B_4
2	2.659	0.7979	—	3.267
3	1.954	0.8862	—	2.568
4	1.628	0.9213	—	2.266
5	1.427	0.9400	—	2.089
6	1.287	0.9515	0.029	1.970
7	1.182	0.9594	0.113	1.882
8	1.099	0.9650	0.179	1.815
9	1.032	0.9693	0.232	1.761
10	0.975	0.9727	0.276	1.716
11	0.927	0.9754	0.313	1.679
12	0.886	0.9776	0.346	1.646
13	0.850	0.9794	0.374	1.618
14	0.817	0.9810	0.399	1.594
15	0.789	0.9823	0.421	1.572

【例 8-12】某车间生产一种电阻，每小时随机抽取 4 个电阻测定其阻值（单位：KΩ），这样就得到一个样本，共抽取了 25 个样本（见表 8-18）。[1]

---

[1] 尤建新、杜学美、张建同：《质量管理学》，科学出版社 2008 年版。

表 8-18

i	x_{i1}	x_{i2}	x_{i3}	x_{i4}	$\bar{x}_i$	s_i
1	81.86	81.61	82.98	81.33	81.945	0.723164
2	82.09	81.06	80.48	80.07	80.925	0.876451
3	81.21	82.77	79.95	80.72	81.1625	1.190557
4	81.23	80.61	81.68	82.13	81.4125	0.649018
5	83.20	82.50	82.37	80.54	82.1525	1.135117
6	82.68	82.48	82.96	82.12	82.56	0.35327
7	80.17	81.83	81.12	81.41	81.1325	0.704764
8	80.40	81.60	85.00	83.80	82.70	2.081666
9	80.69	80.49	82.16	84.29	81.9075	1.754202
10	82.72	82.12	81.77	81.60	82.0525	0.494865
11	80.98	81.33	81.60	80.70	81.1525	0.39424
12	80.42	82.20	80.13	80.24	80.7475	0.975684
13	82.11	82.13	83.22	82.17	82.4075	0.542241
14	82.40	81.41	82.93	83.13	82.4675	0.769345
15	81.55	80.91	81.31	82.43	81.55	0.643325
16	81.32	80.12	81.23	80.38	80.7625	0.60235
17	81.39	80.85	80.60	80.93	80.9425	0.329785
18	81.37	83.12	80.39	81.81	81.6725	1.132913
19	82.62	82.06	81.49	80.92	81.7725	0.732001
20	79.76	81.17	81.24	79.54	80.4275	0.902714
21	81.06	82.06	82.76	82.46	82.085	0.741058
22	82.55	83.53	82.94	81.89	82.7275	0.688495
23	83.33	80.33	80.36	80.67	81.1725	1.446522
24	81.17	81.33	82.57	80.87	81.485	0.748042
25	81.60	79.88	81.69	81.79	81.24	0.909982

资料来源：尤建新、杜学美、张建同：《质量管理学》，科学出版社 2008 年版。

在这个例子中，$n=4$，由表 8-17 可知，$A_1^* = 1.628$，$B_4 = 2.266$，表 8-17 中 B_3 为"—"，B_3 用 0 替代，由此可计算得出如表 8-19 所示的数据。

表 8-19

	$\bar{x}$ 图	s 图
中心线 CL	81.5384	0.8608
上控制线 UCL	$81.5384 + 1.628 \times 0.8608 = 82.9398$	$2.266 \times 0.8608 = 1.951$
下控制线 LCL	$81.5384 - 1.628 \times 0.8608 = 80.137$	0

作图时，CL 用实线表示，UCL 和 LCL 用虚线表示。横坐标为样本序号，纵坐标分别为 $\bar{x}$ 和 s。把各样本的 $\bar{x}_i$ 的值依次点在 $\bar{x}$ 图上，s_i 的值依次点在 s 图

上。具体如图 8-22 所示。

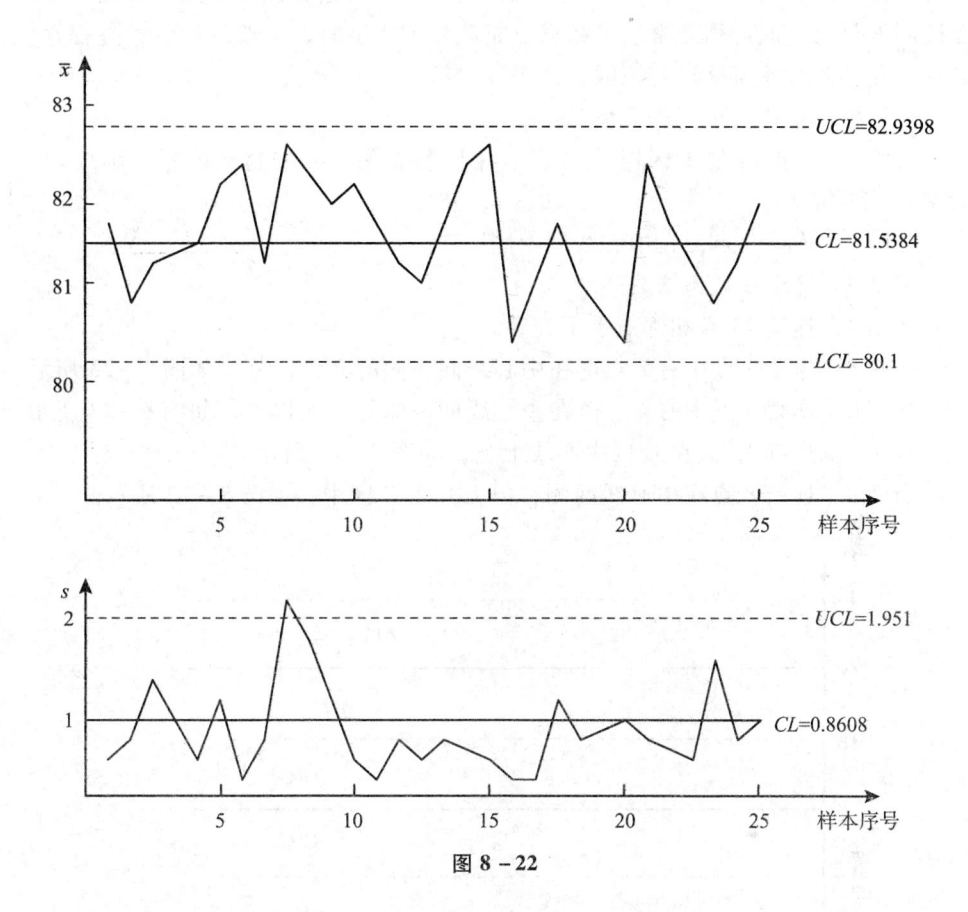

图 8-22

6. 控制图的观察与分析。绘制控制图的目的是分析判断生产过程是否处于稳定状态。控制图上点子作为随机抽样的样本，可以反映出生产过程（总体）的质量分布状态。主要是通过对控制图上点子的分布情况的观察与分析来进行。

（1）判稳准则。控制图同时满足以下两个条件我们就可以认为生产过程基本上处于稳定状态：一是点子几乎全部落在控制界限之内；二是控制界限内的点子排列没有缺陷。如果点子的分布不满足其中任何一条，都应判断生产过程为异常。

点子几乎全部落在控制界限内，是指应符合下述三个要求：连续 25 点以上处于控制界限内；连续 35 点中仅有 1 点超出控制界限；连续 100 点中不多于 2 点超出控制界限。

（2）判异准则。点子排列没有缺陷，是指点子的排列是随机的，没有出现异常现象。这里的异常现象是指点子排列出现了"链"、"多次同侧"、"趋势或倾向"、"周期性变动"、"接近控制界限"等情况。

失控状态主要表现为以下两种情况：一是样本点超出控制界限；二是样本点在控制界限内，但排列异常。当数据点超越管理界限时，一般认为生产过程存在异常现象，此时就应该追究原因，并采取对策。

排列异常主要指出现以下情况：

准则 1　一点落在 A 区以外（点子在控制界限上，按超出控制界限处理），如图 8-22 所示。

准则 2　连续 9 点落在中心线同一侧。

准则 3　连续 6 点递增或递减。

准则 4　连续 14 点相邻点上下交替。

准则 5　连续 3 点中有 2 点落在中心线同一侧的 B 区以外，如图 8-23 所示。

准则 6　连续 5 点中有 4 点落在中心线同一侧的 C 区以外，如图 8-23 所示。

准则 7　连续 15 点在 C 区中心线上下，如图 8-23 所示。

准则 8　连续 8 点在中心线两侧，但无一在 C 区中，如图 8-23 所示。

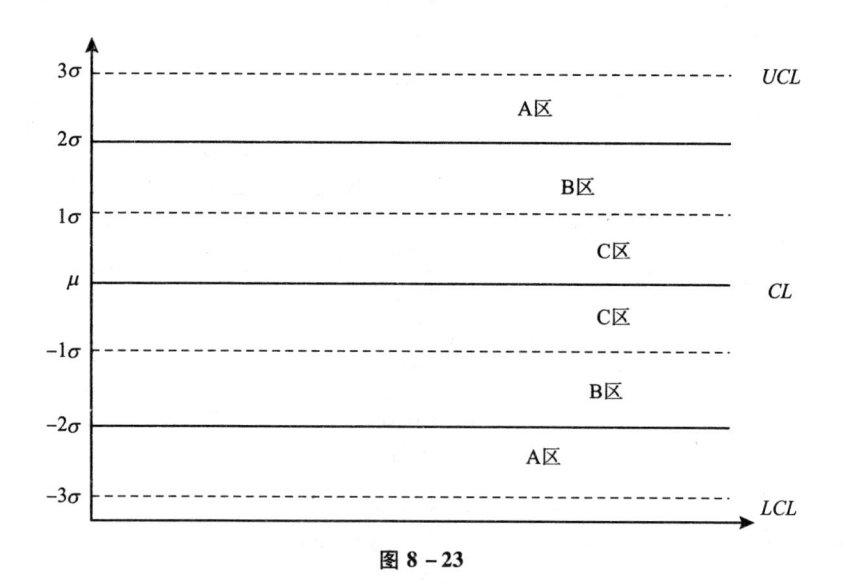

图 8-23

（3）注意事项。控制图对异常现象的揭示能力，将根据数据分组时各组数据的多少、样本的收集方法、层别的划分不同而不同。不应仅仅满足于对一份控制图的使用，而应变换各种各样的数据收取方法和使用方法，制作出各种类型的图表，这样才能收到更好的效果。值得注意的是，如果发现了超越管理界限的异常现象却不去努力追究原因、采取对策，那么，尽管控制图的效用很好，也只不过是空纸一张。

思 考 题

1. 质量管理的老七种工具有哪些？为什么叫"老七种工具"？
2. 根据 PDCA 循环进行质量改进的原理，分析老七种工具分别能够帮助做好哪些阶段、哪些步骤的工作。
3. 简述数据分类的意义。
4. 控制图法与其他几种工具有什么不同？
5. 简述老七种工具的原理及应用。

第九章 质量管理的新七种工具

第一节 质量管理新七种工具的发展简介

1. 简介。1972年，日本科技联盟的纳谷嘉信教授从许多推行全面质量管理的方法中研究归纳出一套有效的方法，这些方法恰巧有七项，为有别于原有的QC七大方法，所以就称为新QC七大方法，主要运用于全面质量管理PDCA循环的P（计划）阶段。它们用系统科学的理论和技术方法，整理和分析数据资料，进行质量管理，适应了当今复杂多变的社会环境，能有效地解决复杂的质量问题。原有的质量控制方法主要适用于生产过程质量的控制和预防，新的七种质量控制工具与其相互补充。

与老七种工具相比较，新七种工具的特点如下：
（1）把系统工程、运筹学等管理方法引入质量管理。
（2）突出强调用系统性和多元化的方式思考问题、解决问题。
（3）强调利用图形对非量化资料进行整理。
（4）强调全员参与的重要性，使员工产生强烈的参与感和认同感。

2. 内容支持系统。如图9-1所示。

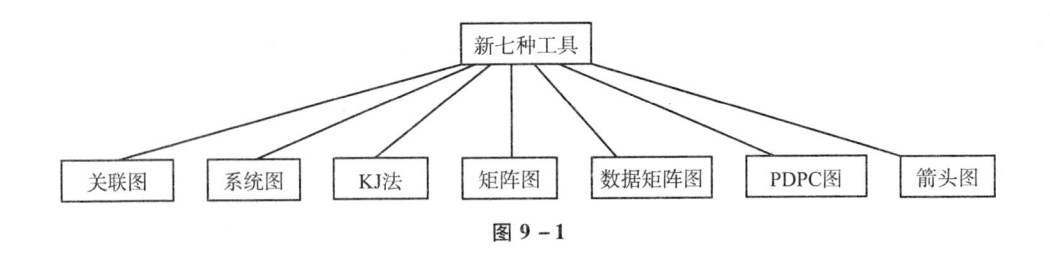

```
                          新七种工具
    ┌──────┬──────┬──────┼──────┬──────┬──────┐
  关联图  系统图  KJ法  矩阵图  数据矩阵图  PDPC图  箭头图
```

图 9-1

3. 应用说明。
（1）新七种工具的理念与方法在企业中的运用远远超出了产品质量管理的范围，更多地涉及工作质量的内容。应该说，在企业的整个经营管理中新七种工具的应用有着广阔的空间，它们已融合于企业的整个经营管理方法系统中。
（2）新七种工具与老七种工具在应用中不是相互排斥的，而是可起到互补的作用，它们共同成为企业提升质量的强大的工具支持系统。

第二节 新七种工具

一、分析语言资料的工具——KJ法

对于数据资料的处理，方法很多，如数学模型等。然而，如何从看似杂乱无章的一堆语言资料中找出解决问题的关键点？这时可用 KJ 法。

1. 概念。KJ 法是处理语言文字表示的信息资料的有效工具。KJ 法可以把从杂乱无章状态中收集来的语言资料按相互接近原则进行统一，并以图进行表示，以明确要解决的问题。

KJ 法是日本专家川喜田二郎提出的，KJ 是他的名字（Kawakida Jiro）打头的英文字母缩写。KJ 法针对某一问题广泛收集资料，按照资料近似程度、内在联系等方面进行分类整理，抓住事物的本质，找出结论性的解决办法。这种方法是开拓思路、集中集体智慧的好办法，尤其针对未来和未知的问题可以进行不受限制的预见、构思，对质量管理方针计划的制订以及新产品、新工艺的开发决策和质量保证都有积极的意义。

2. 图示。如图 9-2 所示。

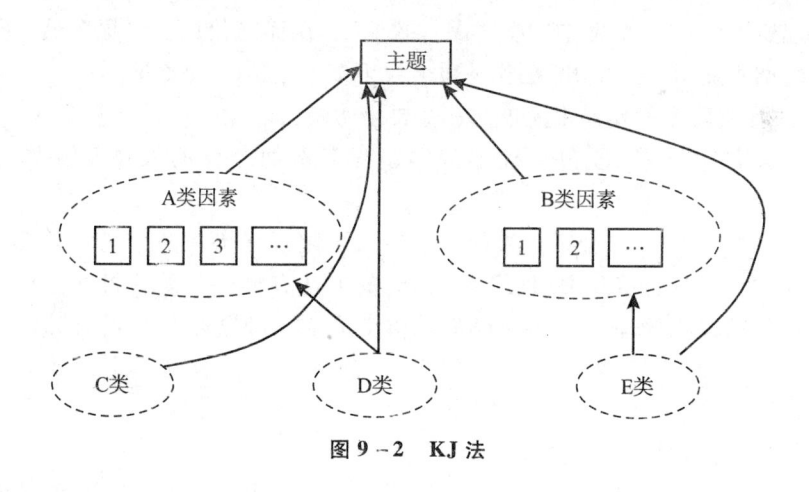

图 9-2 KJ 法

3. KJ 法的基本运用步骤。

（1）确定主题，即要解决的问题。

（2）针对主题收集语言资料。在这一阶段可用的方法有许多，常用的如图 9-3 所示。

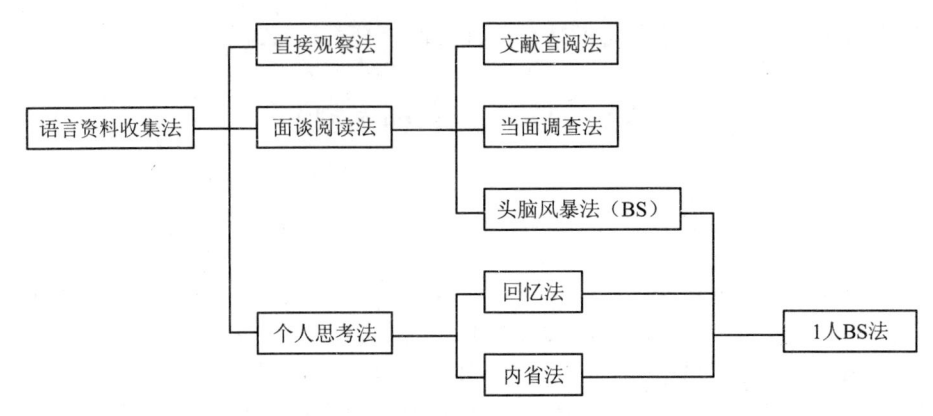

```
                  ┌── 直接观察法 ──── 文献查阅法
                  │
  语言资料收集法 ──┼── 面谈阅读法 ──── 当面调查法
                  │
                  │                    头脑风暴法（BS）
                  │
                  └── 个人思考法 ──┬── 回忆法 ────── 1人BS法
                                   │
                                   └── 内省法
```

图 9-3　常见的收集语言资料的方法

下面对图 9-3 中所列的主要方法作一定的解释。

①BS 法。BS 法（Brain Storming），又称头脑风暴法。它是指用开会的形式为成员创造宽松和谐的气氛，以激励成员多提意见的一种方法。它是由美国学者奥斯本（A. F. Osborn）提出的。

BS 法之所以能激励成员多提意见，是由其特点与优点决定的。其特点是：会议环境明亮和谐，气氛轻松融洽；强调会议的管理艺术；注重激励人员方法的应用。其优点是：使成员思维活跃，无拘束，无框框，通过畅所欲言互相启发激励，引起所谓的"水漂效应"或"爆竹效应"，从而能使成员多提意见。据美国企业界的调查显示，运用 BS 法比一般会议可多产生 70% 的意见。

BS 法在实践中的操作很简单，其主要步骤是：

第一，准备。该阶段包括确定问题、确定参加会议的人员和选择开会的地点。

第二，"热身"。即会议开始前，主持人可随意提出一两个与主题无关的小问题，如"一个别针有几种用法"、"计时的方法有哪些"等，目的是让大家的大脑开动起来，积极思考，热烈讨论，初步形成一种紧张、热烈而又轻松愉快的气氛。

案例：

鸡蛋虽小，有几种吃法？

经热烈讨论得出——生吃、白煮、茶叶蛋、盐水蛋、煮甜荷包蛋、煎荷包蛋、开水冲蛋、卤蛋、油炸卤蛋、松花蛋、腌咸蛋、炒鸡蛋、蟹黄蛋、蒸甜（咸）蛋羹、蛋汤、煎蛋皮、蛋饺、生姜煮荷包蛋、蛋卷、做兔子工艺品……

第三，介绍主题。即要征询意见的问题。

第四，宣布规则。BS 法规定参加会议的人员应遵守下列基本原则：禁止批评（不准批评反对他人的意见，或对他人的意见品头论足、说三道四）；自由奔放（尽情地、创造地想象，自由地发言，不墨守成规，不迷信权威）；欢迎多提（意见越多越好，数量提供质量）；结合改善（与别人的意见相结合，挖掘和吸取他人设想中的合理内容与创造性因素，改进或综合成新的设想，以谋求使自己的想法得到改善）。

第五，畅谈。会议成员提意见的过程中畅谈。

第六，选择与决策。从众多意见中选择好的符合主题的意见。

②个人思考法。这是指围绕主题以自己过去的经验为材料进行回忆或寻找自己的内心状态与想法，进行内省。这种回忆和内省是一个人开动脑筋寻找解决问题的思路的有效方法，所以又称 1 人 BS 法（或叫备忘录思考法）。

该方法的做法是：边思考，边把想到的东西记在笔记本上，然后再读所写的笔记的内容，把它作为促进开拓思路的提示，更好地寻求解决问题的路径。

1 人 BS 法的应用原理是：若不用笔记本帮助深思，就会始终在同一事情上兜圈子，或者毫无方向、漫无边际地胡思乱想，毫无结果。

具体步骤如下：

第一，语言资料卡片化。把收集到的语言资料按内容逐个分类，分别用最确切的词汇和简单扼要的短语表述，并制成卡片。

第二，汇总卡片与分类编号。把那些内容相近的卡片汇总在一起，进行分类编号。

第三，作图。把最终汇集好的卡片，按照比较容易寻找的相互位置进行展开排列，并按照既定的位置将这些卡片贴到纸上，用适当的记号画出其相互关系。

第四，口头讲解。即一边看图形一边按其内容进行讲解。

第五，写出调查报告。一边看图形，一边不断构思，写成文章。

4. KJ 法的应用范围。

（1）用于弄清事实。把尚未掌握的、杂乱无章的事物进行系统的整理。

（2）用于形成构思。把尚未综合的杂乱思想进行整理。

（3）用于打破现状。破除已被采用的、不正确的固有观念，并形成新的见解。

（4）用于彻底更新。逐个分析既成的观念体系和常规的做法，寻找新的观念，不断地实践改进。

（5）用于筹划组织工作。例如，领导人员对于解决的问题所采取措施的可行性分析；对于某个管理项目的总体规划。

（6）用于贯彻企业方针。领导人员不断听取下级的意见，使自己的观点、方针可以更好地贯彻下去。

（7）与其他方法配合应用，解决现实问题。可与系统图法、关联图法等配合应用，效果更好。

5. KJ法的应用实例。

【例9-1】 某企业以"如何搞好QC小组活动"为主题广泛征求员工的意见，并应用KJ法将这些意见进行分类，做出的图形如图9-4所示。

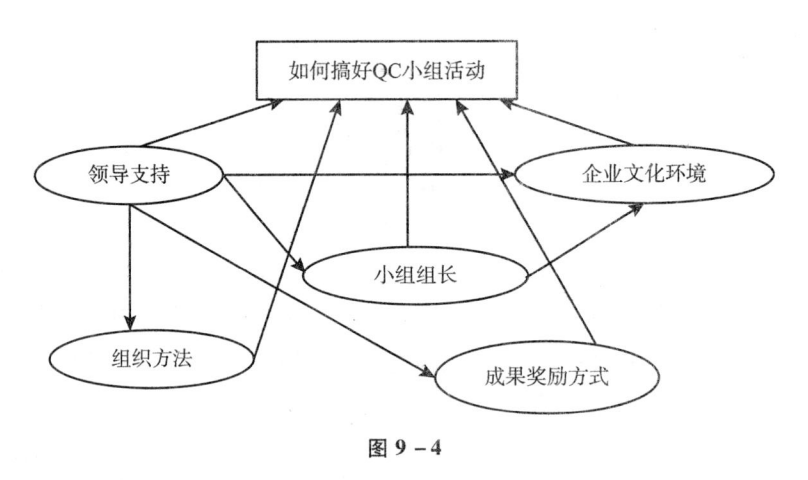

图9-4

从图9-4中可见，"领导支持"这个方面都是箭尾从它指出，说明它是影响其他方面和最终结果的主要因素，如果解决了这个问题，其他许多问题可能就迎刃而解了，所以它是解决问题的重点。

二、用于制定措施的工具——系统图

如何有效地实现目标？如何根据目标制定可行的措施？可以用系统图法。

1. 概念。系统图是指系统地寻找达到目的的手段的一种方法。它的具体做法是，把要达到目的所需要的手段逐级深入，如图9-5所示。

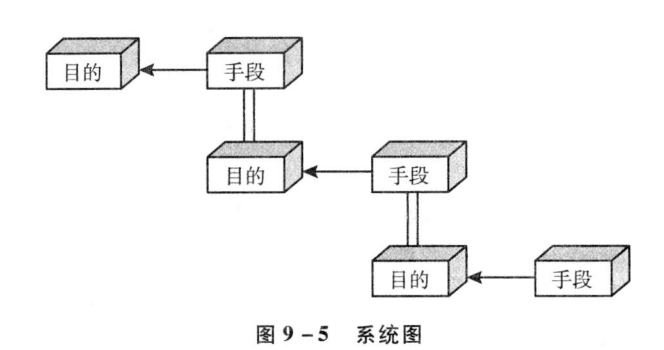

图9-5 系统图

系统图法可以系统地掌握问题，寻找到实现目的的最佳手段，广泛应用于质量管理中，如质量管理因果图的分析、质量保证体系的建立、各种质量管理措施的开展等。

在经济活动中，管理者为了达到一定的目的，就必须采取一定的手段，上级的手段就是下级的行动目的，下级为了达到这一目的也必须采取一定的手段。

这种在完成任务的过程中明确各级的目的——手段之间的关系，从而有效地实现目标的科学方法就是系统图法。它是系统工程理论在质量管理中的具体应用。

2. 系统图的制作方法。

（1）明确目的和目标。

（2）提出手段和措施。

（3）手段和措施的评价。

（4）检查。

（5）制定具体的实施计划。

3. 系统图法在实践中的应用。系统图法在实践中有着极其广泛的应用，系统图在具体应用中的图形也不太一样。常见的图形还有树形和宝塔形。

（1）树形应用举例。某企业就"如何有效地推行TQC"这一主题，运用系统图进行分析，结果如图9-6所示。

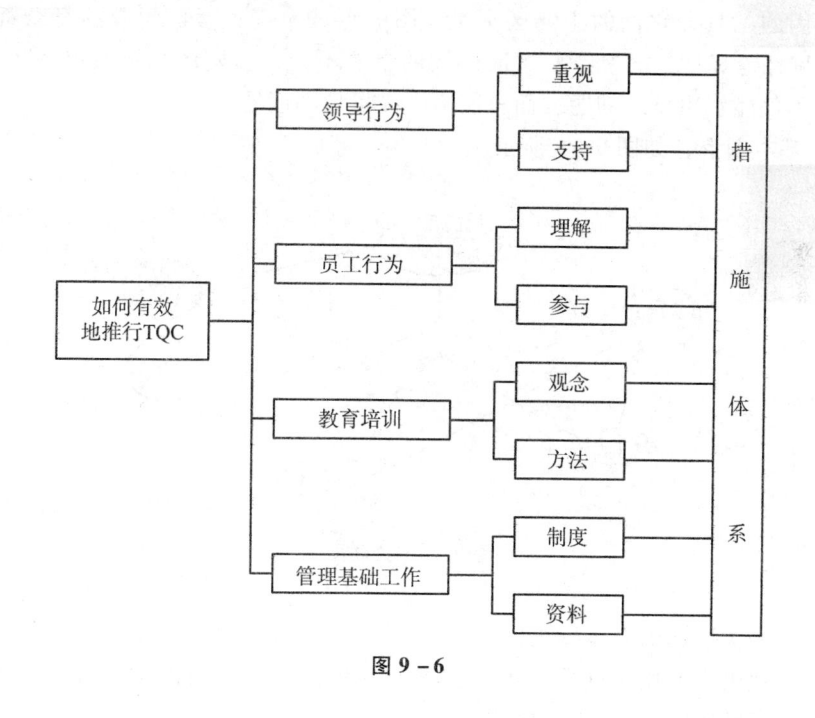

图 9-6

（2）宝塔形应用举例。某企业对"停电故障"应用宝塔形分析法进行分析，如图9-7所示。

图 9-7

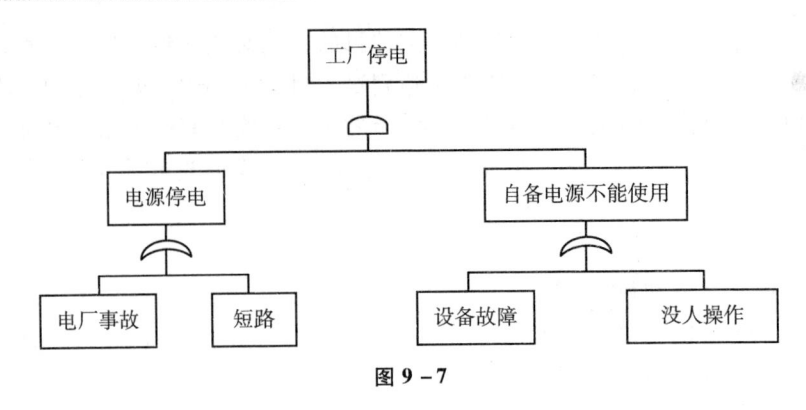

三、用于理清事务因果关系的工具——关联图

1. 概念。关联图法是对复杂因素互相纠缠的问题，搞清其因果关系，以找出适当解决措施的一种方法。关联图是鱼刺图的进一步发展和应用。

关联图与鱼刺图的共同点为：它们都是用于寻找影响问题产生的所有原因及主要原因的工具。它们的主要区别是：图的形状不同；考虑问题的复杂程度不同，关联图考虑问题较复杂；解决问题的多寡不同，鱼刺图只解决单一的问题，关联图不仅能解决单一问题，而且能解决多目标的问题。

2. 基本图形，如图 9-8 所示。

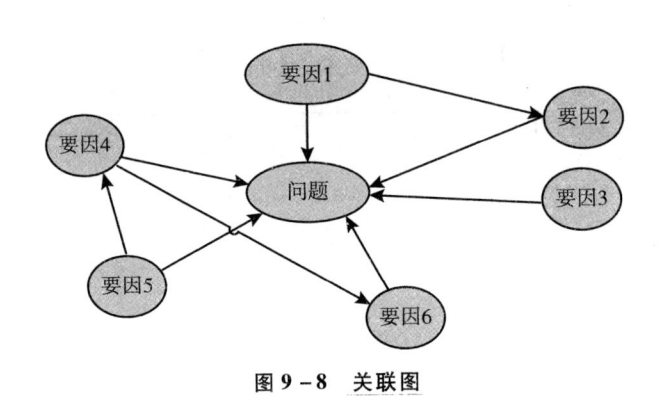

图 9-8 关联图

3. 绘制关联图的基本要求。

（1）列出影响质量问题的各种因素，并用简明、确切的文字或语言加以表达。其中，问题和因素可用 ⬯ 或 ▭ 来表示。

（2）用箭头和连线表示各种因素相互制约的关系，形成图形。

（3）根据图形统观全局，进行分析研究，拟订解决问题的措施和计划。

4. 关联图在应用中的主要形式。关联图法在应用中：一是可以用于解决单一目的问题；二是可以用于解决多目的问题。所以主要有以下形式。

（1）中央集中型关联图（单一目的型）。把应解决的问题放在中间，把影响问题的因素排列在周围，如图9-8所示。

（2）单向汇集型关联图（单一目的型）。把应解决的问题放在右边或左边，把各影响因素放在另一边，如图9-9所示。

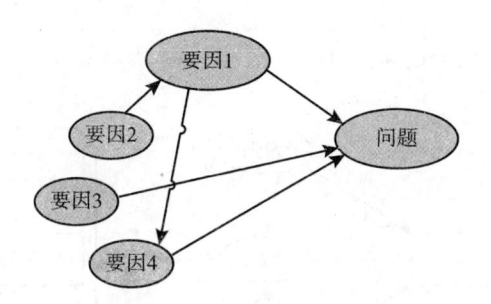

图9-9　单向汇集型关联图

（3）关系表示型关联图（多目的型）。这种图简明地表示各种活动项目之间或各问题与影响因素之间的因果关系，可以自由排列，如图9-10和图9-11所示。

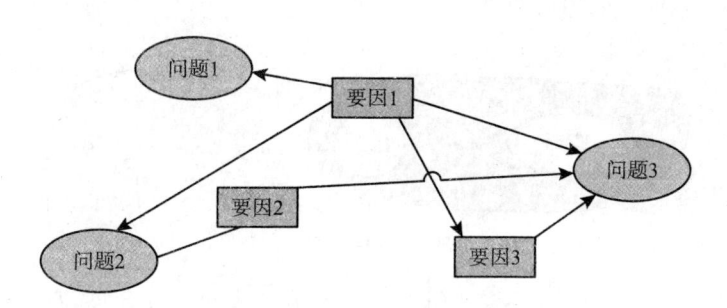

图9-10　解决多目的的关联图

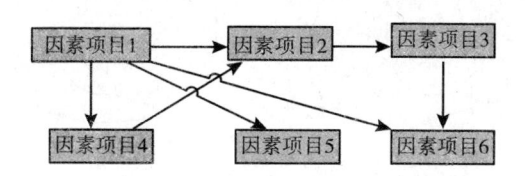

图9-11　关系表示型关联图

如建筑业与其他相关产业的关系就符合"关系表示型关联图"。建筑业的发展能带动上下游相关几十个产业的发展，如汽车、钢铁、造船、石化、轻工、纺织、有色金属、电信、机械装备、现代物流。所以抓住建筑业能起到牵一发而动全身的作用。在国家刺激经济发展的时候,从建筑业着手,会迅速拉动相关产业的发展,从而实现提振经济的目标。当经济发展过热时,国家也可以通过控制建筑业的发展,从而影响相关产业的发展速度,起到给经济过热降温的目的。

(4) 应用型关联图。这种图形是以上述三种类型为基础的一种综合应用。

① 可与系统图法结合起来应用。如图 9-12 所示。

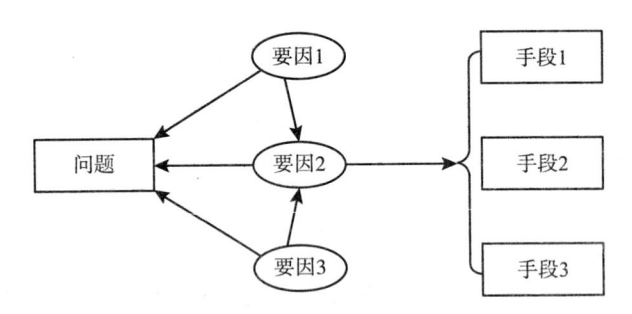

图 9-12 关联图与系统图的结合使用图示

② 与 KJ 法结合应用。如图 9-13 所示。

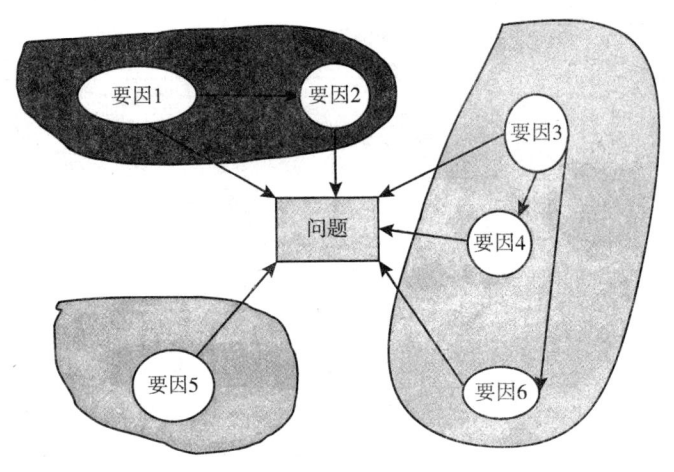

图 9-13 关联图与 KJ 法的结合使用图示

5. 应用实例。

【例 9-2】某卷烟厂烟丝含水率超标的关联图如图 9-14 所示。

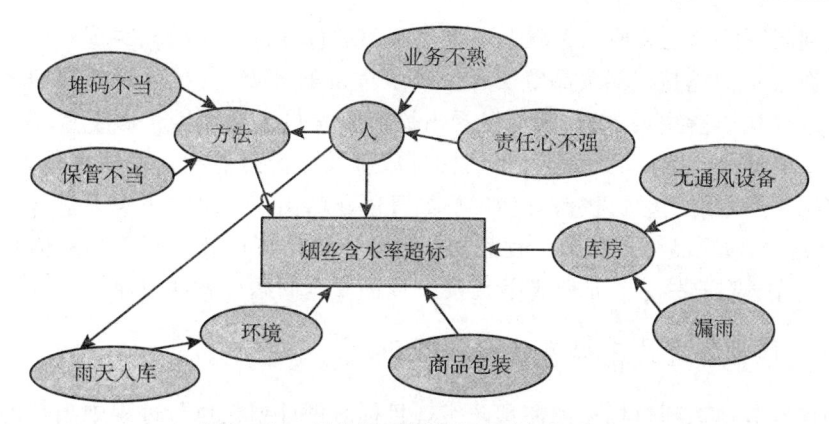

图 9-14 某卷烟厂烟丝含水率超标关联图

【例 9-3】我国食品安全问题主要原因分析。

一般情况下，突发食品安全事件往往是一系列因素共同作用的结果。从图 9-15 中可以看出，在食品链各环节，11 个因素都能引发食品安全问题。那么，在这 11 个影响因素中，哪些又是比较主要的呢？用关联图分析。图 9-15 中去掉阴影部分和虚箭线，就是一个关联图。结合关联图，我们可以分析出最直接的原因有 1、3、4、7、8、9、10、11 等原因。在这些原因中，哪个又是"罪魁祸首"呢？

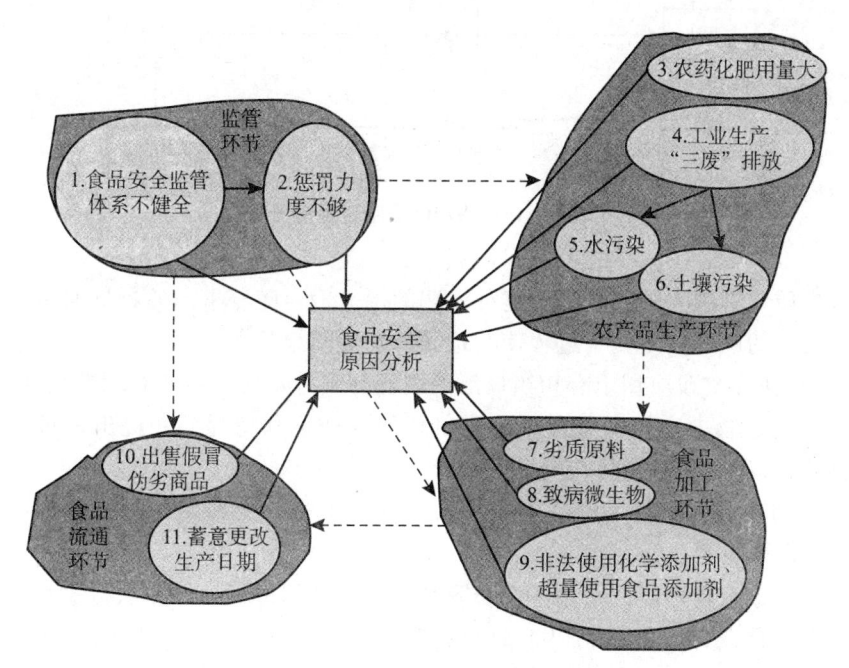

图 9-15 食品安全问题主要原因分析示意图

为了找到问题的最主要原因,就要结合亲和图进行分析。先把原因按照一定标准进行分类(本例题是按照食品链的各个环节进行的分类),再分析各类别之间的相互关系(用虚箭线表示),就可以看出原因1是最主要原因:由于食品安全监管体系不够健全,造成"三废"不达标排放以及生产企业超量使用食品添加剂、非法使用化学添加剂、出售假冒伪劣商品等问题的出现。可以集中力量针对原因1在食品链的农产品生产环节、食品加工环节、食品流通环节完善相应的整改措施,从而完善监管体系,加强监管力度,食品安全问题也就迎刃而解了。

四、危机管理的主要方法——PDPC法

如何有效地达到目标?如何预防实现目标所做计划在执行过程中出现的偶然因素?如何沉着应对工作中的各种意外事件?掌握PDPC法!

1. 概念。PDPC法又称过程决策程序图法(Process Decision Program Chart)。所谓过程决策程序图,即按时间顺序系统地表现对事物进行全过程决策的图。其原理示意图如图9-16所示。

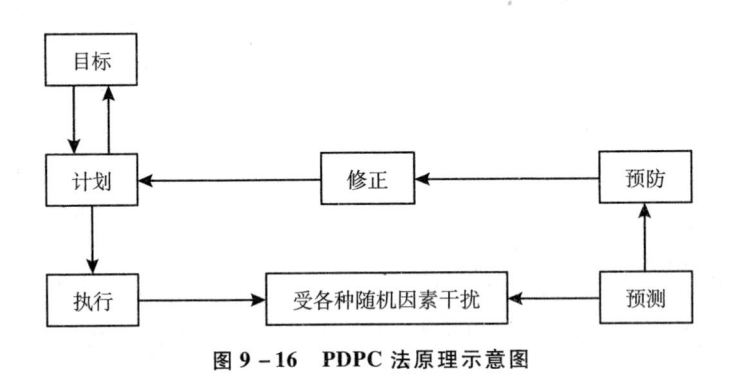

图9-16 PDPC法原理示意图

日本质量管理大师水野滋对这种方法的定义为:随着事态的进展对可以推想出各种结果的问题确定一个过程使其达到所期望结果的方法。

PDPC法在实践应用中有相当广泛的内涵与多种定义。主要有两种表述:

(1)对事物未来的发展预测可能出现的各种不利情况,并提出多种相应的应变措施,以便顺利达到预定目标的一种科学方法。

(2)对出现的问题(产品重大缺陷)预测多种应变措施,以便顺利达到预定目标的科学方法。

我们在进行管理时,希望各个步骤都能按照计划进行,但在执行过程中往往会出现一些情况,需要做到以下两点:第一,对计划执行中出现的问题进行预测。第二,对计划进行修正,进行决策。

2. PDPC法的优点是:预防性(事前分析);动态性(随机应变性);图示

性（用图来表现）。

3. PDPC 法的应用范围。

(1) 制定目标管理的实施计划；

(2) 制定技术开发课题的实施计划；

(3) 预测系统中可能发生的重大事故，制定解决和预防措施；

(4) 制定生产工序中预防产生不良的措施。

4. PDPC 法在实践中的应用实例。

【例 9-4】货物运输中"不可倒置"的 PDPC 图如图 9-17 所示。

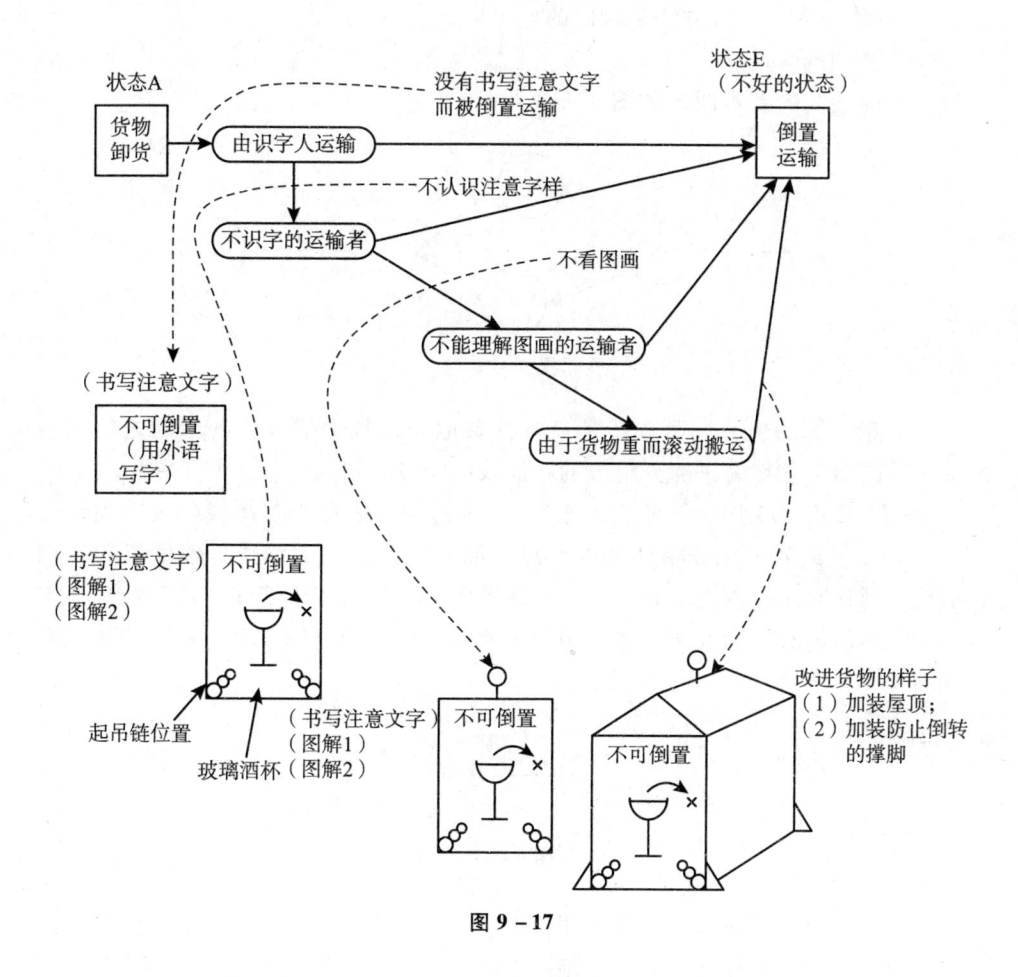

图 9-17

五、提高工作效率的工具——箭头图法

现实中常常遇到这样一些问题：在一次炒鸡蛋的比赛中如何能取得第一名？如何有效地（省时、省力、省财）去完成一项任务？如何按时、保质、保量地完成一项建筑工程？等等。箭头图法就是解决这类问题的工具。

1. 简介。箭头图法又称为网络计划技术，它是一种有效、合理地安排做事所需时间、资源和费用的科学方法。其手段是通过网络图的绘制、计算、分析、优化以达到有效工作的目的。

箭头图法最早产生于美国。1957年杜邦公司、兰德公司开始应用，当时称为"关键线路法"。1958年海军特种计划局开始应用，当时称为"计划评审法"。后来，世界各地普遍应用，一般称为"网络计划技术"。1965年，华罗庚教授开始在我国推广这些方法，并把它们统一起来，称为"统筹法"。1980年左右，日本的质量管理专家把该方法运用到质量管理中解决质量问题，称之为"箭头图法"。尽管称呼各异，但方法是相同的。

2. 箭头图的含义。

(1) 箭头图的基本图形如图9-18所示。

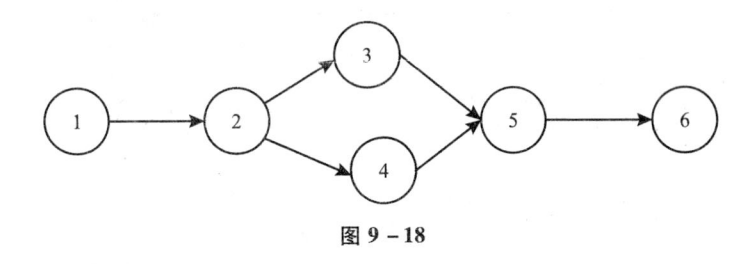

图 9-18

(2) 箭头图的内容。箭头图是一种抽象地表达整个任务中各活动之间先后衔接关系的图。它是由三部分组成的：箭线、结点、路线。

第一，箭线（工序、作业、工作）。箭线网络图中每一条箭线代表一项活动（Activity）。箭线的箭尾表示活动的开始，箭头表示活动的结束。箭线所代表的是活动要消耗时间和资源。有时，在网络图中还需要引用虚箭线，虚箭线代表虚活动，它不消耗时间和资源，主要用于表明活动之间的逻辑关系。用箭线表示图示如图9-19所示。

图 9-19

第二，结点（结合点、事项、事件）。结点用○表示，它是表示一个事件开始或结束的符号。网络图中第一个结点称起始结点，它是一个工程项目或一项计划的开始；最后一个结点称终结点，它表示一项工程或计划的结束；其余结点都叫做中间结点。除起始结点及终结点外，其余结点的含义往往是双重的，它既代表前项活动的结束，也代表后项活动的开始。

注意：结点不占用时间，不消耗资源，仅仅是活动之间的分界点。

第三，路线。从始点到终点所经过的路程，是由一系列首尾相连的箭线和结点组成的通道。网络图一般有多条线路。时间最长的路线叫关键路线，关键路线上的每个活动叫关键活动。

3. 箭头图的绘制。

（1）所需的资料。

【例9-5】一项任务——炒鸡蛋。

包括的活动：A. 敲蛋：1秒　B. 切葱：2秒　C. 打蛋：2秒
　　　　　　D. 洗锅：2秒　E. 热锅：4秒　F. 热油：3秒　G. 炒蛋：4秒

从上面的例子中可看出，绘制箭头图一般需要以下资料：

①一项任务包括的所有活动。

②各活动之间的衔接关系（因为案例中的例子是人们在生活中非常熟悉的，先做什么、后做什么基本上是常识，所以没给出）。

③完成每个活动所需的时间。

（2）绘制箭头图的规则。

①结点编号不能重复，编号的顺序要由小到大，箭尾的编号要小于箭头的编号。如图9-20所示。

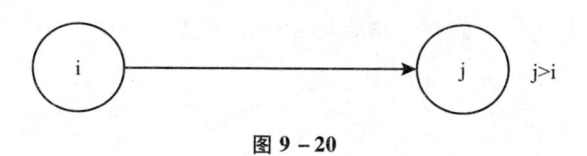

图 9-20

②箭线的首尾必须有结点。如图9-21所示。

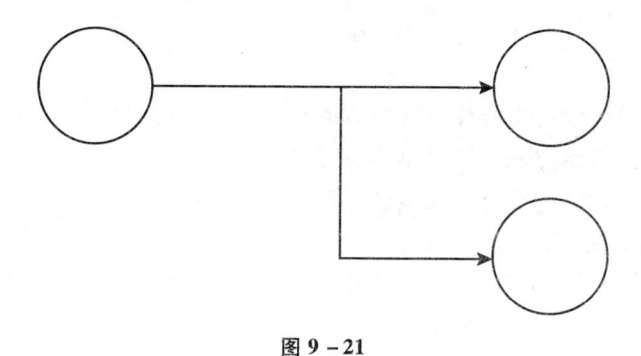

图 9-21

有人会问，在现实中如果出现同时要做的事情该怎么画呢？这里我们必须引入"虚箭线"的概念。

虚箭线表示一项虚活动，指作业时间为零的一项活动，它不占用时间、不消耗资源。在网络图中平行活动必须运用虚箭线。如图9-22所示。

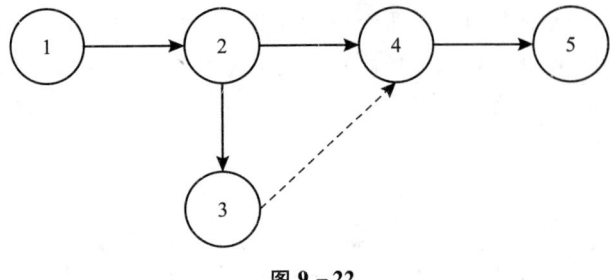

图 9-22

③不允许出现循环回路。循环回路会造成箭尾编号大于箭头编号。如图 9-23 所示。

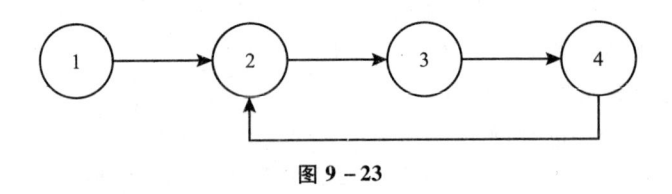

图 9-23

④所有的箭线必须进入某结点，该结点以后的活动才能开始。

⑤相邻两结点之间只能有一条直接相连的箭线。图 9-24 是错误的表示。

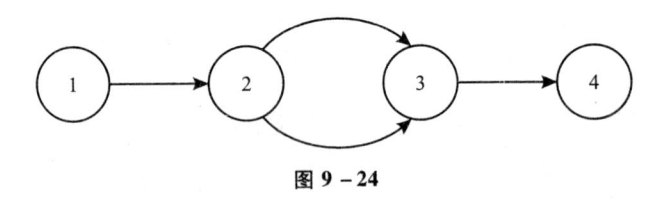

图 9-24

⑥不允许出现没有先行作业或没有后续作业的中间事件，即要求一个网络图有且仅有一个网络始点和一个网络终点。

⑦网络图是抽象的概念，画成什么形状都可以。

(3) 绘制箭头图的实例。

【例 9-6】承〖例 9-5〗，炒鸡蛋的活动程序可画出两种图形。

第一种画法如图 9-25 所示。

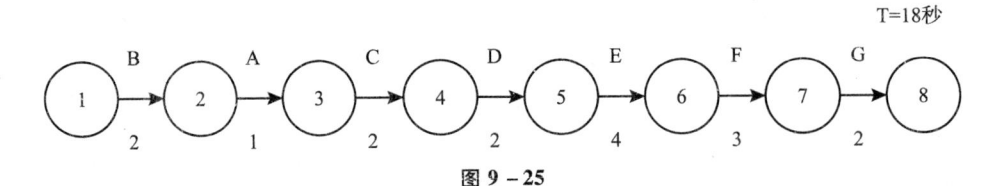

T=18秒

图 9-25

第二种画法如图 9-26 所示。

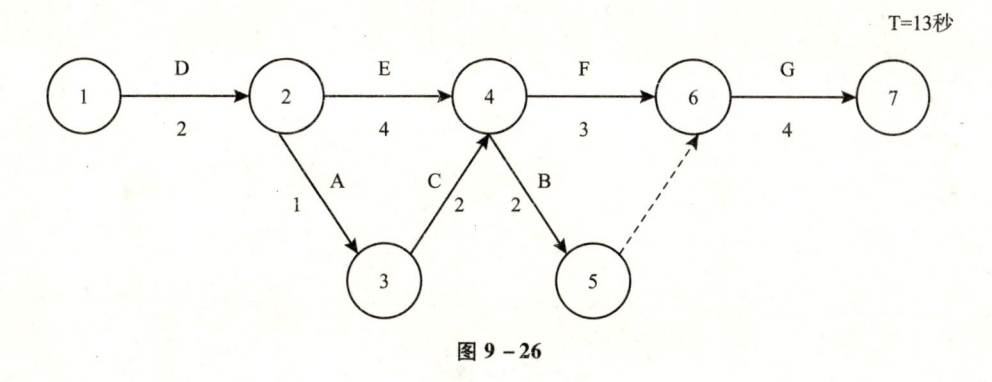

T=13秒

图 9-26

4. 箭头图的计算。

（1）活动延续时间的确定。这是指完成一项工作需要的延续时间。例如，上例中的敲蛋需 1 秒钟。确定的方法主要有：凭经验估计；测时；根据统计资料进行估计；三点估计法。

其计算公式是：

$$T = (a + 4m + b)/6$$

其中，a 表示最乐观值；b 表示最悲观值；m 表示最可能值；T 表示平均取值。

（2）结点时间的确定。结点本身并不占用时间，但它表示一项活动的开始和结束，所以有最早开始时间和最迟结束时间。

① 结点的最早开始时间计算要点。

第一，在图上计算表示符号——□。

第二，始点的最早开始时间是零，即 $\boxed{0}$。

第三，如果是单条线路，各结点的最早开始时间计算可前进相加。如图 9-27 所示。

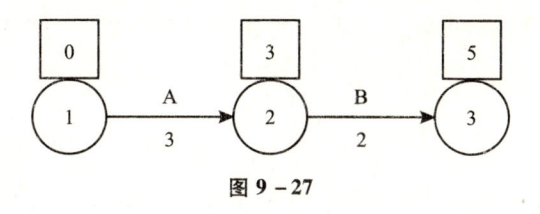

图 9-27

第四，如果是多条线路，各结点的最早开始时间计算，是在前进相加的基础上取最大的数值。如图 9-28 所示（某网络图的一部分）。

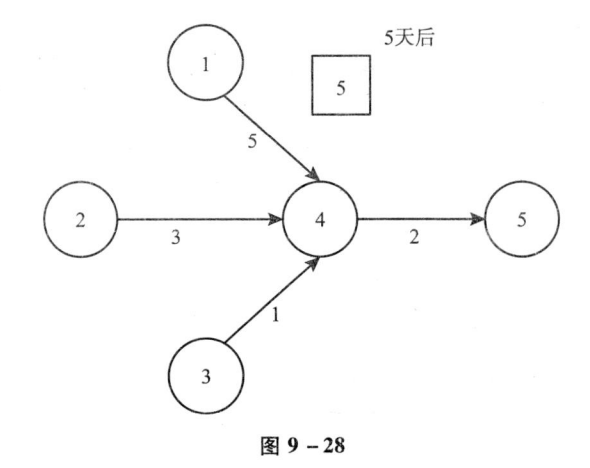

图 9 – 28

第五，箭线图中的最后一个结点上表示的最早开始时间表明整个任务的时间。如图 9 – 29 所示。

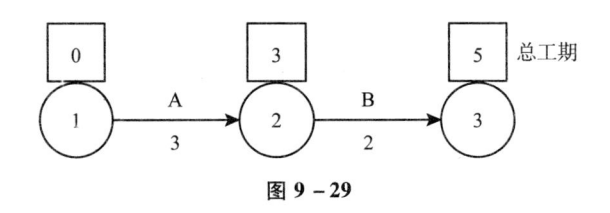

图 9 – 29

②结点的最迟结束时间计算要点。

第一，在图中计算表示符号——△。

第二，箭线图中的最后一个结点上表示的最迟结束时间△=□（最早开始时间）。因为，从前面已知，箭线图中的最后一个结点上表示的最早开始时间表明整个任务的时间。而这表明在整个任务的完成中必须结束的时间。如果在这个时间不结束，就会影响整个任务的完成进程。

第三，箭线图中各结点的最迟结束时间计算是从后往前进行的。

第四，如果是单条线路，各结点的最迟结束时间计算可后退相减。如图 9 – 30 所示。

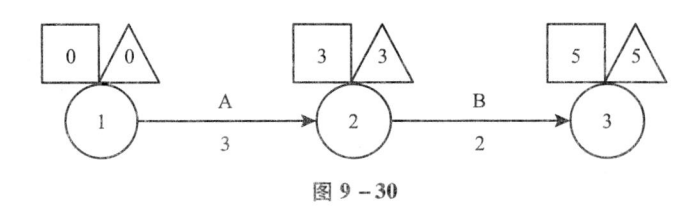

图 9 – 30

第五，如果是多条线路，各结点的最迟结束时间计算在后退相减的基础上取最小的数值。如图9-31所示（某网络图的一部分）。

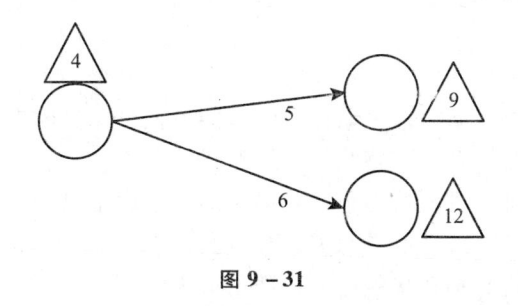

图 9-31

证明（如图9-32和图9-33所示）：

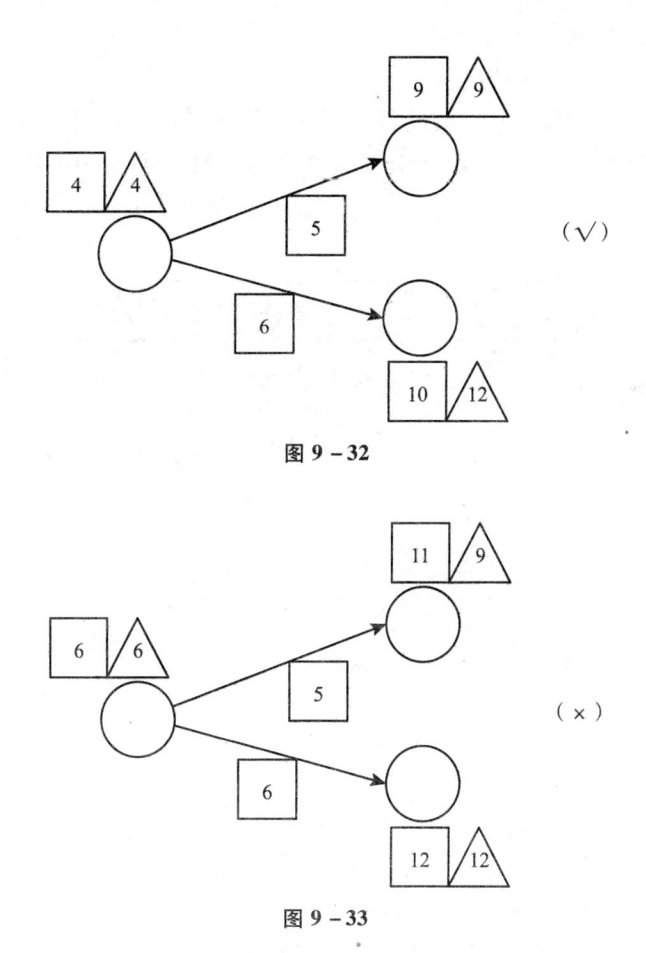

图 9-32 （√）

图 9-33 （×）

因为 □≤△（即最早开始时间应始终小于或等于最迟结束时间），还没开始就谈不上结束。

③结点时差的计算要点。

计算公式：

$$结点时差 = △ - □$$

时差说明是机动时间，即可以休息的时间或是可以自由支配的时间。结点时差为零的活动是关键活动，其路线是关键路线。

为了使企业管理者方便快捷地计算箭头图，下面给出一个口诀：

网络计算，分清点线，始点为零，终点共同。

最早开始，前进相加，多线进入，数值取大。

最迟结束，后退相减，多线射出，数值取小。

最迟、最早两数相减，可得时差。

连零各点，即为关键。

(3) 箭头图结点时间的计算。

【例 9 - 7】炒鸡蛋的结点时间计算。从计算可看出：炒鸡蛋所用的总时间为 T = 13 秒，关键路线为 ①→②→④→⑥→⑦，关键活动是 D、E、F、G（如图 9 - 34 所示）。

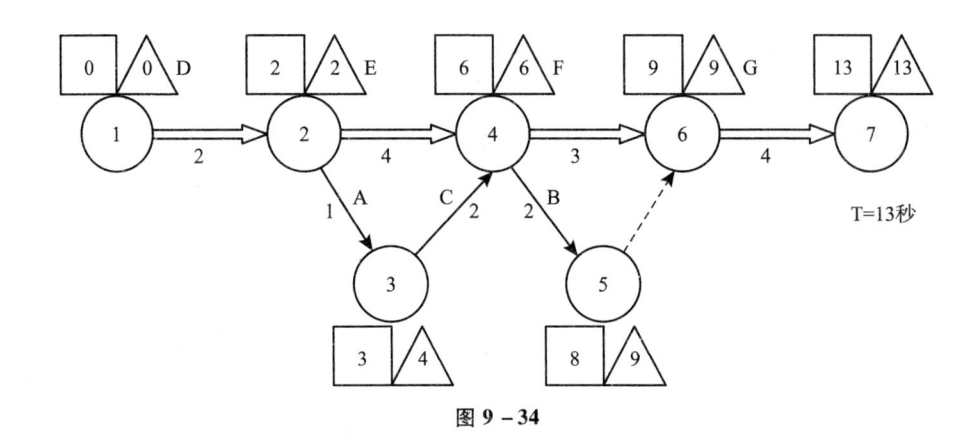

图 9 - 34

【例 9 - 8】M 汽车公司主管用户服务的副总经理向公司执委会提出一项新服务项目的建议，委员们对此建议表示赞赏，并认为，在投放开办新服务项目资金之前，应进行一次市场调研，以测算用户对该项目的欢迎程度。为此，总经理指派市场调研部王主任拟订市场调研工作方案，并要求及早完成这项调研任务。

王主任应用箭头图法有效地完成了这项任务。其做法如下：

首先，用 2 天时间对调研方案进行初步研究。初步研究一旦完成，另外两项工作即可开始，一项工作是由一名成员准备试点计划，需 6 天；另一项工作可同时进行，即另一名成员着手研究选点问题，以决定在哪些地方进行用户调查，需5天。一旦选点问题研究结束，即可具体安排收集资料的工作，需用4天。印制收集资料的各种表格需用3天，且要等试点计划定好以后才能开始。

在调查前还必须挑选和训练实地工作人员，预计要用10天。这项工作需在研究选点问题和制定试点计划都完成后才能开始。实地调查工作需6天。它必须在收集资料的各种表格印制完毕、收集资料的具体安排已经制定以及实地工作人员的挑选与培训工作都完成以后才能开始。当实地调查工作完成后，最后用4天时间分析资料并写出调查报告。

其次，分析了该项任务包括的所有活动及相互关系，并列出关系表（如表9-1所示）。

表9-1

活动名称	工序代号	紧前工序	工作时间（天）
初步研究	A	/	2
准备试点计划	B	A	6
研究选点	C	A	5
收集资料	D	C	4
印制资料	E	B	3
培训人员	F	C, B	10
实地调查	G	D, E, F	6
分析资料写报告	H	G	4

再次，画出图形并计算（如图9-35所示）。

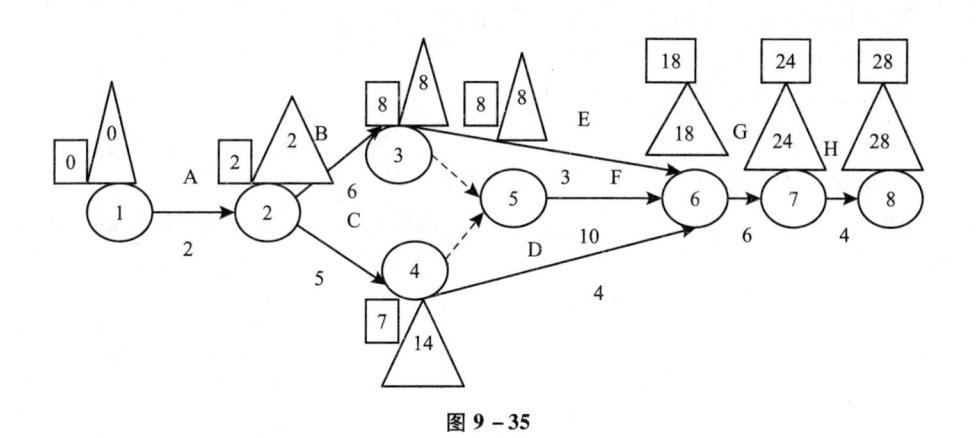

图 9-35

最后，总体安排。从上述计算可看出，完成该项调查任务共需28天。关键活动是：A，B，F，G，H。王主任应在这些活动中配备优秀人才、配备良好的硬件设施与条件、保证资金的供给，提高这些活动的效率与质量，以最短的时间、最好的质量完成调研任务。

此外，王主任还可运用下面介绍的优化手段，进一步分析可采取的措施，以更好地提高工作效率。

（4）箭头图的优化。

①箭头图的优化类别。主要有三类，即：时间优化；时间—资源优化；时间—成本优化。

②计算活动的各种时间的原因。

第一，为更清楚地了解每个活动的各种时间，为做好关键路线上的安排做准备。

第二，是判断关键路线的又一种方法（关键路线上的活动时差一定为零）。

③时间优化要点。

第一，规定目标时间。

第二，采用倒推法计算获取优化时间信息。

第三，按优化时间调整各活动时间。

（5）时间—资源优化。

①要点。

第一，在有效的时间内合理利用资源（人力或物资）。

第二，利用活动的机动时间调整活动的开始时间与结束时间，从而解决资源利用的均衡与节省的问题。

②步骤。

第一，计算结点时间。

第二，计算非关键路线上的各种活动时间。

第三，画出原始的时间—资源配置图。

第四，根据约束条件重新调整。

第五，决策。

③应用。

【例9-9】完成某工程所需的工序、时间及人数如表9-2所示，请对该项目进行时间—资源优化。

表9-2

工序代号	A	B	C	D	E	F	G	H	I
工序时间（天）	4	5	2	6	4	4	4	6	2
各工序所需人力资源的数量	3	5	6	4	3	4	5	5	5
紧前工序	/	/	/	A	BF	C	C	BF	H

第一步，计算结点时间（如图 9-36 所示）。

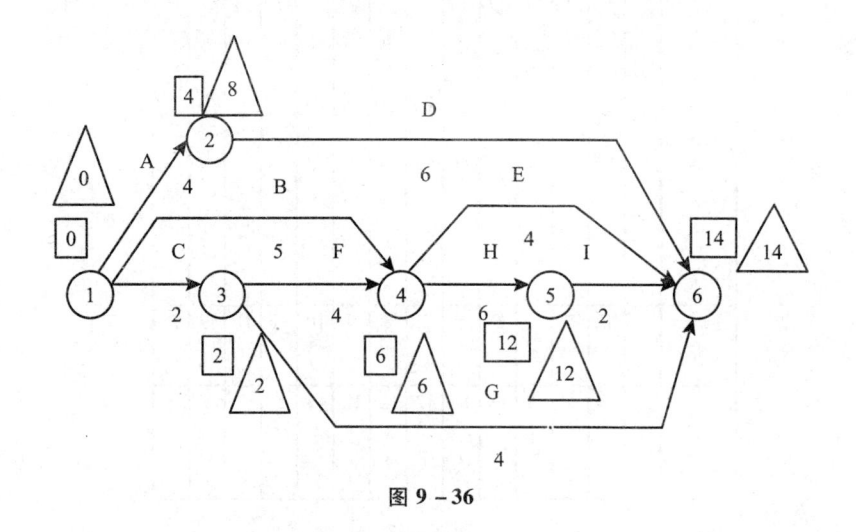

图 9-36

第二步，计算非关键路线上的各活动时间（如表 9-3 所示）。

表 9-3

工序代号	时间（天）	最早开始 □+作业	最早结束 □+作业	最迟结束 △	最迟开始 △-作业	时差 △-□-作业
A	4	0	4	8	4	4
E	4	6	10	14	10	4
B	5	0	5	6	1	1
D	6	4	10	14	8	4
G	4	2	6	12	8	6

第三步，画出原始的时间—资源配置图（如图 9-37 所示）。

第四步，根据约束条件重新调整（如图 9-38 所示）。

(6) 时间—成本优化。

①要点。

第一，时间—成本优化的目的是，使工期尽可能短的同时，总费用最小。

第二，总费用包括直接费用和间接费用。直接费用包括直接人工工资、原材料费用等。直接费用随工期的缩短而增加。间接费用包括工程管理费等，它与工期成正比，工期越长，间接费用越高。

第三，优化首先是从"工序的直接费用率"入手。工序的直接费用率是指缩短单位工序时间所增加的直接费用。其计算公式为：

$$工序的直接费用率 = \frac{最短工期成本 - 正常工期成本}{正常工期 - 最短工期}$$

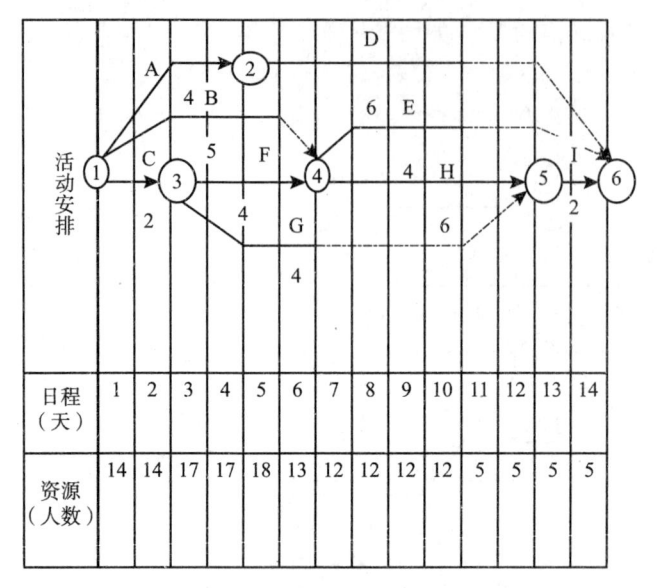

图 9-37

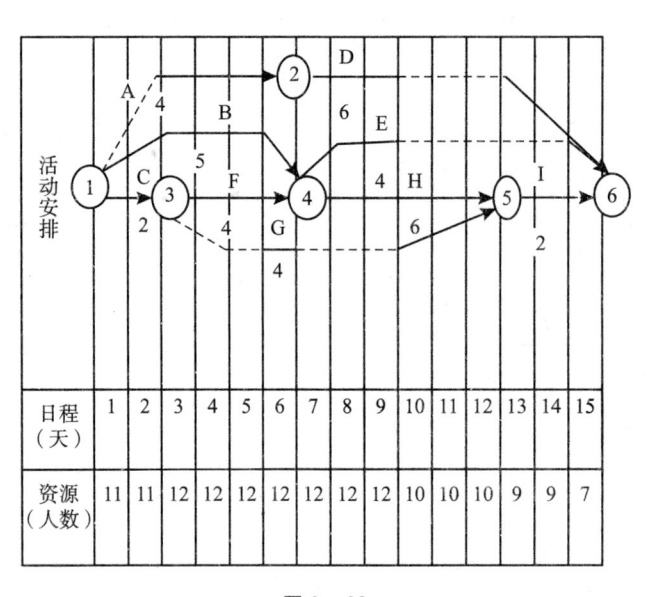

图 9-38

② 优化步骤。

第一步，绘制网络图并计算结点时间。

第二步，给出各活动时间的正常时间和极限（最短）时间及相应的费用，并计算各活动的直接费用率。

第三步，在关键路线上选择活动的直接费用率最小的活动进行优化。逐步压缩关键路线上的作业时间，并计算总费用。

注意：每做一步都要绘制一张网络图，重新确定关键路线，重新在关键路线上选择活动的直接费用率最小的活动进行优化，重新计算费用，一直寻找到工期最短、总费用最低为止。

③应用。

【例9–10】有一项建筑工程，其所需工序、各工序作业所需时间以及各工序之间的先后衔接关系如表9–4所示。

表9–4

作业名称	紧前工序	时间（月）
A	/	5
B	/	6
C	A	6
D	B	7
E	B	5
F	C、D	6
G	C、D	9
H	F	2
I	G、E	4

假设工程队作业期间的间接费用为每月1万元。请画出网络图，并进行优化。

作业编号、正常完成时间、最短完成时间、正常时间完成所用费用、用最短时间完成所用费用以及费用率如表9–5所示。

表9–5

作业编号	时间（月） 正常 t_n	时间（月） 最短 t_s	费用（万元） 正常 c_n	费用（万元） 最短 c_s	费用率 $e=\dfrac{c_s-c_n}{t_n-t_s}$
A	5	1	3	5	0.5
B	6	3	4	5.2	0.4
C	6	2	4	7	0.75
D	7	5	4	10	3
E	5	2	3	6	1
F	6	4	3	6	1.5
G	9	5	6	11	1.25
H	2	1	2	4	2
I	4	1	2	5	1

解：第一步，绘制网络图，并给结点编号（注意：图中任何一条箭线箭尾的编号都一定要小于箭头的编号），如图9–39所示。

图 9-39

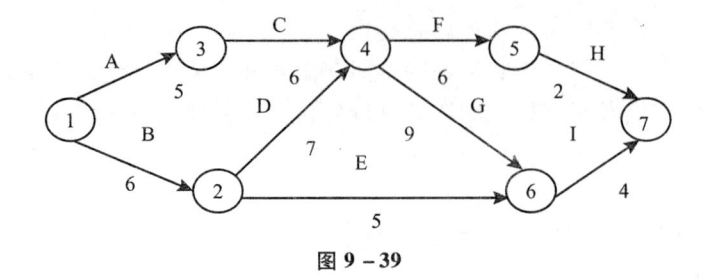

第二步，找出关键路线。从起始点①到终结点⑦的路线有五条，它们的结点编号及路线长度分别是：

①—③—④—⑥—⑦，长度是 24

①—②—④—⑥—⑦，长度是 26

①—③—④—⑤—⑦，长度是 19

①—②—④—⑤—⑦，长度是 21

①—②—⑥—⑦，长度是 15

最长的一条路线是：①—②—④—⑥—⑦，长度是 26。这就是本题的关键路线。

但是，在实际工作中，工程的工序很多，这种找关键路线的方法容易出错。

下面我们通过计算结点的最早开始时间和最迟结束时间来寻找关键路线（如图 9-40 所示）。

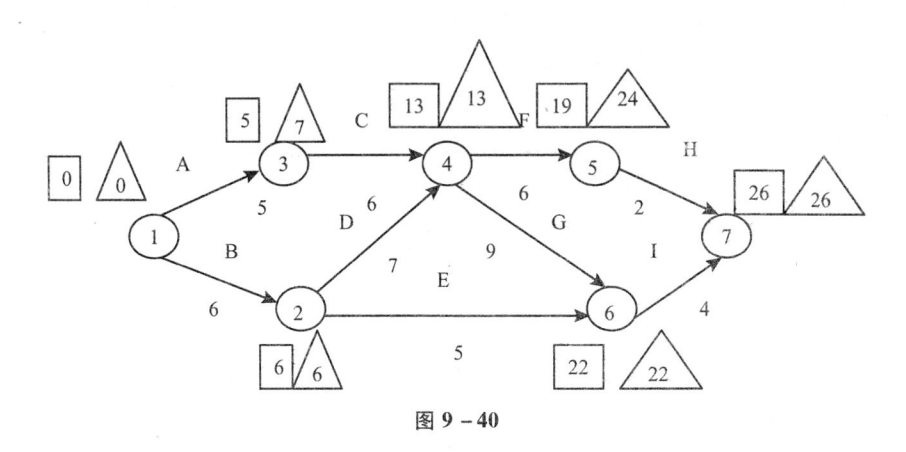

图 9-40

第三步，连接最早开始时间和最迟结束时间相同的结点，这就是关键路线（如图 9-41 所示）。

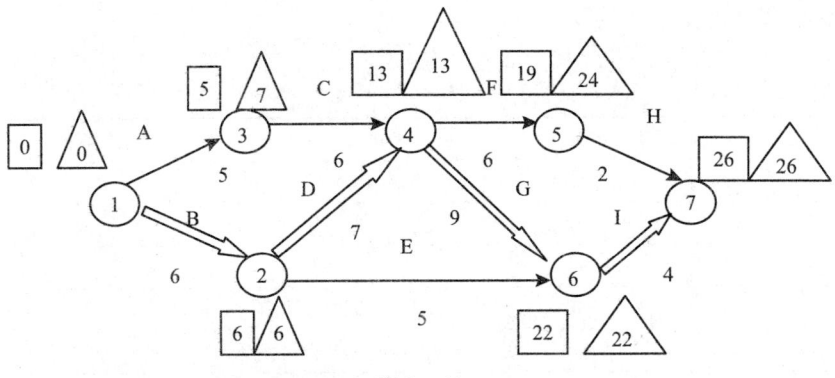

图 9-41

注意：工序 E 不是关键路线上的工序，因为 E 两端的结点②和⑥上的任何一个最早开始时间和最迟结束时间的数据都不是因为 E 的工序时间算出来的。

寻找关键路线的目的是为了寻找时间、资源等优化的下手点。

第四步，开始进行时间、资源的优化。本例题当前关键路线上的工序有 BD-GI 四个，无论从哪一个下手优化 1 个月，整个工期都能缩短 1 个月。从已知资料可以看出，从工序 B 着手最便宜。

注意：在优化的过程中，在不改变关键路线的前提下，在约束条件范围内优化几个月都行，因为 B 都是最便宜的。

工序 B 缩短两个月，直接费用增加 $0.4 \times 2 = 0.8$（万元），直接费用总额为 $31 + 0.8 = 31.8$（万元），总工期为 $26 - 2 = 24$（个月）。如图 9-42 所示。

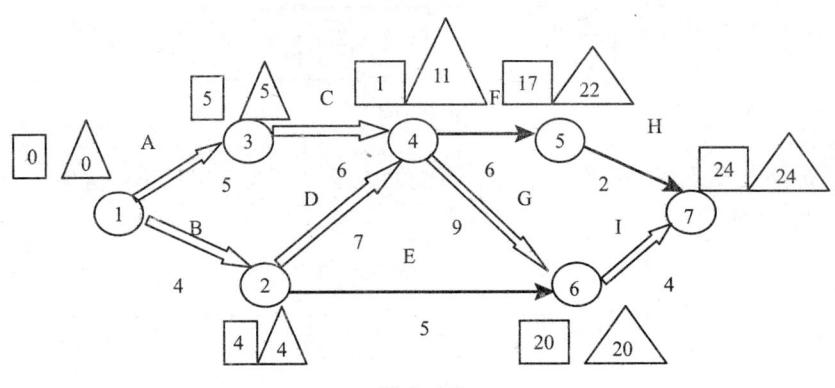

图 9-42

再在关键路线上寻找关键作业费用率最小的作业。

在当前情况下，有两条关键路线，只有在不改变关键路线的前提下，当前每条关键路线都缩短相同的时间，才能使总工期也缩短这个时间。目前可选择的方案及相关费用如表 9-6 所示。

表 9-6

序号	方案	费用（万元）	最便宜的方案
1	A—B	0.9	√
2	A—D	3.5	
3	C—B	1.15	
4	C—D	3.75	
5	G	1.25	
6	I	1.0	

从 A—B 着手再压缩 1 个月，工序 B 就已压到极限（用粗黑实箭线表示，下同）。这时直接费用再增加 0.4 + 0.5 = 0.9（万元），直接费用总额 = 31.8 + 0.9 = 32.7（万元）；总工期 = 24 - 1 = 23（个月）。具体如图 9-43 所示。

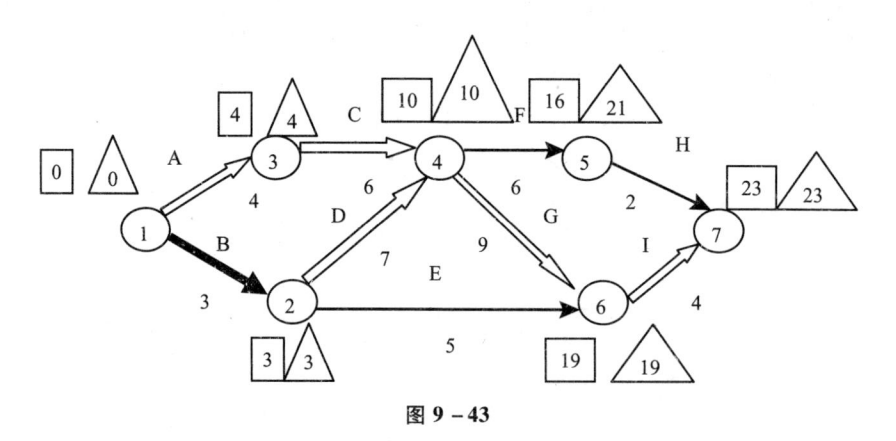

图 9-43

关键路线没改变。我们可以再从可能的方案中寻找费用最小的方案。可选方案如表 9-7 所示。

表 9-7

序号	方案	费用（万元）	最便宜的方案
1	I	1.0	√
2	A—D	3.5	
3	G	1.25	
4	C—D	3.75	

从 I 着手再压缩 3 个月，工序 I 就已压到极限。这时直接费用再增加 3 × 1 =

3（万元），直接费用总额 = 32.7 + 3 = 35.7（万元）；总工期 = 23 - 3 = 20（个月）。如图 9 - 44 所示。

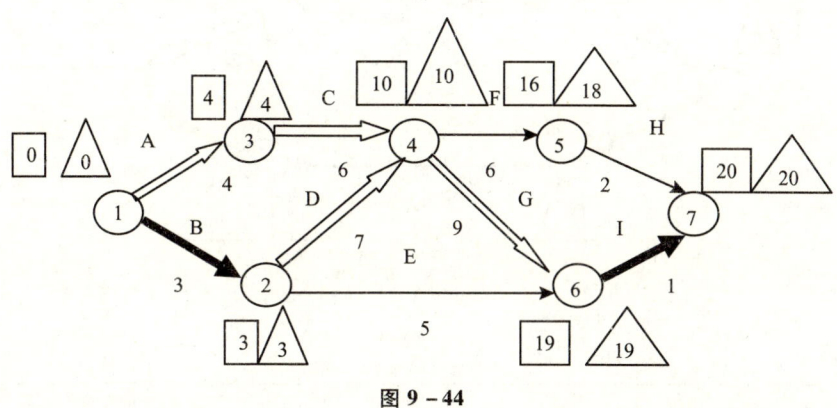

图 9 - 44

关键路线没改变。我们可以再从可能的方案中寻找费用最小的方案。可选方案如表 9 - 8 所示。

表 9 - 8

序号	方案	费用（万元）	最便宜的方案
1	G	1.25	√
2	A—D	3.5	
3	C—D	3.75	

从 G 着手再压缩 2 个月，关键路线就改变了。这时直接费用再增加 1.25 × 2 = 2.5（万元），直接费用总额 = 35.7 + 2.5 = 38.2（万元）；总工期 = 20 - 2 = 18（个月）。如图 9 - 45 所示。

关键路线改变了，再进一步压缩可选的方案也就改变了。目前可选择的方案及相关费用如表 9 - 9 所示。

从 F—G 着手再压缩 2 个月，关键路线没变，但此时 F 工序和 G 工序就已到极限了。这时直接费用再增加 2.75 × 2 = 5.5（万元），直接费用总额 = 38.2 + 5.5 = 43.7（万元）；总工期 = 18 - 2 = 16（个月）。如图 9 - 46 所示。

关键路线没改变。我们可以再从可能的方案中寻找费用最小的方案。可选方案如表 9 - 10 所示。

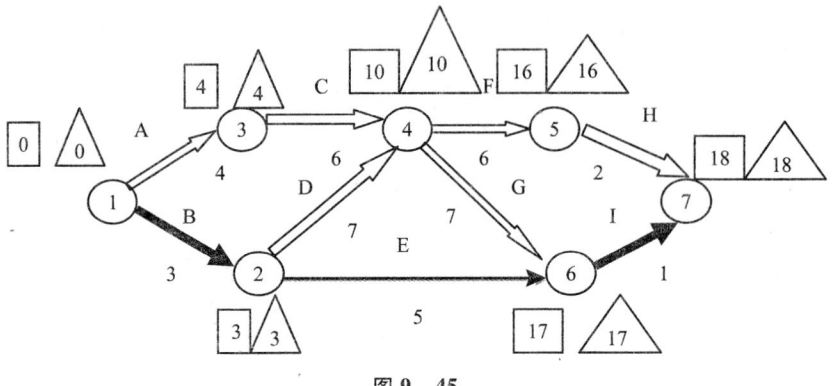

图 9-45

表 9-9

序号	方案	费用（万元）	最便宜的方案
1	C—D	3.75	
2	A—D	3.5	
3	F—G	2.75	√
4	H—G	3.25	

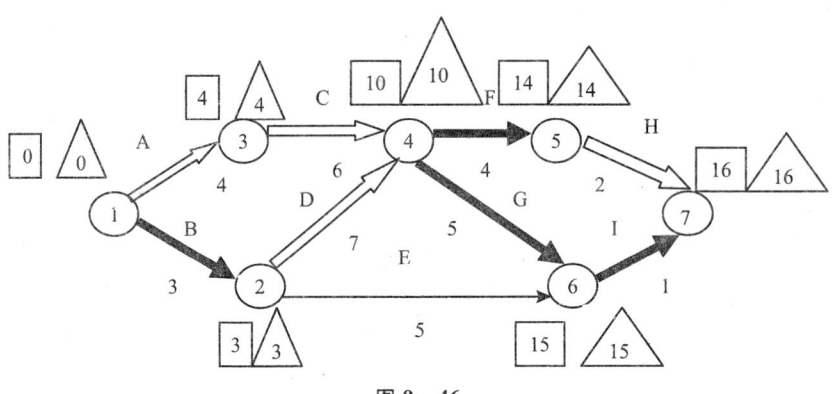

图 9-46

表 9-10

序号	方案	费用（万元）	最便宜的方案
1	C—D	3.75	
2	A—D	3.5	√

从 A—D 着手再压缩 2 个月，D 工序就到极限了，这时整个工程再也不能压缩了。这时直接费用再增加 $3.5 \times 2 = 7$（万元），直接费用总额 = 43.7 + 7 = 50.7（万元）；总工期 = 16 - 2 = 14（个月）。如图 9-47 所示。

图 9-47

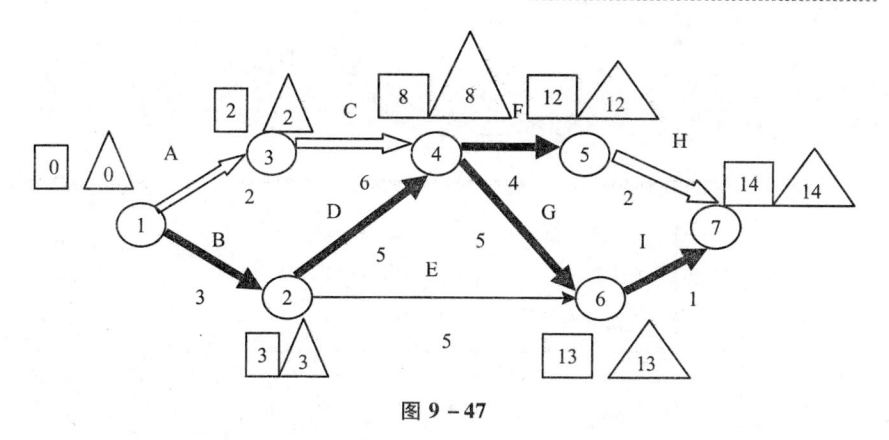

整个工程最少 14 个月可以完工。

第五步：总结，方案选择。

首先，汇总不同工期完工的费用，形成汇总表，如表 9-11 所示。

表 9-11

工期（月）	直接费用（万元）	间接费用（万元）	总费用（万元）
14	50.7	14	64.7
16	43.7	16	59.7
18	38.2	18	56.2
20	35.7	20	55.7
23	32.7	23	55.7
24	31.8	24	55.8
26	31.0	26	57.0

其次，绘制不同工期完工的费用——工期图。如图 9-48 所示。

最后，总结并决策。从上面的计算可看出，选择 20 个月、21 个月、22 个月、23 个月完工的总成本都是 55.7 万元，成本最低。所以可选 20 个月完工，这样比预计省了半年时间，成本低了 1.3 万元。

具体工作中，选择多长时间完工还取决于其他具体条件，如工期要求等。

（7）利用箭头图工具安排计划的主要优点。过去企业中搞计划一般运用"横道图—甘特图"方法。这种方法的具体操作举例如下。

【例 9-11】高校迎接新生总体工作的甘特图如表 9-12 所示。

图 9-48

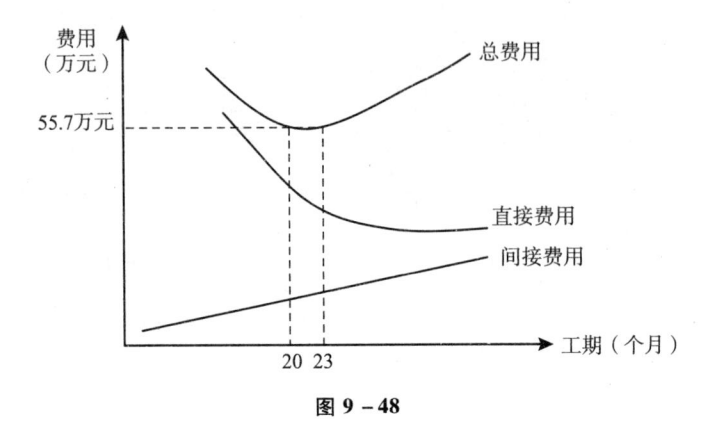

表 9-12

活动	负责人	7月份	8.1~8.10	8.11~8.20	8.21~8.31
网上招生系统下载数据	研究生招办				
查看教务基础数据是否完整	研究生招办				
导入迎新系统	研究生招办				
处理新生数据的专业代码	研究生招办				
通知书打印	研究生招办				
对应转入开卡单位	研究生招办				

上述方法简单、直观，但不能反映A、B、C各活动之间的关系及主要活动。因此，网络计划图的主要优点是：第一，能对所要完成的任务有一个系统的概念，对任务中各项活动之间的关系一目了然。第二，能抓住整个任务中的主要活动，以便采取措施加以控制。第三，能最有效地利用人力、物力、财力，求得工期、资源和费用的优化方案。

六、将顾客需求转化成企业努力的具体方向的方法——矩阵图法

1. 简介。矩阵图法就是从多维问题的事件中找出成对的因素，排列成矩阵图，然后根据矩阵图来分析问题、确定关键点的方法。它是一种通过多因素综合思考、探索问题的好方法。矩阵图主要运用于寻找改进老产品的着眼点和研制新产品、开发市场的战略，以及寻找产品质量问题产生的原因、确立质量保证体系的关键环节等质量管理工作。

在复杂的质量问题中，往往存在许多成对的质量因素，将这些成对因素找出来，分别排列成行和列，交点就是其相互关联的程度，在此基础上再找出存在的

问题及问题的形态，从而找到解决问题的思路。

矩阵图法运用二维、三维、多维矩阵表格，通过多元因素分析找出问题和造成问题的原因。常见的矩阵图的形式之一如图 9－49 所示，R 为某一个因素群，R_1，R_2，R_3，R_4，…为属于 R 这个因素群的具体因素，将它们排列成行；L 为另一个因素群，L_1，L_2，L_3，L_4，…为属于 L 这个因素群的具体因素，将它们排列成列；行和列的交点表示 R 和 L 各因素之间的关系，按照交点上行和列因素是否相关联及其关联程度的大小可以探索问题的所在和问题的形态，也可以从中得到解决问题的启示等。

		R						
		R_1	R_2	R_3	…	R_i	…	R_n
	L_1							
	L_2							
	L_3							
	…					○		
	L_i						←着眼点	
	…							
	L_n							

图 9－49

质量管理中所使用的矩阵图，其成对因素往往是要着重分析的质量问题的两个侧面，如生产过程中出现不合格品时，需要着重分析不合格的现象和不合格的原因之间的关系，为此，需要把所有缺陷形式和造成这些缺陷的原因都罗列出来，逐一分析具体现象与具体原因之间的关系，这些具体现象和具体原因分别构成矩阵图中的行元素和列元素。

矩阵图的最大优点在于：寻找对应元素的交点很方便，而且不会遗漏；显示对应元素的关系也很清楚。矩阵图法还具有以下特点：

（1）可用于分析成对的影响因素；

（2）因素之间的关系清晰明了，便于确定重点；

（3）便于与系统图结合使用。

2. 矩阵图法的用途。矩阵图法的用途十分广泛，在质量管理中，常用矩阵图法解决以下问题：

（1）把系列产品的硬件功能和软件功能相对应，从中找出研制新产品或改进老产品的切入点；

（2）明确应保证的产品质量特性及其与管理机构或保证部门的关系，使质量保证体制更可靠；

（3）明确产品的质量特性与试验测定项目、试验测定仪器之间的关系，力求强化质量评价体制或使之提高效率；

(4) 当生产工序中存在多种不良现象且它们具有若干个共同的原因时，希望搞清这些不良现象及其产生原因的相互关系，进而把这些不良现象一举消除；

(5) 进行多变量分析、研究从何处入手以及以什么方式收集数据。

3. 矩阵图的类型。矩阵图法在应用上的一个重要特征就是，把应该分析的对象表示在适当的矩阵图上。因此，可以把若干种矩阵图进行分类，表示出它们的形状，按对象选择并灵活运用适当的矩阵图形。常见的矩阵图有以下五种。

(1) L 型矩阵图，是把一对现象用以矩阵的行和列排列的二元表的形式来表达的一种矩阵图。它适用于若干目的与手段的对应关系，或若干结果和原因之间的关系。如图 9-49 所示。

二维矩阵图中，从造成问题的因素中找出对应的因素形成 R（R_1，R_2，R_3，…）和 L（L_1，L_2，L_3，…）一列一行因素，在列 R_i 和行 L_j 的交点上表示各因素的关联程度，从而找出解决问题的着眼点。

(2) T 型矩阵图，是 A、B 两因素的 L 型矩阵图和 A、C 两因素的 L 型矩阵图的组合矩阵图。这种矩阵图可以用于分析质量问题中"不良现象—原因—工序"之间的关系，也可以用于分析探索材料新用途的"材料成分—特性—用途"之间的关系等。T 型矩阵图如图 9-50 所示。

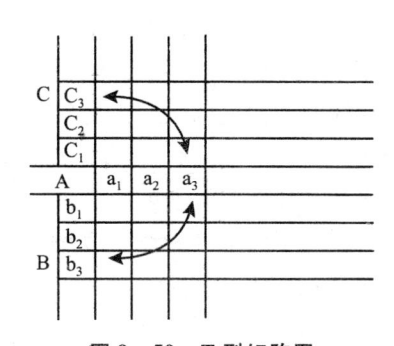

图 9-50　T 型矩阵图

(3) Y 型矩阵图，是把 A 因素与 B 因素、B 因素与 C 因素、C 因素与 A 因素三个 L 型矩阵图组合在一起而形成的矩阵图。Y 型矩阵图如图 9-51 所示。

(4) X 型矩阵图，是把 A 因素与 B 因素、B 因素与 C 因素、C 因素与 D 因素、D 因素与 A 因素四个 L 型矩阵图组合而形成的矩阵图。这种矩阵图表示 A 和 B、B 和 D、B 和 A、C 和 B、D 和 A、C 这四对因素间的相互关系，如"管理机能—管理项目—输入信息—输出信息"就属于这种类型。X 型矩阵图如图 9-52 所示。

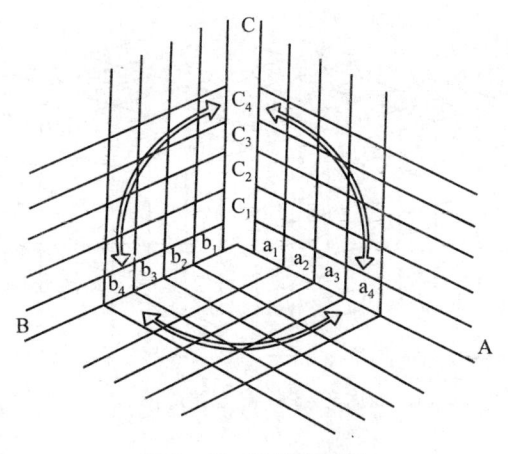

图 9-51　Y 型矩阵图

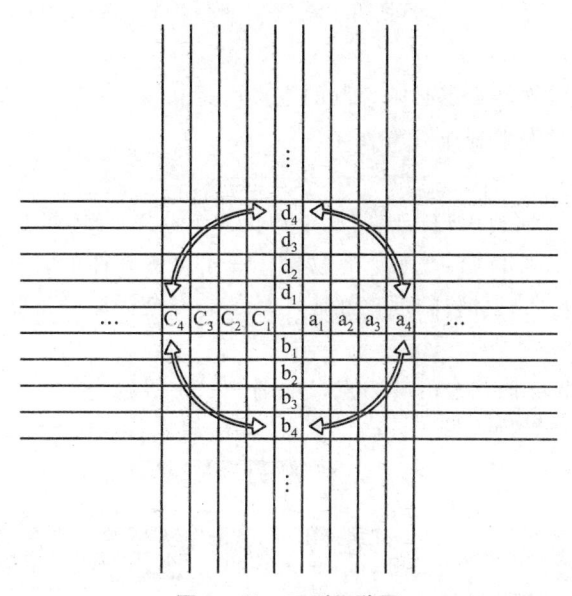

图 9-52　X 型矩阵图

（5）C 型矩阵图，是以 A、B、C 三因素为边做出的六面体，其特征是以 A、B、C 三因素所确定的三维空间上的点为"着眼点"。C 型矩阵图如图 9-53 所示。

4. 制作矩阵图的步骤。制作矩阵图一般要遵循以下六个步骤：

（1）列出质量因素；

（2）把成对因素排列成行和列，表示其对应关系；

（3）选择合适的矩阵图类型；

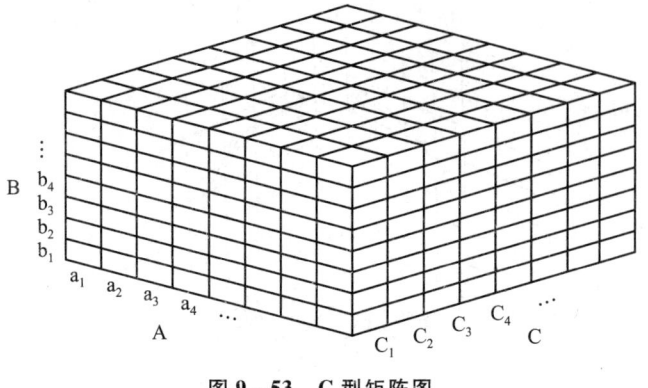

图 9-53　C 型矩阵图

（4）在成对因素交点处表示其关系程度，一般凭经验进行定性判断，可分为三种，即关系密切、关系较密切、关系一般（或可能有关系），并用不同符号表示；

（5）根据关系程度确定必须控制的重点因素；

（6）针对重点因素制作对策表。

5. 应用。

【例 9-12】如何将用户需求的质量转化为企业生产的着力点？

顾客要求产品具有式样美观、容易操作、不损害人体的特性，那么，企业从材料选择、尺寸大小、材料的理化性能、材料的安全标准等角度出发，如何满足顾客需求呢？

交点就是企业应该注意的着力点，如图 9-54 所示。

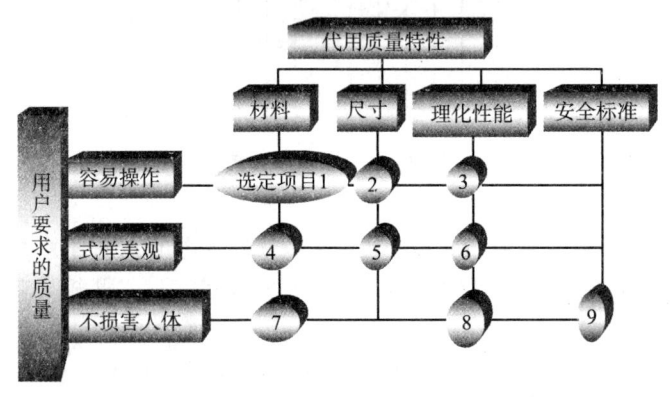

图 9-54

七、矩阵数据分析法

1. 概念。矩阵数据分析法（Matrix Data Analysis Chart）是新的质量管理七种工具之一。矩阵图中各元素间的关系如果能用数据定量化表示，就能更准确地整理和分析结果。这种可以用数据表示的矩阵图叫矩阵数据图，对矩阵数据图中的数据进行整理分析的方法叫做矩阵数据分析法，其结果是以图形表示。

矩阵数据分析法，与矩阵图法类似。它区别于矩阵图法的是：不是在矩阵图上填符号，而是填数据，形成一个分析数据的矩阵。

2. 矩阵数据分析法的应用场合。当我们进行顾客调查、产品设计或者其他各种方案选择需要进行决策的时候，往往需要确定对几种因素加以考虑，然后，针对这些因素权衡其重要性，加以排队，得出加权系数。例如，我们在进行产品设计之前，向顾客调查对产品的要求。利用这个方法就能确定哪些因素是关键的质量特性。

3. 和其他工具结合使用。

（1）可以利用亲和图把这些要求归纳成几个主要的方面，然后，利用所介绍的方法进行成对对比，再汇总统计，定量给每个方面进行重要性排队。

（2）过程决策图执行时，确定哪个决策合适时可以采用。

（3）与质量功能配置的联系和区别。矩阵数据分析法是各个因素之间的相互对比，确定重要程度；而质量功能配置可以利用这个方法的结果确定具体产品或者某个特性的重要程度。

当然，还有其他各种方法可以采用，但是，这种方法的好处之一是可以利用电子表格软件来进行。

4. 矩阵数据分析法的应用。矩阵数据分析法的原理是：在矩阵图的基础上，把各个因素分别放在行和列，然后在行和列的交叉点中用数量来描述这些因素之间的对比，再进行数量计算、定量分析，确定哪些因素相对比较重要。

下面通过例子来介绍如何进行矩阵数据分析。

【例9-13】分析某电子产品的几个性能（易使用、易控制、网络性能、软件兼容、便于维护等）哪个更重要。

我们需要按照下列步骤进行（如表9-13所示）。

步骤一，确定需要分析的各个方面。我们通过亲和图得到以下几个方面，需要确定它们相对的重要程度：易控制、易使用、网络性能，与其他软件可以兼容、便于维护。

步骤二，组成数据矩阵。用Excel或者手工做。把这些因素分别输入表格的行和列，如表9-13所示。

步骤三，确定对比分数。自己与自己对比的地方都打0分。以"行"为基础，逐个与"列"对比，确定分数。"行"比"列"重要，给正分。分数范围从

9分到1分。打1分表示两个重要性相当。比如，第2行"易控制"分别和C列"易使用"比较，重要一些，打4分；与D列"网络性能"比较，相当，打1分。如果"行"没有"列"重要，给反过来重要分数的倒数。比如，第3行的"易使用"和B列的"易控制"前面已经对比过了。前面是4分，现在取倒数，1/4 = 0.25；与D列"网络性能"比，没有"网络性能"重要，反过来，"网络性能"比"易使用"重要，打5分。现在取倒数，就是0.20。实际上，做的时候可以围绕以0组成的对角线对称填写对比的结果就可以了。

表 9 – 13

	A	B	C	D	E	F	G	H
1		易控制	易使用	网络性能	软件兼容	便于维护	总分	权重（%）
2	易控制	0	4	1	3	1	9	26.2
3	易使用	0.25	0	0.20	0.33	0.25	1.03	3.0
4	网络性能	1	5	0	3	3	12	34.9
5	软件兼容	0.33	3	0.33	0	0.33	4	11.6
6	便于维护	1	4	0.33	3	0	8.33	24.2
	总分之和				34.36			

步骤四，加总分。按照"行"把分数加起来。在G列内得到各行的"总分"。

步骤五，算权重分。把各行的"总分"加起来，得到"总分之和"。再把每行"总分"除以"总分之和"得到H列每个"行"的权重分数。权重分数越大，说明这个方面越重要。本例中，"网络性能"权重最高，是34.9分；其次是"易控制"，是26.2分。

思 考 题

1. 质量管理的新七种工具有哪些？各有什么特点？
2. 比较新七种工具与老七种工具。
3. 某服务企业针对"服务态度差"进行质量改进可用的工具有哪些（可以涵盖老七种工具）？
4. 简述绘制网络图应遵循的基本原则。
5. 谈谈应用网络计划技术的优点。
6. 在下列网络图中进行结点编号、计算结点的时间参数并找出关键路线。

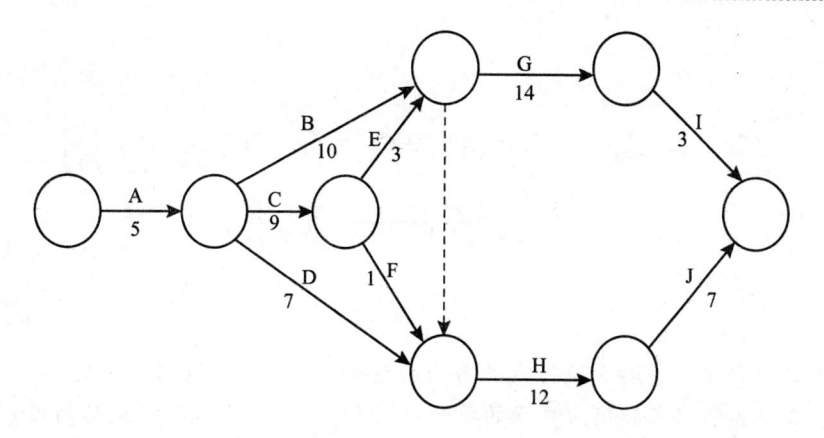

7. 某项目共八项作业，作业之间的逻辑关系及作业时间如下表所示。

作业	A	B	C	D	E	F	G	H
紧前作业	—	A	A	B	B	D、C	C、D	F、E
作业时间	3	6	8	4	4	6	9	5

要求：(1) 画出网络图；(2) 指出关键路线；(3) 计算总工期。

第十章 质量管理的工具应用系统——其他工具

QFD 的定义:一种系统地展开各产品质量与其对应的流程元素之间的关系之方法;将顾客的需求转换为替代的特性(质量特性),来确保完成品的设计质量。

——[日]赤尾洋二

【导入案例】

运用 QFD 打造特色餐厅

随着人们消费水平的提高,在外就餐的顾客变得越来越挑剔。顾客对餐饮业的卫生、美味、精致、健康等方面提出了更高的要求。新疆餐厅曾经以独特的内涵与文化底蕴得到初步的发展,如何在高度竞争的行业中持续获得顾客的青睐,满足顾客更高层次的需求,具有重要的研究价值。新疆餐厅将 QFD(质量功能配置)理论应用于打造特色餐厅中,开发出满足客户需求的产品,打造出具有明显地域特色的新疆餐厅。

餐厅在 QFD 方法的基础上,参考了饭店服务质量机能展开(Hotel Service Quality Function Deployment,HSQFD)模型,将就餐顾客的需求转化为可量化的要素,并在餐厅产品和服务设计方案中体现出来。根据研究结果,以专业性和特色性作为方案的主线,在产品和服务中体现顾客的声音。

从应用结果看,餐厅的服务水平和顾客满意度大大提高,服务缺陷和投诉率累计减少 40% 左右。从客户反馈的信息看,顾客需求得到最大限度的实现,餐厅最终的服务质量也得到了保证。

本案例说明,在应用过程中通过结合服务业的特点对传统的 QFD 进行适当的改进,在工业生产中获得了成功的 QFD 方法,在服务业中同样可以取得很好的应用效果。

第一节 质量功能配置

在激烈的全球竞争中,企业必须以具有较低的成本和较短的交货时间来设计并制造顾客所喜好的产品。质量功能配置（Quality Function Deployment，QFD）是实现这一目标被普遍采用的方法之一。它已成为世界上许多著名公司实现顾客满意、取得竞争优势的一个强有力的工具。

QFD 是顾客驱动的产品设计方法，是系统工程思想在产品设计过程中的具体应用。它是把顾客对产品的需求进行多层次的演绎分析，转化为产品的设计要求、零部件特性、工艺要求、生产要求的质量工程工具，用来指导产品的设计和质量保证。其目标是在产品设计阶段实现顾客满意。企业的实践表明，QFD 的应用在一定程度上缩短了产品的研发周期、提高了产品的质量、增强了产品的市场穿透力、提高了顾客满意度，最终企业获得了较好的经济效益。

通常 QFD 过程包括四个阶段：产品规划、零部件规划、工艺规划和制造规划。QFD 的第一阶段通常称之为质量屋（House of Quality，HOQ），它在 QFD 中具有基本和战略的重要性。它的主要特征是：作为"顾客的声音"（Voice of Customer，VOC）与"工程技术人员的声音"（Voice of Technician，VOT）之间联系的"桥梁"，使得 QFD 系统中其他阶段能够通过它展开其过程和制造等规划。此外，由于 QFD 中其他三个阶段的结构和分析方法在本质上与质量屋是相同的，故这三个阶段的构建可以参照第一阶段的方法进行。本章将主要介绍质量屋的构建。

一、QFD 概述

1. QFD 的定义。在日本，QFD 包括综合质量功能配置和狭义质量功能配置两部分，统称为广义质量功能配置。现分别介绍如下。

赤尾洋二将综合质量功能配置定义为："将顾客需求转变为质量特性以确定产品的设计质量；通过以系统的方式展开顾客需求与质量特性之间的关系，并将其每一功能部分的质量进一步展开为每个零件和过程的质量要求，进而通过上述关系网络实现产品总体质量的要求。"

水野滋把狭义质量功能配置定义为："利用一系列的目的和手段，把形成产品质量的功能和业务按各个阶段和步骤进行具体展开。"

美国供应商协会（American Supplier Institute，ASI）对质量功能配置给出了下述定义："把顾客需求转变为企业各个阶段（研究、产品设计与开发、制造、装配和销售与售后服务）的恰当要求的一种方法。"

这些定义均阐述了下述事实：QFD 能够保证在产品开发和设计过程中最大限度地满足顾客需求。由此也可以看出，QFD 的实质就是从顾客需求出发，把顾客语言转变为工程设计人员的语言的过程。

简单地说，QFD 把客户的要求转换成相应的技术要求，帮助企业的研究小组系统化地达成共识：做什么？什么样的方法最好？怎样用最好的指令去完成工作？对员工与资源有什么要求？

2. QFD 的产生与发展。QFD 最早是由日本学者 Akao Yoji 于 1966 年首次提出来的。三菱重工的神户造船厂首先成功地运用于船舶设计与制造。当时,为了应付大量的资金支出和严格的政府法规,神户造船厂的工程师们运用这种技术取得了很大的成功。他们用矩阵的形式将顾客需求和政府法规同如何实现这些要求的控制因素联系起来。该矩阵也显示每个控制因素的相对重要度,以保证把有限的资源优先配置到重要的项目中去。

20 世纪 70 年代中期,QFD 相继被其他日本公司所采用。丰田公司于 70 年代后期使用 QFD 取得了巨大的经济效益,新产品开发启动成本累计下降了 61%,而开发周期下降了 1/3。今天,在日本,QFD 已成功地用于电子仪器、家用电器、服装、集成电路、合成橡胶、建筑设备和农业机械中。QFD 方法的运用,为日本企业改善产品质量以及提高产品的附加值起到了很大的作用,使日本产品质量超过了欧美产品。

20 世纪 80 年代,QFD 引起了欧美学术界和工业界的重视。福特公司于 1985 年在美国率先采用 QFD 方法。80 年代早期,福特公司面临着竞争全球化、劳工和投资成本日益增加、产品生命周期缩短、顾客期望提高等严重问题,采用 QFD 方法使福特公司的产品市场占有率得到改善。今天,在美国,许多公司都采用 QFD 方法,包括福特公司、通用汽车公司、克莱斯勒公司、惠普公司等,在汽车、家用电器、船舶、变速箱、涡轮机、印刷电路板、自动购货系统、软件开发等方面都有成功应用 QFD 的报道。QFD 方法的应用,现在已扩展到汽车、家电、服装、集成电路、机械、医疗、教育等行业。

20 世纪 90 年代初我国开始对 QFD 运用的尝试。

从 QFD 的产生到现在四十多年来,其应用已涉及汽车、家用电器、服装、集成电路、合成橡胶、建筑设备、农业机械、船舶、自动购货系统、软件开发、教育、医疗等许多领域,取得了显著的成就。

二、质量屋的构建

1. 内涵。质量屋(the House of Quality)是一种确定顾客需求和相应产品或服务性能之间联系的图示方法,是质量功能配置(QFD)的核心。它通过直观的矩阵框架表达来解决问题。企业在运用时,常常通过建立质量屋的基本框架,输入信息,通过分析评价得到输出信息,从而实现一种需求转换。

质量屋是产品开发中连接用户需求与产品属性的常用工具。例如,在一个移动电视产品开发中,通过市场调查与研究,了解到用户对产品的若干需求,如重量轻、使用方便、可靠性强、容易拿稳等。通过市场人员与设计人员共同工作,确定实现不同需求可行的方式。这个过程同时排除了一些目前技术无法实现的需求。一个完整的质量屋,还包括竞争对手表现、技术指标之间的关系、技术指标重要性得分等信息。

2. 图示。通常的质量屋如图10-1所示,其由以下几个广义矩阵部分组成:(1) WHATS 矩阵,表示需求什么;(2) HOWS 矩阵,表示针对需求怎样去做;(3) 相关关系矩阵,表示 WHATS 项的相关关系;(4) HOWS 的相互关系矩阵,表示 HOWS 矩阵内各项目的关联关系;(5) 评价矩阵,表示 HOWS 项技术成本评价情况;(6) 竞争性或可竞争力或可行性分析比较。质量屋建立完成后,通过定性和定量分析得到输出项——HOWS 项,即完成了"需求什么"到"怎样去做"的转换。

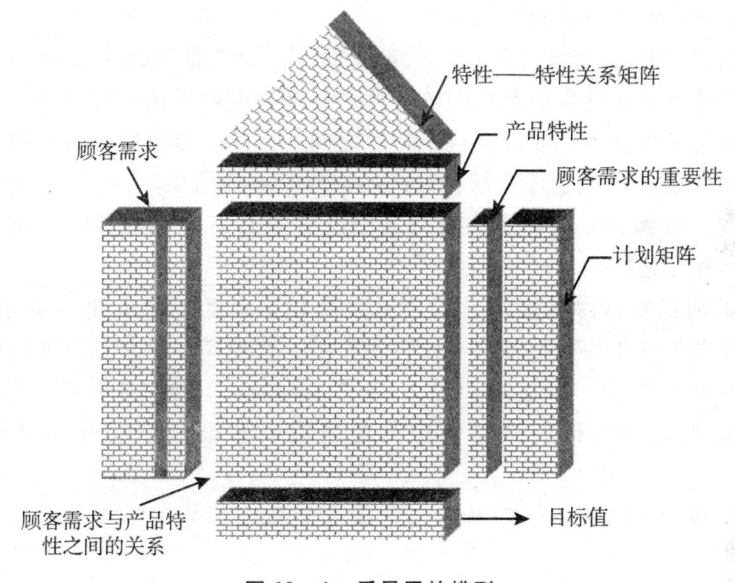

图 10-1 质量屋的模型

3. 质量屋的组成。质量屋是整个 QFD 过程的核心,它是一个大型的矩阵,由七个不同的部分组成(见图10-1)。这七个组成部分分别是:

(1) 顾客需求（Customer Requirements）,即 VOC,可以用树形图表示。不同产品的顾客需求不同。例如,对于小汽车来说,顾客需求可能是启动时间短、刹车灵活、油耗低等;对于银行来说,顾客需求可能是办理银行业务快捷、差错率低甚至没有、服务态度好、个人信息安全等。质量功能配置（QFD）就是针对顾客的需求来设计如何让顾客满意的,而不是用来收集 VOC 的。收集 VOC 则是另一个相对独立的过程。

(2) 产品特性（Product Features）。它们也可以用树形图表示。产品特性是组织用以满足顾客需求的手段。产品特性也因产品不同而有差异。例如,对于服装,产品特性可能是美观、舒适等;对于割草机,产品特性可能是转动轴所需的推力。产品特性必须用标准的行业术语表述。QFD 中利用顾客需求来阐述产品特性。

（3）顾客需求的重要性（Importance of Customer Requirements）。如果我们不仅知道顾客需求什么，还知道这些需求对顾客的重要性，那么我们的工作就会有的放矢。

（4）计划矩阵（Planning Matrix）。该矩阵包含一个对主要竞争对手产品的竞争性分析。矩阵中包括三列，分别代表对于现有产品所需的改进（改进率）、改进后可能增加的销售量（销售点）以及每个顾客需求的得分。

（5）顾客需求与产品特性之间的关系。这是矩阵的中间部分，表示产品特性对各个顾客需求的贡献和影响程度。

（6）特性与特性之间的关系。一般来说，一个特性的改变往往影响其他特性。大多数情况下这种影响是负向的，即一个特性的改进往往导致另一个特性变差。该特性关系图使我们能辨别这些特性之间的影响，以求得较满意的方案。

（7）目标值。这是上述各部分对产品特性影响的结果。

4. 质量屋的特性。质量屋在质量功能配置中具有基本和战略的重要性，这是由于其具有下述特征：

（1）识别和确认顾客需求，以及对生产相似产品的企业进行竞争性分析，进而将顾客需求转化为对工程特性的恰当要求，从而满足企业竞争的需要。

（2）质量屋作为"顾客的声音"与"工程技术人员的声音"之间联系的"桥梁"，使得质量功能配置系统中其他阶段能够通过它展开其过程和制造等规划。

（3）质量功能配置系统中其他三个阶段的结构和分析方法在本质上与质量屋是相同的。

（4）在质量屋构建过程中必须收集和处理模糊、不完整、不分明的大量主观信息，这是一项极具挑战性的工作。

5. 构建质量屋的步骤。对于质量屋的构建步骤以及构建过程中应注意的事项，不同的专家有自己不同的观点，本教材中主要采纳李延来等人在《质量屋构建的研究进展》中的观点（李延来、唐加福、姚建明、徐捷，2007）。

（1）顾客需求的确定。质量屋构建的第一步是识别、分析和确定顾客需求的项目。

构建质量屋的企业必须准确了解产品所面向的顾客，即目标顾客。通常有三种类型的顾客：内部顾客（例如股东、管理者和雇员等）、中间顾客（例如批发商和零售商）和最终顾客（例如服务接受者、个体购买者和机构购买者等）。质量屋中的顾客需求分析必须专注于最终顾客，可以通过已存信息以及市场研究来识别和确定质量屋中的顾客需求。

企业确定顾客对其产品的需要是极其重要的，否则，它不知道如何满足顾客，而且也不了解如何使其在激烈的市场竞争中取胜。顾客需求的调查方法包括集中性小组、单个访谈、倾听和观察以及利用已知信息等方法。通过集中性小组和单个访谈这两种方法调查顾客需求被证明是合适的、经济的。顾客调查所确定需求项目的数量通常是较大的，有时甚至是庞大的。但是，在各种条件的制约下，企业不可能也没有必要同时满足所有上述项目。因此，企业必须通过恰当方法发现这些顾客需求中真正的关键项目及其相关知识，进而确定质量屋中的顾客需求。在顾客需求调查过程中，顾客通常用模糊语言来表达其需求，如"计算速度快"、"颜色鲜艳"等。

亲和图、属性层次分析、关联规则、顾客需求分类、完备信息系统、不完备信息系统等方法都可以对顾客需求进行分析和处理，这些方法都是基于这样的假设：顾客需求的表述是精确、完全和分明的层次或树状结构。

（2）顾客需求基本重要度的确定。质量屋构建的第二步是确定顾客需求的基本重要度。

不同顾客的需求往往有不同的重要性，企业常常较关注重要的顾客需求。顾客需求基本重要度的确定通常是顾客对其需求进行评价以得到顾客需求的相对重要度，而后利用各种数学方法对相对重要度进行处理以确定顾客需求的基本重要度。

人们通常用诸如不重要或非常重要等语言变量来对一项顾客需求的属性重要度进行评价，而后将其评价转化为精确数值以获得顾客需求的基本重要度，其普遍采用的数字标度有 1-3-5-7-9 等。

（3）顾客需求的竞争性分析。质量屋构建的第三步是对本企业及其竞争对手所生产的相似产品进行关于每一项顾客需求的竞争性分析。

确定每一项顾客需求的"卖点"，首先，对于每一项顾客需求确定本企业及其竞争企业的产品表现排序；其次，QFD 团队对上述排序进行比较以及确定本企业产品表现的改进目标以得到本企业产品表现的改进比率。

卡诺模型阐明了顾客需求的满意度与产品或服务的表现之间的关系，并且准确地刻画了顾客需求的本质特征。因此，必须更深入地了解"顾客的声音"的特性，并从它们中获取有价值的信息，从而以一种经济的方式实现全面的顾客满意。

（4）顾客需求最终重要度的确定。质量屋构建的第四步是通过顾客需求基本重要度及其修正因子的合成确定顾客需求的最终重要度。一般情况下，更大的基本重要度以及更大的修正因子的顾客需求应被给予更大的关注。

（5）工程特性的产生。质量屋构建的第五步是产生工程特性，即 QFD 团队通过一定的方法并以具有可量度和操作性的技术术语的方式来满足顾客需求，进而产生质量屋中的工程特性集合。

可以利用因果分析法产生质量屋中的工程特性，再利用头脑风暴法产生关于工程特性的大量想法，而后对它们进行精练以产生质量屋中的工程特性，最后利用亲和图方法对工程特性进行分析和处理。

(6) 关联关系和自相关关系的确定。质量屋构建的第六步是确定各项工程特性之间的自相关关系。

通常情况下，各项工程特性之间可能存在相互阻碍、相互促进或不相关三种关系，简称为自相关关系。工程特性被确定之后，QFD 团队必须确定各项工程特性之间的如下关系：当一项工程特性发生变化时，该变化对其他工程特性产生多大的影响。而上述影响的程度与方向能够对研发产品的投入产生严重的影响。特别地，如果某一项工程特性对其他工程特性产生负面影响，那么该项工程特性极有可能是工程"瓶颈"，并且它要求专门的规划或技术的突破。换句话说，自相关矩阵能够告诉 QFD 团队需密切注意和合作的工程特性以及不需要上述工作的项目。

(7) 确定顾客需求与工程特性之间的相关关系。质量屋构建的第七步是确定顾客需求与工程特性之间的相关关系。相关关系是识别每一项顾客需求与每一项工程特性之间关系或耦合强度的一种手段。相关关系的确定是质量屋过程中的一个关键步骤，这是因为 QFD 最后的分析结果依赖于上述关联关系的强度与方向。通常情况下，顾客需求与工程特性之间可能存在相互阻碍、相互促进或不相关等三种关系，简称为相关关系，因而也将其相应地划分为三种类型：正相关关系、负相关关系和非相关关系。

(8) 工程特性初始重要度的确定。质量屋构建的第八步是确定工程特性初始重要度。每一项工程特性的初始重要度是所有与之相关联的顾客需求对其全面影响的融合，因而工程特性初始重要度反映顾客需求所引致的工程特性的重要性。

工程特性初始重要度是由顾客需求的最终重要度、顾客需求与工程特性之间的关联关系以及工程特性之间的自相关关系三个因素共同决定的。

工程特性初始重要度的确定方法：首先，进行有效和一致的数据获取的合成；其次，基于上述结果，通过求解一组非线性规划来确定工程特性的模糊重要度；最后，对上述模糊重要度进行精确化处理来确定工程特性的初始重要度。

(9) 工程特性的竞争性分析。质量屋构建的第九步是确认竞争企业、工程特性的竞争性分析以及对工程特性表现设定目标并对该目标进行可行性和效率分析。

工程特性的竞争性分析就是对本企业及其竞争对手所生产的相似产品的工程特性表现进行比较。竞争性分析通常是通过市场调查来完成的，但它是 QFD 应用过程中一个艰难的任务。对工程特性进行认真的技术评价和比较以获得可靠的竞争性评价值，而这些评价值代表着工程特性表现的比较结果。

(10) 工程特性最终重要度的确定。质量屋构建的第十步是确定工程特性的最终重要度。

工程特性最终重要度将被转移到 QFD 的部件展开阶段，并在该阶段将其转化为对部件特性的要求。

图 10-2 是某数控机床的质量屋简图。

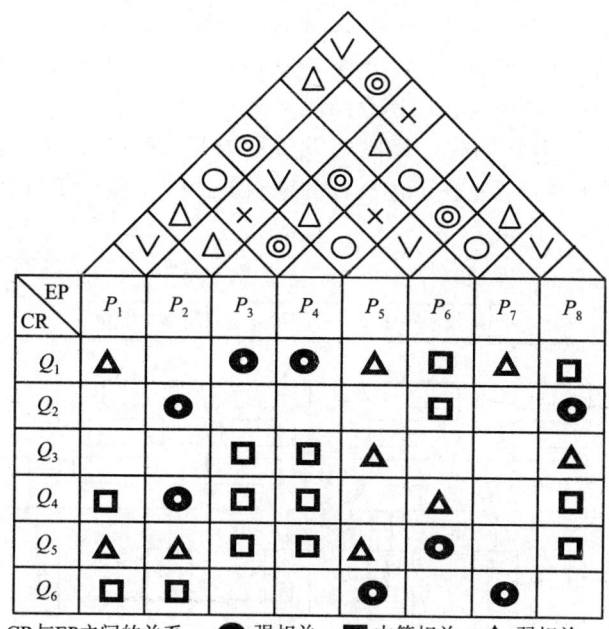

	P_1	P_2	P_3	P_4	P_5	P_6	P_7	P_8
Q_1	△		◉	◉	△	□	△	□
Q_2		◉				□		◉
Q_3			□	□	△			△
Q_4	□	◉	□	□		△	□	
Q_5	△	△		△		◉		□
Q_6	□	□			◉		◉	

CR与EP之间的关系：◉ 强相关　□ 中等相关　△ 弱相关
不同EP之间的关系：◎ 强相关　○ 较强相关　△ 中等相关
　　　　　　　　　× 较弱相关　∨ 弱相关

注：Q_1 表示精度高；Q_2 表示加工效率高；Q_3 表示可靠性好；Q_4 表示加工能力强；Q_5 表示稳定性好；Q_6 表示经济；P_1 表示行程；P_2 表示功率；P_3 表示热变形；P_4 表示刚度；P_5 表示结构；P_6 表示摩擦；P_7 表示材料；P_8 表示速度。

图 10-2　某数控机床的质量屋

质量屋的构建，包括顾客声音的收集与分析以及根据 VOC 对 VOT 进行复杂的生成与分析。质量屋构建过程中必须收集和处理大量的主观信息，该过程是复杂的、不完整和不分明的。另外，质量屋构建过程中所涉及的信息产生于人们的主观感受和语言评价，故它们具有一定的主观性和模糊性。"顾客的声音"和"工程技术人员的声音"都具有语意的模糊性与多义性，因而必须集中注意力以处理质量屋构建过程中所涉及的各种"声音"的模糊性和不分明性。而通常情况下处理质量屋构建过程中的模糊性和不分明性是一项极具挑战性的工作。

质量屋的构建已成为一个日益重要的产品设计研究方向，其中有很多值得深入探讨的科学问题和企业的实际应用问题。通过深入研究质量屋的构建方法，并将其应用于我国企业的产品设计实践，可为提高企业的产品设计水平提供相应的理论指导和实践支持。

三、QFD 的常见模式

到目前为止，国际上共有三种被广泛认可的 QFD 模式：日本的综合 QFD 模式、ASI 模式和目标/产品质量特性模式（Goal/Product-Quality-Characteristic，GOAL/PQC）。其中，ASI 模式和 GOAL/PQC 模式均起源于日本的综合 QFD 模式。下面分别将这三种模式作简单介绍。

1. 日本的综合 QFD 模式。该模式以质量展开为基础，同时进行技术展开、成本展开和可靠性展开等；在上述展开的基础上，以技术展开为中介进行零件功能展开。如图 10-3 所示。

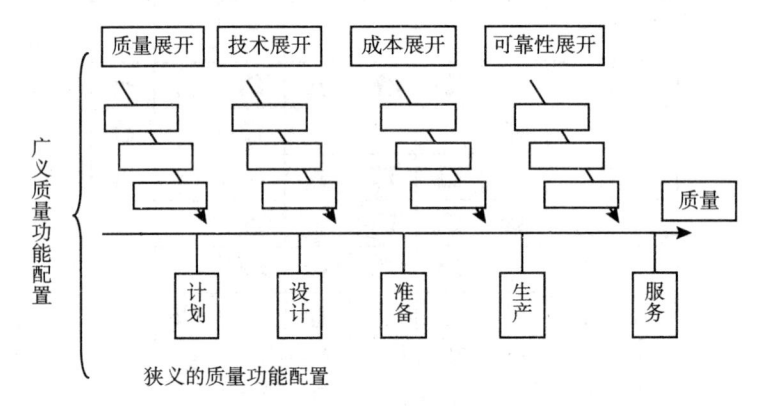

图 10-3 日本的综合 QFD 模式

2. ASI 的四阶段模式。具体如图 10-4 所示。

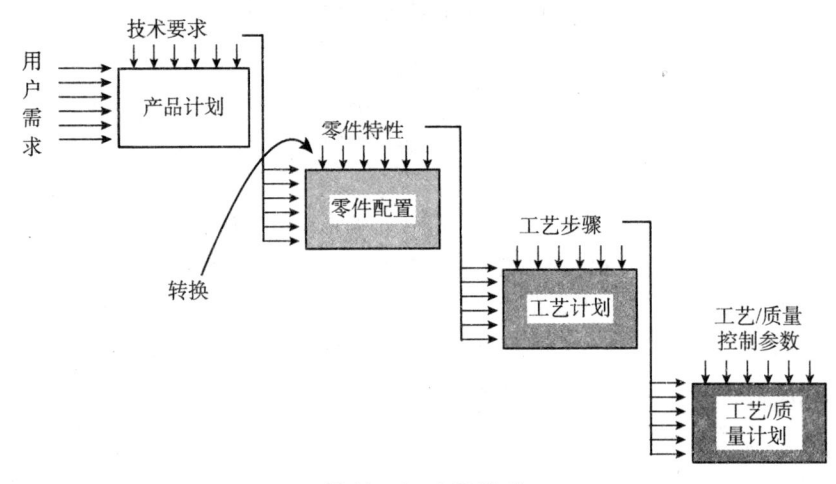

图 10-4 ASI 模式

由于 ASI 模式结构简洁并能充分体现 QFD 的实质，因而已经成为实际应用的主流模式，并且越来越多的学者采用该模式作为相关研究的基础。

3. 目标/产品质量特性模式。这种模式包括了 30 个矩阵，涉及产品开发过程中的各方面信息，具有较强的灵活性，因而对于 QFD 系统中的各种工作提供了良好的支撑。但它缺乏各种活动之间的严密逻辑，故其应用缺乏可操作性。

第二节　工序能力指数

一、概述

工序能力指数是表示工序能力满足公差范围要求程度的数值。它是公差范围和工序能力的比值，一般用符号 C_p 表示：

$$C_p = \frac{T}{6\sigma}$$

其中，T 表示公差范围；σ 表示工序总体的标准差。

工序能力是工序本身的属性，只有将工序能力与技术要求（公差）进行比较，才能得出工序能力能不能满足产品公差要求的结论。

二、工序能力指数的评价

C_p 的取值有可能大于 1、等于 1 或者小于 1，其大小不同，工序能力也就不同。通常情况下，随着工序能力指数的变化，工序能力评价如表 10-1 所示。

表 10-1　　　　　　　　工序能力评价表

级别	C_p 值范围	工序能力评价
1	$C_p > 1.67$	过高
2	$1.67 \geq C_p > 1.33$	充分
3	$1.33 \geq C_p > 1.00$	理想
4	$1.00 \geq C_p > 0.67$	不足
5	$0.67 \geq C_p$	非常不足

当 $C_p > 1.67$ 时，说明工序能力指数过高，这就要采取措施以避免工序能力的浪费：对于关键或者主要项目再次缩小容差范围，以提高产品质量；或者放宽波动幅度，降低设备精度等级，以提高效率降低成本；当不是关键或是主要项目时，放宽波动幅度；降低对原材料的要求；简化质量检验，采用抽样检验或减少检验频次的方法。

$1.33 < C_P \leqslant 1.67$ 即当工序能力指数处于 1.33~1.67 之间时，表明工序能力充分。这时，当不是关键或主要项目时，放宽波动幅度；降低对原材料的要求；简化质量检验，采用抽样检验或者减少检验频次的方法。

$1.0 < C_P \leqslant 1.33$ 即当工序能力指数处于 1.0~1.33 之间时，表明工序能力满足要求，但不充分。当 C_P 值很接近 1 时，则有产生超差的危险，应采取措施加强对工序的控制；必须对过程进行监督以便及时发现异常波动；对产品按规定进行检验。

$0.67 < C_P \leqslant 1.0$ 即当工序能力指数处于 0.67~1.0 时，表明工序能力不足，不能满足标准的需要，应采取改进措施：在不影响产品质量的情况下，放开容差范围；加强质量检验，进行全数检验或增加检验频次。

$C_P \leqslant 0.67$ 即当工序能力指数小于 0.67，表明工序能力严重不足，必要时要停工整顿，找出原因，改进工艺，否则，全数检验，挑出不合格品。

三、工序能力指数的计算

1. 质量数据分布中心与标准规格（公差）中心重合的情况。这是一种比较理想的情况，具体如图 10-5 所示。

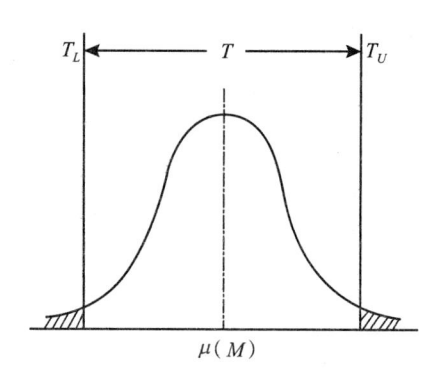

图 10-5　分布中心与规格中心重合

这时可用下面的公式来计算工序能力指数：

$$C_P = \frac{T}{6\sigma} = \frac{T_U - T_L}{6\sigma}$$

其中，T 表示公差范围；T_U 表示上偏差（公差上限）；T_L 表示下偏差（公差下限）。

【例 10-1】某工厂加工一种轴，要求 $\Phi 8_{-0.10}^{-0.05}$ mm $\overline{X} = 7.925$ mm $\sigma = 0.0052$ mm，求该生产过程的工序能力指数。

解：根据 $\Phi 8_{-0.10}^{-0.05}$ mm 可知，轴的直径尺寸要求在 $\Phi 7.95$ mm ~ $\Phi 7.90$ mm 之

间，它们的中心是 $M = \dfrac{7.95 + 7.90}{2} = 7.925$（mm），与样本均值 $\overline{X} = 7.925$mm 相等，所以工序能力指数的计算可直接用上述公式：

$$C_P = \frac{T}{6\sigma} = \frac{T_U - T_L}{6\sigma}$$

$$= \frac{7.95 - 7.90}{6 \times 0.0052} = 1.60$$

根据表 10-1 判断，该产品的生产能力充分。

2. 质量数据分布中心与标准规格（公差）中心偏离的情况。

（1）给出单侧公差的情况。在这种情况下，只对质量特性值规定了单侧的质量标准。只有单向公差要求的产品，其数据分布形式是比较复杂的。

例如，对于强度、寿命等质量特性只规定了下限质量标准，如规定某绝缘材料击穿电压的下限标准为 1 000V，而上限标准不作规定，要求越大越好。反之，对于机械行业中的形位公差（平面度、圆度等）、光洁度，钢铁中的有害杂质的含量，邮电通信部门的质量指标（处理时长等）等，就只规定了上限质量标准，而对它的下限质量标准则不作具体规定，要求越小越好。

当然，严格地说，不论是寿命、强度或耐压击穿强度，它们都永远不会达到无穷大，同样，不论是光洁度或钢铁中某种有害化学成分的含量，或邮电部门的处理时长等，也永远不会等于零。因此，这类质量标准的特点是不能确定范围，也无法确定它的中心，即公差中心是无法具体确定的。

在这种情况下，特性值分布的中心与公差界限的距离（以标准偏差来衡量）就决定了工序能力的大小。

① 当只规定公差上限时（如图 10-6 所示），工序能力指数可按下面的公式计算：

$$C_{P上} = \frac{T_U - \mu}{3\sigma}$$

其中，$C_{P上}$ 表示只给出 T_U 时的工序能力指数；μ 表示总体的平均值。

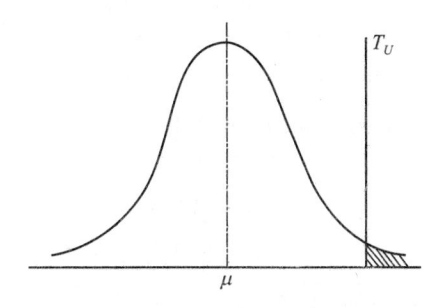

图 10-6　只规定公差上限的情况

当 $\mu \geq T_U$ 时，则 $C_{P\text{上}} = 0$，也就是说完全没有工序能力。

应注意只有上限要求绝不能理解为对下限没有要求，而是质量特性自身不存在下限，多数情况下下限为零，如在机械产品中的单向公差、光洁度、噪声、材料中的有害杂质等。

②当只规定公差下限时（如图 10-7 所示），工序能力指数可按下面的公式计算：

$$C_{P\text{下}} = \frac{\mu - T_L}{3\sigma}$$

其中，$C_{P\text{下}}$ 表示只给出质量标准下限时的工序能力指数；μ 表示总体平均值。

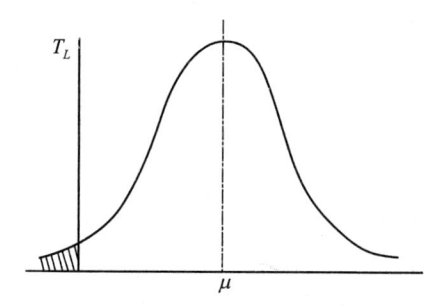

图 10-7 只规定公差下限的情况

当 $\mu \leq T_L$ 时，则 $C_{P\text{下}} = 0$，说明该生产过程完全没有工序能力。

【例 10-2】已知某厂生产的日光灯管寿命要求不低于 2 000 小时，现在从生产过程中抽取 100 根灯管进行试验，根据寿命试验的数据计算得出：$\mu = 2\ 350$ 小时，$S = 80$ 小时，试计算工序能力指数，并判断工序能力状况。

解：从题目可以看出日光灯管寿命的下限是 2 000 小时，则有：

$$C_{P\text{下}} = \frac{\mu - T_L}{3\sigma}$$

$$= \frac{2\ 350 - 2\ 000}{3 \times 80} = 1.46$$

根据表 10-1，可以判断生产该日光灯管的工序能力充分。

(2) 给出双侧公差的情况（如图 10-8 所示）。

当分布中心 μ 与公差中心 M 偏离了一段距离 ε 之后，用前述公式算的工序能力指数值已经不能反映这时的生产能力的实际情况。为了如实反映该工序的实际加工能力，必须用一个考虑了偏离量的新工序能力指数——工序能力修正指数 C_{PK} 来评价工序能力。这时的工序能力指数可用下面的公式来计算：

$$C_{PK} = (1 - K)C_P = \frac{T - 2\varepsilon}{6\sigma}$$

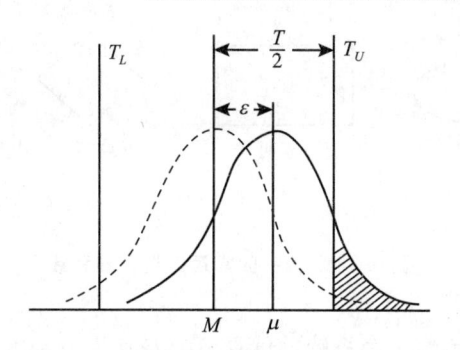

图 10-8 分布中心与公差中心偏离的情况

其中，C_{PK} 表示修正后的工序能力指数；ε 表示平均值的偏离量（简称偏离量）；K 表示平均值的偏离度（也称偏离系数）。

平均值的偏离度 K 是平均值偏离量与公差的一半（$T/2$）的比率，即：

$$K = \frac{\varepsilon}{T/2}$$

【例 10-3】 某石油钻机制造车间生产一种轴，要求 $\phi 20 \pm 0.023$ mm，抽样测得样本均值 $\overline{X} = 19.995$ mm，$\sigma = 0.006$ mm，请计算工序能力指数。

解： 根据尺寸要求 $\phi 20 \pm 0.023$ mm 可知，公差中心 $M = 20$ mm，而样本均值 $\overline{X} = 19.995$ mm，有偏差，所以需要用公式 $C_{PK} = (1-K)C_P = \dfrac{T-2\varepsilon}{6\sigma}$ 进行计算。

$\varepsilon = 20 - 19.995 = 0.005$ （mm）

$T = 0.023 \times 2 = 0.046$ （mm）

$C_{PK} = \dfrac{0.046 - 2 \times 0.005}{6 \times 0.006} = 1$

由表 10-1 可知，该生产过程的工序能力指数不足。

第三节 流程图

一、概述

流程图（Flow Diagram）是将一个过程（生产过程、管理过程、检验过程、持续改进过程、工艺过程等）所包含的各个环节用图形形式表示出来的一种图示技术。

流程图由一些图框和流程线组成。其中，图框表示各种操作的类型，图框中的文字和符号表示操作的内容，流程线表示操作的先后次序。具体如图 10-9 所示。

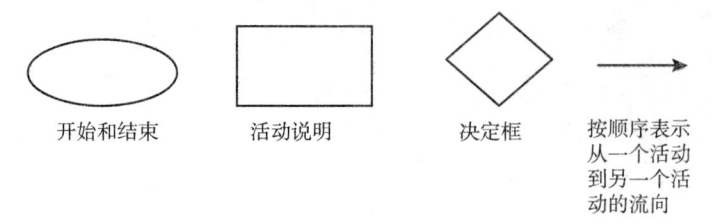

图 10-9 流程图常用图框及流程线

流程图可以表示流经一个系统的信息流、观点流或部件流。在企业中，流程图主要用来说明某一过程，这种过程既可以是生产线上的工艺流程也可以是完成一项任务必需的管理过程。一张流程图能够成为解释某工作的工作顺序（例如，复印文件这项工作如图10-10所示）。这些过程的各个阶段均用图形块表示，不同图形块之间以箭头相连，代表它们在系统内的流动方向。下一步何去何从，取决于上一步的结果，典型做法是用"是"或"否"的逻辑分支加以判断。

流程图是揭示和掌握封闭系统运动状况的有效方式。作为诊断工具，它能够辅助决策制定，让管理者清楚地知道问题可能出在什么地方，从而确定出可供选择的行动方案。

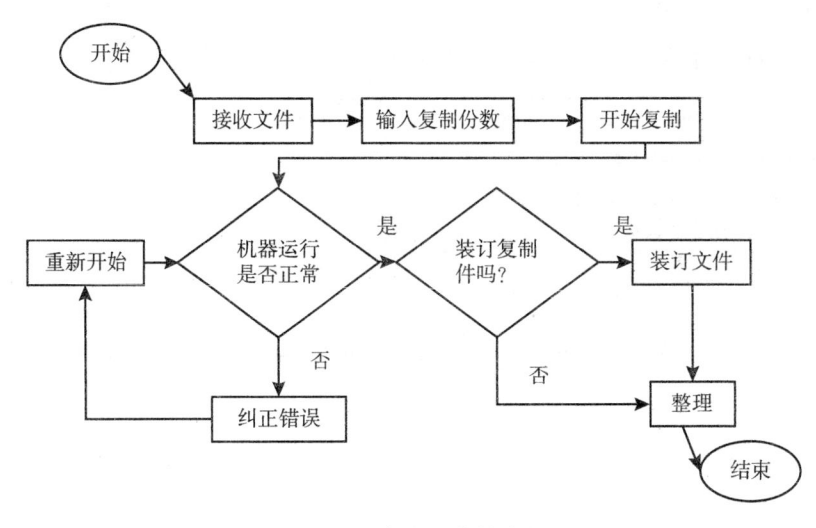

图 10-10 复印文件的流程图

二、流程图的应用步骤

1. 描述现有过程的流程图应用步骤如下：
(1) 识别过程的开始或结束；
(2) 观察从开始到结束的整个过程；

（3）规定在该过程中的步骤；

（4）画出表示该过程的一张流程草图；

（5）与该过程中所涉及的有关人员共同评审草图；

（6）根据评审结果改进流程草图；

（7）与实际过程比较，验证改进后的流程图；

（8）注明正式流程图的形成日期，以备将来使用和参考，既可用作过程实际运行的记录，也可用来判别质量改进的程度、机会等。

2. 设计新过程的流程图应用步骤如下：

（1）识别该过程的开始或结束；

（2）使此新过程中将要形成的步骤（输入、活动、判断、决定、输出）形象化（符号化）；

（3）确定该过程的步骤（输入、活动、判断、决定、输出）；

（4）画出表示该过程的流程图草图；

（5）与预计该过程将要涉及的有关人员一起评审流程图草图；

（6）根据评审结果改进流程图草图；

（7）注明正式流程图的形成日期，以备将来使用和参考，既可用作过程实际运行的记录，也可用来判别质量改进的程度、机会等（胡铭，2004）。

3. 需要注意的问题。使用流程图需要注意以下一些问题，例如，过程中是否存在某些这样的环节，删掉它们后能够降低成本或减少时间？还有其他更有效的方式构造流程吗？整个过程是否因为过时而需要重新设计？应当将其完全废弃吗？对这些问题的考虑会使整个过程得到优化。

思 考 题

1. 什么是QFD？它的主要作用是什么？
2. 质量屋由哪几部分组成？各部分之间的关系是怎样的？
3. 简述质量屋的构建步骤以及各步骤的注意事项。
4. 试述QFD的几种模式。
5. 结合实际谈谈QFD的具体应用。
6. 简述工序能力指数的作用。
7. 简述流程图的作用。

第五编　质量管理体系

第十一章　质量管理的基本原则与体系要求

　　七项质量管理原则，不仅是 2015 年版 ISO9000 族标准的理论基础，而且应该成为任何一个组织建立质量管理体系并有效开展质量管理工作所必须遵循的基本原则。

——国际标准化组织

【导入案例】

质量管理体系十大作用分析

　　当今社会大部分产品是以顾客需求为导向的。那么，企业如何了解顾客的需求？如何将顾客需求转化成企业的努力目标？如何跟政府、社会公众、银行、供应商等建立良好的关系？……这些都直接或间接地影响企业的生存和发展。面对这些，企业该怎么办呢？办法是：建立良好的质量管理体系。

　　有人形象地把质量管理体系比喻成是：一个"调子"——确定组织应"以顾客满意为宗旨"这一基调；一只"靶子"——制定质量目标并分解 ISO9000 族标准；一把"梳子"——梳理过程网络和管理思路，在立"靶子"的同时，管理团队必须仔细地梳理过程网络和管理思路，理顺工作关系和工作接口，清理并评估现有文件，确定资源需求；一根"钉子"——对过程网络的各个环节"钉钉子"，这个"钉钉子"的过程，就是明确职责、确定管理要求的过程；一条"链子"——建立互惠的"供方——增值供应链"，"供方——组织——顾客"这一供应链模型为制定发展战略、营销策略和管理标准提出了非常有价值的经营管理理念；一根"鞭子"——提高各种监视测量活动的有效性，严格要求、狠抓落实；一把"尺子"——评价管理成熟度和管理水平的标准；一个"牌子"——证书、广告和品牌,这是连接产品与顾客的重要桥梁;一位"老师"——一套全体员工培训的好教材。由此可见,质量管理体系有利于提高产品质量,保护消费者利益;为提高组织的运作能力提供了有效的方法;有利于增进国际贸易,消除技术壁垒;有利于组织的持续改进和持续满足顾客的需求与期望。

ISO9000 族标准作为一个质量管理体系国际标准,是组织的一个有效"管理工具"。ISO9000 族标准也不是包治百病的灵丹妙药,还需要结合组织实际、企业文化和 IT 技术,同时"诸子并用",并配以其他管理工具(如行为科学方法等)多管并下,而不是简单的"单打独斗",从而使企业持续地健康发展。

(案例来源:http://wenku.baidu.com/view/61c1b221482fb4daa58d4b98.html? re = view)

为了取得质量管理工作的成效,组织需要采用一种系统和透明的方式进行质量管理。人们经过对长期实践的总结,将这种系统和透明的方式发展形成了质量管理体系。质量管理体系包括组织识别其目标以及确定实现预期结果所需过程和资源的活动。质量管理体系是为有关的相关方提供价值并实现结果所需的相互作用的过程和资源。质量管理体系能够使最高管理者通过考虑其决策的长期和短期后果而充分利用资源。质量管理体系给出了识别在提供产品和服务方面处理预期和非预期后果所采取措施的方法。

当今质量管理工作的重点已经不仅仅是让顾客满意,在实践中人们逐渐认识到,要使组织获得长久的成功,就必须针对所有相关方的需求,建立、实施、保持持续改进组织业绩的质量管理体系。

1. ISO9000 族标准产生的社会背景和基础。ISO9000 族标准是指:由国际标准化组织(International Organization for Standardization,ISO)质量管理和质量保证技术委员会(ISO/TC 176)制定的所有国际标准。国际标准化组织是由各国标准化团体(ISO 成员团体)组成的世界性的联合会。制定国际标准工作通常由 ISO 的技术委员会完成。

ISO9000 族标准产生的社会背景和基础是:

(1)优胜劣汰的市场经济是产生 ISO9000 族标准的社会基础。

(2)消除国际贸易中的质量体系注册/认证等方面的技术壁垒,促进国际贸易顺利发展是 ISO9000 族标准产生的经济基础。

(3)高科技产品的需求,是 ISO9000 族标准产生的技术基础。

(4)世界各国制定与颁布的质量责任、法令、法律、法规,把质量保证体系的建立与实施作为强制性的社会要求。这是 ISO9000 族标准产生的法律基础。

(5)各国消费者权益保护运动的广泛深入开展,成为 ISO9000 族标准产生和发展的群众基础。

(6)ISO9000 族标准来源于 20 世纪 40 年代的美国军工行业标准,经过半个世纪的实践，逐步发展成国家标准，最后成为国际标准，这是 ISO9000 族标准产生和发展必不可少的实践基础。

2. ISO9000 族标准的发展沿革。国际标准化组织（ISO）于 1979 年成立了质量保证技术委员会（TC176），1987 年更名为质量管理和质量保证技术委员会，负责制定质量管理和质量保证标准。1986 年发布了 ISO8402《质量——术语》标准，1987 年发布了 ISO9000《质量管理和质量保证标准——选择和使用指南》、ISO9001《质量体系——设计开发、生产、安装和服务的质量保证模式》、ISO9002《质量体系——生产和安装的质量保证模式》、ISO9003《质量体系——最终检验和试验的质量保证模式》、ISO9004《质量管理和质量体系要素——指南》等六项标准，通称为 ISO9000 系列标准。

ISO9000 系列标准的颁布，使各国的质量管理和质量保证活动统一在 ISO9000 系列标准的基础上，该标准总结了工业发达国家先进企业质量管理的实践经验，统一了质量管理和质量保证的术语与概念，并对推动组织的质量管理、实现组织的质量目标、消除贸易壁垒、提高产品质量和顾客的满意程度等产生了积极的影响，受到了世界各国的普遍关注和采用。迄今为止，它已被全世界绝大多数国家和地区采用为国家标准，并广泛用于工业、经济和政府的管理领域，有很多国家建立了质量管理体系认证制度，世界各国质量管理体系审核员注册的互认和质量管理体系认证的互认制度也在广泛的范围内得以建立和实施。

为了使 1987 年版的 ISO9000 系列标准更加协调和完善，ISO/TC176 质量管理和质量保证技术委员会于 1990 年决定对标准进行修订，提出了《90 年代国际质量标准的实施策略》（国际上通称为《2000 年展望》）。

按照《2000 年展望》提出的目标，标准修改分两个阶段进行。第一阶段修改称为"有限修改"，即修改为 1994 年版本的 ISO9000 族标准。第二阶段修改是在总体结构和技术内容上作较大的全新修改。其主要任务是："识别并理解质量保证及质量管理领域中顾客的需求，制定有效反映顾客期望的标准；支持这些标准的实施，并促进对实施效果的评价。"

2000 年 12 月 15 日，ISO/TC176 正式发布了 2000 年版本的 ISO9000 族标准。该标准的修订充分考虑了 1987 年版和 1994 年版标准以及现有其他管理体系标准的使用经验，因此，它将使质量管理体系更加适合组织的需要，更适应组织开展其商业活动的需要。2000 年质量管理体系发生重大修订后，在实践和技术方面的变化，反映组织在运营过程中日益加剧的复杂性、动态的环境变化和增长的需求。

2012 年，ISO 组织开始启动下一代质量管理标准新框架的研究工作，继续强化质量管理体系标准对于经济可持续增长的基础作用，为未来十年或更长时间提供一个稳定的系列核心要求；保留其通用性，适用于任何类型、规模及行业的组织中运行；将关注有效地过程管理，以便实现预期的输出。

ISO9001 2015 标准的主要变化在于其格式变化，以及增加了风险的重要性，其主要的变化包括：采用与其他管理体系标准相同的新的高级结构，有利于公司执行一个以上的管理体系标准；风险识别和风险控制成为标准的要求；要求最高管理层在协调质量方针与业务需要方面采取更积极的职责。

ISO/TC 176 质量管理和质量保证技术委员会及其下属的 SC2 质量体系分技术委员会一直在致力于研究质量管理标准的新框架。其在 ISO9000 族标准的基础上还建立和发展了其他管理体系标准，如环境、健康和安全、信息安全及能源。现在 ISO9001：2008《质量管理体系要求》和 ISO9004：2009《组织持续成功管理的方法之一》已经被广泛使用到各个领域，如航空、电信、教育、政府和医疗等行业。为此，ISO/TC 176/SC 2 分技术委员会将在今后继续不断地为质量管理工作提供坚实的基础。

ISO/TC 176/SC 2 的愿景是希望以 ISO9001 和 ISO9004 为主的各项标准能在世界范围内被认识和关注，希望这些标准能成为组织主动实现持续发展的组成部分。

ISO9000 族标准发展的近 30 年的历程，体现了它们是 ISO 最畅销的标准。它们不仅为各类组织建立了一个质量管理的通用框架和语言，也为组织提供了生产合格产品的基本信心，实现了全球贸易。

组织要想建立适合的质量管理体系，要先遵循必要的原则和基本要求。下面就详细介绍 ISO9000：2015 标准的相关内容。

第一节　质量管理的基本原则

七项质量管理原则不仅是 2015 年版 ISO9000 族标准的理论基础，而且应该成为任何一个组织建立质量管理体系并有效开展质量管理工作所必须遵循的基本原则。ISO9000：2015 标准表述的质量管理的原则，可帮助组织获得应对最近数十年深刻变化的环境所提出的挑战的能力。

2015 年版 ISO9000 族标准表述的质量管理的原则普遍适用于下列方面：通过实施质量管理体系寻求持续成功的组织；对组织持续提供符合其要求的产品和服务的能力寻求信任的顾客；对在供应链中其产品和服务要求能得到满足寻求信任的组织；通过对质量管理中使用的术语的共同理解，促进相互沟通的组织和相关方；依据 ISO9001 的要求进行符合性评定的组织；质量管理的培训、评定和咨询的提供者；相关标准的起草者。

所有的原则及其相互关系应被看成一个整体，而不是彼此孤立的。没有哪一个原则比另一个更重要，在应用中找到适当的平衡是至关重要的。

一、以顾客为关注焦点

顾客（Customer）是指将会或实际接受为其提供的、或应其要求提供的产品或服务的个人或组织。如消费者、委托人、最终使用者、零售商、内部过程的产品或服务的接收者、受益者和采购方。顾客可以是组织内部的或外部的。

质量管理的主要关注点是满足顾客要求并且努力超越顾客的期望。组织只有赢得顾客和其他相关方的信任才能获得持续成功。与顾客相互作用的每个方面，都提供了为顾客创造更多价值的机会。理解顾客和其他相关方当前与未来的需求，有助于组织的持续成功。这样可以实现以下目标：增加顾客价值；提高顾客满意；增进顾客忠诚；增加重复性业务；提高组织的声誉；扩展顾客群；增加收入和市场份额。

组织为此可开展的活动有：了解从组织获得价值的直接和间接顾客；了解顾客当前与未来的需求和期望；将组织的目标与顾客的需求和期望联系起来；将顾客的需求和期望，在整个组织内予以沟通；为满足顾客的需求和期望，对产品和服务进行策划、设计、开发、生产、支付和支持；采取适当措施测量和监视顾客满意度；采取措施确定有可能影响到顾客满意度的相关方的需求和期望；积极管理与顾客的关系，以实现持续成功。

二、领导作用

领导作用主要是指各级领导建立统一的宗旨及方向，他们应当创造并保持使员工能够充分实现目标的内部环境。因为统一的宗旨和方向，以及全员参与，能够使组织将战略、方针、过程和资源保持一致，以实现其目标。这样可以提高实现组织质量目标的有效性和效率；组织的过程更加协调；改善组织各层次、各职能间的沟通；开发和提高组织及其人员的能力，以获得期望的结果。

组织为此可开展的活动有：在整个组织内，就其使命、愿景、战略、方针和过程进行沟通；在组织的所有层次创建并保持共同的价值观和公平道德的行为模式；培育诚信和正直的文化；鼓励在整个组织范围内履行对质量的承诺；确保各级领导者成为组织人员中的实际楷模；为组织人员提供履行职责所需的资源、培训和权限；激发、鼓励和表彰员工的贡献。

三、全员参与

全员参与是指整个组织内各级人员的胜任、授权和参与，是提高组织创造价值和提供价值能力的必要条件。为了有效和高效地管理组织，各级人员得到尊重并参与其中是极其重要的。通过表彰、授权和提高能力，促进在实现组织的质量目标过程中的全员参与。全员参与可以帮助组织实现以下目标：通过组织内人员对质量目标的深入理解和内在动力的激发以实现其目标；在改进活动中，提高人员的参与程度；促进个人发展、主动性和创造力；提高员工的满意度；增强整个组织的信任和协作；促进整个组织对共同价值观和文化的关注。

为了实现全员参与质量管理的目标，组织可开展的活动有：与员工沟通，以增进他们对个人贡献的重要性的认识；促进整个组织的协作；提倡公开讨论，分享知识和经验；让员工确定工作中的制约因素，毫不犹豫地主动参与；赞赏和表彰员工的贡献、钻研精神和进步，针对个人目标进行绩效的自我评价；为评估员工的满意度和沟通结果进行调查，并采取适当的措施。

四、过程方法

过程（Process）是指利用输入产生预期结果的相互关联或相互作用的一组活动。过程的"预期结果"称为输出，还是称为产品或服务，需随相关语境而定。一个过程的输入通常是其他过程的输出，而一个过程的输出又通常是其他过程的输入。两个或两个以上相互关联和相互作用的连续过程也可作为一个过程。组织为了增值，通常对过程进行策划并使其在受控条件下运行。对形成的输出是否合格不易或不能经济地进行确认的过程，通常称为"特殊过程"。

过程方法是指当活动被作为相互关联的过程进行系统管理时，可更加有效和高效地始终得到预期的结果。质量管理体系是由相互关联的过程所组成。理解体系是如何产生结果的，能够使组织尽可能地完善体系和绩效。注重过程方法，可以提高关注关键过程和改进机会的能力；通过协调一致的过程体系，始终得到预期的结果；通过过程的有效管理、资源的高效利用及职能交叉障碍的减少，尽可能提高绩效；使组织能够向相关方提供关于其一致性、有效性和效率方面的信任。

组织为此可开展的活动有：确定体系和过程需要达到的目标；为管理过程确定职责、权限和义务；了解组织的能力，事先确定资源约束条件；确定过程相互依赖的关系，分析个别过程的变更对整个体系的影响；对体系的过程及其相互关系继续管理，有效和高效地实现组织的质量目标；确保获得过程运行和改进的必要信息，并监视、分析和评价整个体系的绩效；对能影响过程输出和质量管理体系整个结果的风险进行管理。

五、改 进

改进（Improvement）是指提高绩效的活动。活动可以是循环的或一次性的。

持续改进（Continual improvement）是指提高绩效的循环活动。制定改进目标和寻求改进机会，是一个持续的过程，该过程使用审核发现和审核结论、数据分析、管理评审或其他方法，其结果通常导致纠正措施或预防措施。

成功的组织总是致力于持续改进，改进对于组织保持当前的业绩水平、对其内外部条件的变化做出反应并创造新的机会都是非常必要的。通过改进，组织可以实现如下目标：改进过程绩效、组织能力和顾客满意度；增强对调查和确定基本原因以及后续的预防和纠正措施的关注；提高对内外部的风险和机会的预测和反应能力；增加对增长性和突破性改进的考虑；通过加强学习实现改进，增加改革的动力。

组织为此可开展的活动有：促进在组织的所有层次建立改进目标；对各层次员工进行培训，使其懂得如何应用基本工具和方法实现改进目标；确保员工有能力成功地制定和完成改进项目；开发和部署整个组织实施的改进项目；跟踪、评审和审核改进项目的计划、实施、完成和结果；将新产品开发或产品、服务和过程的更改都纳入改进中予以考虑、赞赏和表彰改进。

六、循证决策

决策是一个复杂的过程，并且总是包含一些不确定因素。它经常涉及多种类型和来源的输入及其解释，而这些解释可能是主观的。重要的是理解因果关系和潜在的非预期后果。基于数据和信息的分析与评价的决策更有可能产生期望的结果。基于事实的决策可以帮助组织实现如下目标：改进决策过程；改进对实现目标的过程绩效和能力的评估；改进运行的有效性和效率；增加评审、挑战和改变意见与决策的能力；增加证实以往决策有效性的能力。

为此，组织可开展的活动有：确定、测量和监视证实组织绩效的关键指标；使相关人员能够获得所需的全部数据；确保数据和信息足够准确、可靠和安全；使用适宜的方法对数据和信息进行分析和评价；确保人员对分析和评价所需的数据是胜任的；依据证据，权衡经验和直觉进行决策并采取措施。

七、关系管理

ISO9000：2015标准中所谓的相关方（Interested party）的概念超越了仅关注顾客的范围，考虑所有有关的相关方。标准认为识别相关方是理解组织环境的过程的组成部分。有关的相关方是指若其需求和期望未能满足，将对组织持续性产生重大风险的各方。为降低风险，组织需明确向有关的相关方提供何种必要的结果。组织的成功有赖于获取、赢得和保持有关的相关方的支持。

为了持续成功，组织需要管理与供方等相关方的关系。相关方影响组织的绩效。组织管理与所有相关方的关系，以最大限度地发挥其在组织绩效方面的作用。对供方及合作伙伴的关系网的管理是非常重要的。注重关系管理，组织可以通过对每一个与相关方有关的机会和限制的响应，提高组织及其相关方的绩效；对目标和价值观，与相关方有共同的理解；通过共享资源和能力，以及管理与质量有关的风险，增加为相关方创造价值的能力；使产品和服务稳定流动的、管理良好的供应链。

为此组织可开展的活动有：确定组织和相关方（例如供方、合作伙伴、顾客、投资者、雇员或整个社会）的关系；确定需要优先管理的相关方的关系；建立权衡短期收益与长期考虑的关系；收集并与相关方共享信息、专业知识和资源，适当时，测量绩效并向相关方报告，以增加改进的主动性；与供方、合作伙伴及其他相关方共同开展开发和改进活动；鼓励和表彰供方与合作伙伴的改进和成绩。

第二节　质量管理的体系要求

质量（Quality）是指客体的一组固有特性满足要求的程度。

特性（Characteristic）是指可区分的特征。特性可以是固有的或赋予的；特性可以是定性的或定量的。有各种类别的特性，如物理的（如机械的、电的、化学的或生物学的特性）、感官的（如嗅觉、触觉、味觉、视觉、听觉）、行为的（如礼貌、诚实、正直）、时间的（如准时性、可靠性、可用性、连续性）、人因工效的（如生理的特性或有关人身安全的特性）、功能的（如飞机的最高速度）。

质量特性（Quality characteristic）是指与要求有关的客体的固有特性。"固有的"指本来就有的，尤其是那种永久的特性。赋予客体的特性（如客体的价格）不是它们的质量特性。

要求（Requirement）是指明示的、通常隐含的或必须履行的需求或期望。"通常隐含"是指组织和相关方的惯例或一般做法，所考虑的需求或期望是不言而喻的，在形成文件的信息中阐明。特定要求可使用限定词表示，如产品的要求、质量管理的要求、顾客的要求、质量的要求。要求可由不同的相关方或组织自己提出。为实现较高的顾客满意，可能有必要满足那些顾客既没有明示也不是通常隐含或必须履行的期望。

一个关注质量的组织倡导一种文化，其结果导致其行为、态度、活动和过程，它们通过满足顾客和其他有关的相关方的需求和期望创造价值。组织的产品和服务质量取决于满足顾客的能力以及对有关的相关方预期或非预期的影响。产品和服务的质量不仅包括其预期的功能和性能，而且还涉及顾客对其价值和利益的感知。

管理（Management）是指挥和控制组织的协调的活动。管理可包括制定方针和目标以及实现这些目标的过程。

质量管理（Quality management）是关于质量的管理。质量管理可包括制定质量方针和质量目标，以及通过质量策划、质量保证、质量控制和质量改进实现这些质量目标的过程。

体系（系统）（System）是指相互关联或相互作用的一组要素。

管理体系（Management system）是指组织建立方针和目标以及实现这些目标的过程的相互关联或相互作用的一组要素。一个管理体系可以针对单一的领域或几个领域，如质量管理、财务管理或环境管理。管理体系要素确定了组织的结构、岗位和职责、策划、运行、方针、惯例、规则、理念、目标以及实现这些目标的过程。管理体系的范围可能包括整个组织，组织中特定的和已识别的职能，组织中特定的和已识别的部门，或者组织中一个或多个跨团队的职能。

质量管理体系（Quality management system）是指管理体系中关于质量的部分。

一、理解组织及其背景环境

组织应确定外部和内部那些与组织的宗旨、战略方向有关、影响质量管理体系实现预期结果的能力的事务。需要时，组织应更新这些信息。

在确定这些相关的内部和外部事宜时，组织应考虑以下方面：
（1）可能对组织的目标造成影响的变更和趋势；
（2）与相关方的关系，以及相关方的理念、价值观；
（3）组织管理、战略优先、内部政策和承诺；
（4）资源的获得和优先供给、技术变更。

外部的环境，可以考虑法律、技术、竞争、文化、社会、经济和自然环境方面，不管是国际、国家、地区或本地。内部环境，可以考虑组织的理念、价值观和文化。

二、要求理解相关方的需求和期望

识别相关方是理解组织环境的过程的组成部分。有关的相关方是指若其需求和期望未能满足，将对组织持续性产生重大风险的各方。为降低风险，组织需明确向有关的相关方提供何种必要的结果。当前，相关方的概念超越了仅关注顾客的范围，考虑所有有关的相关方是重要的。

组织的成功有赖于获取、赢得和保持有关的相关方的支持。

组织应确定：（1）与质量管理体系有关的相关方；（2）相关方的要求。

组织应更新以上确定的结果，以便于理解和满足影响顾客要求和顾客满意度的需求和期望。

组织应考虑以下相关方：（1）直接顾客；（2）最终使用者；（3）供应链中的供方、分销商、零售商及其他；（4）立法机构；（5）其他。

三、要求确定质量管理体系的范围

组织应界定质量管理体系的边界和应用，以确定其范围。

在确定质量管理体系范围时，组织应考虑：（1）内部和外部事宜；（2）条款的要求。

质量管理体系的范围应描述为组织所包含的产品、服务、主要过程和地点。

描述质量管理体系的范围时，对不适用的标准条款，应将质量管理体系的删减及其理由形成文件。删减应不影响组织确保产品和服务满足要求和顾客满意的能力和责任。过程外包不是正当的删减理由。

质量管理管理体系范围应形成文件。

四、建立质量管理体系

1. 总则。组织应按标准的要求建立质量管理体系、过程及其相互作用，加以实施和保持，并持续改进。

2. 过程方法。组织具有可被规定、测量和改进的过程。这些过程相互作用从而产生与组织的目标相一致的结果，并跨越职能界限。某些过程可能是关键的，而另外一些则不是。过程具有相互关联的活动和输入，以提供输出。

组织应将过程方法应用于质量管理体系。组织应：（1）确定质量管理体系所需的过程及其在整个组织中的应用；（2）确定每个过程所需的输入和期望的输出；（3）确定这些过程的顺序和相互作用；（4）确定产生非预期的输出或过程失效对产品、服务和顾客满意带来的风险；（5）确定所需的准则、方法、测量及相关的绩效指标，以确保这些过程的有效运行和控制；（6）确定和提供资源；（7）规定职责和权限；（8）实施所需的措施以实现策划的结果；（9）监测、分析这些过程，必要时变更，以确保过程持续产生期望的结果；（10）确保持续改进这些过程。

思 考 题

1. 建立质量管理体系应遵循的原则有哪些？为什么？
2. 质量管理七条原则之间的相互关系是怎样的？
3. 为什么要强调改进？简述改进与组织可持续发展的关系。
4. "质量管理的体系要求"有哪些内容？
5. 简述组织建立质量管理体系的目的。

第十二章 质量管理体系

当前，组织工作所处的环境表现出以下特性：变化加快、市场全球化以及知识作为主要资源出现。质量的影响已经超出了顾客满意的范畴，它也可直接影响到组织的声誉。社会教育水平的提高以及要求更趋苛刻，使得相关方影响力与日俱增。按照ISO9000-2015标准建立质量管理体系，能为组织提供一种更加广泛地进行思考的方式。

——国际标准化组织

ISO9000：2015标准是由国际标准化组织TC176/SC2质量管理和质量保证技术委员会质量体系分委员会制定的质量管理系列标准之一，是当前质量管理体系的最新版本，是企业普遍采用的质量管理体系。

ISO9000：2015标准中的质量管理体系（Quality Management System，QMS）包括组织识别其目标以及确定实现预期结果所需过程和资源的活动。质量管理体系是为有关的相关方提供价值并实现结果所需的相互作用的过程和资源。质量管理体系能够使最高管理者通过考虑其决策的长期和短期后果而充分利用资源。质量管理体系给出了识别在提供产品和服务方面处理预期和非预期后果所采取措施的方法。

组织的质量管理体系应该是通过周期性改进，随着时间的推移而逐步发展的动态系统。无论其是否经过正式策划，每个组织都有质量管理活动。ISO9000：2015标准为如何建立正式的体系提供了指南，以管理这些活动。有必要确定组织中现有的活动和这些活动对组织环境的适宜性。ISO9001：2015标准和ISO9001及ISO9004一起可用于帮助组织建立一个统一的质量管理体系。

正式的质量管理体系为策划、实施、监视和改进质量管理活动的绩效提供了框架。质量管理体系无须复杂化，而是要准确地反映组织的需求。在建立质量管理体系的过程中，该标准给出的基本概念和原则可提供有价值的指南。

质量管理体系策划不是单一的活动，而是一个持续的过程。这些计划随着组织的学习和环境的变化而逐渐完善。计划要考虑组织的所有质量活动，并确保覆盖本标准的全部指南和ISO9001的要求。计划应经批准后实施。

组织定期监视和评价质量管理体系计划的实施及其绩效是重要的。周密考虑的指标有助于这些监视和评价活动。

审核是一种评价质量管理体系有效性的方法，目的是识别风险和确定是否满足要求。为了有效地进行审核，需要收集有形和无形的证据。基于对所收集证据的分析，采取纠正和改进措施。知识的增长可能会带来创新，使质量管理体系绩效达到更高的水平。

本章主要介绍ISO9000：2015标准质量管理体系框架构成的六个主要部分（领导作用与承诺、策划、支持、运行、绩效评价、持续改进）的内容。

第一节 领导作用

本节是对七项质量管理原则之一的"领导作用"标准的直接陈述。最高管理者不仅要自己履行好职责，还要鼓励、领导和支持其他管理人员履行好他们的职责。作为领导的核心作用，一是指明方向；二是营造环境。本节强调了标准要求的质量管理体系应与企业主要运营过程能融为一体，而非两张皮。

一、领导作用与承诺

1. 针对质量管理体系的领导作用与承诺。最高管理者应通过以下方面证实其对质量管理体系的领导作用与承诺：（1）确保质量方针和质量目标得到建立，并与组织的战略方向保持一致；（2）确保质量方针在组织内得到理解和实施；（3）确保质量管理体系要求纳入组织的业务运作；（4）提高过程方法的意识；（5）确保质量管理体系所需资源的获得；（6）传达有效的质量管理以及满足质量管理体系、产品和服务要求的重要性；（7）确保质量管理体系实现预期的输出；（8）吸纳、指导和支持员工参与对质量管理体系的有效性做出贡献；（9）增强持续改进和创新；（10）支持其他的管理者在其负责的领域证实其领导作用。

2. 针对顾客需求和期望的领导作用与承诺。最高管理者应通过以下方面证实其针对以顾客为关注焦点的领导作用与承诺：（1）可能影响产品和服务符合性、顾客满意的风险得到识别和应对；（2）顾客要求得到确定和满足；（3）保持以稳定提供满足顾客和相关法规要求的产品和服务为焦点；（4）保持以增强顾客满意为焦点。[①]

二、质量方针

方针（Policy）是指由组织的最高管理者正式发布的组织的宗旨和方向。通常质量方针与组织的总方针相一致，可以与组织的愿景和使命相一致，并为制定质量目标提供框架。质量方针（Quality policy）是指关于质量的方针。ISO9000：2015

---

① 注：标准中的"业务"可以广泛地理解为对组织存在的目的很重要的活动。

标准中提出的质量管理原则可以作为制定质量方针的基础。

最高管理者应制定质量方针，方针应：（1）与组织的宗旨相适应；（2）提供制定质量目标的框架；（3）包括对满足适用要求的承诺；（4）包括对持续改进质量管理体系的承诺。

质量方针应：（1）形成文件；（2）在组织内得到沟通；（3）适用时，可为相关方所获取；（4）在持续适宜性方面得到评审。[①]

三、组织的作用、职责和权限

组织（Organization）是指为实现其目标，通过职责、权限和相互关系而拥有其自身职能的一个人或一组人。组织的概念包括但不限于代理商、公司、集团、商行、企事业单位、政府机构、合营公司、社团、慈善机构或研究机构，或上述组织的部分或组合，无论是否具有法人资格、公有的或私有的。

最高管理者（Topmanagement）是指在最高层指挥和控制组织的一个人或一组人。最高管理者有权在组织内部授权并提供资源。

最高管理者应确保组织内相关的职责、权限得到规定和沟通。

最高管理者应对质量管理体系的有效性负责，并规定职责和权限以便：（1）确保质量管理体系符合标准的要求；（2）确保过程相互作用并产生期望的结果；（3）向最高管理者报告质量管理体系的绩效和任何改进的需求；（4）确保在整个组织内提高满足顾客要求的意识。

第二节 策 划

质量策划是质量管理的一部分，致力于制定质量目标并规定必要的运行过程和相关资源以实现质量目标。

质量管理是指导和控制与质量有关的活动，通常包括质量方针和质量目标的建立、质量策划、质量控制、质量保证和质量改进。显然，质量策划属于"指导"与质量有关的活动，也就是"指导"质量控制、质量保证和质量改进的活动。在质量管理中，质量控制、质量保证和质量改进只有经过质量策划，才可能有明确的对象和目标，才可能有切实的措施和方法。因此，质量策划是质量管理诸多活动中不可或缺的中间环节，是连接质量方针和具体的质量管理活动之间的桥梁和纽带。

一、风险和机遇的应对措施

策划质量管理体系时，组织应考虑企业建立质量管理体系的要求，确定需应

---

① 注：质量管理原则可作为质量方针的基础。

对的风险和机遇，以便：（1）确保质量管理体系实现期望的结果；（2）确保组织能稳定地实现产品、服务符合要求和顾客满意；（3）预防或减少非预期的影响；（4）实现持续改进。

组织应策划：（1）风险和机遇的应对措施；（2）如何在质量管理体系过程中纳入和应用这些措施以及如何评价这些措施的有效性。采取的任何风险和机遇的应对措施都应与其对产品、服务的符合性和顾客满意的潜在影响相适应。①

二、质量目标及其实施的策划

组织应在相关职能、层次、过程上建立质量目标。

质量目标应：（1）与质量方针保持一致；（2）与产品、服务的符合性和顾客满意相关；（3）可测量（可行时）；（4）考虑适用的要求；（5）得到监测；（6）得到沟通；（7）适当时进行更新。

组织应将质量目标形成文件。

在策划目标的实现时，组织应确定：（1）做什么；（2）所需的资源；（3）责任人；（4）完成的时间表；（5）结果如何评价。

三、变更的策划

组织应确定变更的需求和机会，以保持和改进质量管理体系绩效。

组织应有计划、系统地进行变更，识别风险和机遇，并评价变更的潜在后果。

第三节 支　　持

最高管理者对质量管理体系的支持和全员参与，能够：提供充分的人力和其他资源；监视过程和结果；确定和评价风险和机遇；实施适当的措施。对资源负责任地获取、调配、维护、改善和处置认真负责，可支持组织实现其目标。

一、资　源

1. 总则。组织应确定与提供为建立、实施、保持和改进质量管理体系所需的资源。

组织应考虑：（1）现有的资源、能力、局限；（2）外包的产品和服务。

2. 基础设施。基础设施（Infrastructure）是指组织运行所必需的设施、设备和服务的体系。

组织应确定、提供和维护其运行和确保产品、服务符合性和顾客满意所需的

---

① 注：可选的风险应对措施包括风险规避、风险降低、风险接受等。

基础设施。基础设施可包括：（1）建筑物和相关的设施；（2）设备（包括硬件和软件）；（3）运输、通讯和信息系统。

3. 过程环境。组织应确定、提供和维护其运行和确保产品、服务符合性和顾客满意所需的过程环境。过程环境可包括物理的、社会的、心理的和环境的因素（例如温度、承认方式、人因工效、大气成分）。

4. 监视和测量设备。组织应确定、提供和维护用于验证产品符合性所需的监视和测量设备，并确保监视和测量设备满足使用要求。组织应保持适当的文件信息，以提供监视和测量设备满足使用要求的证据。

5. 知识。组织应确定质量管理体系运行、过程、确保产品和服务符合性及顾客满意所需的知识。这些知识应得到保持、保护，需要时便于获取。在应对变化的需求和趋势时，组织应考虑现有的知识基础，确定如何获取必需的更多知识。

二、能力

能力（Competence）是指应用知识和技能实现预期结果的本领。

当所有员工了解并应用自身发挥作用和履行职责所需的技能、培训、教育和经验时，质量管理体系是最有效的。为人员提供开发这些必要能力的机会是最高管理者的职责。

组织应：（1）确定在组织控制下从事影响质量绩效工作的人员所必要的能力；（2）基于适当的教育、培训和经验，确保这些人员是胜任的；（3）适用时，采取措施以获取必要的能力，并评价这些措施的有效性；（4）保持形成文件的信息，以提供能力的证据。适当的措施例如提供培训、辅导和重新分配任务、招聘胜任的人员等。

三、意识

当人员了解自身的职责以及他们的行为如何为实现目标做出贡献才会获得意识。

在组织控制下工作的人员应意识到：（1）质量方针；（2）相关的质量目标；（3）他们对质量管理体系有效性的贡献，包括改进质量绩效的益处；（4）偏离质量管理体系要求的后果。

四、沟通

人员是组织内必不可少的重要资源。组织的绩效取决于体系内工作人员如何表现。通过对质量方针和组织的预期结果的共同理解，可使组织内人员积极参与并保持协调一致。

有计划和有效的内部（如整个组织内）和外部（如与有关的相关方）沟通，

可提高人员的积极参与程度并增进理解；组织的环境；顾客和其他有关的相关方的需求和期望；质量管理体系。

组织应确定与质量管理体系相关的内部和外部沟通的需求，包括：（1）沟通的内容；（2）沟通的时机；（3）沟通的对象。

五、形成文件的信息

1. 总则。组织的质量管理体系应包括：（1）标准所要求的文件信息；（2）组织确定的为确保质量管理体系有效运行所需的形成文件的信息。不同组织的质量管理体系文件的多少与详略程度可以不同，取决于：（1）组织的规模、活动类型、过程、产品和服务；（2）过程及其相互作用的复杂程度；（3）人员的能力。

2. 编制和更新。在编制和更新文件时，组织应确保适当的：（1）标识和说明（例如标题、日期、作者、索引编号等）；（2）格式（例如语言、软件版本、图示）和媒介（例如纸质、电子格式）；（3）评审和批准以确保适宜性和充分性。

3. 文件控制。质量管理体系和标准所要求的形成文件的信息应进行控制，以确保：（1）需要文件的场所能获得适用的文件；（2）文件得到充分保护，如防止泄密、误用、缺损。

适用时，组织应采取以下文件控制活动：（1）分发、访问、回收、使用；（2）存放、保护，包括保持清晰；（3）更改的控制（如版本控制）；（4）保留和处置。组织所确定的策划和运行质量管理体系所需的外来文件应确保得到识别和控制。[①]

第四节 运　　行

一、运行策划和控制

组织应策划、实施和控制满足要求和标准确定的措施所需的过程，包括：（1）建立过程准则；（2）按准则要求实施过程控制；（3）保持充分的文件信息，以确信过程按策划的要求实施。

组织应控制计划的变更，评价非预期的变更的后果，必要时采取措施减轻任何不良影响。组织应确保由外部供方实施的职能或过程得到控制。[②]

[①] 注："访问"指仅得到查阅文件的许可，或授权查阅和修改文件。
[②] 注：组织的某项职能或过程由外部供方实施通常称作为外包。

二、市场需求的确定和顾客沟通

1. 总则。组织应实施与顾客沟通所需的过程，以确定顾客对产品和服务的要求。"顾客"指当前的或潜在的顾客；组织可与其他相关方沟通以确定对产品和服务的附加要求。

2. 与产品和服务有关要求的确定。产品（Product）是指在组织和顾客之间未发生任何交易的情况下，组织产生的输出。在供方和顾客之间未发生任何必要交易的情况下，可以实现产品的生产。但是，当产品交付给顾客时，通常包含服务因素。产品最主要的部分通常是有形的。硬件是有形的，其量具有计数的特性（如轮胎）。流程性材料是有形的，其量具有连续的特性（如燃料和软饮料）。硬件和流程性材料经常被称为货物。软件由信息组成，无论采用何种介质传递（如计算机程序、移动电话应用程序、操作手册、字典内容、音乐作品版权、驾驶执照）。

服务（Service）是指在组织和顾客之间需要完成至少一项活动的组织的输出。服务的主要特征通常是无形的。服务通常包含为确定顾客的要求与顾客在接触面的活动以及服务的提供，可能还包括建立持续的关系，如银行、会计师事务所或公共组织（如学校或医院）。服务的提供可能涉及：在顾客提供的有形产品（如需要维修的汽车）上所完成的活动；在顾客提供的无形产品（如为准备纳税申报单所需的损益表）上所完成的活动；无形产品的交付（如知识传授方面的信息提供）；为顾客创造氛围（如在宾馆和饭店）。服务的好坏通常由顾客体验得出。

组织应确定：（1）顾客规定的要求，包括对交付及交付后活动的要求；（2）顾客虽然没有明示，但规定的用途或已知的预期用途所必需的要求；（3）适用于产品和服务的法律法规要求；（4）组织认为必要的任何附加要求，附加要求可包含由有关的相关方提出的要求。

3. 与产品和服务有关要求的评审。组织应评审与产品和服务有关的要求。评审应在组织向顾客做出提供产品的承诺（如提交标书、接受合同或订单及接受合同或订单的更改）之前进行，并应确保：（1）产品和服务要求已得到规定并达成一致；（2）与以前表述不一致的合同或订单的要求已予解决；（3）组织有能力满足规定的要求。

评审结果的信息应形成文件。若顾客没有提供形成文件的要求，组织在接受顾客要求前应对顾客要求进行确认。若产品和服务要求发生变更，组织应确保相关文件信息得到修改，并确保相关人员知道已变更的要求。在某些情况下，对每一个订单进行正式的评审可能是不实际的，作为替代方法，可对提供给顾客的有关的产品信息进行评审。

4. 顾客沟通。组织应对以下有关方面确定并实施与顾客沟通的安排：（1）产品和服务信息；（2）问询、合同或订单的处理，包括对其修改；（3）顾客反馈，包括顾客抱怨；（4）适用时，对顾客财产的处理；（5）相关时，应急措施的特定要求。

三、运行策划过程

为产品和服务实现作准备，组织应实施过程以确定以下内容，适用时包括：（1）产品和服务的要求，并考虑相关的质量目标；（2）识别和应对与实现产品和服务满足要求所涉及的风险相关的措施；（3）针对产品和服务确定资源的需求；（4）产品和服务的接收准则；（5）产品和服务所要求的验证、确认、监视、检验和试验活动；（6）绩效数据的形成和沟通；（7）可追溯性、产品防护、产品和服务交付及交付后活动的要求。

策划的输出形式应便于组织的运作。对应用于特定产品、项目或合同的质量管理体系的过程（包括产品和服务实现过程）和资源做出规定的文件可称为质量计划。组织也可将要求应用于产品和服务实现过程的开发。

四、外部供应的产品和服务的控制

1. 总则。组织应确保外部提供的产品和服务满足规定的要求。当组织安排由外部供方实施其职能和过程时，这就意味由外部提供产品和（或）服务。

2. 外部供方的控制类型和程度。对外部供方及其供应的过程、产品和服务的控制类型和程度取决于：（1）识别的风险及其潜在影响；（2）组织与外部供方对外部供应过程控制的分担程度；（3）潜在的控制能力。

组织应根据外部供方按组织的要求提供产品的能力，建立和实施对外部供方的评价、选择和重新评价的准则。评价结果的信息应形成文件。

3. 提供外部供方的文件信息。适用时，提供给外部供方的形成文件信息应阐述：（1）供应的产品和服务，以及实施的过程；（2）产品、服务、程序、过程和设备的放行或批准要求；（3）人员能力的要求，包含必要的资格；（4）质量管理体系的要求；（5）组织对外部供方业绩的控制和监视；（6）组织或其顾客拟在供方现场实施的验证活动；（7）将产品从外部供方到组织现场的搬运要求。在与外部供方沟通前，组织应确保所规定的要求是充分与适宜的。组织应对外部供方的业绩进行监视，应将监视结果的信息形成文件。

五、产品和服务的开发

设计和开发（Design and development）是指将对客体的要求转换为对其更详细的要求的一组过程。构成设计和开发输入的要求通常是研究的结果，它与形成设计和开发输出要求相比较，可以概括性地表达为更普通的含意。这些要求通常从特性方面来规定。在一个项目中，可以有多个设计和开发阶段。设计和开发的性质可使用限定词表示，如产品设计和开发、服务设计和开发或过程设计和开发。

1. 开发过程。组织应采用过程方法策划和实施产品和服务开发过程。

在确定产品和服务开发的阶段和控制时，组织应考虑：（1）开发活动的特性、周期、复杂性。（2）顾客和法律法规对特定过程阶段或控制的要求。（3）组织确定的特定类型的产品和服务的关键要求。（4）组织承诺遵守的标准或行业准则。（5）针对以下开发活动所确定的相关风险和机遇，第一，开发的产品和服务的特性，以及失败的潜在后果；第二，顾客和其他相关方对开发过程期望的控制程度；第三，对组织稳定的满足顾客要求和增强顾客满意的能力的潜在影响；第四，产品和服务开发所需的内部和外部资源；第五，开发过程中的人员和各个小组的职责和权限；第六，参加开发活动的人员和各个小组的接口管理的需求；第七，对顾客和使用者参与开发活动的需求及接口管理；第八，开发过程、输出及其适用性所需的形成文件的信息；第九，将开发转化为产品和服务提供所需的活动。

2. 开发控制。对开发过程的控制应确保：（1）开发活动要完成的结果得到明确规定；（2）开发输入应充分规定，避免模棱两可、冲突、不清楚；（3）开发输出的形式应便于后续产品生产和服务提供，以及相关监视和测量；（4）在进入下一步工作前，开发过程中提出的问题得到解决或管理，或者将其优先处理；（5）策划的开发过程得到实施，开发的输出满足输入的要求，实现了开发活动的目标；（6）按开发的结果生产的产品和提供的服务满足使用要求；（7）在整个产品和服务开发过程及后续任何对产品的更改中，保持适当的更改控制和配置管理。

3. 开发的转化。组织不应将开发转化为产品生产和服务提供，除非开发活动中未完成的或提出措施都已经完毕或者得到管理，不会对组织稳定地满足顾客、法律和法规要求及增强顾客满意的能力造成不良影响。

六、产品生产和服务提供

1. 产品生产和服务提供的控制。组织应在受控条件下进行产品生产和服务提供。适用时，受控条件应包括：（1）获得表述产品和服务特性的文件信息；（2）控制的实施；（3）必要时，获得表述活动的实施及其结果的文件信息；（4）使用适宜的设备；（5）获得、实施和使用监测和测量设备；（6）人员的能力或资格；（7）当过程的输出不能由后续的监测和测量加以验证时，对任何这样的产品生产和服务提供过程进行确认、批准和再次确认；（8）产品和服务的放行、交付和交付后活动的实施；（9）人为错误（如失误、违章）导致的不符合的预防。

通过以下确认活动证实这些过程实现所策划的结果的能力：（1）过程评审和批准的准则的确定；（2）设备的认可和人员资格的鉴定；（3）特定的方法和

程序的使用；(4) 文件信息的需求的确定。

2. 标识和可追溯性。适当时，组织应使用适宜的方法识别过程输出。

组织应在产品实现的全过程中针对监视和测量要求识别过程输出的状态。

在有可追溯性要求的场合，组织应控制产品的唯一性标识，并保持形成文件的信息。过程输出是任何活动的结果，它将交付给顾客（外部的或内部的）或作为下一个过程的输入。过程输出包括产品、服务、中间件、部件等。

3. 顾客或外部供方的财产。组织应爱护在组织控制下或组织使用的顾客、外部供方财产。组织应识别、验证、保护和维护供其使用或构成产品和服务一部分的顾客、外部供方财产。

如果顾客、外部供方财产发生丢失、损坏或发现不适用的情况，组织应向顾客、外部供方报告，并保持文件信息。顾客、外部供方财产可包括知识产权、秘密的或私人的信息。

4. 产品防护。在处理过程中和交付到预定地点期间，组织应确保对产品和服务（包括任何过程的输出）提供防护，以保持符合要求。

防护也应适用于产品的组成部分、服务提供所需的任何有形的过程输出。防护可包括标识、搬运、包装、贮存和保护。

5. 交付后的活动。适用时，组织应确定和满足与产品特性、生命周期相适应的交付后活动要求。

产品交付后的活动应考虑：(1) 产品和服务相关的风险；(2) 顾客反馈；(3) 法律和法规要求。交付后活动可包括诸如担保条件下的措施、合同规定的维护服务、附加服务（回收或最终处置）等。

6. 变更控制。变更控制（Change control）是指在产品技术状态信息正式被批准后对输出的控制活动。

组织应有计划地和系统地进行变更，考虑对变更的潜在后果进行评价，采取必要的措施，以确保产品和服务完整性。

应将变更的评价结果、变更的批准和必要的措施的信息形成文件。

七、产品和服务的放行

放行（Release）是对进入一个过程的下一阶段或下一过程的许可。

组织应按策划的安排，在适当的阶段验证产品和服务是否满足要求。符合接收准则的证据应予以保持。

除非得到有关授权人员的批准，适用时得到顾客的批准，否则，在策划的符合性验证已圆满完成之前，不应向顾客放行产品和交付服务。应在形成文件信息中指明有权放行产品以交付给顾客的人员。

八、不合格产品和服务

不合格或不符合（Nonconformity）是指未满足要求。缺陷（Defect）是指与预期或规定用途有关的不合格。区分缺陷与不合格的概念是重要的，这是因为其中有法律内涵，特别是在与产品和服务责任问题有关的方面。顾客希望的预期用途可能受供方所提供信息的性质影响，如操作或维护说明。

组织应确保对不符合要求的产品和服务得到识别和控制，以防止其非预期的使用和交付对顾客造成不良影响。

组织应采取与不合格品的性质及其影响相适应的措施，需要时进行纠正。这也适用于在产品交付后和服务提供过程中发现的不合格的处置。

当不合格产品和服务已交付给顾客，组织也应采取适当的纠正措施以确保实现顾客满意。

应实施适当的纠正措施。适当的措施可包括：（1）隔离、制止、召回和停止供应产品和提供服务；（2）适当时，通知顾客；（3）经授权进行返修、降级、继续使用、放行、延长服务时间或重新提供服务、让步接收。

在不合格品得到纠正之后应对其再次进行验证，以证实符合要求。

不合格品的性质以及随后所采取的任何措施的信息应形成文件，包括所批准的让步。

第五节 绩效评价

绩效（Performance）是指测量的结果。绩效可能与定量的或定性的结果有关。绩效可能与活动、过程、产品、服务、体系或组织的管理有关。

组织定期监视和评价质量管理体系计划的实施及其绩效是重要的。周密考虑的指标有助于这些监视和评价活动。

审核是一种评价质量管理体系有效性的方法，目的是识别风险和确定是否满足要求。为了有效地进行审核，需要收集有形和无形的证据。基于对所收集证据的分析，采取纠正和改进措施。知识的增长可能会带来创新，使质量管理体系绩效达到更高的水平。

一、监视、测量、分析和评价

监视（Monitoring）是指确定体系、过程、产品、服务或活动的状态。确定状态可能需要检查、监督或密切观察。监视通常是在不同的阶段或不同的时间对客体状态的确定。

测量（Measurement）是指确定数值的过程。根据 ISO3534－2，确定的数值通常是量值。

1. 总则。组织应考虑已确定的风险和机遇，应：（1）确定监视和测量的对象，以便证实产品和服务的符合性；评价过程绩效；确保质量管理体系的符合性和有效性；评价顾客满意度。（2）评价外部供方的业绩。（3）确定监视、测量（适用时）、分析和评价的方法，以确保结果可行。（4）确定监测和测量的时机。（5）确定对监测和测量结果进行分析和评价的时机。（6）确定所需的质量管理体系绩效指标。

组织应建立过程，以确保监视和测量活动与监视和测量的要求相一致的方式实施。

组织应保持适当的文件信息，以提供"结果"的证据。

组织应评价质量绩效和质量管理体系的有效性。

2. 顾客满意。顾客满意（Customer satisfaction）是指顾客对其期望已被满足程度的感受。在产品或服务交付之前，组织有可能不知道顾客的期望，甚至顾客也在考虑之中。为了实现较高的顾客满意，可能有必要满足那些顾客既没有明示也不是通常隐含或必须履行的期望。

组织应监视顾客对其要求满足程度的数据。组织应获取以下方面的数据：（1）顾客反馈；（2）顾客对组织及其产品、产品和服务的意见和感受。应确定获取和利用这些数据的方法。组织应评价获取的数据，以确定增强顾客满意的机会。

3. 数据分析与评价。组织应分析、评价来自监视和测量以及其他相关来源的适当数据。这应包括适用方法的确定。

数据分析和评价的结果应用于：（1）确定质量管理体系的适宜性、充分性、有效性；（2）确保产品和服务能持续满足顾客要求；（3）确保过程的有效运行和控制；（4）识别质量管理体系的改进机会。数据分析和评价的结果应作为管理评审的输入。

二、内部审核

审核（Audit）是为获得客观证据并对其进行客观的评价，以确定满足审核准则的程度所进行的系统的、独立的并形成文件的过程。审核的基本要素包括由对被审核客体不承担责任的人员，按照程序对客体是否合格的确定。审核可以是内部（第一方）审核，或外部（第二方或第三方）审核，也可以是结合审核或联合审核。

内部审核，有时称为第一方审核，由组织自己或以组织的名义进行，用于管理评审和其他内部目的，可作为组织自我合格声明的基础。可以由与正在被审核的活动无责任关系的人员进行，以证实独立性。

外部审核包括第二方和第三方审核。第二方审核由组织的相关方如顾客或由其他人员以相关方的名义进行。第三方审核由外部独立的审核组织进行，如提供合格认证/注册的组织或政府机构。

组织应按照计划的时间间隔进行内部审核,以确定质量管理是否:(1)符合组织对质量管理体系的要求和标准的要求;(2)得到有效的实施和保持。

组织应:(1)策划、建立、实施和保持一个或多个审核方案,包括审核的频次、方法、职责、策划审核的要求和报告审核结果。审核方案应考虑质量目标、相关过程的重要性、关联风险和以往审核的结果。(2)确定每次审核的准则和范围。(3)审核员的选择和审核的实施应确保审核过程的客观性和公正性。(4)确保审核结果提交给管理者以供评审。(5)及时采取适当的措施。(6)保持形成文件的信息,以提供审核方案实施和审核结果的证据。

三、管理评审

评审(Review)对客体实现所规定目标的适宜性、充分性或有效性的确定。例如管理评审、设计和开发评审、顾客要求评审、纠正措施评审和同行评审。评审也可包括确定效率。

最高管理者应按策划的时间间隔评审质量管理体系,以确保其持续的适宜性、充分性和有效性。

管理评审策划和实施时,应考虑变化的商业环境,并与组织的战略方向保持一致。

管理评审应考虑以下方面:(1)以往管理评审的跟踪措施。(2)与质量管理体系有关的外部或内部的变更。(3)质量管理体系绩效的信息,包括不符合与纠正措施;监视和测量结果;审核结果;顾客反馈;外部供方;过程绩效和产品的符合性。(4)持续改进的机会。

管理评审的输出应包括以下相关的决定:(1)持续改进的机会;(2)对质量管理体系变更的需求。

组织应保持形成文件的信息,以提供管理评审的结果及采取措施的证据。

第六节 持续改进

持续改进(Continual improvement)是指提高绩效的循环活动。制定改进目标和寻求改进机会,是一个持续的过程,该过程使用审核发现和审核结论、数据分析、管理评审或其他方法,其结果通常导致纠正措施或预防措施。

一、不符合与纠正措施

不合格或不符合(Nonconformity)是指未满足要求。缺陷(Defect)是指与预期或规定用途有关的不合格。

发生不符合时,组织应:(1)做出响应,适当时采取措施控制和纠正不符合并处理不符合造成的后果。（2）评价消除不符合原因的措施的需求，通过采取以下步骤防止不符合再次发生或在其他区域发生：第一，评审不符合；第二，确定不符合的原因；第三，确定类似不符合是否存在，或可能潜在发生；第四，实施所需的措施；第五，评审所采取纠正措施的有效性；第六，对质量管理体系进行必要的修改。

纠正措施（Corrective action）是指为消除不合格的原因并防止再发生所采取的措施。一个不合格可以有若干个原因。采取纠正措施是为了防止再发生，而采取预防措施是为了防止发生。纠正措施应与所遇到的不符合的影响程度相适应。

组织应将以下信息形成文件：（1）不符合的性质及随后采取的措施；（2）纠正措施的结果。

二、改 进

质量改进（Quality improvement）是质量管理的一部分，致力于增强满足质量要求的能力。质量要求可以是有关任何方面的，如有效性、效率或可追溯性。

组织应通过以下方面改进其质量管理体系、过程、产品和服务：（1）数据分析的结果；（2）组织的变更；（3）识别的风险的变更；（4）新的机遇。

组织应评价、确定优先次序及决定需实施的改进。

思 考 题

1. 简述质量管理体系的六个主要构成内容与企业改进的关系。
2. 简述质量管理体系运作过程中顾客的作用。
3. 领导作用于承诺的主要内容有哪些？其主要作用是什么？
4. 策划的主要内容有哪些？
5. 支持的主要内容有哪些？
6. 运行的主要内容有哪些？
7. 简述绩效评价的主要作用。
8. 持续改进的主要内容有哪些？其在质量管理体系六大板块中的主要作用是什么？
9. 简述质量管理体系构成中六大板块之间的关系。

第六编　追求卓越的质量管理

第十三章　卓越绩效模式

【导入案例】

　　改革开放 30 多年来，我国出现过不少"星"级企业，但大多是"流星"企业，如"巨人"、"小霸王"、"神州"等，而像"海尔"这样的"恒星"企业却很少，为什么这些曾经耀眼的"星"转瞬即逝呢？这种现象无论对国家还是对企业都是巨大的损失。

　　这种现象在国外也大范围存在。彼得斯和沃特曼（Peters & Waterman）的《追求卓越》于 1982 年一出版就引起了广泛关注，但是不幸的是，被他们确认为卓越公司的 43 家企业，5 年之后只有 14 家保持卓越，8 年之后则减至 6 家。获得波多里奇奖的施乐公司曾在日本佳能公司的竞争面前陷入危机，而近些年来又出现绩效下滑、业务被收购、股票价格下跌的现象。同样，英国销售最好的管理类杂志《今日管理》（*Management Today*）每年都要评出英国最好的公司。1979~1989 年该杂志共评出了 11 家顶级公司，但是遗憾的是，到 1990 年，只有 5 家公司依然存活，另外 6 家公司，有的破产，有的被收购。5 家存活的公司中，只有 1 家还能称得上是卓越的公司。

　　为什么大多数"卓越"的企业不能够"持久地卓越"？这个问题的提出，不仅反映出现实中企业的困惑，同时也在某种程度上对现行企业管理研究的有效性提出了质疑。那么，到底什么样的公司才是真正卓越的公司？对于企业，如何才能实现并持续保持卓越呢？为什么许多公司致力于通过对技术的投入、工艺的保证以及管理思想和方法的学习来提高产品质量，如全面质量管理、6σ 管理、零缺陷管理、质量功能配置等，但是，多数企业难以持续地执行这些思想或方法呢？大量事实证明是因为执行所需的相关条件不匹配。这些问题都值得我们深入地思考。

　　（案例来源：林艳：《基于卓越绩效模式的企业持续改进路径探讨》，载《商业时代》2009 年第 31 期）

第一节　世界三大质量奖简介

随着全面质量管理的发展，世界各个国家和地区纷纷设立质量奖以促进全面质量管理的普及，从而提升企业的管理水平及竞争力。近年来，除美国、日本、欧盟、加拿大等发达国家和地区外，许多新兴的工业化国家和发展中国家也都设立了国家质量奖。在全世界所有的国家质量奖中，最为著名、影响最大的有：日本的爱德华·戴明质量奖（Edward Deming prize）、美国的马尔可姆·波多里奇国家质量奖（Malcolm Baldrige award）和欧洲质量奖（European Quality award）。这三大世界质量奖被称为卓越绩效模式的创造者和经济奇迹的助推器。

各个国家和地区都希望通过质量奖的实施来实现对全面质量管理发展的促进，最终实现自身经济竞争力的提升，这些国家和地区的质量奖的设置大都以美国质量奖或者欧洲质量奖为蓝本。可以说，三大质量奖的贡献不仅局限在美国、日本、欧洲，而在于将全新的管理理念带给了全世界。在世界上影响比较大的质量奖如表13－1所示。

表 13－1　　　　　　　　　　　世界主要质量奖一览

国家或地区	名　　称
美国	美国波多里奇国家质量奖（MBNQA）
欧洲	欧洲质量奖（EQA）
日本	日本戴明奖（JDA）
英国	英国质量奖（UKQA）
瑞典	瑞典质量奖（SWQA）
新加坡	新加坡国家质量奖（SQA）
加拿大	加拿大杰出奖（CAE）
俄罗斯	俄罗斯国家质量奖
澳大利亚	澳大利亚卓越奖
中国大陆	全国质量奖
中国香港地区	香港质量管理奖
中国台湾地区	台湾地区质量奖

一、爱德华·戴明质量奖

1. 戴明质量奖的产生。20世纪70年代末期，日本国民经济的发展及日本企业与产品的竞争力受到了全世界的瞩目。尽管90年代后日本经济遭受挫折，日本企业的竞争力受到怀疑，但资源匮乏、领土面积狭小的日本所创造的经济奇迹依然不容忽视。日本《经济白皮书》把日本经济取得成功的原因归结为三个方面：一是重视人才资源和教育培训；二是吸收和消化国外的先进技术，适用于本国的国情；三是形成了适应经济形势变化和不同发展阶段的经济系统。

美国的爱德华·戴明博士最早把质量管理介绍到日本。1949 年日本科学技术联盟（JUSE）邀请戴明博士到日本举行为期 8 天的统计质量管理基础讲座，这对当时处在幼年期的日本工业的质量控制给予了极大的帮助。

1951 年，为了永久纪念戴明对日本的友情和贡献，日本科学技术联盟设立了爱德华·戴明质量奖，用以推动日本工业质量控制和质量管理活动的发展。爱德华·戴明质量奖，以爱德华·戴明博士的名字命名，是专门颁给企业和个人，以证明其卓越的产品或发明在质量方面取得了异常的提升。随后的近 30 年中，戴明质量奖在推广普及质量管理方法、提高日本产业竞争力方面起到了至关重要的作用。

2. 戴明质量奖的分类。戴明质量奖分为戴明奖、戴明应用奖和戴明控制奖。

戴明奖授予在质量管理方法研究、统计质量控制方法以及传播 TQC 的实践方面做出突出贡献的个人。

戴明应用奖授予质量管理活动突出，在规定的年限内通过运用 TQC 方法获得与众不同的改进效果和卓越业绩的企业。戴明应用奖还授予国外的企业。

戴明控制奖授予企业中的一个部门，这个部门通过使用 TQC 方法在规定的年限内获得与众不同的卓越改进效果。

3. 戴明奖的评奖标准。持续改进不是轻易就能获得的，没有哪一个企业仅仅靠解决别人提出的问题就能获得卓越的业绩。它们需要自己思考、创新和变革，制定自己的质量战略目标和经营战略目标，并为此而努力。在这样的企业中，戴明质量奖被作为一种持续改进和进行企业创新与变革的工具。获得戴明质量奖的企业，都是积极按照质量奖的评价标准和要求，根据自己企业的特点、环境，不断完善其质量控制方法，其产品质量和服务均得到大幅度提高的企业。这些企业刺激着其他企业开展 TQM 活动。

戴明质量奖评审标准 50 多年不断地改进完善，当前的评审标准主要有 10 个方面，如表 13 - 2 所示。

表 13 - 2　　　　　　　　　　戴明奖评审标准

序号	1	2	3	4	5	6	7	8	9	10
评奖项目	方针与计划	组织与管理	质量管理的教育与普及	质量信息的收集、传递与利用	分析能力	标准化	控制能力	质量保证能力	效果	未来规划
权重	10%	10%	10%	10%	10%	10%	10%	10%	10%	10%

4. 戴明质量奖的作用。企业通过申请戴明质量奖，可以建立和完善企业综合管理体系，推进企业的标准化活动，提高企业的管理和质量改进意识，提高全员积极参与 TQC 活动和质量改进的积极性，提高产品质量、劳动生产率和企业的凝聚力，使质量改进和标准化活动成为企业的自觉行动。获得戴明质量奖成为

一种挑战，获奖意味着在采用有价值的质量控制方法上获得成功。

戴明质量奖给日本企业的 TQC 带来极大的直接或间接影响。日本企业以申请戴明质量奖作为动力和桥梁，积极推动 TQC 活动，经过几十年的努力，逐渐形成了日本企业的竞争力，取得了令世人瞩目的经济奇迹。获得戴明质量奖是一种荣誉，更代表一流的竞争力，它是日本企业追求卓越愿景的现实目标。

日本企业通过申请戴明质量奖，把 TQC 作为企业参与市场竞争的武器，纳入企业经营战略中去，而且使经营战略得到贯彻实施。戴明质量奖提高了企业的凝聚力，纠正了企业过去不重视经营战略的做法，引导和促进了企业的可持续发展。

日本的松下、丰田以及美国的佛罗里达电力等都曾获得戴明应用奖。现在，戴明质量奖已成为享誉世界的奖项。

二、马尔可姆·波多里奇国家质量奖

1. 马尔可姆·波多里奇国家质量奖的设立背景。20 世纪 80 年代，质量良好的日本产品纷纷涌进美国，美国本土工业面临着巨大的冲击。当时，美国市场被日本占领，美国企业岌岌可危，美国民众的焦虑和希望美国经济复兴的愿望空前高涨。面对这种情况，美国前商业部部长马尔可姆·波多里奇（Malcolm Baldrige）先生召集了几十位经济专家、管理学家和企业家进行研究，以寻找出路。在充分研究的基础上，他们向美国国会提出了设立"美国国家质量奖"的建议。它每年只授予 2～3 家具有卓越成就、不同凡响的企业。为了表彰波多里奇在促进国家质量管理的改进和提高上做出的杰出贡献，1987 年美国国会通过了《国家质量改进法案》，创立了以他的名字命名的国家质量管理奖。

马尔可姆·波多里奇奖的核心是定点超越，分两步进行：第一步，分析本企业与历史同期相比取得了多少进步，这能够激励本企业继续前进；第二步，企业要想获得巨大的进步，就要不断地把本企业的业绩与同行业最好企业的业绩比较，找出差距，然后迎头赶上，这就是定点超越。

该项质量奖的设立，有助于获奖企业的成功模式得以总结和推广，有助于美国企业迅速提高产品质量，提高生存、竞争的能力。自从 1987 年美国的马尔可姆·波多里奇国家质量奖被写入美国公司法以来，它为提高美国企业提升竞争力做出了重要的贡献。

2. 马尔可姆·波多里奇国家质量奖的授予范围。波多里奇国家质量奖是由美国总统授予的，它的奖励对象分为企业和组织。企业包括制造业、服务业、小规模及大规模企业；组织包括教育及医疗卫生。设奖目的是奖励那些在质量和绩效方面取得卓著成绩的美国企业，提高公众对质量和绩效卓越的认知。波多里奇奖并不授予某项特定的产品和服务。

3. 马尔可姆·波多里奇国家质量奖的标准。波多里奇国家质量奖卓越绩效的评奖标准是任何组织都可以采用的一组框架。2009~2010年版的评奖标准由以下七个部分组成。

（1）领导（Leadership）：检查高级管理层如何领导组织，以及该组织如何定位自己对社会的责任，使组织首先成为一个好公民。

（2）战略策划（Strategic Planning）：检查组织如何建立其战略方向，如何决策关键行动计划。

（3）以顾客为关注焦点（Customer and Market Focus）：检查组织如何定义客户和市场的期望与需求，如何建立与客户的关系，如何获取、满足和维持客户。

（4）测量、分析与知识管理（Measurement, Analysis, and Knowledge Management）：检查组织如何管理、有效利用、分析和改进数据与信息，以致力于支持关键的组织和组织绩效的管理体系。

（5）以员工为本（Human Resource Focus）：检查组织如何促进成员充分拓展其潜能，并激励他们调整到与组织目标相一致的轨道上。

（6）过程管理（Process Management）：检查组织的各关键业务领域的绩效和改进——客户满意，财务和市场表现，人力资源，供应商和合作伙伴表现，生产运作表现，公共和社会责任。还检查组织如何处理与竞争对手的关系。

（7）结果（Business Results）：监察组织的各关键业务领域的绩效和改进。主要包括六个部分——产品和服务的成果；顾客关注的绩效；财务和市场绩效；人力资源绩效；组织有效性绩效；领导作用和社会责任绩效。

数千企业利用波多里奇国家质量奖的评奖标准作为进行自我审核及培训教育、改进绩效和业务流程的工具，利用波多里奇国家质量奖的评奖标准进行更好的员工关系处理，以提高生产率、改进获利能力。

这七个部分之间的关系如图13-1所示。

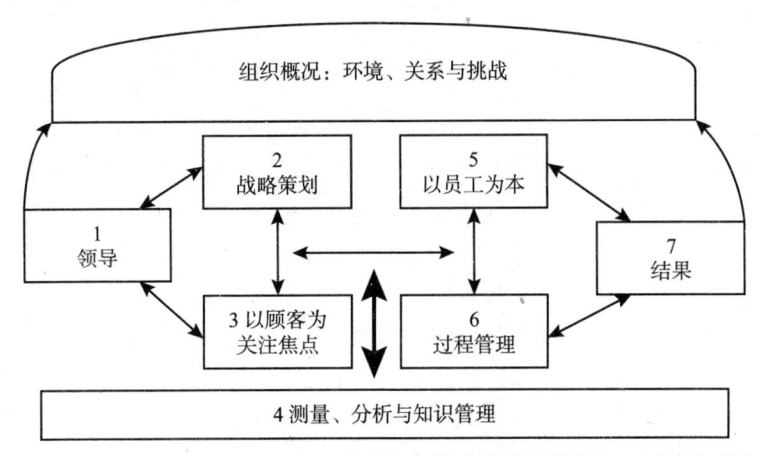

图13-1　2009~2010年版美国波多里奇卓越绩效标准框架：系统的观点

美国波多里奇国家质量奖卓越绩效标准评审项目每年都有一些小的变化，2009～2010年版波多里奇国家质量奖卓越绩效标准评审项目的内容和分值，共包含7个类目、18个评分条款，其具体情况如表13-3所示。

表13-3　　　　2009～2010年版美国波多里奇奖卓越绩效标准

序号	条款/项目	节号	子项目	分数	总计
1	领导	1.1	高层领导	70	120
		1.2	治理和社会责任	50	
2	战略策划	2.1	战略制定	40	85
		2.2	战略展开	45	
3	以顾客为关注焦点	3.1	顾客契合	40	85
		3.2	顾客的声音	45	
4	测量、分析与知识管理	4.1	组织绩效的测量、分析和改进	45	90
		4.2	信息、知识和信息技术管理	45	
5	以员工为本	5.1	员工契合度	45	85
		5.2	员工环境	40	
6	过程管理	6.1	工作系统	35	85
		6.2	工作过程	50	
7	成果	7.1	产品结果	100	450
		7.2	以顾客为关注焦点的结果	70	
		7.3	财务和市场结果	70	
		7.4	以员工为本的结果	70	
		7.5	过程有效性结果	70	
		7.6	领导结果	70	
	总　　分				1 000

4. 马尔可姆·波多里奇国家质量奖的组织实施。美国商务部是美国波多里奇国家质量奖的主管部门。美国标准技术院（NIST）受商务部技术署的授权管理该奖（同时吸收了一些民间私人机构的参与）。美国质量协会（ASQ）在NIST的指导下，负责波多里奇国家质量奖的日常管理工作，并在与质量奖有关的质量概念、原理和技术等方面，不断发展、改进和提高。为保证评奖工作正常、有序地进行，ASQ组织成立了监督委员会和评审委员会。监督委员会由全美各领域的卓越领导者组成，由商务部部长任命，是商务部质量工作的顾问组，负责评价标准的充分性、评审过程的正确性，保证质量奖评审工作给美国经济发展带来效益。该委员会通过向商务部部长和NIST执行官提交报告来促进评奖工作的改进与提高。评审委员会由美国商业、医疗和教育等组织的领导与专家组成，负责对申请质量奖的组织进行评审，提出具体评审报告。

申请波多里奇国家质量奖的组织向ASQ递交有关申请材料，由ASQ进行资格审查。申请组织的自我表现评价报告由评审委员会审查后，交给高级评审员，从中确定进行现场审核的组织名单。评审委员会组成的评审组到确定的组织进行现场审核，提交评审报告。评审委员会根据综合结论，向 NIST 提交获奖组织推荐名单，由商务部部长最终确定获奖组织。

5. 马尔可姆·波多里奇国家质量奖的成就。波多里奇国家质量奖的设立，相当程度地促成了美国 20 世纪 90 年代后的发展，使之重新回到世界经济霸主的位置。许多领导人曾对该奖项做出了高度评价。美国前总统克林顿曾说，马尔可姆·波多里奇国家质量奖在使美国经济恢复活力以及在提高美国国家竞争力和生活质量等方面起到了主要作用。曾任美国商业部部长的德里曾说，"如果你追求质量，你不会发现任何比波多里奇国家质量奖标准更好的标准，我对这个奖了解越多，我越是坚信，作为一个国家，我们应当持续对它进行投资。"美国前总统布什曾说，波多里奇国家质量奖正日益成为一种全球性的标准，世界上类似奖项增长的数量是波多里奇国家质量奖标准重要性的佐证。曾任美国商业部部长的埃文斯曾说，波多里奇奖获奖者代表了美国最优秀的企业，为组织和社会设立了一个高标准，它们充满活力，生机盎然，具有高尚品德，处于行业的领导地位。

NIST 对于奉行卓越绩效模式的公司与一般公司在股票市场上的表现进行了比较，研究结果显示，波多里奇奖获奖企业作为一个群体，其绩效表现胜过了标准普尔 500 指数企业的平均水平。1990～1999 年波多里奇奖获奖企业的投资回报率大约是标准普尔 500 指数企业平均水平的 4.2 倍，这些企业的投资回报率是 685%，而标准普尔 500 指数企业的投资回报率仅为 163%。

6. 马尔可姆·波多里奇国家质量奖借鉴意义。

（1）政府对推选波多里奇国家质量奖高度重视。自波多里奇国家质量奖首次颁奖至今，已有摩托罗拉、施乐、AT&T、IBM、KARLEEV、波音等许多家企业获得了该奖。在 2003 年波多里奇奖颁奖仪式上，布什总统发表简短讲话，高度肯定和评价了波多里奇国家质量奖的重要作用，并指出，波多里奇奖给予了取得卓越绩效的美国商业、学校和医疗卫生组织很高的荣誉。这些组织体现了它们的价值、卓越领导和对员工、合作伙伴及社会的承诺。曾任美国商务部部长的康纳德·伊文斯说："2003 年波多里奇奖获得者为我们国家的强大与繁荣做出了重大贡献。他们对卓越及道德的承诺以及责任心是增强我们所有企业竞争力的关键，也是美国安全保障及成功的基础。"

（2）特别强调领导在追求卓越中的关键作用。最高管理者是企业的核心，是企业的高层决策者、有力推动者和执行者。领导对企业的生存与发展起到决定性的作用。组织的领导在追求卓越的质量经营过程中，其作用不是较为直接、具体的管理工作，更不是被动地处理紧急问题，领导是要运用权力和影响力引导、影响全体员工按照企业战略目标要求努力工作的过程。领导作用主要应履行四个方面的职责，即：制定组织的战略、方针、体系、方法；创建以顾客为中心的价值观和企业文化；调动、激励全体员工的参与、改进、学习和创新；以自己的道德行为和个人魅力起到典范作用。

（3）追求卓越的质量理念已成为推动企业发展的必由之路。塑造产品的高品质和企业的高荣誉，始终是各企业追求的质量理念。在质量管理上，及时总结经验，查找不足，针对存在的问题，制定完善的措施，持续改进。近几年来，针对国际经济一体化的新形式，企业更要立足于提升工作质量、产品质量、服务质量和经济运行质量，对各项工作实行动态控制，优化系统，以实现绩效的持续发展。波音飞机公司服务支持部通过导入卓越绩效模式，1999～2002年销售收入年平均增长率超过70%。《财富报告：2009年度中国上市公司市值管理绩效评价报告》是关于中国上市公司市值管理绩效评价的独家专业年度分析报告，报告对影响中国上市公司市值的内外因素作了详细的分析，分析结果显示，追求卓越的质量理念是重要的影响因素之一。

美国许多成功企业的经验证明，卓越绩效模式标准为企业实现卓越绩效提供了非常实用的工具，为此所付出的努力是为顾客、股东和员工的将来做出的投资，通过申请质量奖获取的显著价值远远超过奖励本身。

波多里奇国家质量奖标准被上百万个美国的组织采用，实现了竞争力和绩效的提升。在当今的市场环境中，标准帮助组织提高应变和快速反应能力，关注核心竞争力，以应对外部挑战。不论公司大小，不论是服务业还是制造业，标准提供了一个追求卓越绩效的模式，帮助组织对未来环境进行策划，并对组织的主要状况进行全面的绩效评价，找出改进空间，协调资源、持续发展、提高有效性和效率，最终实现组织的战略目标。

三、欧洲质量奖

1. 欧洲质量奖的产生背景。美国波多里奇国家质量奖和日本的戴明质量奖在推动与改进制造业和服务业方面所取得的质量成效使欧洲企业有所感悟。它们认为欧洲有必要开发一个能与之相媲美的欧洲质量改进的框架，当时，任欧洲委员会（EC）主席的雅克·戴勒指出："为了企业的成功，为了企业的竞争的成功，我们必须为质量而战。"欧洲质量奖是欧洲委员会副主席马丁·本格曼先生倡议，由欧洲委员会、欧洲质量组织（EOQ）和欧洲质量基金组织（EFQM）共同发起的。

设立欧洲质量奖的目的与美国马尔可姆·波多里奇国家质量奖以及日本爱德华·戴明质量奖是一样的，都是为了推动质量改进运动、提高对质量改进重要性和质量管理技术方法的意识，对展示出卓越质量承诺的企业进行认可，以提高欧洲企业在世界一体化市场上的竞争力。

欧洲企业的卓越化模式首创于1991年，最初是一个用于企业自我评价的模式，这个模式后来被用于企业申请欧洲质量奖的评价基础，现在被称为EFQM卓越化模式。欧洲质量奖是欧洲最负声望的组织奖之一，自1992年起每年颁发一次。近20年来，EFQM一直以世界上最先进的管理模式为基础，运用EFQM卓越化模式的基本原则，通过实施世界领先的有效管理模式来帮助欧洲企业制造更好的产品、提供更好的服务。

2. 欧洲质量奖的授予范围与评审机构。欧洲质量奖授予欧洲全面质量管理最杰出和有良好业绩的企业，只有营利性企业才能申请，非营利性企业被排除在外。它对企业所有权的类别和企业所有者的国籍并无要求，但申请企业的质量管理活动必须在欧洲发生。欧洲质量奖评价的领域广泛，它注重企业的经营结果、顾客满意和服务、人力资源开发，强调分享产品和技术信息的重要性。

EFQM负责欧洲质量奖的评审和管理，它的宗旨是帮助欧洲企业走向卓越。EFQM设有各种工作组负责企业培训、不同类型的质量项目和质量改进技术的研究。其理事会对欧洲质量奖的重大战略事务进行管理，以使欧洲质量奖行动方式与它的宗旨相一致。

EFQM是一个不以营利为目的的成员组织，由英国电信公司（BT）、菲亚特汽车公司（Fiat）、荷兰航空公司（KLM）、荷兰飞利浦公司（Philips）、法国雷诺汽车（Renault）、德国大众汽车（Volkswagen）等14家欧洲大型企业在欧洲委员会的认可下于1988年创立。该组织成立的目的是为了推动欧洲企业的卓越化进程、促进欧洲企业在世界市场上的竞争力。目前EFQM已拥有来自欧洲和欧洲以外其他38个国家或地区的成员800余个，这些成员主要来自企业、高等院校、研究机构和全国性的商业组织。

EFQM在19个欧洲国家设有国家合作组织（NPOs），这些组织被授权作为欧洲质量奖的代理，负责与EFQM卓越模式相关的产品和服务信息的传递工作。EFQM的工作与这些国家的国家合作组织密切相关。它们共同开发出一个不论大型、中型还是小型企业，也不论公立还是私营组织，都适用的、互相理解和支持的信息服务网络。EFQM与世界上的贸易、标准化和合格评定组织以及联合国的研究机构、世界上的著名大学保持着良好的合作关系。

EFQM的成员使用最先进的测量系统持续改进它们企业的质量经营模式。它们的目标是，给人们更好的工作环境，尽最大可能向顾客提供更好的产品价值和质量。从欧洲质量奖开始设置起，EFQM就以帮助创建更强大的欧洲企业和产品为己任，通过实施全面质量管理原则，从事它们的商业经营活动，并处理它们与雇员、股东、顾客的关系。

3. 欧洲质量奖的使命。一是激励和帮助欧洲的企业，改进它们的经营活动，并最终达到顾客满意、雇员满意，达到社会效益和企业效益的卓越化；二是支持欧洲企业的管理人员加速实施全面质量管理这一在全球市场竞争中获得优势的决定性因素的进程。

4. 欧洲质量奖的评奖标准。在欧洲质量奖卓越化模式的9个要素中，每个要素在评奖过程中所占的百分比如下:领导占10%,方针和战略占8%,人员占9%,合作伙伴和资源占9%,过程占14%,顾客结果占20%,人员结果占9%,社会结果占6%,主要绩效结果占15%。它们之间的关系如图13-2所示。

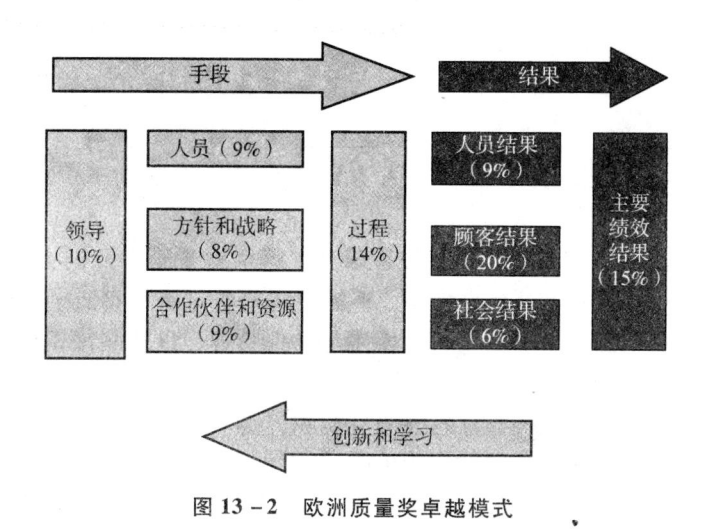

图13-2 欧洲质量奖卓越模式

5. 欧洲质量奖的分类。欧洲质量奖对欧洲每一个表现卓越的企业开放,它着重于评价企业的卓越性。欧洲质量奖的奖项分为质量奖、单项奖、入围奖和提名奖。欧洲质量奖的奖励范围,1996年扩大到公共领域的组织,1997年又扩大到250个雇员以下的中小企业以及销售、市场部门和研究机构等。

(1) 质量奖。质量奖授予被认定是最好的企业。获奖企业的质量各类方法和经营结果是欧洲或世界的楷模。获奖企业可以在信笺、名片、广告等上面使用欧洲质量奖获奖者标识。

(2) 单项奖。单项奖授予在卓越化模式的一些基本要素中表现优秀的企业。2003年欧洲质量奖在领导作用、顾客对产品评价、社会效益评价、人力资源效果评价和员工投入、经营结果领域内颁发了这一奖项。单项奖确认并表彰企业在某一方面的模范表现,也使得一般的管理者和媒体更容易理解。

(3) 入围奖。欧洲质量奖的入围奖意味着企业在持续改进其质量管理的基本原则方面获得了较高的水准。获入围奖的企业将在每年一度的欧洲质量奖论坛上得到认可。这一论坛每年在欧洲不同的城市举行,来自欧洲不同国家和地区的700多名企业管理者会出席这一会议。

(4) 提名奖。获得提名奖的企业已经达到欧洲质量奖卓越化模式的中等水平。获得提名奖将有助于鼓励企业更好地进行质量管理,并激励它们进一步去努力。

2000 年，EFQM 再次重申了它们对授予欧洲质量奖的立场和观点。现在，它们把目标集中于"建立一个欧洲企业在其中表现优秀的世界"，并加大力量推进欧洲企业的卓越化进程和可持续发展。由于 EOQ 的帮助和其他成员的榜样，欧洲企业已经逐渐接受了"全面质量管理"这样一种管理理念，并认为它是一种有效的成功的管理模式，能够在全球市场竞争中获得优势，因此，全面推行欧洲质量奖能够增强企业质量保证体系的有效性、降低产品成本、提高顾客满意度，长期满足顾客、雇员等的需要，能够使企业获得显著的经济效益和社会效益，最终会导致企业获得更好的经营结果。

第二节 全国质量奖

一、设奖的背景介绍

21 世纪是一个科技迅猛发展、国际竞争空前激烈的时代，也是人们不断追求卓越的时代。随着经济全球化的迅猛发展，企业必须树立全球化的质量观，提供全球化的产品质量。

为贯彻落实《中华人民共和国产品质量法》，表彰在质量管理方面取得突出成效的企业，引导和激励企业追求卓越的质量管理经营，提高企业综合质量和竞争能力，更好地适应社会主义市场经济环境，更好地服务社会、服务用户以及推进质量振兴事业，2001 年中国质量协会第七届理事会经协商决定启动全国质量管理奖的评审工作，2005 年更名为全国质量奖。

二、全国质量奖简介

全国质量奖主要奖励实施卓越质量经营以及在质量、效益和社会责任等方面都取得显著成绩的企业或组织。全国质量奖是我国质量领域的最高奖项。

质量奖评审遵循为企业服务的宗旨，坚持"高标准、少而精"和"优中选优"的原则，根据 GB/T19580－2004《卓越绩效评价准则》国家标准对企业进行科学、客观、公正的评审。

质量奖每年评审一次，由中国质量协会（以下简称中国质协）按照《全国质量奖评审管理办法》和《全国质量奖评审程序规范》的相关要求与规定实施评审。

质量奖评审机构由质量奖审定委员会和质量奖工作委员会两级机构组成，工作委员会常设办事机构为质量奖工作委员会办公室。

质量奖审定委员会由政府、行业、地区主管质量工作的部门负责人及权威质量专家组成，负责研究、确定质量奖评审工作的方针、政策，批准质量奖评审管理办法及评审标准,审定获奖企业名单。

质量奖工作委员会由具有理论和实践经验的质量管理专家、质量工作者和地方、行业质协负责人组成,负责实施质量奖评审,并向审定委员会提出获奖企业推荐名单。质量奖工作委员会办公室设在中国质协,其主要工作是:拟订、修改质量奖评审管理办法;评聘质量奖评审人员;组织实施质量奖资格审查、资料评审和现场评审;对获奖企业进行监督和帮助。

目前,全国质量奖在层级设置上包括质量奖、入围奖、鼓励奖。

质量奖评审范围为:工业(含国防工业)、工程建筑、交通运输、邮电通信及商业、贸易、旅游等行业的国有、股份、集体、私营和中外合资及独资企业。非紧密型企业集团不在评审范围之内。

全国质量奖的标识和奖杯如图13-3所示。

全国质量奖的标识　　　　　　全国质量奖的奖杯

图13-3　全国质量奖标识和奖杯

三、全国质量奖评审标准

全国质量奖评审标准是企业或组织进行自我评价、评审专家对申报企业或组织进行评审以及起草反馈报告的依据。在2004年以前的全国质量奖评审工作中,评审标准是等同采用波多里奇国家质量奖标准。2004年8月30日,国家质量监督检验检疫总局和国家标准化管理委员会发布了《卓越绩效评价准则》国家标准,于2005年1月1日起实施。《卓越绩效评价准则》国家标准融合了世界发达国家最有影响的质量奖标准的基本内容,有针对性地制定了企业卓越绩效的评价要求,是引导企业走向卓越经营管理模式的指导性标准,也为企业相互借鉴成功的经验提供了重要平台。

在《卓越绩效评价准则》国家标准中,评审质量奖的具体标准共分七个类目,总分为1 000分。类目与评分条款的分值分配如表13-4所示。

表 13-4　　　　　　　　　全国质量奖的评审标准

序号	条款/项目	节号	子项目	分数	总计
4.1	领导	4.1.1	组织的领导	60	100
		4.1.2	社会责任	40	
4.2	战略	4.2.1	战略制定	40	80
		4.2.2	战略部署	40	
4.3	顾客与市场	4.3.1	顾客与市场的了解	40	90
		4.3.2	顾客关系与顾客满意	50	
4.4	资源	4.4.1	人力资源	40	120
		4.4.2	财务资源	10	
		4.4.3	基础设施	20	
		4.4.4	信息	20	
		4.4.5	技术	20	
		4.4.6	相关方关系	10	
4.5	过程管理	4.5.1	价值创造过程	70	110
		4.5.2	支持过程	40	
4.6	测量、分析与改进	4.6.1	测量与分析	40	100
		4.6.2	信息和知识的管理	30	
		4.6.3	改进	30	
4.7	经营结果	4.7.1	顾客与市场的结果	120	400
		4.7.2	财务结果	80	
		4.7.3	资源结果	80	
		4.7.4	过程有效性结果	70	
		4.7.5	组织的治理和社会责任结果	50	
	总　　计				1 000

四、全国质量奖历年获奖名单

全国质量奖由中国质量协会于 2001 年开始实施，旨在激励和引导我国企业实施卓越绩效模式，提升产品服务质量和经营发展质量，增强企业乃至国家竞争能力。15 年间，全国累计已有 123 家组织获得这项我国质量领域的崇高荣誉。具体如表 13-5 所示。

表 13-5　　　　　　　　　历年获奖企业名单

年份	获奖企业
2001	宝山钢铁股份有限公司、海尔集团公司、青岛港务局、上海大众汽车有限公司、青岛海信电器股份有限公司
2002	上海三菱电梯有限公司、中建一局建设发展公司、上海日立电器有限公司、联想（北京）有限公司、青岛啤酒股份有限公司、厦门 ABB 开关有限公司
2003	武汉钢铁股份有限公司、宜宾五粮液股份有限公司、兖州煤业股份有限公司、贵州茅台酒股份有限公司、济南钢铁股份有限公司、大众交通（集团）股份有限公司大众出租汽车分公司

续表

年份	获奖企业
2004	上海国际机场股份有限公司、中天建设集团有限公司、南通醋酸纤维有限公司、浙江正泰电器股份有限公司、杭州卷烟厂、英特尔产品（上海）有限公司、中国网通集团天津市通信公司、清溢精密光电（深圳）有限公司
2005	广西玉柴机器股份有限公司、上海贝尔阿尔卡特有限公司、中铁建设集团有限公司、青岛建设集团公司、浙江德力西电器股份有限公司、湖南华菱涟源钢铁有限公司、香港地铁有限公司（香港）、浙江移动通信有限责任公司、上海移动通信有限责任公司、深圳海外装饰工程公司
2006	珠海格力电器股份有限公司、万向钱潮股份有限公司、扬子石油化工股份有限公司、山西太钢不锈钢股份有限公司、中交第二航务工程局有限公司、浙江万丰奥威汽轮股份有限公司、广东移动通信有限责任公司、上海市电力公司市区供电公司、恒源祥（集团）有限公司
2007	中国一航成都飞机工业（集团）有限责任公司、潍柴动力股份有限公司、上海隧道工程股份有限公司、中国神华能源股份有限公司神东煤炭分公司、广东美的制冷设备有限公司、康奈集团有限公司、浙江宝石缝纫机股份有限公司
2008	广西柳工机械股份有限公司、金川集团有限公司、莱芜钢铁集团有限公司、中建八局第二建设有限公司、波司登股份有限公司、上海市第七建筑有限公司、人民电器集团有限公司、浙江三花股份有限公司、上海万科房地产有限公司、天津港石油化工码头有限公司、中国人民解放军第五七二〇工厂
2009	中国建筑第八工程局有限公司、南京钢铁联合有限公司、广州珠江钢琴集团股份有限公司、佛山市顺德区美的微波电器制造有限公司、西安陕鼓动力股份有限公司、浙江红蜻蜓鞋业股份有限公司、深圳市海洋王照明科技股份有限公司、四川沱牌集团有限公司、上海市电力公司、中国人民解放军第五七一九工厂
2010	青岛海信电器股份有限公司、鞍钢股份有限公司、西安西电开关电气有限公司、好孩子儿童用品有限公司、山东滨州渤海活塞股份有限公司、南京红宝丽股份有限公司、舞阳钢铁有限责任公司、河北建设集团有限公司、安徽江淮汽车股份有限公司、上海新世界股份有限公司、上海投资咨询公司、北京航天自动控制研究所
2011	兖州煤业股份有限公司、三菱电梯有限公司、宁波方太厨具有限公司、贵州茅台酒股份有限公司、宜宾五粮液股份有限公司、安阳钢铁股份有限公司、武汉钢铁集团氧气有限责任公司、远东电缆有限公司、浙江世友木业有限公司、浙江奥康鞋业股份有限公司、日照港股份有限公司第二港务分公司、中国航天科工集团第三研究院第三总体设计部
2012	邯郸钢铁集团有限责任公司、浙江盾安人工环境股份有限公司、铜陵有色金属集团有限公司、苏州邮政局、江苏省扬州汽车运输集团公司、上海外高桥第三发电有限责任公司
2013	中国北车齐齐哈尔轨道交通装备有限公司、三一重机有限公司、邢台钢铁有限责任公司、鲁泰纺织股份有限公司、江苏核电有限公司、巨石集团有限公司、山东高速股份有限公司、日照港集团有限公司、上海电力设计院有限公司、中国航天科工集团第二研究院第二总体设计部、中国人民解放军第四八零一工厂黄埔军械修理厂、三峡水利枢纽工程、神舟十号与天宫一号空间交会对接机构项目、载人航天制导、导航与控制（GNC）系统研制项目
2014	上海大众汽车有限公司、广西柳工机械股份有限公司、江苏省邮政速递物流有限公司、中国天津外轮代理有限公司、中国能源建设集团广东省电力设计研究院、徐工集团工程机械股份有限公司、加西贝拉压缩机有限公司、江阴兴澄特种钢铁有限公司、山东景芝酒业股份有限公司、空警 2000 任务电子系统
2015	上汽通用汽车有限公司、国网天津市电力公司、东阿阿胶股份有限公司、中国核动力研究设计院、中国人民解放军第四八零六工厂军械修理厂（宁波海工集团公司）、内蒙古包钢钢联股份有限公司、神龙汽车有限公司、一汽解放汽车有限公司无锡柴油机厂、山西太钢不锈钢股份有限公司。北斗二号区域组网工程运载火箭项目、青岛胶州湾大桥、中国海油珠海 LNG 项目一期工程、和谐号 CRH380 高寒动车组

第三节　卓越绩效模式

卓越绩效模式是自 20 世纪 90 年代以来在国际上兴起的一种管理模式，是由国际上三大质量奖（美国波多里奇国家质量奖、欧洲质量奖和日本戴明奖）的评价标准所体现的一套综合的、系统化的管理模式。

2004 年 8 月 30 日，我国国家质检总局发布《卓越绩效评价准则》和《卓越绩效评价准则实施指南》国家标准，于 2005 年 1 月 1 日实施。《卓越绩效评价准则》定位在国际先进质量管理经验和方法的最新总结上，在制定过程中参照了美国波多里奇国家质量奖、欧洲质量奖和日本戴明奖的评价准则，重点参考了最有影响力和代表性的美国波多里奇国家质量奖的评价条款和内容，结合中国企业质量管理的实际情况，有针对性地规定了组织卓越绩效的评价要求。

在《卓越绩效评价准则》国家标准中，评审质量奖的具体标准如表 13-4 所示。

一、卓越绩效模式的核心理念及框架体系

1. 核心理念。卓越绩效模式的核心是"做正确的事、正确地做事和持续改进"。

2. 框架体系，如表 13-3 和图 13-1 所示。我们从卓越绩效模式总体框架中可以看到，由领导、战略和顾客三个要素形成了一个"方向三角形"，企业的领导首先要识别自己的顾客群，找准自己的细分市场，在客观分析环境的前提下，制定中长期的企业发展战略，并且通过强有力的企业文化确保企业战略和行动计划的执行力，最终实现企业的愿景和战略目标。"方向三角形"就是要求企业"做正确的事"。后面的以员工为本、过程管理和经营结果等三个要素形成了一个"驱动三角形"，通过价值链分析、业务流程重组等方式理顺我们的工作系统和工作流程，在优秀员工的努力工作下取得卓越的经营结果，"驱动三角形"也就是我们说的"正确地做事，为顾客、员工和社会创造价值"。它们两者互相影响和相互推动。同时中间还有一个测量、分析和知识管理这根"链条"，通过 P—D—C—A 循环等改进工具促进企业不断地提升管理水平。

二、卓越绩效模式的六大过程的关联性分析

1. 关联性。卓越绩效模式突出了影响组织卓越绩效的四个最关键因素：战略优势和核心竞争力、创新、工作系统及员工契合。核心竞争力是卓越绩效的必要条件，而战略优势和核心能力是核心竞争力的基础；创新是战略优势和核心能力的源泉；工作系统是组织创新的基础和平台；员工契合是工作系统的最关键因素。这些关键因素又通过六大过程要素作用于我们的管理体系。

2. 卓越绩效模式以"战略"为核心展开。从表 13-3 中可以看出，类目 2

"战略制定与战略展开"是整个《卓越绩效准则》的核心,战略的制定和行动计划的制定及展开与准则其他条目有着密切的联系。一些关键的联系如条目 1.1 中关于高层领导者如何设定组织的方向并相互沟通的要求;类目 3 中有关收集顾客和市场信息作为制定战略和行动计划的输入及展开行动计划的要求;类目 4 中为支持关键的信息需要、支持战略制定、为绩效测量提供一个有效的基础及跟踪相对于战略目标和行动计划的进展,而对信息、分析和知识管理的要求;类目 5 中有关满足员工技术与能力需要、员工发展与学习系统的设计及要求源自行动计划且与人力资源相关的变化的执行;类目 6 中有关源自行动计划的组织工作系统和工作过程需求的变化;条目 7.6 是有关组织的战略和行动计划的具体成就方面的要求。

研究发现每部分几乎都与战略部分有关,下面就从"领导与战略、顾客与战略、绩效测量与战略、知识管理与战略、员工与战略、过程与战略"六个方面展开阐述。

(1) 领导与战略。高层领导条目中以下内容与战略有关:

①愿景和价值观。高层领导者如何确立组织的愿景和价值观?高层领导者如何创造一个可持续性的组织?

②法律和道德行为。组织如何处理产品、服务和运营给社会带来的任何不良影响?组织如何预测公众对当前与未来的产品、服务和运营的隐忧?组织如何以一种主动的方式来应对这些隐忧,包括采用资源可持续利用的过程?

(2) 顾客与战略。以顾客为关注焦点条目中以下内容与战略有关:

①对顾客的了解。如何使了解顾客和市场的倾听和学习方法与组织的经营需要和发展方向(包括市场的变化)保持一致?

②顾客关系的建立。如何使组织在建立顾客关系与提供顾客访问途径方面的方法与经营需要及发展方向保持同步?

(3) 绩效测量与战略。组织绩效的测量、分析和改进条目中以下内容与战略有关:

①绩效测量。组织如何确保其绩效测量系统与业务需要和发展方向保持同步?如何确保绩效测量系统对迅速的或意外的组织内外部变化保持敏感性?

②信息资源管理。组织如何保持数据和信息可获得性机制(包括软件和硬件系统在内),与业务需要、发展方向和运营环境中的技术变化保持同步?

(4) 知识管理与战略。知识管理条目中以下内容与战略有关:如何管理组织的知识,以实现集合和传递相关知识应用于战略策划过程?

(5) 员工与战略。以员工为本的条目中以下内容与战略有关:在战略展开部分要求"组织为实现短期和长期的战略目标及行动计划,制定了哪些关键的人力资源计划？这些计划如何反映组织员工中人员的潜在影响，以及员工能力和员工量能需求的潜在变化？"为了实现企业发展战略，企业必须进行战略性的人力资源规划。

①员工培育。组织的员工绩效管理系统如何强化以顾客和业务为中心以及行动计划的实现？

②员工与领导的发展。组织的员工与领导发展和学习系统如何应对以下问题：组织的核心竞争力、战略挑战及行动计划的实现，包括长期和短期的。

③员工契合度评价。组织如何将评价中的发现与类目7的报告关键经营结果相联系，以识别员工契合度和经营结果方面的改进机会？

④员工能力与量能。组织如何评估员工能力与员工量能的需求，包括技能、竞争力和人员配备水平？

如何管理和组织员工，以完成组织工作，利用组织的核心竞争力、加强以顾客和业务为中心、超越绩效预期、关注组织的战略挑战和行动计划、保持应对多变的业务需求的敏捷性？

组织如何为变化的员工能力和员工量能需求做好准备？组织如何管理员工、员工需要和组织的需要，以确保组织的持续运营、避免裁员？如果确有必要裁员，如何使其影响最小化？

（6）过程与战略。过程管理条目中以下内容与战略有关：

①核心竞争力。组织如何确定其核心竞争力？组织的核心竞争力是什么？它与组织的使命、竞争环境和行动计划是如何相关的？

②工作过程设计。组织的关键工作过程是什么？这些关键工作过程是如何与组织的核心竞争力相关的？这些过程是如何为提供顾客价值、盈利、组织成功和持续性做出贡献的？

③突发事件应对。组织如何确保在灾害或紧急情况下工作系统和工作场所有足够的准备？组织的灾害和紧急情况准备系统如何考虑预防、管理和经营的持续性以及恢复？

3.《卓越绩效准则》以绩效改进贯穿于整个管理系统。企业的绩效评价及改进一般分成两个层面，即企业的整体绩效的评价及改进和企业的日常运营绩效的评价及改进。企业的整体绩效的评价及改进应从组织的绩效测量、准则条款报告中汇报的绩效测量项目和指标以及高层领导评价的绩效测量项目和指标中获得相关信息，并在战略目标和行动计划的指导下进行。

4.《卓越绩效准则》六大过程与结果之间的关联性分析具体如图13-4所示。

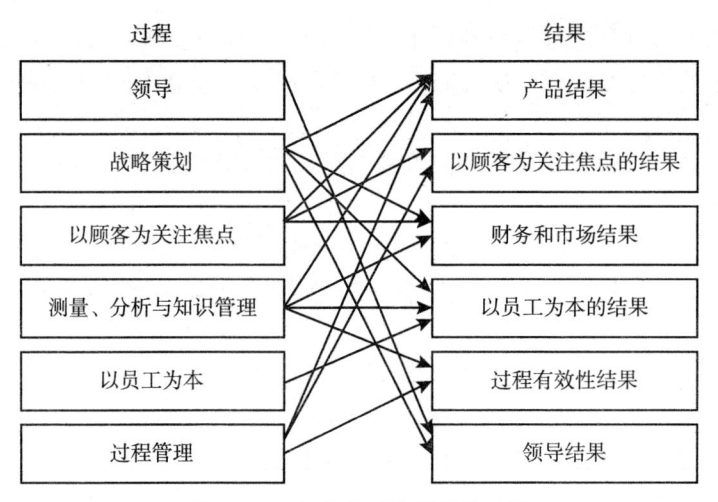

```
        过程                          结果
    ┌─────────┐              ┌──────────────────┐
    │  领导   │              │    产品结果      │
    └─────────┘              └──────────────────┘
    ┌─────────┐              ┌──────────────────┐
    │ 战略策划 │              │以顾客为关注焦点的结果│
    └─────────┘              └──────────────────┘
    ┌──────────────┐         ┌──────────────────┐
    │以顾客为关注焦点│         │   财务和市场结果  │
    └──────────────┘         └──────────────────┘
    ┌──────────────────┐     ┌──────────────────┐
    │测量、分析与知识管理│     │  以员工为本的结果 │
    └──────────────────┘     └──────────────────┘
    ┌─────────┐              ┌──────────────────┐
    │以员工为本│              │   过程有效性结果  │
    └─────────┘              └──────────────────┘
    ┌─────────┐              ┌──────────────────┐
    │ 过程管理 │              │    领导结果      │
    └─────────┘              └──────────────────┘
```

图 13-4　评价准则的因果关系图

三、推行《卓越绩效模式》的关键

推行《卓越绩效模式》的关键是帮助企业建立自己的模式。

企业在推行卓越绩效的时候会发现《卓越绩效准则》并没有给出具体的操作要求，只是通过提问的方式来引导企业建立一套有自己特色的管理系统。因此，企业必须按照自己的实际情况建立起具有本企业特色的"管理模式"或"商业模式"，在建立过程中全面考虑各个管理模块之间的关系和建立模块的先后顺序。

企业管理模式分析表分成五个部分，它们互相影响、互相支持，共同构筑了企业的管理框架，如表 13-6 所示。

表 13-6　　　　　　　　　　企业管理模式分析表

企业文化与制度建设	企业发展战略				运行效率与绩效管理
^	顾客与市场分析、产品与服务的定位				^
^	企业组织架构与最优管理模式（商业模式）				^
^	市场营销	设计开发	供应链管理	售后服务	^
^	价值链分析/业务流程重组/IMS 综合管理体系建立				^
^	ISO9001	ISO14001	OHSAS18000	ISO9004	^
^	企业标识与企业形象系统（CI/VI）				^
^	企业信息化系统/KM 知识管理系统				^
^	企业财务（成本、预算、资金）管理系统				^
^	企业人力资源管理系统				^

1. 工作系统和工作流程。每个企业根据行业、顾客和产品的不同形成自己特殊的工作系统和工作流程,我们可以通过价值链分析、业务流程分析等方式理顺我们的工作系统和工作流程,虽然每个企业业务流程差别较大,但基本上是由"市场营销、设计开发、供应链管理和售后服务等环节"构成。我们通过推行ISO9001质量管理体系,建立起以顾客为关注焦点的流程系统,同时,还要不断消除技术壁垒和提升企业的管理水平,建立ISO14001环境管理体系和OHSAS18000职业健康和安全管理体系。通过精益生产、5S管理、TPM、六西格玛技术来改进流程,不断追求"两高一低"——质量高一点、效率高一点、成本低一点。因此,流程是企业运营管理的核心。

2. 企业运营的支撑系统。主要包括企业形象和品牌建设系统、企业信息化和知识管理系统,企业财务管理系统、企业人力资源管理系统等。例如,人力资源管理系统,通过招聘录用、培训培养、职业生涯规划、员工薪酬及福利、绩效考核等五大系统来解决"用人"问题。企业信息化系统,通过IT技术的应用,通过大量的数据和信息的识别、收集、分析和比较,找到企业的改进方向,通过P—D—C—A循环不断提升管理水平;通过KM知识管理系统把大量的技术知识、员工经验和企业的最佳实践汇总起来,支持公司战略的形成和日常的运营管理工作。企业的财务管理系统,通过全面预算管理来控制产品成本,通过资金管理提高企业的运行效率。企业通过形象系统(VI/CI系统)来树立企业形象,通过品牌建设来提升企业的知名度,提高顾客的认知度和忠诚度。

3. 以顾客和市场为中心、以战略为主线。价值创造过程和支持性过程最终支撑的是企业的顾客和市场,有不同的顾客群和不同的市场定位就会有不同的工作系统和工作流程,因此,整个卓越绩效模式是"以顾客和市场为中心",为了企业的可持续发展,企业必须要有一个中长期的发展战略,明确战略目标,通过行动计划分解到每个业务系统和部门,共同完成企业的长期稳定、均衡的发展。

4. 企业文化和绩效改进为支柱(两侧部分)。企业的发展需要一个良好的工作环境,企业文化通过确立企业的使命、远景和价值观,通过理念层、制度层、行为层、物质层等逐层展开和细化企业文化,从思想上引领员工的成长与发展,增强企业的凝聚力。同时,企业必须建立一套科学、客观和数据化的绩效考核系统,帮助企业领导不断地评价战略目标和行动计划完成的情况,并对内、外部日常运营情况进行监视和调整。对员工的考核也必须与企业和部门的绩效挂钩。

总之,企业的管理是一个整合的系统工程,必须根据企业的实际建立自己的管理模式框架,在企业不同的发展阶段不断地进行调整和创新,协调稳健地发展才能获得长期的成功。

《卓越绩效准则》的核心是"做正确的事、正确地做事和持续改进",推行《卓越绩效模式》的关键是建立企业自己的"管理模式"或"商业模式",企业必须以顾客和市场为中心,建立工作系统和工作流程。以战略为主线推进企业发展，以绩效测量和绩效考核为基础，通过 P—D—C—A 不断改进，以员工为本，进行"人本"管理，以良好的企业文化为"空气"，创造"和谐、激活、创新"型的组织，企业从小到大、从优秀到卓越。

四、基于卓越绩效模式缺陷的分析

1. 问题的提出。改革开放 30 多年来，我国出现过不少"星"级企业，但大多是"流星"企业，如"巨人"、"小霸王"、"神州"等，而像"海尔"这样的"恒星"企业却很少，为什么这些曾经耀眼的"星"转瞬即逝呢？这种现象无论对国家还是对企业都是巨大的损失。

这种现象在国外也大范围存在。彼得斯和沃特曼（Peters & Waterman）的《追求卓越》于 1982 年一出版就引起了广泛关注，但是不幸的是，被他们确认为卓越公司的 43 家企业，5 年之后只有 14 家保持卓越，8 年之后则减至 6 家。获得波多里奇奖的施乐公司曾在日本佳能公司的竞争面前陷入危机，而近些年来又出现绩效下滑、业务被收购、股票价格下跌的现象。同样，英国销售最好的管理类杂志《今日管理》（Management Today）每年都要评出英国最好的公司。1979～1989 年，该杂志共评出了 11 家顶级公司，但是遗憾的是，到 1990 年，只有 5 家公司依然存活，另外 6 家公司，有的破产，有的被收购。5 家存活的公司中，只有 1 家还能称得上是卓越的公司。

为什么大多数"卓越"的企业不能够"持久地卓越"？这个问题的提出，不仅反映出现实中企业的困惑，同时也在某种程度上对现行企业管理研究的有效性提出了质疑。那么，到底什么样的公司才是真正卓越的公司？对于企业，如何才能实现并持续保持卓越呢？为什么许多公司致力于通过对技术的投入、工艺的保证以及管理思想和方法的学习来提高产品质量，如全面质量管理、6σ 管理、零缺陷管理、质量功能展开等，但是，多数企业难以持续地执行这些思想或方法呢？大量事实证明是因为执行所需的相关条件不匹配。这些问题都值得我们深入地思考。

2. 卓越绩效模式及其缺陷分析。任何一个企业若想在激烈的市场竞争中不断发展壮大，其中一个关键成功因素就是必须持之以恒地致力于质量改进。而持续进行质量改进的重要前提条件是企业能够将质量管理的各种理论和方法有效地应用到实际中，有针对性地分析、研究企业自身的特点和问题，并对质量做出全面评价和诊断，为质量改进提供依据。

(1) 卓越绩效模式。

①卓越绩效模式的实质。目前，世界比较著名的质量奖的评价标准有美国波多里奇国家质量奖、欧洲质量奖、日本戴明奖以及中国国家质量奖等。

卓越绩效模式是指由美国马尔可姆·波多里奇国家质量奖和欧洲质量奖标准所体现的一种系统的管理方式。它由组织简介、系统的运行和系统的基础三大部分构成。组织简介描述了组织运行的背景，给出了组织绩效管理系统的一个简单指南。系统的运行部分由"领导"、"战略策划"、"顾客与市场"、"员工队伍"、"过程管理"和"经营结果"六个类目构成，该部分确定了组织的运行以及所取得的结果。"测量、分析与知识管理"类目则构成了绩效管理系统的基础，起着大脑中枢的作用，所有的信息都输入和输出其中。整个模式为结果导向，所有的行动都指向经营结果——由产品和服务、顾客、财务和市场、内部运营绩效四个方面的结果构成。卓越绩效模式的形成路径如图13-5所示。

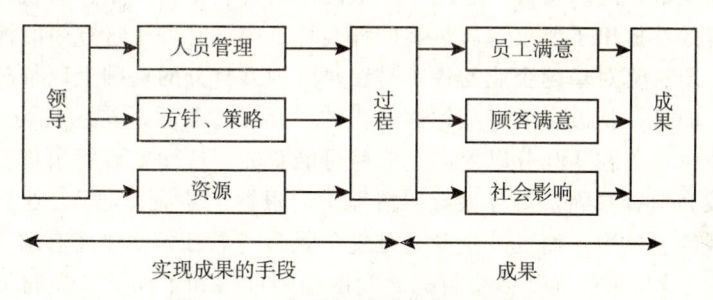

图13-5 卓越绩效模式的形成路径

②卓越绩效企业的评价方式分析。欧洲质量奖、波多里奇国家质量奖和中国国家质量奖都采取打分的办法。首先，将核心价值分类，类又可以再细分为项；其次，按照各类重要程度的不同施以权重；再次，在综合考虑方法、展开（应用程度）和结果这三个方面的基础上对各项进行打分；最后，根据各项、类的重要性进行加权平均。日本戴明奖则不同，它没有提供按优先顺序列出标准的质量模型框架，而是向每个申请者提出10个同等权数的评价项，由专家组评判、打分。世界三大质量奖的评价标准如表13-7所示。

表13-7　　　　　　　世界三大质量奖的评价标准

戴明奖	权重	波多里奇奖	权重	欧洲质量奖	权重
1. 方针与计划	10%	1. 领导	12%	1. 领导	10%
2. 组织与管理	10%	2. 战略计划	8.5%	2. 员工投入	9%
3. 质量管理的教育与普及	10%	3. 顾客与市场	8.5%	3. 方针与战略	8%
4. 质量信息的收集、传递和利用	10%	4. 测量、分析、知识管理	9%	4. 合作伙伴和资源	9%
5. 分析能力	10%	5. 员工队伍	8.5%	5. 过程管理	14%
6. 标准化	10%	6. 过程管理	8.5%	6. 人员结果	9%
7. 控制能力	10%	7. 结果	45%	7. 顾客结果	20%
8. 质量保证能力	10%			8. 社会结果	6%
9. 效果	10%			9. 主要绩效结果	15%
10. 未来规划	10%				

根据上述质量奖的评奖方式我们不难发现，所有这些方法的共同特点是：评价标准不变化；评价的结果只能指出需要改进的内容而没有方法和工具；评价侧重于识别强项，用于与其他企业的比较，采用打分、加权、求总分的办法进行评价。这些评价方法的共同问题是：淡化了评价的真正目的——对质量的改进。

(2) 卓越绩效模式的缺陷分析及实践应用中的常见误区。

①卓越绩效模式的主要缺陷。

第一，根据"木桶原理"，决定一个木桶最大容积的不是最长的那块板，甚至也不仅仅是最短的那块板，还包括木板之间的拼接是否严密，这就对各因素之间衔接的有效性提出了要求。质量奖的评奖标准中没有关于这方面的评价指标。

第二，质量奖对卓越企业的评审是在对各因素打分的基础上以加权累加的总分为依据。而且，从波多里奇奖评奖过程的实际操作来看，在总分为1 000分的评价系统中，得分在400分以上的企业就可能获奖，这样就可能出现有些获奖企业总分比较高但有些因素得分很低的情况。而根据"木桶原理"，这类企业其实不具备持久的竞争力。而且，企业越是过于强调一个目标，并且追求这一目标上的"卓越"，就越可能导致多个目标之间的激烈冲突和不均衡。获得波多里奇奖的施乐公司就曾在日本佳能公司的竞争面前陷入危机，而近些年来又出现绩效下滑、业务被收购、股票价格下跌的现象。

第三，评奖标准是静态的，而且欧洲质量奖与波多里奇奖没有提供改进的具体方法、工具，这样企业会过分注重获奖而忽略持续地改进。

②实践应用中的误区。

第一，以得奖为唯一目标。许多企业在实践中以得奖为终极目标，它们在自己擅长的方面格外努力，以求高分数，而根据"木桶原理"，由于它们忽略了要想成为持久卓越企业各管理因素间的匹配性，使得企业不能持久改进，最终只能是个"流星"企业。

第二，形似而神散。卓越绩效模式遵循的是全面质量管理的理念。卓越绩效模式的11项核心价值观、ISO9000的八大原则都是对这些管理理念的诠释。不从根本上理解并接受这些理念，单纯地追求形似，是很难发挥出卓越绩效模式的实效的。

第三，领导层参与不足。实施卓越绩效模式是对整个企业绩效管理系统的改造，没有企业领导层的参与显然是一项不可能完成的任务。有些企业在实施过程中将这项工作全面交给某一个部门，而中层主管们对于一些全局性、长远性的问题是无能为力的。

3. 基于卓越绩效模式缺陷的企业持续改进的思考。卓越绩效模式强调的不仅仅是质量的提高，而是主张通过建立一个系统并加以持续的改进来实现全面的绩效提升，也就是要同时实现高质量、低成本、高的生产率、快的速度、良好的社会责任等。

（1）持续改进的基本思路。当前，追求卓越已成为很多管理者的热望，但需要注意的是，它也是一个危险的概念，特别是当领导者用单一维度的指标来测量它时，追求"卓越"的努力带来的不是企业的长期成功，而更可能是失败。企业管理者必须要认识到：第一，每个绩效指标都具有一个特点，即它对某些利益相关方的意义有时会大于对其他相关方的意义。这就意味着，如果过分强调一个指标，就可能损害到其他利益相关方。例如，当前利润的最大化可能意味着牺牲未来的市场表现和股东的价值。第二，绩效是一个具有多个维度的概念，需要多个维度的指标匹配地增长才有可能获得。

因此，管理者不应当简单地追求某个指标的最优化，而是应当在一定时间段内创造经营结果的均衡绩效，即为关键的利益相关方创造价值并平衡其相互间的价值。因此，应当寻求在一个合理的区域内运作，从而使所有关键利益相关方都基本满意。从实践上来看，这意味着，首先，管理者需要清晰地界定公司关键的利益相关方并对其期望和要求进行评估；其次，通过与公司内外部的利益相关方就公司的使命及愿景进行广泛沟通，力求使不同的利益相关方能够统一在公司的使命和愿景之下；最后，在利益相关方取得一定共识的基础上尽量拓展各自能够容忍的空间，从而也拓展管理者能够掌控的空间。

（2）基于卓越绩效模式缺陷的企业绩效指标的协调方式。卓越绩效模式的重点是开发出一套综合的绩效测量体系，同时还要确保这些指标之间能够相互协调，并且与公司的战略目标保持一致。

卓越的公司应当是综合绩效卓越的公司，即：既是实现高质量、高效率、低成本以及良好的社会责任等目标的公司，同时也是有能力满足利益相关方要求的公司。尽管各利益相关方的期望和要求存在不一致，有时甚至相互冲突，但是，它们都希望看到公司的生存和繁荣。这就意味着可以通过一定的方式来协调利益相关方的期望，同时也确保公司多重目标的协调统一。协调的方式主要有：

第一，通过对公司使命、愿景及核心价值观的描述来激发利益相关方的共识并确定优先顺序。诸如使命、价值观和愿景这些根本性问题的思考，成为管理一个组织的逻辑出发点。这些要素在组织中起着北斗星、火车头、推动力和黏结剂的作用，它们为组织的发展指出了方向，使人们聚合成为一个具有高度一致性的集体，鼓舞和推动人们为实现组织的目标而奋勇前进。同时，它们还起到了决策与行动的指南和坐标的作用。公司的使命、愿景与核心价值观陈述往往还具有强有力的激励作用，可以激发股东、管理者、员工等为了共同的目标而努力。其次，在使命陈述中，通常会识别出关键的利益相关方，并清晰界定其优先顺序。这将有助于在出现矛盾和冲突时解决方案的确定。卓越绩效模式在确定优先顺序时非常明确地强调顾客的重要性，认为只有使顾客满意、获得顾客的忠诚，才能实现事业的扩大，同时满足股东、管理者、员工以及其他利益团体的期望。此外，卓越绩效模式还非常强调员工和合作伙伴的重要性，强调要致力于员工的满意、发展和福祉,并通过建立内、外部的合作伙伴关系来确保组织更好地实现总体目标。

第二,领导挂帅。企业为了实现卓越绩效,领导层必须承担起责任。在绩效指标协调的问题上,领导者能够做的事情至少有三个方面:首先,领导者要为公司设定方向,确立对顾客的关注,建立明确而实在的价值观,提出更高的期望,而且确保这些方向、价值观和期望要综合权衡所有的利益相关方的需要;其次,将企业的使命、愿景和价值观进行有效的沟通,这种沟通要扩展到全体员工、供应商、合作伙伴和顾客,力求达成共识;最后,建立和完善企业的治理结构,在体制上确保企业的决策要考虑各利益相关方的要求,获得各利益相关方的信任。

第三,通过战略规划、制定战略目标的方式来确保绩效测量指标的协调。一般来说,公司的战略目标通常包括顾客满意、竞争地位、生产率、利润率、技术领先、员工培养、社会责任等。当然,这些目标之间也存在协调和确定优先顺序的问题。这就需要公司在内、外部分析的基础上认清自身竞争优势的源泉,在此基础上确定核心战略目标和关键战略,以此为指导来协调多个目标并制定相应的绩效测量指标。

国际三大质量奖的评奖标准及其存在的缺陷告诉我们,企业要想获得并真正持久地拥有"卓越企业"的称号,在运作过程中应注意对影响综合绩效的各因素相互匹配地进行改进。只有在各因素相互匹配的前提条件下协调、持续地发展,企业才能获得持久的竞争优势。

思 考 题

1. 简述戴明奖的评奖标准。
2. 波多里奇奖的评奖标准是什么?评奖类目中过程类目与结果类目有何关系?
3. 简述欧洲质量奖的评奖标准。
4. 全国质量奖的评奖标准是什么?它与波多里奇奖的评奖标准有哪些区别?为什么?
5. 分析卓越绩效模式的缺陷。
6. 简述卓越绩效模式的核心理念。
7. 简述卓越绩效模式的主线。

第十四章 六西格玛管理

六西格玛——改变我们的做事方式！

通用电气（GE）实施六西格玛的结果——改变企业的DNA！

【导入案例】

六西格玛管理给通用电气带来了什么

通用电气（GE）首席执行官杰克·韦尔奇（Jack Welch）指出："六西格玛已经彻底改变了通用电气，决定了公司经营的基因密码（DNA），它已经成为通用电气现行的最佳运作模式。"在杰克·韦尔奇的带领下，通用电气自1995年开始了六西格玛之旅。1995年年底，随着200个六西格玛项目的实施，这种管理方法在通用电气大规模地发展起来。1997年，这样的项目超过了6 000个。根据通用电气2000年度的报告，1999年通用电气的利润为107亿美元，比1998年增长了15%，其中，实施六西格玛获得的收益就达到了17亿美元。到21世纪初，这个数字达到了50亿美元。

通用电气自1995年引入六西格玛模式，此后六西格玛模式所产生的效益呈加速递增，1998年公司因此节省资金75亿美元，经营率增长4%，达到了16.7%的历史最高纪录；1999年六西格玛模式继续为通用电气节省资金达150亿美元。

（案例来源：马林、何桢，《六西格玛管理》（第二版），中国人民大学出版社2007年版）

第一节 六西格玛管理的发展历程

一、国外的发展历程

1. 六西格玛管理提出的前期基础。20世纪二三十年代，休哈特在他的统计过程控制（SPC）理论中提出了著名的"三西格玛准则"，并据此提出了对产品生产过程实施实时监控的控制图，该准则强调用科学的方法来保证全过程的预防。同时，休哈特还提出了著名的"休哈特环"（Shewhart Cycle），即"Plan、Do、Study、Act"四个持续过程。三西格玛理论的发展为质量管理的后续发展提供了技术支持和理论上的帮助，为六西格玛管理的诞生奠定了基础。

1951年，朱兰提出了"三部曲"（即质量计划、质量控制、质量改进）和"质量螺旋改进模型"，即该模型将质量改进描述为一个由十三个环节组成，构成一个螺旋向上的改进模型，强调持续改进；费根堡姆于1956年首先提出了全面质量管理（TQC）的概念，强调以顾客为中心；克劳士比于1979年提出了"第一次把事情做对"和"零缺陷"的理论，强调追求完美。这一切都为六西格玛管理的产生提供了基础。

戴明博士将休哈特博士的"PDSA循环"发展成为著名的PDCA循环，对质量管理的发展起到了重大的推动作用；他在1982年提出了一个新的管理理论架构，提出十四项管理要点（14 Points for Management），用领导力、企业文化和系统创造质量，用质量获得利润，并进一步将统计方法引入产业生产领域，从而为六西格玛质量管理方法奠定了坚实的基础。

2. 六西格玛管理的产生。1986年，摩托罗拉高级工程师和科学家比尔·史密斯（Bill Smith）率先引入六西格玛的概念来衡量缺陷，并提出力争制造在当时无差错率为99.9997%的完美产品。这一看似简单却是革命性的变化给摩托罗拉的质量管理带来了突破性的跨越。六西格玛管理方法就此产生，并且由于在摩托罗拉的成功得到了飞速的发展。

1988年，亨利（M. J. Harry）首先将六西格玛作为一种品质管理方法提出来，并提出"品质是设计出来的，品质是制造出来的，品质是规划出来的"的观念，以非常的手段才能达到几乎为零的境界，这种观点就是六西格玛管理的注重流程、聚焦流程改进的体现；提出了六西格玛质量水平代表3.4ppm的缺陷率，是考虑了分布中心相对规格中心偏移±1.5σ后的情况，是过程在长期运行中出现缺陷的概率；并借用空手道传统中根据腰带的颜色来区别级别的方法，将六西格玛的相关人员的级别由低到高划分为绿带、黑带和黑带大师，为六西格玛管理的组织结构体系的建立和完善做好了准备。

1987年，摩托罗拉的CEO高尔文先生在摩托罗拉六西格玛研究院深入研究和乔治·费希尔（George Fisher）MAIC（Measure 测量、Analyze 分析、Improve 改进、Control 控制）六西格玛四阶段改进计划、"七步骤法"的基础上，积极推进六西格玛管理方法在摩托罗拉公司的实施，摩托罗拉实施六西格玛战略行动的效果也非常显著。摩托罗拉通过实施六西格玛管理取得了巨大成功，为六西格玛管理的发展提供了一个最有说服力的成功案例，开始引起世界关注六西格玛管理。

3. 六西格玛管理的推广。1992年，拉里·博西迪（Larry Bossidy）将六西格玛引入联合信号公司，并将包括大量的关于组织变革、领导力提升和变革企业文化方面在内的"软工具"的内容补充到六西格玛方法中。正是因为博西迪和联合信号,华尔街第一次听说了六西格玛。此后,德克萨斯仪器等一批公司相继引入了六西格玛,同样取得了令人瞩目的成功。

1995 年年初,韦尔奇在 GE 通过一系列有效的措施来推进和保证六西格玛管理的实施。GE 还强调无边界的合作,丰富了六西格玛管理的理论;六西格玛被作为公司战略的一部分来实施;六西格玛方法演变为一个管理系统,将人事、财务与其对推行和实施结果的衡量紧密地结合在一起;完善了"倡导者"(Champion)、"黑带大师"(Master Black Belt)、"黑带"(Black Belt)、"绿带"(Green Belt)的组织形式,建立了完整的组织推进体系,保证六西格玛管理顺利实施,并以通用电气特有的方式推进六西格玛。

在通用电气应用六西格玛取得巨大成功之后,六西格玛为全世界所认识并接受,很多企业发现六西格玛同样可以对自身产生深远而重大的影响,它们也开始大力推行六西格玛;六西格玛的应用已经从摩托罗拉、通用电气走向了全世界,并从开始的电子工业领域走进了普通制造业、航空业、化工业、冶金业乃至银行、保险等服务业以及电子商务领域。

4. 六西格玛管理的成熟。六西格玛管理在摩托罗拉、通用电气等企业取得的巨大成功,使得理论界和企业界对于六西格玛管理的关注和研究不断深入。从 20 世纪末开始,一些专家和学者从对六西格玛管理在摩托罗拉和通用电气等企业取得巨大成功的经验入手,系统地对六西格玛管理的含义、组织结构、运作模式与步骤、流程管理、应用工具与技术、组织文化等方面进行了研究和阐述。同时,六西格玛管理应用的领域也已经开始从传统的制造行业向服务业、政府部门、非营利机构等非生产制造业扩展。在研究深度和研究广度上的发展,真正使得六西格玛管理逐步走向成熟,使得六西格玛管理成为一种系统、规范、行之有效的先进管理模式。

5. 六西格玛管理的新发展。随着理论研究和实践的不断深入,六西格玛管理也在不断发展与进步,一方面是六西格玛管理自身不断发展,主要表现为六西格玛经过减少缺陷、关注经济、降低成本等阶段的发展,现在已经发展到了关注价值创造的阶段,具有代表性的主要是麦克·哈利(Mikel J. Harry)博士提出的 ICRA 框架理论,即创新(Innovation)—具体工作准备(Configure)—实现(Realize)—降低风险(Attenuate);另一方面是六西格玛管理与其他管理方法的结合,具有代表性的是精益六西格玛管理的产生和发展,即通过精益生产与六西格玛管理的结合,吸收两种管理模式的优点,弥补单个管理模式的不足,达到更佳的管理效果。可见,六西格玛管理没有停滞不前,而是随着时代的发展和企业的需要不断发展和成熟,这才是六西格玛管理自身持续改进的一种最本质的体现,也是六西格玛管理最具生命力的表现。

二、国内的发展历程

1. 六西格玛管理的引进阶段。六西格玛管理在欧美国家从 20 世纪 80 年代中后期开始产生，已经经历了二十多年的发展，而我国对六西格玛管理的研究是从对欧美国家成形理论的引进和介绍开始的。最早从事这项工作的是上海质量管理科学研究院，自 1998 年起上海质量管理科学院开始跟踪、学习、研究六西格玛管理理论，积极进行探索、实践和应用，相继出版了多本系统介绍和论述六西格玛管理的著作，对六西格玛管理在中国的介绍和推广起到了先导的作用。

同时，我国的质量管理专家和学者也开始从 20 世纪末关注六西格玛管理，以张公绪、孙静、何帧等为代表的一大批专家学者开始在专业性的权威杂志上发表文章对六西格玛管理的数理统计知识以及基础知识进行介绍。

2. 六西格玛管理的理论推广阶段。进入 21 世纪，国内学者专家对六西格玛管理的关注和研究不断深入，也日益成熟和系统。国内的研究在进一步对六西格玛管理相关理论和知识进行介绍的同时，也开始对六西格玛管理进行中国化、本土化的研究。《中国质量》杂志通过开设专栏，在推动六西格玛管理的理论推广方面起到了巨大的作用。众多的国内质量管理专家学者开始对六西格玛管理所需要的数理统计知识进行了系统的介绍，同时，也对六西格玛管理理论进行了系统的介绍。此外，一些六西格玛管理的培训机构和研究机构也在积极地介绍和宣传六西格玛管理，如 SBTI、上海朱兰质量研究院、摩托罗拉中国研究院、普罗维智等。通过各方面的研究和推进，六西格玛管理在 21 世纪前十年在中国得到了系统而广泛的推广。

3. 六西格玛管理的实践推进阶段。中国质量协会六西格玛管理推进工作委员会（China Council for the Promotion of Six Sigma，CCPSS）于 2002 年 9 月 16 日成立。在中国质量协会六西格玛管理推进工作委员会的推动下，我国的六西格玛管理的推进和实施有了相关的行业主管组织，使得六西格玛管理的推进与实施更加规范、更加迅速。至今，中国质量协会六西格玛管理推进工作委员会主办了七届六西格玛大会，为六西格玛管理经验交流与深入了解构筑了平台，推进了六西格玛管理在我国的普及和深入开展。

我国实施六西格玛管理的首先是制造业企业，主要有：1997 年 ABB 集团（Asea Brown Boveri Ltd）在中国合肥的变压器工厂启动了六西格玛管理；2000 年以前主要是 GE、西门子等跨国公司在中国的分公司直接移植总部的六西格玛管理模式和经验，但从客观上也为中国培养了一大批六西格玛管理人才，推动了六西格玛在中国的开展；2000 年以后，中国的大公司在与跨国大公司的接触与竞争过程中逐渐认识到六西格玛管理的巨大吸引力，联想、海尔、春兰、澳柯玛、中远集团、上海烟草、中兴集团、哈飞集团、宝钢、太钢等逐渐开始实施六西格玛管理，并取得了令人满意的成果和效益，从而推进了六西格玛管理在中国的实施。

同时，借鉴西方发达国家成功实施六西格玛管理以及我国生产制造业前期推进六西格玛管理的经验和教训，结合我国国情和服务业自身特点，我国的服务业也在一定范围内进行了大胆的尝试，这些企业主要有海南航空、中信银行、上海移动、中国建设银行甘肃省分行等。这些企业的实施主要是一些初步的探索，没有形成规模，取得的成绩也是有限的，有些企业只是停留在理论的普及和推广层面上，还有许多工作需要进一步推进。

第二节 六西格玛管理的内涵

六西格玛管理刚开始提出时仅仅局限于统计学的含义，随着不断地发展，六西格玛管理已成为组织提升质量的管理模式，因此，六西格玛管理的概念除了包含统计学含义外，还包括了管理学的含义。

一、六西格玛的统计学含义

六西格玛的统计学含义是指：在长期的管理中，使过程管理的效果达到 σ（离差、波动）最小，σ 水平最高，在过程的输出效果中达到产品（服务、工作）百万次机会中出现的缺陷（DPMO）不超过 3.4 个。

σ 是一个希腊字母，在数理统计中表示"标准差"、"偏离度"，是用来表示任意一组数据或过程输出结果的离散程度的指标，是一种评估产品和生产过程特性波动大小的参数。σ 水平是实体特性的过程能力满足规定要求的程度，是一个比较值。西格玛水平越高，过程满足质量要求的能力就越强；反之，西格玛水平越低，过程满足质量要求的能力就越低。六西格玛质量水平意味着百万次机会中出现的缺陷不超过 3.4 个。

六西格玛管理是一种管理模式，强调关注长期过程的管理。认为长期过程管理出错的概率比短期过程管理要高，并用过程漂移理论解释了这个问题。例如，企业开展微笑服务，要求员工一个月内每天对顾客保持微笑，员工一般都能做到，但要求一年 365 天每天都对顾客保持微笑就很难做到了，总有不尽如人意的地方，总有发生小矛盾事件的概率。

过程无漂移，即实际分布中心与规格中心重合条件下，低于下规格限（LSL）和高于上规格限（USL）的面积（概率）均为 0.001ppm，总缺陷概率为十亿分之二。图 14-1 中 μ 为正态分布的中心值；M 为规格中心；σ 为标准差。σ 水平与合格率及缺陷数之间的关系如表 14-1 所示。

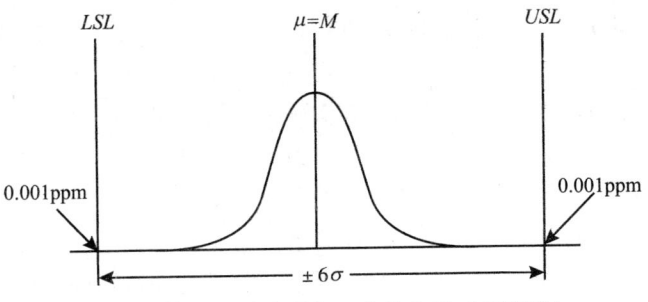

图 14-1 过程输出特征正态分布图（无漂移）

表 14-1　　σ水平与合格率及缺陷数之间的关系（无偏移）

σ 水平	合格率（%）	缺陷数（ppm）
1	68.27	317 300
2	95.45	45 500
3	99.73	2 700
4	99.9937	63
5	99.999943	0.57
6	99.99999983	0.0018

过程有偏移，即实际分布中心与规格中心的不重合。

实际上，过程输出特征的分布中心与规格中心重合的可能性很小，由于影响过程输出的基本质量因素的动态变化，过程输出的均值出现偏移是正常的，如图 14-2 所示。在计算过程长期运行中出现缺陷的概率时，一般考虑将正态分布的中心向左或向右偏移 1.5σ。因此，通常所说的六西格玛质量水平代表 3.4 ppm 的缺陷率，是考虑了分布中心相对规格中心偏移 ±1.5σ 后的情况，是过程在长期运行中出现缺陷的概率，如图 14-2 和表 14-2 所示。

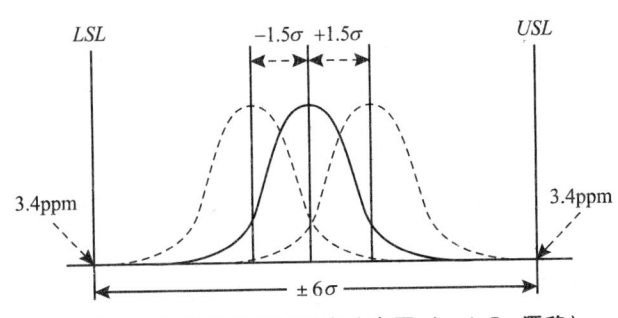

图 14-2　过程输出特征正态分布图（±1.5σ 漂移）

表 14-2　σ水平与合格率及缺陷数之间的关系（中心偏移 ±1.5σ）

σ水平	合格率（%）	缺陷数（ppm）
1	30.23	697 700
2	69.13	308 700
3	93.32	66 810
4	99.379	6 210
5	99.9767	233
6	99.99966	3.4

二、六西格玛的管理学含义

六西格玛的管理学含义指：产品（服务、工作、机会）百万分之 3.4 缺陷的质量管理方法，是一种通过关注流程改进、减少流程缺陷、降低成本、使顾客最大满意、增加利润的一套系统的企业管理模式。

六西格玛管理的重点是将所有的工作作为一种流程，采用量化的方法分析流程中影响质量的因素，找出最关键的因素加以改进，从而达到更高的顾客满意度。在 DMAIC 和 DFSS 中的每个阶段，六西格玛管理都有一整套系统的、科学的、经过企业成功实践的工具和方法。通过科学、有效的量化方法，分析和改进企业业务流程中的关键因素，六西格玛管理可以减少缺陷，缩短运营周期，降低成本，从而提高顾客的满意度和实现最大化收益。

六西格玛管理不仅仅是一种质量管理方法，而且也是一种管理哲学，是提高企业核心竞争力的战略选择，是一种将顾客满意与企业经营业绩改进结合起来的先进管理方法。从更广泛的意义上讲，六西格玛是一种文化。它在不断地改进着人们的工作方式，它要求高层管理人员对六西格玛的实施高度负责，并将这种精神渗透到整个企业中去。通用电气总裁杰克·韦尔奇曾经说过：通过六西格玛管理的实施，可以改变企业的 DNA。

六西格玛流程管理如图 14-3 所示。

第三节　六西格玛管理与其他管理模式的关系

一、六西格玛管理与企业流程再造

企业流程再造（Business Process Reengineering，BPR）强调以业务流程为改造对象和中心，以关心顾客的需求和满意为目标。

BPR 与六西格玛管理是两种流程改进的方法。BPR 主要利用最佳的管理实践对企业进行快速的改进，是推倒重来的方式，它比较难以被组织心甘情愿地全面接受，适合于那些比较年轻的、管理还没有定型的企业。六西格玛管理是流程持续改进的方法。它由企业内部人员来推动完成，需要的时间比较长。具体的比较可通过表 14-3 进一步了解。

企业的管理体系

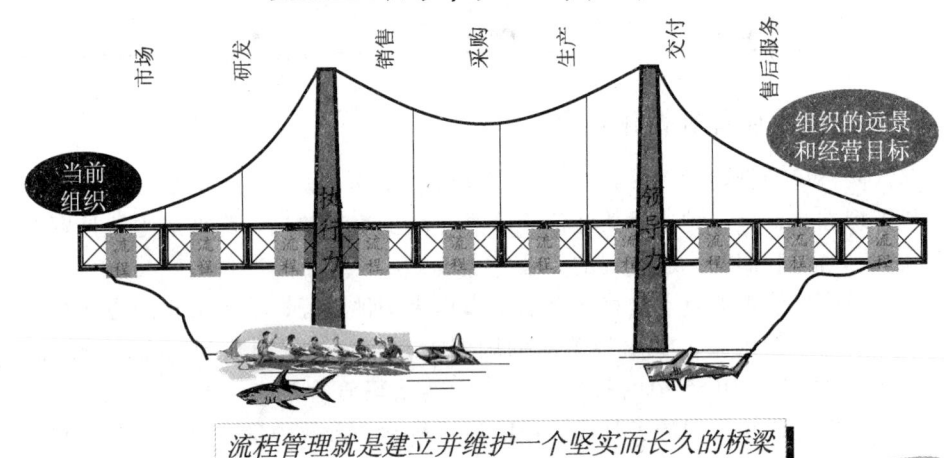

图14-3　六西格玛流程管理示意图

资料来源：网络课件。

表14-3　BPR与六西格玛管理比较一览

BPR方法	六西格玛管理方法
忽略分析	重视分析
推倒流程，重新再来	持续改进流程
缺乏衡量标准	完全量化
改进依赖于外部咨询师的建议	改进由企业内部人员来推动完成
员工参与少	全员参与
实施时间短，奏效快	实施时间较长
适用于未定型的年轻企业	适用于定义了核心业务流程的企业

在实际项目中，六西格玛管理和BRP经常结合起来使用。BPR的强项在于快速，但BPR的推倒重来势必会影响机构的重组。如果企业的核心业务流程已经定型，采用六西格玛管理方法更为合适一些。

二、六西格玛管理与企业资源计划

企业资源计划（Enterprise Resource Planning，ERP）提供了联系客户和供应

商并使之成为完整供应链的系统，是一个面向企业的供应链，是专门为解决企业信息集成应运而生的专业性的系统解决方案。ERP 的精髓就是信息集成，其核心就是实现企业内部和外部两种资源的集成。

六西格玛管理与 ERP 的不同是：六西格玛管理是一种管理的理念、方法和战略，而 ERP 是一种管理的手段；六西格玛管理的实施有比较完善的组织结构体系，强调全员参与，注重员工的重要作用，通过"定义—测量—分析—改进—控制"即 DMAIC 来实现持续的改进；而 ERP 主要是首席信息官（CIO）由高层领导授权，通过聘用企业外部的权威专家来具体推进项目的实施。ERP 主要是实现企业内外信息的共享，是为决策而服务的；六西格玛管理是一种关注全过程的控制和对流程的管理。

六西格玛管理与 ERP 的联系在于：六西格玛管理为 ERP 提供前提和目标，ERP 是六西格玛管理改造的子项目。六西格玛管理与 ERP 不是相互替代的关系，而是一种相互补充的关系，两者可以实现"强强联手"，两者的集成有利于提高企业的运作效率。

三、六西格玛管理与 ISO9000 族标准

ISO9000 族标准是国际标准化组织制定的质量管理与质量保证的标准体系。ISO9000 族标准是基于客户的立场制定的，从客户的角度来衡量企业的质量管理水平。

ISO9000 族标准与六西格玛管理相比，不同点主要有：ISO9000 族标准为组织的质量管理工作提供了一个规范，而六西格玛管理给组织的质量管理工作提出一个新的体系；ISO9000 族标准有系统、完整、严谨的结构，在文件化的程序上包含众多内容，涉及质量管理的方方面面，而六西格玛管理还没有一个统一的标准，不同的公司有不同的做法；ISO9000 族标准是组织进入国际市场的"通行证"，六西格玛管理将是组织"定居"国际市场的"绿卡"；ISO9000 族标准是追求达标，六西格玛管理是追求卓越。

ISO9000 族标准和六西格玛管理有着密切的联系。两者都遵循着共同的质量管理理念，两者都强调以顾客为中心、领导的作用、持续改进、流程方法、基于事实的决策与方法和供应商的互利关系等。ISO9000 族标准和六西格玛管理在一个组织中完全可以很好地融合。对一个已经建立了 ISO9000 族标准质量体系的组织来说，可以通过六西格玛管理来提升这个管理体系的有效性和实施效果。另外，ISO9000 族标准质量体系也为六西格玛管理的实施提供了有效的支持，当组织将 ISO9000 族标准与六西格玛管理很好地融合在一起的时候会发现，它们是相互支持、相互补充和相互协调的，将两者充分融合后所建立的综合管理体系将使组织在保持和改进的循环中逐步提升管理水平。

四、六西格玛管理与全面质量管理

全面质量管理是一种以组织全员参与为基础的质量管理形式，最早于20世纪60年代提出，强调质量第一、顾客至上、用数据说话、预防为主防检结合、追求卓越等理念，实践中注重应用PDCA循环法、质量管理的工具和QC小组的组织形式持续改进现状，不断提高质量。六西格玛管理是20世纪80年代由摩托罗拉提出，90年代由通用电气创新并发扬光大的管理方法。六西格玛管强调组建专业化的团队（黑带链组织）来进行项目改进，强调应用精确的数据收集和测量方法，强调对关键业务流程的突破性改进，需要依靠企业领导人和决策者的自觉行动，追求完美，同时强调以顾客为中心、无边界合作等。六西格玛管理与全面质量管理相比更加注重统计学知识的应用。因此，从某种意义上来说，六西格玛管理是TQM的继承和发展。

五、六西格玛管理与卓越绩效模式

卓越绩效模式是20世纪80年代在美国发展起来的，是随着美国国家质量奖的发展而逐步发展和完善的。以美国波多里奇奖为代表的《卓越绩效评价准则》主要包括：领导；战略计划；顾客与市场；测量、分析与知识管理；员工队伍；过程管理；结果。

卓越绩效模式与六西格玛管理相比，不同点主要有：两者的性质存在根本上的区别，卓越绩效模式既是一种评奖的标准也是企业提升质量、追求卓越可以参考的标准，而六西格玛管理是一种管理方法和模式，企业需要根据自身的实际情况来决定是否需要实施、需要采取什么方式来实施才能够真正地适应企业的需要；在对流程的关注方面，卓越绩效模式更加重视系统、结果和创造的价值，对产生价值和结果的过程没有重视，而六西格玛管理十分关注流程，通过对流程的检测和控制来保证最终结果；另外，在对社会责任和公民义务的关注方面，卓越绩效模式对社会责任、公共道德、环境和资源方面都相当重视，将企业作为社会的表率，而六西格玛管理对这方面的关注不是那么强烈。在灵活性上，卓越绩效模式重视灵活性和敏捷性，以此来适应市场和顾客不断变化的需要，而六西格玛管理更加注重改革的稳健性，通过相关项目的实施和管理来全面实施六西格玛管理，形成六西格玛管理的文化氛围。总之，两者在一些方面存在区别，不能说哪个更好，只能说两者关注的角度和侧重点有所不同，企业要根据自身的实力和情况来决定哪种更加适合自己的发展要求。

两者的联系主要表现在：对顾客十分关注，强调领导的作用和基于事实的管理，重视组织内部员工及不同部门之间的无边界合作和不断地学习，尤其鼓励员工不断创新从而在组织内部形成良好的氛围和条件，以使企业获得持续的发展和进步，不断发展壮大。卓越绩效模式的实施可以使企业的基础管理水平得到较大的提升，并将有关制度和工作规范化，为六西格玛管理的推进和实施打下坚实的基础；而六西格玛管理更多地是从企业发展战略的角度入手，使企业的各项工作更加精细化、科学化，企业更加具有竞争力，并且可以将卓越绩效模式的相关工作推向更高的水平，使其在更高的层次上不断追求更加完美的卓越。通过将两者整合起来，相辅相成，发挥各自的优势和特点，可以使企业获得巨大的发展。

第四节 六西格玛管理模式的体系与框架

六西格玛管理模式可概括为六大系统，即目标系统、观念系统、组织系统、基础系统、方法系统、工具系统。

一、目标系统

六西格玛管理的自身含义分为统计学含义和管理学含义，因此，六西格玛管理的目标也分为统计学目标和管理学目标。

1. 统计学目标。六西格玛管理，从统计学角度来看，主要是在产品、服务和过程中达到100万次机会中有3.4个缺陷的水平。

2. 管理学目标。六西格玛管理通过不断地发展和完善，已经具有了更多的管理学目标，主要有减少波动和缺陷，关注经济性，降低各种成本，追求完美，为企业和消费者创造更多的价值，提高消费者的满意度，进而实现企业的可持续发展。具体而言，管理目标主要有：

(1) 通过对业务流程的改进和优化，减少企业的产品、服务和过程的缺陷和波动，从而降低企业的成本，实现更高的质量、更低的成本、更短的开发与生产周期，更好地满足顾客的要求。美国质量协会指出："六西格玛方法要求在一个合理的时间内得到显著的回报。"

(2) 建立起持续改进和创新的企业文化，消除沟通壁垒。六西格玛不仅仅是一种解决问题的技术方法，同时也是一种组织文化，它的目标就是追求完美、追求持续改进的文化。六西格玛需要不断地转变人们工作的方式，使产品和服务不断追求魅力质量，改变企业的DNA。随着六西格玛管理的不断推进和实施，企业文化不断完善，会形成一种同心协力、分工合作、人人参与、追求完美的文化氛围。

二、观念系统

六西格玛管理是一种企业管理的理念和哲学，主要有以下观念：
1. 重视领导的作用。
2. 以顾客为关注中心。在六西格玛管理体系中，时刻以顾客的需要为出发点和落脚点，只有赢得顾客，提升顾客满意度，企业才能赢得生存和发展的空间。

3. 基于数据和事实驱动的管理方法。六西格玛管理重视数理分析，只有以真实、客观、准确的数据为基础，才能保证六西格玛管理分析的准确性、可靠性和有用性。

4. 聚焦于流程的改进。质量是依靠设计和优化来保证的，而不是通过检验来实现的。因此，六西格玛管理高度重视流程的改进，进而实现流程的优化。

5. 超前的积极管理。六西格玛管理要求采取机动、敏捷、主动的管理方式。六西格玛管理注重细节，六西格玛管理就是要预防一切可能出现缺陷的细节问题。

6. 无边界的合作。无边界的合作主要是指消除部门及上、下级间的障碍，促进组织内部横向和纵向的合作，同时将这种合作向企业外部扩展。

7. 追求完美，容忍失误。六西格玛管理为企业提供了一个近乎完美的努力方向，而实施六西格玛管理会带来风险。在推行六西格玛管理的过程中，可能会遇到挫折和失败。

三、组织系统

六西格玛管理之所以成为可操作性强、行之有效的管理方法和模式，主要在于其有一整套可以保证各项工作顺利实施的严密的组织结构体系。正是有了这一整套的组织结构体系，六西格玛的实施和推广才能有可靠的保证，各项六西格玛工作和措施才能得到全方位的贯彻，也就保证了企业能够实现预期的目标。

1. 领导的作用。实践证明，领导层的承诺和参与是六西格玛管理成功的关键要素。组织要想成功推行六西格玛管理并获得丰硕成果，必须要有高层的高度重视和卓越领导作为前提条件。高层领导要指导制定六西格玛推行的计划，选择倡导者，分派使用资源，安排政策支持六西格玛管理行动，并把六西格玛管理与企业不断发展的战略目标相结合，这样才能使六西格玛管理与组织已有的管理方式、方法和模式实现完美对接，共同促进，取得六西格玛管理的成功。

2. 组织结构体系。从执行层面上来说，实施六西格玛管理活动要建立起以黑带团队为基础的六西格玛组织，为实施六西格玛突破性改进的成功提供保证。六西格玛管理的组织结构图如图14-4所示。

6σ 实施的资源和组织

6σ指导委员会

Champion
具有威望的高层管理者。对部门或组织6σ实施的成功负责

Master Black Belt 黑带大师
全日的专家。充当黑带的老师、教练、评审者和个人辅导

Black Belt 黑带
6σ项目组的领导，接受了全面系统的DMAIC培训；全日制

Green Belt 绿带
6σ项目组成员；接受了全面的DMAIC培训；半脱产

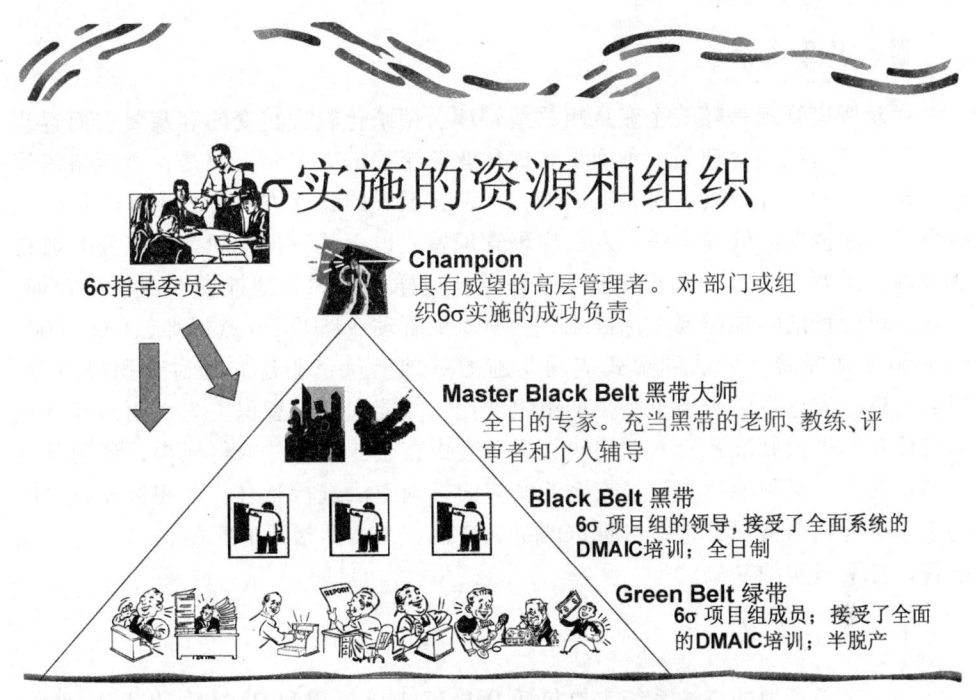

图 14-4 六西格玛管理的组织结构图

资料来源：网络课件。

六西格玛的组织系统（黑带链）为：首席执行官（CEO）——执行负责人（Executive Champion）——硕士级黑带（大黑带）（Master Black Belt）——黑带（Black Belt）——绿带（Green Belt）——队员。其特点是：以项目管理为核心，强调团队合作。

在这个体系中，黑带是六西格玛管理中最为重要的一个角色。有句话说：黑带就是天黑后把工作带回家！黑带是真正做具体工作的人员，是整个项目的关键，是六西格玛的真正领导者。他们专职从事六西格玛管理改进项目，是成功完成六西格玛项目的技术骨干，是六西格玛组织的核心力量。他们的努力程度决定着六西格玛管理的成败。黑带必须拥有专业技术能力，管理和领导能力，决策制定能力，沟通能力，团队建设和谈判能力，策划、调度和行动能力，关注全局的能力和人际交往的能力等一系列技能，接受专门培训并取得资质。

目前，国内外均开展了黑带资格的认证工作。我国于 2004 年 11 月 28 日开始了首届六西格玛黑带注册考试，且每年都举行，为我国各行各业开展六西格玛管理、提升质量管理水平培养了大量的专门人才。相关的信息均可在中国质量网《六西格玛论坛》专栏（http://www.caq.org.cn）中查阅。

四、基础系统

六西格玛管理是随着企业从粗放型管理向精细化管理转变的客观要求而逐步产生的，六西格玛管理是一种衡量和优化业务流程的方法学。但是，六西格玛管理不是唯一的管理策略，对企业而言，不存在最好的管理方法，只存在最符合企业自身实际情况的管理方法。六西格玛管理模式也不是一夜之间就能实施并取得成果的，需要企业有一定的管理水平基础，这样才能顺利地推进六西格玛管理。六西格玛管理的实施需要在标准化、全面质量管理、ISO9000族标准、ISO14000、SA8000等质量管理方法和模式成功实施的基础上。企业建立起适合积极向上、崇尚变革、容忍失败、追求完美的组织文化，才能在思想意识上为六西格玛管理的实施和推进做好准备。六西格玛管理要真正在企业实施并取得成果，证明其巨大的生命力，必须能够与已经在企业实施的管理方法进行整合，互相补充，同时建立起适合六西格玛管理适时推进的组织文化，为六西格玛的实施提供一定前期准备，打下坚实的基础。

五、方法系统

六西格玛管理的方法系统主要包括DMAIC改进过程和DFSS设计过程。

六西格玛改进（DMAIC方法）主要是对现有流程的改进，是针对现有产品或服务的缺陷产生的原因采取纠正措施，通过不断地改进使流程趋于完美。然而通过DMAIC改进过程所能达到的水平是有限的。有关统计数据表明，当改进使得流程达到4.8西格玛水平时，就很难再通过DMAIC过程来进一步提升流程的六西格玛水平了，也就是达到了"五西格玛墙"。由于"五西格玛墙"的存在，六西格玛设计就应运而生了。六西格玛设计主要是通过对流程进行再设计，进一步优化流程，使得流程达到六西格玛水平。可见，DMAIC改进过程只是在原有流程基础上的小修小补，而六西格玛设计（DFSS）过程是对原有流程的重新设计。正如通用电气总裁杰克·韦尔奇所说的那样，DMAIC改进过程如果是引进了修理工，那么六西格玛设计过程就是引进了设计工程师。

1. DMAIC改进过程。经过近三十年的发展和不断成熟，六西格玛管理的改进过程逐渐形成了一整套行之有效的模式，即DMAIC过程：界定（Define）—测量（Measure）—分析（Analyze）—改进（Improve）—控制（Control）。这五个阶段是一个严密的整体，环环相扣，层层推进，而且DMAIC过程是一个循环，是不断提升、追求完美的过程。

（1）界定阶段是DMAIC模式的第一步，也是成功实施六西格玛管理的基础。这一阶段的主要任务是调查和辨别企业的核心业务流程与关键顾客，分析顾客的需要和企业的绩效标准，选择适当的流程作为六西格玛管理的改进项目。

（2）测量阶段的工作是，收集有关服务和流程现状的数据，从而使得管理更加量化。测量阶段的主要任务是根据第一阶段顾客需求测量企业在满足顾客需求方面目前所做的情况，从而确定改进的机会。

（3）分析阶段是流程改进过程中最重要的一个环节，其目标是确定和验证问题的根源，真正发现问题存在的原因。这一阶段的主要任务就是运用各种有效的工具和方法，对已有的数据和流程进行分析，辨明影响绩效改进的根本原因，选择改进的优先项目。

（4）改进阶段的主要任务是，寻找能使企业获得最大限度回报的办法，确定解决方案并制定实施计划，实施六西格玛管理方案，对方案的实施给予及时的评价。

（5）控制阶段的主要任务是，建立维持和改进绩效的评估标准与方法，确保对服务流程和程序的持续评估、检查、更新，促进绩效的改善。控制的目的就在于加强流程评估、监测和管理，利用准确通畅的顾客反馈系统、市场反馈系统和流程评估系统，跨部门监管业务流程，以确保绩效得到真正有效的改善，并对取得的改善成果进行保持。

企业文化对企业兴衰发挥着越来越重要的作用。对于实施六西格玛管理的企业来说，构建六西格玛管理文化是保证流程改进活动持续进行的基础。团队成员要将六西格玛理念融入企业文化中，构建支持六西格玛改进的文化。在实施六西格玛管理的过程中，高层管理者注意发现并奖励有效的改进活动将会鼓励更多的人参与其中，要经常与项目团队成员进行沟通，对取得成果和经验进行交流，使六西格玛管理成为一种"经营方式"，成为组织的灵魂。

2. DFSS设计过程。DFSS以顾客需求为导向，以质量功能展开为纽带，深入分析和展开顾客需求，综合应用系统设计、参数设计、容差设计、实验设计以及普氏矩阵、FMEA等设计分析技术，提高产品的固有质量，从而更好地满足顾客的需求。DFSS从一开始的设计阶段就强调产品质量，在开发过程中努力消除产品的潜在缺陷，提高产品抵御各种干扰的能力，减少质量波动，从而实现6σ的质量目标。

DFSS的实施流程目前还没有统一的模式，研究者已提出的DFSS流程主要有十三种：

（1）DMADV——定义（Define）、测量（Measure）、分析（Analyze）、设计（Design）和验证（Verify），这种模式可以更好地利用DMAIC流程的基础，但一般只适用于现有产品或流程的局部重新设计。

（2）DMADOV——定义（Define）、测量（Measure）、分析（Analyze）、设计（Design）、优化（Optimize）和验证（Verify）。

（3）DMCDOV——定义（Define）、测量（Measure）、特征化（Characterize）、设计（Design）、优化（Optimize）和验证（Verify）。

（4）DMADIC——定义（Define）、测量（Measure）、分析（Analyze）、设计

(Design)、实现（Implement）和控制（Control）。

（5）DCOV——定义（Define）、特征化（Characterize）、优化（Optimize）和验证（Verify）。

（6）IDDOV——识别（Identify）、定义（Define）、开发（Develop）、优化（Optimize）和验证（Verify），这是由美国ASI的总裁乔杜里先生提出的，它更适合新产品和新流程的开发要求，但乔杜里没有给出该流程可操作的详细工作内容。

（7）DMEDI——定义（Define）、测量（Measure）、调查（Explore）、开发（Develop）和实现（Implement）。

（8）IDEAS——识别（Identify）、设计（Design）、评价（Evaluate）、保证（Assure）和扩大规模（Scale-up）。

（9）RCI——定义和开发需求（Define and Develop Requirements）、概念设计（Define and Develop Concepts）和改进（Define and Develop Improvements）。

（10）IDOV——识别（Identify）、设计（Design）、优化（Optimize）和验证（Verify）。

（11）I2DOV——创新性设计（Invention and Innovation）、开发（Develop）、优化（Optimize）和验证（Verify）。

（12）DCCDI——定义（Define）、识别顾客需求（Customer）、概念设计（Concept）、产品和过程设计（Design）和实现（Implement）；

（13）CDOV——概念开发（Concept development）、设计开发（Design development）、优化（Optimize）和验证（Verify certification）。

六、工具系统

具体如表14-4和表14-5所示。

表14-4　　　　　六西格玛改进过程（DMAIC）工具一览表

阶段	常用工具和技术
D（界定阶段）	头脑风暴法、亲和图、树形图、流程图、SIPOC工具、平衡计分法、力场图、因果图、质量功能展开、不良质量成本、项目管理
M（测量阶段）	排列图、因果图、散布图、流程图、测量系统分析、失效模式与影响分析（FMEA）、过程能力指数、不良质量成本、水平对比法、直方图、趋势图、检查表、抽样计划
A（分析阶段）	头脑风暴法、因果图、失效模式与影响分析（FMEA）、水平对比法、方差分析、试验设计、抽样计划、假设检验、多变异分析、回归分析
I（改进阶段）	试验设计、响应曲面法、调优运算（EVOP）、失效模式与影响分析（FMEA）、测量系统分析、过程改进
C（控制阶段）	控制图、统计过程控制、防差错措施、过程能力指数、标准操作程序（SOP）、过程文件控制

资料来源：马林、何帧，《六西格玛管理》（第二版），中国人民大学出版社2007年版，第35页。

表 14-5　　　　六西格玛设计（DFSS）的工具一览表

（以 ASI 的 IDDOV 为主，各阶段对应的工具一览表）

阶段	常用工具和技术
I（Identify）识别	QFD、卡诺分析、新 QC 七种工具、风险分析
D（Define）界定	QFD、系统设计、DFX（Design For X，面向产品全生命周期的设计）、功能 FMEA、新 QC 七种工具、LCC 分析（全寿命费用分析）
D（Design）设计	系统设计、QFD、FMEA、DFX、DOE（试验设计）、参数设计、容差设计、CAD/CAM、研发试验、FRACAS（Failure Report Analysis and Corrective Action System，故障报告、分析及纠正措施系统）、LCC 分析、DFSS 计分卡
O（Optimize）优化	DOE、参数设计、容差设计、DFX、FMEA、LCC 分析、CAD/CAM、仿真、优化试验、FRACAS、DFSS 计分卡
V（Verify）验证	仿真试验、V&V 试验、可靠性试验、寿命试验、小子样 SPCATP、FRACAS、S/N 比、DFSS 计分卡

资料来源：马林、何桢，《六西格玛管理》（第二版），中国人民大学出版社 2007 年版，第 468 页。

第五节　如何有效地推进六西格玛管理

一、推进应具备的条件

六西格玛管理是在从粗放管理走向精细化管理的背景下产生的一种科学的管理方法体系。它强调定量方法与定性方法相结合，尤其强调定量的统计技术方法，是以定量的统计方法为基础。六西格玛管理追求百万分之三点四几乎完美的管理目标，要求有专业的人才作保证。因此，不是所有组织都能快速且有效地推进这种方法。其推进应具备一定的条件，主要有以下三方面。

1. 管理模式的转变。在一个组织中，如果还处在重数量、轻质量和重销售、轻质量以及粗放管理阶段，干事还停留在差不多就行的观念阶段，要推行六西格玛管理就必然会有很多的障碍，因此，必须积极转变这种管理模式，营造高度关注质量、工作做到了 99% 还不行、追求精细化管理的质量文化环境。

2. 相关基础工作的完善。精细化管理是科学化管理的高级阶段，精细化管理的实施必须要有扎实的基础管理作铺垫。这些基础管理工作主要有标准化、计量、质量责任制、教育培训、全面质量管理的实施等。一个企业推行六西格玛管理的有效程度取决于这些基础管理的扎实程度，否则，只能是推行时轰轰烈烈，但地基不稳，时间不能长久。

3. 专业的人才。六西格玛管理是统计学和管理学等多学科相交叉的科学管理方法，因此，必须要有专门的人才保证。这些人才需要接受专门的培训，既精通统计学的技术，也会灵活应用管理学的知识，还要具备其他相关学科的知识，否则，只能是观念上的引进和简单方法的应用。

二、推进的一般步骤

1. 战略方面。六西格玛管理是一种突破性战略,是在全组织范围内实行的再造,是全方位的改进,是使企业获得长期增长的有效方法。它的引入涉及企业价值观和文化的改变,也涉及组织结构和体系架构的根本性变革。因此,只有在战略层面上全面引入才能最大程度地发挥其突破式改进的功效。在六西格玛管理推进过程中又会涉及多个层面的问题,在战略实施方面需要从全组织实施战略、部门实施战略和项目实施战略等层面来规划和实施。

六西格玛管理强调一种跨部门的无边界的合作方式,在实施中,需要从营销、研发、生产、财务、计划等部门抽调骨干人员组成独立的项目团队,所以,六西格玛管理的推进和实施需要与各部门的目标相一致,既要推进六西格玛管理项目的实施,又不能影响各部门的目标及其实现,否则,各部门可能就不会支持六西格玛项目,设置重重障碍,从而不利于六西格玛管理在全组织的整体推进和实施。

在项目实施战略方面,全企业六西格玛管理的推进是以一个一个六西格玛项目为基础和细胞,只有脚踏实地地做好每一个六西格玛项目,经过长年累月的积累和发展,企业整体的六西格玛管理水平才能取得突破性的成果,实现跨越式的发展。因此,企业应该有针对单个项目的战略性原则,同时,每一个六西格玛项目在前期准备、立项阶段就要有明确的实施战略和步骤,以确保项目的完成,从而推进整个组织六西格玛战略的实现。

为此,我国企业必须将六西格玛管理与企业发展战略紧密连接在一起,并且将六西格玛管理成功融入企业,建立新的经营模式。六西格玛战略的实施一定会给企业带来巨大而持久的回报,使企业最终成长为六西格玛企业。

2. 具体执行方面。通过六西格玛管理实施战略规划,企业已经为六西格玛管理的全面实施和推进做好了准备。企业在制定了相应的战略并确定了项目选择标准之后,就需要通过选择、实施六西格玛管理项目来实施六西格玛管理,通过一个一个六西格玛项目的实施,来实现六西格玛管理在企业的全面实施。

(1) 六西格玛项目选择与管理。六西格玛项目的完成是由职责明确的团队通过运用六西格玛方法,在规定时间内寻找最佳方案并实现目标的特定过程。项目选择与确定是项目启动阶段的核心工作,也是决定项目价值的首要条件。六西格玛项目选择要遵从有价值和可管理的基本原则。只有六西格玛项目有价值、便于管理才能得到管理层的支持和批准,才能顺利开展。总的来说,好的开始是成功的一半,选择好的项目是企业六西格玛管理成功的关键。通过一个一个项目的成功体现六西格玛管理的巨大吸引力,体现六西格玛管理能给企业带来的巨大的收益,进而推进六西格玛管理更加深入的实施。

在六西格玛项目管理过程中,主要是从项目的目标和计划以及控制两个方面进行的。在六西格玛项目的目标和计划中主要包括目标和计划的制定以及在实施过程中计划的调整等方面内容；而在项目控制中主要是项目的控制以及风险管理等方面。

（2）六西格玛管理的实施过程。实施中需要注意的是，组织要按照相关步骤、原则来实施，同时也要不断探索、创新适合本组织的方法和步骤，既有坚持又有创新，最终实现预期的目标。此外，组织通过六西格玛项目的推进实施，一方面，要为整个组织六西格玛管理的实施夯实基础；另一方面，组织也要在实施中不断构建六西格玛管理文化，在组织内形成持续改进、全员参与、追求完美的组织文化和氛围，从而促进组织的发展。

（3）六西格玛管理的评估。评估对任何管理方法或项目都是至关重要的，只有通过评估，企业才能明确这种管理方法或项目实施的投入产出比，看到给企业真正带来的是什么，明确为企业发展起到多大的作用。因此，在推进六西格玛管理方法的过程中，要十分重视对效果的评价，通过效果的评价对六西格玛管理的实施进行跟踪，及时发现问题、解决问题，保证六西格玛管理的顺利实施。对六西格玛管理的评价主要包括以下三个层面。

第一，六西格玛项目的评估，也是最基础层面上的评估。对六西格玛项目的评估应该遵循定性与定量相结合、动态与静态相结合、短期与长期相结合的原则，主要从财务评价指标、内部过程绩效指标（KPI）、顾客满意度、无形收益等方面进行评估。

第二，流程的评估。通过每个六西格玛项目的推进与实施，把单个的项目和改进放到整个流程中去评估，才能真正看到六西格玛项目的意义和价值。可以通过六西格玛业务计分卡来实现对流程水平的评估。六西格玛业务计分卡主要是从流程改进方面对六西格玛管理的实施进行全过程、动态、适时的监控，以求及时发现问题，做出快速的反应。通过对领导能力和收益能力（LNP）、管理和改进（MAI）、员工和创新（EAI）、采购和供应商管理（PSM）、运营执行（OPE）、销售和分销（SND）、服务和增长（SAG）等七大要素的综合考量，来确定流程的水平。

第三，企业整体的评估。通过六西格玛项目的实施和对流程的不断优化，企业的六西格玛管理水平应得到巨大的提升，同时，企业的组织文化应该有较大的转变，逐步形成持续改进、全员参与、追求完美的组织文化和氛围，从而实现企业的可持续发展。

三、推进六西格玛管理应该注意的问题

六西格玛管理是一种可操作性强、行之有效的管理模式和方法。实践证明，六西格玛管理的实施可以为组织带来丰厚的利润、卓越的管理、舒畅的流程、完美的文化等，但不可否认，六西格玛管理的实施也会面临诸多问题和困难，新的管理模式和方法的引入不可避免地会与组织原有的文化、模式、流程产生矛盾，是当机立断彻底革新，还是优柔寡断小修小补，是每个组织都必须做出的抉择。

因此，为了更好地推进和实施六西格玛管理，组织需要注意以下四个方面。

1. 领导的重视和支持至关重要。任何新事物、新方法的引进和推广都离不开领导的支持，六西格玛管理也不例外。领导，尤其是高层管理者和领导者，要充分理解六西格玛管理的实质，明确六西格玛管理的方向和目标，在推进和实施过程中，给予高度的重视和支持。这种重视和支持首先要表现在高层领导崇尚改革、追求卓越的理念上，体现在不仅仅停留在口头上、思想上、宣传上，更重要的是要落实到行动中，要有制度化的保证，实现在人、财、物等诸多方面的支持。在推进和实施过程中，当遇到困难、阻力、障碍时，高层领导要站在有利于推进六西格玛管理这一边，通过具体行动和实践，为整个组织传递推进和实施六西格玛管理的决心，为六西格玛管理的实施创造良好的氛围和组织环境。

2. 充分重视相关人才的培养和储备工作。毫无疑问，人才对于六西格玛管理的推进与实施起着至关重要的作用。不同于其他管理模式，六西格玛管理强调全员参与、持续改进，这就要求组织要有相关人才作为支撑，这样才能保证六西格玛管理的顺利实施。六西格玛管理的推进与实施需要相关人员具有统计学、组织行为学、管理学、运营管理、运筹学、逻辑学等诸多学科的综合素质，尤其是对于基层人员水平的要求比较高，因为除了领导者、黑带大师等人员外，六西格玛管理的实施离不开组织自有的黑带、绿带的梯队建设。因此，做好相关人才的引进和培养工作，对组织推进和实施六西格玛管理至关重要。

3. 相关基础制度和管理方法必不可少。六西格玛管理是一种先进的管理模式，但它的实施和推进并不排斥其他的管理方法和模式，如TQC、ISO9000族标准、ERP等。恰恰相反，六西格玛管理的推进和实施需要这些管理方法和模式的铺垫。此外，组织规范化、制度化的管理模式不仅能为六西格玛管理的实施打下基础，而且在组织内形成的组织文化也可以为六西格玛管理的实施创造比较宽松、包容的环境。

4. 根据各自实际，选择合适的途径和方法。正如前面所讲的，六西格玛管理的实施可以采用"小修小补"的DMAIC改进过程，也可以采用"推倒重来"的DFSS设计过程来实现，这主要是根据组织的实际情况来决定，主要包括组织整体的管理水平和发展水平，以及具体流程或者产品服务的西格玛水平等诸多因素。此外，推进和实施六西格玛管理的具体步骤与方法可以按照基本原则和要求，结合组织的实际情况来探索适合组织自身发展实际的途径。总之，没有最正确的管理模式和途径，只有最适合组织发展的管理模式和途径。

思 考 题

1. 什么是六西格玛管理？
2. 谈谈你对中国企业实施六西格玛管理的看法或者前景。
3. 在我国的组织中能不能实施六西格玛管理？如果实施的话，需要做哪些前期准备？在实施中有哪些需要注意的方面？
4. 六西格玛管理在企业推进和实施过程中可能会遇到哪些障碍与问题？

附录

六西格玛管理案例

梅特勒—托利多（常州）称重设备系统有限公司（以下简称托利多）是中国衡器行业第一家中外合资企业，创建于1987年，1999年起由外方全权负责经营，总投资为2 200万美元。合资合作期限为30年，至2017年。

托利多合作外方为驰名世界的梅特勒—托利多控股公司，是世界上最大的衡器及分析仪器制造商，其产品覆盖工业衡器、商用衡器、稳重系统、天平和实验室分析仪器等领域，在全球范围内拥有近40家分公司和销售机构，并在瑞士、德国、美国和中国等国家拥有生产基地。

一、托利多公司进行六西格玛管理的目的和范围

通过实施六西格玛管理，不断提高产品质量和顾客满意度，将资源的浪费降到最低，从而培养持续改进、追求完美的企业文化，彻底消除满足于现状的心态，保持托利多公司持续稳定地增长。

在托利多公司运作的任何过程中都逐步推广实施六西格玛管理，促使每位员工做任何事都能减少失误，以达到六西格玛管理的目标，使零缺陷的工作能量化体现。

二、托利多公司六西格玛管理的实施组织机构

为便于六西格玛的有效开展，托利多公司落实和完善了专门的六西格玛组织，并对职责和权限做出明确规定。六西格玛组织具体由下列职位组成：

1. 执行领导（Executive Management）。为实施六西格玛提供必要的资源，包括人力资源、财力资源、专项技能（如财务核算）、时间、培训；提议、筛选项目或对选择项目和成立团队进行指导；参与关键项目树立榜样。

2. 推行委员会（Executive Committee）。开展六西格玛知识培训；负责本公司六西格玛系统的建立；统筹本公司六西格玛系统的运作及推进。

3. 倡导者（Champion）。了解六西格玛工具和技术的应用；为黑带提供管理、领导、支持；检查项目；在实施六西格玛战略中致力于降低成本、提高收入和效益。

4. 黑带大师（Master BlackBelt）。培训六西格玛工具和技术；为黑带提供技术支持；推动黑带们领导的多个项目；为倡导者和执行领导提供咨询帮助；作为内部的咨询师、培训教师和专家。

5. 黑带、绿带（BlackBelt，GreenBelt）。寻找应用六西格玛战略和工具的机

会,包括内部和外部;选择改进项目,制定相应的目标和量化指标;组建六西格玛项目团队;为团队员工提供新战略和工具的正式培训;管理并推动、领导项目团队,评价团队成员;以培训、案例研究、小规模研讨会等形式来传达新的战略和工具;按计划完成项目,确保项目效益,并总结推广;通过应用六西格玛战略和工具来推销六西格玛。

6. 项目团队成员(Project Team Members)。参加所有的会议和相关培训;完成每次会议后布置的工作;积极地参与并贡献专业知识;应用六西格玛突破DMAIC过程来解决问题。

三、托利多公司六西格玛管理实施过程与效果

1. 咨询培训。六西格玛实施的咨询培训聘请专业机构和公司黑带、黑带大师相结合进行,产生黑带大师后再自行组织。具体培训计划按照项目进度的五个阶段依次进行。

项目实施分五个阶段,以培养六西格玛突破"黑带"骨干为主线,建立一支有效的六西格玛管理团队,从而建立和完善六西格玛管理体系。每个阶段先以培训为导入,依照六西格玛管理程序逐步推进。阶段成果确认后,再执行下一阶段计划。

六西格玛推进可描述为DMAIC,即界定(Define)、测量(Measure)、分析(Analyze)、改进(Improve)、控制(Control)五个阶段,项目展开将按上述五个阶段进行。

依照国外经验,将建立以倡导者为主导的六西格玛推进人员,黑带大师协助倡导者协调六西格玛管理的实施,在起始阶段将由咨询公司顾问担任。公司黑带将成为全面推行六西格玛管理的中坚力量,负责具体执行和推广,将根据公司众多底线收益确定项目,培养一批绿带,测量六西格玛在日常工作中的应用。

2. 项目选择。

(1)项目选择要求。项目选择的关键是具有代表性,既不能选择较容易实现的造成轻视六西格玛,也不能选择很难实现的使大家失去信心,还要考虑在现有基础上计算经济效益和对其进行计算控制的可操作性。第一轮的项目由所推荐参加黑带培训人员代表其部门(也可跨部门)提出,然后进行项目预选,确定10~20个项目,应尽量考虑到市场、设计、制造、营销、管理等各个方面,最终的黑带项目的评价由咨询机构与公司相关人员一道待项目完成后进行。

(2)项目选择准则。

收益:项目完成后的年收益不小于200 000元人民币。

项目进度:项目原则上在8个月内完成;难度特别高的项目确实需要延期完成,需经六西格玛经理和该项目所属总监批准。

项目成本:项目成本应不超过项目收益的20%。

项目应具有一定的影响。

（3）项目来源。项目来源由各部门自行申报和六西格玛推行委员会指派相结合，年初由各部门根据工作中的缺陷、用户抱怨、生产线返工记录分析，从重要度和难度方面选择适合列入六西格玛改进的项目，由项目负责人提出项目申报材料给六西格玛经理，经六西格玛推行委员会评估后列入预选项目；同时，六西格玛推行委员会根据公司产品在市场上的表现，在听取质量保证部和技术服务部的意见后，提出项目指派给相应的部门，由各部门经理确定项目负责人，并将项目列入预选项目。

（4）项目的筛选。六西格玛推行委员会根据项目负责人的介绍、项目的重要程度和难易程度并结合公司的发展战略，对这些项目直接打分，根据得分的先后顺序挑选出项目，经执行领导认可后，项目负责人填写立项申请表，经部门经理和六西格玛经理批准后正式进入项目实施阶段。

3. 项目进程控制。

（1）界定阶段。

目标：帮助公司确定顾客对于质量认知的首要因素及自身所包括的核心业务流程；指导建立六西格玛管理的组织结构；通过顾客满意确认、质量成本等质量经济性分析，界定项目范围和识别潜在项目。

实施步骤：

A. 现状调研。填写 DMAIC 项目工作表、劣质成本分析等。

B. 专题培训。主要内容包括过程流程图等常用图示法、因果图、排列图、过程能力分析、顾客满意分析（CSI）。

C. 现场指导。黑带主管顾问现场答疑，帮助建立六西格玛管理组织结构，确定以后每阶段培训对象。

D. 阶段确认。经倡导者和项目负责人双方确认已达到阶段目标，实施下一阶段计划。

（2）测量阶段。

目标：帮助公司建立反映自身所含核心业务流程运作有效性的测量系统。通过六西格玛管理指标分析、顾客满意度测评等体系的建立，制定可靠、合理的测量标准，以监控过程进度和确定改进目标。

实施步骤：

A. 专题培训。内容包括过程流程图等常用图示法、过程能力分析、测量系统分析、顾客满意分析。

B. 测量目前的实际缺陷水平。

C. 现场指导。黑带主管顾问、专家现场答疑。

D. 阶段确认。经倡导者和项目负责人双方确认已达到阶段目标，实施下一阶段计划。

(3) 分析阶段。

目标：指导企业确定应用哪些方法来消除当前业绩与目标业绩之间的差距，有效使用统计工具来指导分析，找出造成缺陷的原因。

实施步骤：

A. 专题培训。培训内容包括失效模式及后果分析（FMEA）、假设检验（Hypothesis Test）、故障树分析（FTA）、方差分析（ANOV）、回归分析（Regression Analysis）。

B. 分析并找出造成缺陷的主要原因。

C. 现场指导。黑带主管顾问、专家现场答疑。

D. 阶段确认。经倡导者和项目负责人双方确认已达到阶段目标，实施下一阶段计划。

(4) 改进阶段。

目标：帮助企业寻找新管理方法和技术工具，以把事情做得更好、更快、更节约成本。应用统计方法来确认这些改进。

实施步骤：

A. 专题培训。主要内容包括质量功能展开（QFD）、试验设计（DOE）、多变量图及相关分析（multi-Varicharts）、响应曲面方法（Response Surface Method）、水平对比法（Benchmarking）。

B. 提出改进方案和措施，并验证改进措施的实际效果。

C. 现场指导。黑带主管顾问、专家现场答疑。

D. 阶段确认。经倡导者和项目负责人双方确认已达到阶段目标，实施下一阶段计划。

(5) 控制阶段。

目标：帮助企业控制和改进，保持新的水准，通过系统和组织的改善使改进制度化。

实施步骤：

A. 专题培训。主要内容包括统计过程控制（SPC）、防差错技术（Poka Yoke）、业务过程重建（BPR）、自我评估和持续改进（Self—assessment&Continuous Improvement）。

B. 建立针对关键质量要素的监控体系，缺陷不会重新出现。

C. 现场指导。黑带主管顾问、专家现场答疑。

D. 阶段效果确认。对五个阶段的运行效果做出总体评价，确认项目效果。

4. 考试。控制阶段的培训结束后由六西格玛经理组织对项目负责人进行考试，考试成绩计入项目的最终评估结果，以10分为满分进行折算，占最终评估的权重为10%。

5. 项目评价。所有项目评价都要量化并形成文件，包括比较实施前后的西格玛水平，所有的关键因素和使用的工具，准确核算项目的投入和效益，用利润率指标衡量项目要大于公司经营利润率。实施前后的西格玛水平指标需经倡导者确认，效益指标需经财务部确认，并计入项目最终评估结果，将每个项目的效益按顺序以 10 分为满分进行折算，占最终评估的权重为 10%。

财务部应为项目的核算提供技术支持和价格标准。

（1）专家评价。专家评价由倡导者、黑带大师、咨询老师进行，所降低的成本由财务部确认，根据目的实施过程和取得的业绩进行评价。

（2）发布评价。绿带项目的评价由六西格玛经理组织公司黑带进行，并根据情况将前 10 名推荐进入公司最终项目发布的评选。

公司每年组织一次黑带项目发布评价，由执行领导、推行委员会、各部门主管组成评价组，各项目代表现场发布，按附表进行评价。

汇总最终发布评价结果、项目效益、考试成绩三项结果，按得分多少进行排序，排在前面的项目被评为公司年度黑带项目，排在后面的项目及项目预发布评选的项目被评为年度绿带项目。

6. 黑带、绿带的产生和保持。

（1）黑带、绿带的产生。完成两个黑带项目或者一个黑带项目和一个绿带项目，接受六西格玛培训时间达到 80 课时，同时具备两个条件即为黑带预备候选人，由六西格玛执行领导根据项目完成情况和项目负责人的六西格玛水平决定是否授予黑带资格。

完成两个绿带项目或者一个黑带项目和一个绿带项目，接受六西格玛有关的培训达到 64 课时，同时具备两个条件即可被评为绿带。

黑带、绿带由专门机构授予资格，任期为 2 年。

（2）黑带、绿带的保持。黑带、绿带任期为 2 年，2 年内至少完成一个项目或者辅导 2 个及 2 个以上项目者可以连任。

（3）黑带、绿带的职责。黑带、绿带都是公司推进六西格玛工作的中坚力量，要积极参与公司六西格玛活动的推进和思想的传播，将六西格玛的理念运用到日常工作中，并有义务对下属、其他项目组成员进行必要的六西格玛培训，推动公司六西格玛文化的建设。

7. 激励政策。按国外的经验和惯例，黑带都为全职六西格玛人员，但考虑到人力资源的合理利用和初期阶段，托利多中国（MTCN）都为兼职人员，故对黑带和项目组成员需制定一定的激励政策，以促进六西格玛的推广。

（1）晋升激励。凡晋升部门经理或经理岗位将优先从黑带中选拔。

（2）物质奖励。六西格玛项目纳入个人 OST（目标、战略、战术）考核内容，接受部门经理及倡导者的双重考核，公司每年对六西格玛项目进行年度评选嘉奖。

在年终颁奖大会上由六西格玛倡导者组织授予质量改进各奖项奖牌。

每个黑带项目/绿带项目分别给予现金奖励，获奖项目的所有团队成员都将得到奖励。

黑带项目领导/绿带项目领导每人将获得旅游的奖励。

团队奖励金额的分配方案需得到倡导者的认可。

对于六西格玛的项目领导人，其OST考核中关于六西格玛的内容由倡导者负责，权重不低于10%。

黑带由权威机构授予资格证书。第一次的黑带候选人其项目改进绩效在未来半年内得到验证以及继续组织西格玛项目才能被授予黑带证书。

被授予黑带/绿带证书者，将获得托利多中国的总裁授予的胸带/胸卡/胸徽。

六西格玛项目管理经历将适当记入个人档案，作为个人绩效考核的依据。

对获得黑带/绿带证书者，在下年度工资调整中给予特殊增资额度。

获奖员工信息由人事行政部在公司范围内进行通报。

8. 六西格玛管理实施的效果。自2002年实施六西格玛管理以来，到2006年年底，培养出黑带多名，共完成上百个项目，获得经济效益达几千万元人民币。

（资料来源：王熙，《六西格玛在梅特勒——托利多公司的实践》，南京理工大学工程硕士论文，2007年）

第十五章 环境质量管理与 ISO14000

2010年"世界环境日"的主题——多个物种,一个星球,一个未来!

【导入思考】

资料来源:《〈日本时报〉社论:中国环境问题给了日本机会(图)》,http://www.ce.cn/xwzx/gjss/gdxw/200512/05/t20051205_5413152.shtml

——2005年11月22日,吉林市松花江边出现大量死鱼

第一节 环境质量管理概述

一、环境质量的含义

环境质量是指环境提供的一组要素对满足人类健康、安全、舒适、绿色、精神等需求的影响程度。

环境质量包括自然环境质量和社会环境质量。自然环境质量包括化学的、物理的、生物的等方面的质量；社会环境质量包括经济的、文化的、美学的等各个方面的质量。社会环境质量在第四章对质量文化环境中已作了深入的探讨。本章所探讨的主要是自然环境质量方面的问题。

二、环境质量问题的发展阶段

人类在向自然界索取资源创造物质文明和构建新的生活方式的同时，又在不经意中影响并改变着自身的生存环境。在远古时代，人类的生存充分依赖于大自然的恩赐。随着人类社会的发展，人们的生存能力增强，开始抵御自然的危害，进而发展到改造自然。到了现代社会，人类在改造自然的过程中对赖以生存的环境造成了许多破坏和污染，而且随着人类社会工业的飞速发展，对自然和环境的破坏和污染日趋严重。

人类社会发展到今天，环境质量问题也经历了一个从轻到重、从局部到区域再到全球的发展过程，目前学术界的有关专家认为主要划分为以下三个阶段。

1. 早期阶段。人类从初期完全依赖大自然的恩赐逐步转变到自觉地利用土地、生物、陆地水体和海洋等自然资源，这一阶段的人类活动对环境的影响还是局部的。

2. 近代阶段。从产业革命到第二次世界大战之后，开始出现大规模的环境污染。20世纪50~60年代成为污染最为严重的时期，震惊世界的八大公害事件[①]也多发生在这一时期。

3. 现代阶段。20世纪80年代，从1984年英国科学家发现、1985年美国科学家证实南极上空出现的"臭氧洞"开始。现代环境问题的主要特征是：在全球范围内出现了不利于人类生存和发展的征兆，目前这些征兆集中在酸雨、臭氧层破坏和全球变暖三大全球性大气环境质量问题上。

环境问题产生的根源，一方面是人类对自然资源的过度开发及不合理利用；另一方面是人类在生产和生活中产生的废弃物所造成的日积月累的环境污染。因此，环境问题既有人类文明发展的必然性，更有其技术进步及社会制度等问题。

目前，我国面临的环境问题也很严峻，表现为大气污染十分突出、水体污染相当严重、城市垃圾污染日渐突出等。环境质量问题需要综合治理，环境质量管理是一项系统工程。

三、当代世界环境质量面临的五大挑战

1. 淡水。淡水是人类赖以生存的资源。地球总水量约为14亿立方千米，其

---

① 八大公害事件是指"马斯河谷"事件、"多诺拉烟雾"事件、"伦敦烟雾"事件、"洛杉矶光化学污染"事件、"水俣"事件、"富山"事件、"四日"事件、"米糠油"事件。

中淡水量仅占 2.53%，且绝大部分封冻在南极等地的永久冰盖中，人类直接可利用的淡水资源尚不足 0.003%。据联合国统计，主要由于人口增加，20 世纪以来，全世界的淡水消费量增加了七倍。近年来，每年的淡水使用量达到 3 240 立方千米。目前大约有 26 个严重缺水国家，有 40% 的人遭受缺水之苦，每年有 2 500 万人因水污染而死亡，有 10 亿人口喝不到干净的饮用水。我国的水资源并不丰富，按人均在世界排名 109 位，也是个缺水国家。

21 世纪人类能否解决好淡水危机，对人类来说是一件关系到全球能否可持续发展及人类生死存亡的大事。

2. 湿地。湿地作为物种的哺育地，具有过滤能力、调蓄洪水、防止自然灾害、降解污染等不可替代的生态功能。但是，由于人们对湿地的重要性缺乏认识，迫于人口压力，不合理利用和破坏湿地，致使湿地面积急剧缩减。据统计，20 世纪全球湿地面积共丧失 50%，由此造成风蚀、土壤沙化、水土流失、旱灾、洪灾等自然灾害日益频繁。

3. 海洋。海洋占地球表面的 71%，它不仅是大气的热源和水源，而且积极参与着大气的热量平衡和水分平衡，海洋和大气之间广泛存在着物质和能量的交换。但随着人口的增加和沿海地区经济的迅速发展，又缺乏海岸带协调管理机制和海岸带及海岸开发管理的功能区别，多数地区的海岸开发处于"无偿、无序、无度"状态。海洋生态遭受严重的破坏，导致"海—气"系统的紊乱，气候变化异常、海洋面上升；海洋生物资源减少、质量下降，部分物种濒临灭绝。

4. 生物多样性。在恐龙灭绝 6 500 万年后的今天，地球正在发生着第六次大规模物种灭绝危机。据专家估计，目前全球 12% 的植物物种濒临灭绝。在今后 30 年内仍将有 10%～45% 的物种注定要消失。世界上千百万遗传物种的消失将直接关系到人类的生存。

5. 能源。能源是我们面临的最大环境挑战。现在人类依赖于化石能源，不仅造成了地球升温等全球性的灾难，而且这种社会经济运行本身也难以为继。据科学家预测，到 2030 年左右，全球的化石燃料将消耗殆尽，水能、太阳能、风能等能源，由于气候及自然环境的影响，只能解决局部地区的需要，而且开发起来也受到技术和环境的制约。因此，改变能源结构，寻找最有希望的新能源，已经成为全人类必须面临的首要环境课题。

四、环境质量管理的含义

所谓环境质量管理，就是指为了保证人类生存与发展而对自然环境质量和社会环境质量所进行的各项管理工作。这项工作的范围很广泛，就环境管理部门来说，其主要任务是提出环境质量标准、组织监控（监测、检查、控制）和协调；就利用环境资源的各部门而言，则是要把环境质量管理贯穿于运作管理的全流程，开展环境教育、培养低碳意识、树立环境文明道德观，实现节能减排，提高环境质量的目标。

五、世界环境质量管理的发展

由于生存环境的日益恶化，经济发展和生活质量的提高将遭受到严重的影响。人类在为今日烦恼，也在为明天担忧。环境保护、环境控制和发展等问题引起了广大有识之士和各国政府的高度重视。人类对环境质量管理的认识和努力经历了两次重大飞跃。

1. 第一次飞跃。早在20世纪60年代初，欧洲、日本、美国等就开始关注环境质量管理。1972年6月5日，联合国在斯德哥尔摩召开了第一次人类环境会议，通过了《人类环境宣言》，明确指出"为当代和将来的世世代代，保护和改善人类环境，已经是人类的一个紧迫的目标"，并决定此后每年的6月5日为世界环境日，世界各国开始了防治污染、保护环境的征程，实现了人类环境认识史上的第一次飞跃。

为了人类共同的命运，世人为地球环境的维护及改善作了巨大的努力，这种努力深刻地反映在历年"世界环境日"的主题中。

1974年	只有一个地球
1975年	人类居住
1976年	水：生命的重要源泉
1977年	关注臭氧层破坏和水土流失
1978年	没有破坏的发展
1979年	为了儿童和未来——没有破坏的发展
1980年	新的十年，新的挑战——没有破坏的发展
1981年	保护地下水和人类的食物链，防治有毒化学品污染
1982年	斯德哥尔摩人类环境会议十周年——提高环境意识
1983年	管理和处置有害废弃物，防治酸雨破坏和提高能源利用率
1984年	沙漠化
1985年	青年、人口、环境
1986年	环境与和平
1987年	环境与居住
1988年	保护环境、持续发展、公众参与
1989年	警惕全球变暖
1990年	儿童与环境
1991年	气候变化——需要全球合作
1992年	只有一个地球——一起关心，共同分享
1993年	贫穷与环境——摆脱恶性循环

1994年　一个地球、一个家庭
1995年　各国人民联合起来，创造更加美好的未来
1996年　我们的地球、居住地、家园
1997年　为了地球上的生命
1998年　为了地球上的生命——拯救我们的海洋
1999年　拯救地球，就是拯救未来
2000年　2000年环境千年——行动起来吧
2001年　世界万物，生命之网
2002年　让地球充满生机
2003年　水——二十亿人生命之所系
2004年　海洋存亡，匹夫有责
2005年　营造绿色城市，呵护地球家园
　　中国主题：人人参与　创建绿色家园
2006年　莫使旱地变为沙漠
　　中国主题：生态安全与环境友好型社会
2007年　冰川消融，后果堪忧
　　中国主题：污染减排与环境友好型社会
2008年　促进低碳经济
　　中国主题：绿色奥运与环境友好型社会
2009年　地球需要你：团结起来应对气候变化
　　中国主题：减少污染——行动起来
2010年　多个物种，一个星球，一个未来
　　中国主题：低碳减排·绿色生活
2011年　深林　大自然为你效劳
　　中国主题：共建生态文明，共享绿色未来
2012年　绿色经济　你参与了吗
　　中国主题：绿色消费，你行动了吗
2013年　"思前，食后，厉行节约"
　　中国主题："同呼吸共奋斗"
2014年　"思前，食后，厉行节约，减少你的耗粮足迹"
　　中国主题："向污染宣战"
2015年　"可持续消费和生产"
　　口号："七十亿人的梦想：一个星球关爱型消费"
　　中国主题："践行绿色生活"
2016年　"为生命呐喊"
　　中国主题："改善环境质量，推动绿色发展"

2. 第二次飞跃。20世纪80年代初在美国出现了所谓的"泡泡政策",这是对污染源实施总量控制的一种政策,由美国环境保护局于1981年提出,要求每一地区根据环境目标制定相应的污染物排放总量指标,在不超过排放总量指标的前提下,允许各污染源排污量相互调剂,从而达到控制污染源的目的。我国在改革开放后开始关注环境质量管理。

1992年,100多位国家首脑出席了在巴西里约热内卢召开的联合国环境与发展大会,共同探讨环境与发展的问题,明确提出改变传统的增长模式,实施可持续发展战略,实现了环境质量管理的第二次飞跃。在这次大会上颁发了指导全球的行动纲领《21世纪议程》,其基本思想是人类正处于历史抉择关头,全面发展的战略与政策必须转变。《21世纪议程》全文有40章,20多万字,分成4大部分:(1)经济与社会可持续发展白皮书;(2)资源保护与管理;(3)加强主要群体作用;(4)实施手段。

《21世纪议程》的主要内容是:(1)关于可持续发展理论与跨领域的问题;(2)关于与人口有关的问题;(3)关于全球性环境问题;(4)关于生态问题;(5)关于工业化与环境保护问题;(6)关于公众参与问题。

自里约热内卢环境与发展大会之后,可持续发展的理念已被世界各国所接受,这导致了人的思维方式、价值观念、生产方式和生活方式的转变,传统的发展模式正在受到冲击。各国在执行《21世纪议程》方面取得了一些进展,有150多个国家建立了实施可持续发展的组织机构、2 000多个城市制定了可持续发展的21世纪议程、80多个国家向联合国提交了执行《21世纪议程》的国家报告。从一些做得比较好的国家可以看出,可持续发展的法律不断出台,有关的规定、标准不断细化和完善。同时,通过财政措施、税收、生态标签、排污交易权等手段,调动市场的力量,引导并推动消费模式的改变。环保保护的区域和国际合作也取得了一些进展,《气候框架公约》、《生物多样性公约》和《荒漠化公约》等诸多环境公约相继生效,全球性、区域性和双边环境保护公约、条约和议定书不断出台。涉及的领域不断扩大,有些公约的实施产生了良好的效果。由于可持续发展和环境意识增强,人们正在运用无穷无尽的聪明才智去解决发展和环境中棘手的问题,并有望取得突破性的进展和成果。

但是,联合国大会之后,全球环境恶化的趋势并没有得到扭转,很多环境问题还在继续恶化。近十年来,经济全球化使得两极分化进一步加剧,加深了富国和穷国、富人与穷人之间的鸿沟,由于环境问题不受边界限制的扩散蔓延,目前已首先由西方国家提出了设立"世界环境组织"的建议,这个组织类似于世界贸易组织(WTO),将对全球环境进行全面、统一和权威的管理。

第二节　ISO14000 环境管理标准简介

一、ISO14000 环境管理标准的产生

1. 背景。

（1）环境问题日益突出。随着经济与社会的发展，人类改造自然的能力不断提升，人类越来越可以更加轻松地借助科技的帮助和工具的使用来改造和控制自然。在人类自身的物质需求不断得到满足的同时，人类对自然的破坏也在不断加深，环境问题变得日益严重，人类的生存和发展环境不断恶化。

（2）对环境质量及环境质量管理的关注程度日益增强。由于人类的掠夺性开发，造成了自然环境的破坏，而自然正在以自己的方式对人类进行报复，不断爆发的环境问题，使得人类不得不重新反思自身的发展方式，人类开始对环境质量和环境质量管理日益关注。人类在保证自身发展的同时，开始不断探索与自然和谐相处的方式和途径，从而实现自身发展与自然保护的"双赢"局面。

（3）可持续发展战略的提出。1992 年在巴西里约热内卢召开的联合国环境与发展大会，颁发了指导全球行动纲领《21 世纪议程》，提出了"可持续发展"战略，其基本思想是人类正处于历史抉择关头，全面发展的战略与政策必须转变。1992 年联合国环境与发展大会揭开了人类文明发展的新篇章，引起了人类社会各领域、各层次的深刻变革。

可持续发展最先是 1972 年在斯德哥尔摩举行的联合国人类环境研讨会上正式讨论。自此以后，各国致力于界定"可持续发展"的含义，现时已拟出的定义有几百个之多，涵盖范围包括国际、区域、地方及特定界别的层面。最广泛采纳的定义是 1987 年世界环境与发展委员会在《我们共同的未来》报告中第一次阐述的概念，"既满足当代人的需求，又不对后代人满足其需求的能力构成危害的发展称为可持续发展。"

可持续发展是指既满足现代人的需求又不损害后代人满足需求的能力，换句话说，就是指经济、社会、资源和环境保护协调发展，它们是一个密不可分的系统，既要达到发展经济的目的，又要保护好人类赖以生存的大气、淡水、海洋、土地、森林等自然资源和环境，使子孙后代能够永续发展和安居乐业。正像江泽民同志指出的那样："决不能吃祖宗饭，断子孙路。"可持续发展与环境保护既有联系又不等同。环境保护是可持续发展的重要方面。可持续发展的核心是发展，但要求在严格控制人口、提高人口素质和保护环境、资源永续利用的前提下进行经济和社会的发展。

2. 产生。ISO14000 系列标准的出台（1996 年）是对可持续发展的积极响

应，其目的是以"污染防治，持续改进"为指导思想，强化环境管理，保护当代人乃至今后人类赖以生存的环境，ISO14000系列标准的提出是全球环境保护发展的必然趋势。

欧美一些大公司在20世纪80年代就已开始自发制定公司的环境政策，委托外部的环境咨询公司来调查它们的环境绩效，并对外公布调查结果（这可以认为是环境审核的前身），以此证明它们优良的环境管理和引以为豪的环境绩效。它们的做法得到了公众对公司的理解，也赢得广泛认可，公司也相应地获得经济与环境效益。

为了推行这种做法，到1990年年末，欧洲制定了两个有关计划，为公司提供环境管理的办法，使其不必为证明环境信誉而各自采取单独行动。第一个计划为BS7750，由英国标准所制定；第二个计划是欧盟的环境管理系统，称为生态管理和审核法案（Eco-Management and Audit Scheme，EMAS），其大部分内容来源于BS7750。很多公司试用这些标准后取得了较好的环境效益和经济效益。这两个标准在欧洲得到较好的推广和实施。

同时，世界上其他国家也开始按照BS7750和EMAS的条款，并参照本国法规的标准，建立环境管理体系。

1990年，国际标准化组织和国际电工委员会（IEC）出版了《展望未来——高新技术对标准的需求》一书，其中"环境与安全"问题被认为是当时标准化工作最紧迫的四个课题之一。1992年6月，在联合国环境与发展大会上，100多个国家就长远发展的需要一致通过了关于国际环境管理纲要，环境保护与持续发展已成为各国环境的重要课题。1992年ISO/IEC成立了环境问题特别咨询组（SAGE），同年12月，SAGE向ISO技术委员会建议制定一个与质量管理体系方法相类似的环境管理体系方法，帮助企业改善环境行为，并消除贸易壁垒，促进贸易发展。

为此，ISO借鉴了其成功推行ISO9000标准的经验，总结了各国环境管理标准化的成果，尤其是参考了英国环境管理体系标准BS7750，于1996年年底正式颁布了ISO14000环境管理系列标准（首批颁布了五项）。ISO14000系列标准颁布以后，立即被世界各国广泛采用，并作为本国标准推广实施。

1996年国际标准化组织ISO14000系列标准的颁布，引起了世界各国的普遍关注，全世界有100多个国家转化和引用了该标准。我国对ISO14000环境管理系列标准的实施也非常重视，我国于1996年12月将其转化为国家标准，并于2005年对该标准进行修订。

ISO14001作为世界上首个被广泛采用的环境管理体系国际标准，现已帮助全球超过300 000家组织提升其环境绩效。目前，该标准经过了自1996年正式发布以来的首次重大改版，新版标准已于2015年9月15日正式发布。

随着我国加入WTO，非关税贸易壁垒之一的环境保护将是我国企业界面临的新的挑战，越来越多的企业在寻求认证，以取得通往国际贸易的绿色通行证。经过国家ISO14000系列标准主管部门的努力以及各机构、各地方有关单位和企业的不懈工作，ISO14000系列标准的实施工作进展很快，并出现了良好的发展势头，积极建立环境管理体系并申请认证的企业类型已由单纯生产型企业向生产经营型企业、服务型企业等多种类型企业发展。环境管理体系认证已由独立的个别企业的自愿行为向区域、集团认证发展。我国是一个发展中的国家，经济社会必须走可持续发展道路的道理已逐渐深入人心，结合我国质量体系认证的经验，ISO14000的贯标认证工作将更健康地发展。

二、ISO/TC207

国际标准化组织于1993年6月正式成立了ISO/TC207环境管理技术委员会，通过制定和实施一套环境管理的国际标准，规范企业和社会团体等所有组织的环境行为，以达到节省资源、减少环境污染、改善环境质量进而促进经济持续、健康发展的目的。其核心任务是研究制定ISO14000系列标准中覆盖环境管理体系、环境审核、环境行为评价、环境标志以及生命周期评估等方面的标准。

目前ISO/TC207的秘书国是加拿大，成员80个，其中，正式成员41个，通信成员（或称观察成员）39个，中国是正式成员国。我国与ISO/TC207对应的机构是全国环境管理标准化技术委员会（CSBITS/TC207），它成立于1995年10月，其方针是"边发展经济边治理环境"，中国的发展决不以牺牲环境为代价。其主要任务是：负责与ISO/TC207的联络，跟踪、研究ISO14000环境管理系列标准，结合国内情况，适时地把ISO14000系列标准转化为我国国家标准并组织实施。

ISO/TC207下设主席顾问工作组、两个分技术委员会（SC1～SC6）及两个直属工作组（WG1、WG2），为加强ISO14000系列标准与ISO9000族标准的兼容性，还有一个TC207与TC176合作协调工作组。

三、ISO14000系列标准的含义

凡是ISO/TC207环境管理技术委员会制定的所有国际标准称为ISO14000系列或ISO14000族标准。ISO中央秘书处为TC207预留了100个标准号，即标准编号为ISO14001～ISO14100共100个编号，统称为ISO14000系列标准。根据ISO/TC207的分工，各技术委员会负责相应标准的制定工作，其标准号分配如表15-1所示。

表 15-1　　ISO/TC207 各分技术委员会标准编号分配

分技术委员会	标准子系统名称	标准号
SC1	环境管理体系（EMS）	ISO14001～ISO14009
SC2	环境审核（EA）	ISO14010～ISO14019
SC3	环境标志（EL）	ISO14020～ISO14029
SC4	环境表现评价（EPE）	ISO14030～ISO14039
SC5	生命周期评估（LCA）	ISO14040～ISO14049
SC6	术语和定义（T&D）	ISO14050～ISO14059
WG1	产品标准中的环境因素（EAPS）	ISO14060
WG2	可持续森林	
	（备用）	ISO14061～ISO14100

四、已发布实施的标准构成及内容

截至 2005 年 5 月 15 日，我国政府已转化为我国国家标准并发布和实施的共有 12 个标准，如表 15-2 所示。

表 15-2　　我国已经正式颁布的 ISO14000 系列标准

序号	标准序列号（采用国际标准号国标号）	国标发布日期	国标实施日期	标准名称
1	ISO19011：2002 GB/T 19011-2003	2003 年 5 月 23 日	2003 年 10 月 1 日	质量和（或）环境管理体系审核指南
2	ISO14001：2004 GB/T 24001-2004	2005 年 5 月 10 日	2005 年 5 月 15 日	环境管理体系要求及使用指南
3	ISO14004：2004 GB/T 24004-2004	2005 年 5 月 10 日	2005 年 5 月 15 日	环境管理体系原则、体系和支持技术通用指南
4	ISO14010：1996 GB/T 24010-1996	1996 年 12 月 2 日	1996 年 12 月 2 日	环境审核指南通用原则
5	ISO14011：1996 GB/T 24011-1996	1996 年 12 月 2 日	1996 年 12 月 2 日	环境审核指南 审核程序 环境管理体系审核
6	ISO14012：1996 GB/T 24012-1996	1996 年 12 月 2 日	1996 年 12 月 2 日	环境审核指南环境审核员资格要求
7	ISO14015：2001 GB/T 24015-2003	2003 年 5 月 23 日	2003 年 10 月 1 日	环境管理现场和组织的环境评价（EASO）
8	ISO14020：1998 GB/T 24020-2000	2000 年 2 月 1 日	2000 年 10 月 1 日	环境管理环境标志和声明通用原则
9	ISO14021：1999 GB/T 24021-2001	2001 年 1 月 10 日	2001 年 8 月 1 日	环境管理环境标志和声明自我环境声明（Ⅱ型环境标志）
10	ISO14024：1999 GB/T 24024-2001	2001 年 1 月 10 日	2001 年 8 月 1 日	环境管理环境标志和声明Ⅰ型环境标志原则和程序
11	ISO14025：2006 GB/T 24025-2009	2009 年 7 月 10 日	2009 年 12 月 1 日	环境标志和声明Ⅲ型环境声明原则和程序

续表

序号	标准序列号（采用国际标准号国标号）	国标发布日期	国标实施日期	标准名称
12	ISO14031：1999 GB/T 24031－2001	2001 年 2 月 28 日	2001 年 11 月 1 日	环境管理环境表现评价指南
13	ISO14040：2006 GB/T 24040－2008	2008 年 5 月 26 日	2008 年 11 月 1 日	环境管理生命周期评价原则与框架
14	ISO14044：2006 GB/T 24044－2008	2008 年 5 月 26 日	2008 年 11 月 1 日	环境管理生命周期评价要求与指南
15	ISO14050：1998 GB/T 24050－2004	2004 年 4 月 30 日	2004 年 10 月 1 日	环境管理术语
16	ISO/TR 14062：2002 GB/T 24062－2009	2009 年 7 月 10 日	2009 年 12 月 1 日	环境管理将环境因素引入产品的设计和开发
17	ISO14063：2006 GB/T 26450－2010	2011 年 1 月 14 日	2011 年 6 月 1 日	环境管理环境信息交流指南和示例

注：表中序号 4、5、6 的标准已于 2003 年 10 月被表中序号 1 标准所替代。

上述 ISO14000 标准主要分类如下。

1. 按标准性质分为三类。

第一类，基础标准——术语标准。

第二类，基础标准——环境管理体系、规范、原则、应用指南。

第三类，支持技术类标准（工具），包括：环境审核；环境标志；环境行为评价；生命周期评估。

2. 按标准的功能可以分为两类。

第一类，评价组织。包括：环境管理体系；环境行为评价；环境审核。

第二类，评价产品。包括：生命周期评估；环境标志；产品标准中的环境指标。

下面介绍几个主要标准。

（1）ISO14001：2004《环境管理体系　要求及使用指南》。ISO14001 是 ISO14000 系列标准的主体标准，也是目前已经颁布和正在制定的标准中唯一可供认证的标准，其他的标准可以说都是其技术支持标准。它规定了对环境管理体系的要求，明确了环境管理体系的各要素，根据组织确定的环境方针目标、活动发生的运行条件，把本标准的所有要求纳入组织的环境管理体系中。该项标准向组织提供的体系要素或要求适用于任何类型和规模的组织，并适用于各种地理、文化和社会条件。

该标准要求组织建立环境管理体系，组织可据此建立一套程序来确立环境方针和目标，实现并向外界证明其环境管理体系的符合性，同时，还可以通过评审或审核来评定体系的有效性，以达到支持环境保护和预防污染的目的。

（2）ISO14004：2004《环境管理体系　原则、体系和支持技术通用指南》。

该标准简述了环境管理体系（EMS）的要素，为建立和实施 EMS 以及加强 EMS 与其他管理体系的协调提供可操作的建议和指导。它同时也向组织提供了如何有效地改进或保持 EMS 的建议，使组织通过资源配置、职责分配以及对操作惯例、程序和过程的不断评价（评审或审核）来有序而一致地处理环境事务，从而确保组织确定并实现其环境目标，达到持续满足国家或国际要求的能力。

指南不是一项规范标准，只作为内部管理工具，不适用于环境管理体系认证和注册。

环境管理工作是组织的全部管理体系的必要组成部分。实现、保持、评审、改进环境方针、目标和指标的组织结构、职责、操作惯例、程序、过程及资源应与其他管理领域的现行工作协调一致（包括质量、职业卫生和安全）。

环境管理体系的建立始终是一个不断发展、不断完善的过程，它采用系统的方法，坚持持续改进。

（3）ISO14010：1996《环境审核指南　通用原则》。它是 ISO14000 系列标准中的一个环境审核通用标准。环境审核与质量体系审核一样，是验证和持续改进环境管理行为的重要措施。ISO14010 标准定义了环境审核及有关术语，并阐述了环境审核通用原则，宗旨是向组织、审核员和委托方提供如何进行环境审核的一般原则。

（4）ISO14011：1996《环境审核指南　审核程序　环境管理体系审核》。该标准提供了进行环境管理体系审核的程序，以判定环境审核是否符合环境管理体系审核准则。该标准适用于实施环境管理体系的各种类型和规模的组织。

（5）ISO14012：1996《环境审核指南　环境审核员资格要求》。该标准提供了关于环境审核员和审核组长的资格要求，它对内部审核员和外部审核员同样适用。内部审核员和外部审核员需具备同样的能力，但由于组织的规模、性质、复杂性和环境因素不同，以及组织内有关技能与经验的发展速度不同等原因，不要求必须达到该标准中规定的所有具体要求。

（6）ISO14040：2006《环境管理　生命周期评价　原则与框架》。生命周期评价是一项用以评价产品的环境因素与潜在环境影响的技术。包括：编制一份与研究的产品系统有关的投入产出清单；评估与这些投入产出相关的潜在环境影响；对与研究目的有关的清单分析阶段与评估阶段结果进行说明。ISO14001 要求组织应建立程序以识别其活动、产品及服务中的环境因素，并在制定目标指标时将重大环境因素加以考虑。生命周期评价是一种可用来识别这些环境因素的方法。

五、有关环境管理的常用术语

GB/T 24001-2004/ISO14001：2004《环境管理体系　要求及使用指南》对有关环境质量管理的常用术语进行了定义。

1. 环境（Environment）是指"组织运行活动的外部存在，包括空气、水、土地、自然资源、植物、动物、人，以及它们之间的相互关系"。

定义中的"外部存在"，可以"从组织内延伸到全球系统"这个人类赖以生存的大环境。这就把对环境的理解和重视推向了一个前所未有的广度和深度。因此，"环境"是指与人类密切相关的影响人类生活和生产活动的各种自然力量或作用的总和，它不仅包括各种自然要素的结合，还包括人类与自然要素间相互形成的各种生态关系的组合。环境功能主要表现在两个方面：一方面，它是人类生存与发展的终极物质来源；另一方面，它又承受着人类活动所产生的废弃物和各种作用的结果。

2. 环境因素（Environmental Aspect）是指"一个组织的活动、产品或服务中能与环境发生相互作用的要素"。

定义中的"活动"是指针对环境而言将输入转化为输出的一种过程。定义中的"产品"和"服务"的含义见ISO9000。

组织的活动、产品或服务中存在的某些环境因素对环境已造成或可能造成重大环境影响，这样的环境因素称为重要环境因素，组织在建立环境目标时应优先对这些重要环境因素予以考虑。

3. 环境影响（Environmental Impact）是指"全部或部分地由组织的环境因素给环境造成的任何有害或有益的变化"。环境影响是环境因素导致的环境变化，这种变化可能是有害的，也可能是有益的。环境因素和环境影响之间的关系是因果关系，如表15-3所示。

表15-3　　　　　　　　环境因素和环境影响之间的关系

名　　称	项　　目	环境因素（因）	环境影响（果）
活动	搬运危险材料	潜在的泄漏事件	土壤或水域污染
产品	产品改进	改型后体积减小	保护自然环境
服务	车辆维护	减少废气排放	降低空气污染

评价与环境因素相关的环境影响是组织进行规划活动的首要步骤之一，也是组织的环境方针之一。组织的环境方针、目标就建立在对与活动、产品、服务相关的环境因素和重大环境影响的评估上。组织在确定了环境因素之后应进一步评估这些环境因素对环境影响的重要性。

4. 持续改进（Continual Improvement）是指"不断对环境管理体系进行强化的过程，目的是根据组织的环境方针，实现对环境绩效的总体改进"。环境管理体系的建立与实施始终体现了持续改进的思想。环境管理体系各个环节是以一种周而复始、螺旋上升的形式连接起来的。持续改进是以具体的预防和纠正措施为基础,持续地提高组织内部各个运行过程的效果。

5. 环境管理体系(Environmental Managemengt System)是指"组织管理体系的一个组成部分,用来制定和实施其环境方针,并管理其环境因素。管理体系是用来建立方针和目标,并进而实现这些目标的一系列相互关联的要素的集合;管理体系包括组织结构、策划活动、职责、惯例、程序、过程和资源"。

一个企业的管理涉及许多方面的内容,包括生产管理、物流管理、人事管理、财务管理等。环境管理体系是一个组织全部管理体系的组成部分。

6. 环境方针(Environmental Policy)是指"由最高管理者就组织的环境绩效正式表述的总体意图和方向。环境方针为采取措施,以及建立环境目标和环境指标提供了一个框架"。环境方针是由组织的最高管理者制定并正式颁布的,环境方针是组织总体经营方针的一个非常重要的组成部分,它应与组织的总方针以及并行的其他方针(如质量、职业安全卫生等)协调。

7. 环境目标(Environmental Objective)是指"组织依据其环境方针规定所需要实现的总体环境目的"。制定组织的环境目标时应充分考虑与之相关的环境评审结果、确定的环境因素和相关的环境影响。同时,还应将法律与其他要求、技术方案、财务、运行和经营等方面的要求一并纳入考虑范畴。

8. 环境指标(Environmental Target)是指"由环境目标产生,或为实现环境目标所须规定并满足的具体的绩效要求,它们可适用于整个组织或其局部"。环境指标是环境目标的具体化。

9. 环境绩效(Environmental Performance)是指"组织对其环境因素进行管理所取得的可测量结果"。在环境管理体系条件下,可对照组织的环境方针、环境目标、环境指标及其他环境绩效要求对结果进行测量。

10. 内部审核(Internal Audit)是指"客观地获取审核证据并予以评价,以判定组织对其设定的环境管理体系审核准则满足程度的系统的、独立的、形成文件的过程"。在许多情况下,特别是对于小型组织,独立性可通过与所审核活动无责任关系来体现。

以下是ISO14001:2004《环境管理体系 要求及使用指南》新增加的七个定义。

11. 审核员(Auditor)是指"有能力实施审核的人员"。

12. 纠正措施(Corrective Action)是指"为消除已发现的不符合的原因所采取的措施"。

13. 文件(Document)是指"信息及其承载媒体"。媒体可以是纸张、计算机磁盘、光盘或其他电子媒体,照片或标准样品,或它们的组合。

14. 不符合(Nonconformity)是指"未满足要求"。

15. 预防措施(Preventive Action)是指"消除潜在不符合原因所采取的措施"。

16. 程序（Procedure）是指"为进行某项活动或过程所规定的途径"。程序可以形成文件，也可以不形成文件。

17. 记录（Record）是指"阐明所取得的结果或提供所从事活动的证据的文件"。

六、实施 ISO14000 系列标准的意义和作用

世界各国政府普遍对 ISO14000 系列标准表示欢迎，支持本国企业进行认证；企业界在认识了标准所带来的效益的情况下也开始积极地实施。实施 ISO14000 系列标准有以下主要意义。

1. 保护人类生存和发展的需要——在全球范围内通过实施这套标准，规范企业和社会团体等所有组织的环境行为，减少人类活动对环境的影响，维护和改善人类生存与发展的环境。

2. 可持续发展的需要——有效地规范组织的活动、产品和服务，从原材料的选择、设计、加工、销售、运输、使用到最终废弃物的处理进行全过程控制，满足环境保护和经济可持续发展的需要。

3. 国内外贸易发展的需要——世界贸易组织认为，一个开放的、公平的、非歧视的、透明的、符合可持续发展目标并能使全球得到资源化分配的贸易制度，对所有贸易伙伴都是有利的。

4. 环境管理现代化的需要——按这套标准去做，能促进环境管理的科学化和现代化。

5. 建立社会主义市场经济体制的需要——实现两个具有全局性的根本转变（一是经济体系由传统的计划经济模式向社会主义市场经济模式转变；二是经济增长方式由粗放型向集约型转变），必须以提高经济增长效益和产品服务质量、减少环境污染作为主要的衡量标志。

实施 ISO14000 系列标准的主要作用有以下 6 个方面。

1. 有利于全球范围内组织守法，实现环境优化的目的。

2. 有利于在国际贸易中避免重复检验、认证、注册、标志以及消除互相矛盾的要求，为各组织提供规范的环境管理制度，消除贸易壁垒，实现自由贸易。

3. 有利于各组织制定符合统一标准的自我声明，证实其满足环境优化的承诺。

4. 有利于提高组织环境管理能力，提高其管理的现代化、科学化水平。

5. 向外部组织证实自身遵循所声明的方针，以便外部组织用于对环境体系进行科学的认证和评价。

6. 有利于协调各国不统一的管理性"指令"和控制文件，以及取代现在还在制定的地区性和国家性的环境管理标准，实施统一、科学的国际标准。

七、环境管理体系运行模式

ISO14001 是 ISO14000 系列标准中的主要标准,而"环境管理体系"(EMS)又是 ISO14001 的主题、核心、灵魂和关键。它规定了独特的运行模式,明确了体系的要素,即环境方针目标、组织结构、规划(策划)、过程、资源、检查和评审等,因此,任何一个企业或组织只要建立适合自己企业特点的环境管理体系(EMS),就能达到标准的要求,实现环境方针和环境目标,并能保证持续发展,最终赢得企业形象、企业信誉以及企业经济效益和社会效益。

1. 要素构成。按 ISO14000 系列标准要求建立的环境管理体系由 5 个一级要素和 17 个二级要素组成,如表 15-4 所示。

表 15-4　　　　　　　　环境管理体系一、二级要素

一级要素	二级要素
(一)环境方针	1. 环境方针
(二)策划	2. 环境因素 3. 法律和其他要求 4. 目标、指标和方案
(三)实施与运行	5. 资源、作用、职责和权限 6. 能力、培训和意识 7. 信息交流 8. 文件 9. 文件控制 10. 运行控制 11. 应急准备和响应
(四)检查	12. 监测和测量 13. 合规性评价 14. 不符合、纠正措施和预防措施 15. 记录控制 16. 内部审核
(五)管理评审	17. 管理评审

2. 运行模式。环境管理体系的运行模式与其他管理的运行模式相似,共同遵守由戴明提出的管理模式。ISO14001 环境管理体系要素运行过程的典型模式如图 15-1 所示。它展示了一个周而复始、螺旋上升的动态循环过程,体系按照这一模式运行,在不断循环中实现持续改进。由戴明提供的计划(Plan)、实施(Do)、检查(Check)和处置(Action)运行模式也称 PDCA 模式,如图 15-1 所示。

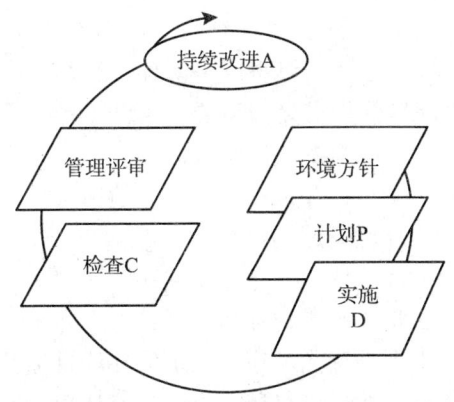

图 15-1　环境管理体系模式

环境管理体系除了遵循 PDCA 模式之外，它还有自身的特点：
(1) 着重持续改进；
(2) 重视污染预防；
(3) 强调最高管理者的承诺和责任；
(4) 立足于全员意识、全员承诺、全员参与；
(5) 系统化、程序化的管理和必要的文件支持；
(6) 和其他管理体系的兼容与协同作用。

环境管理体系模式也可以描述为如图 15-2 所示。

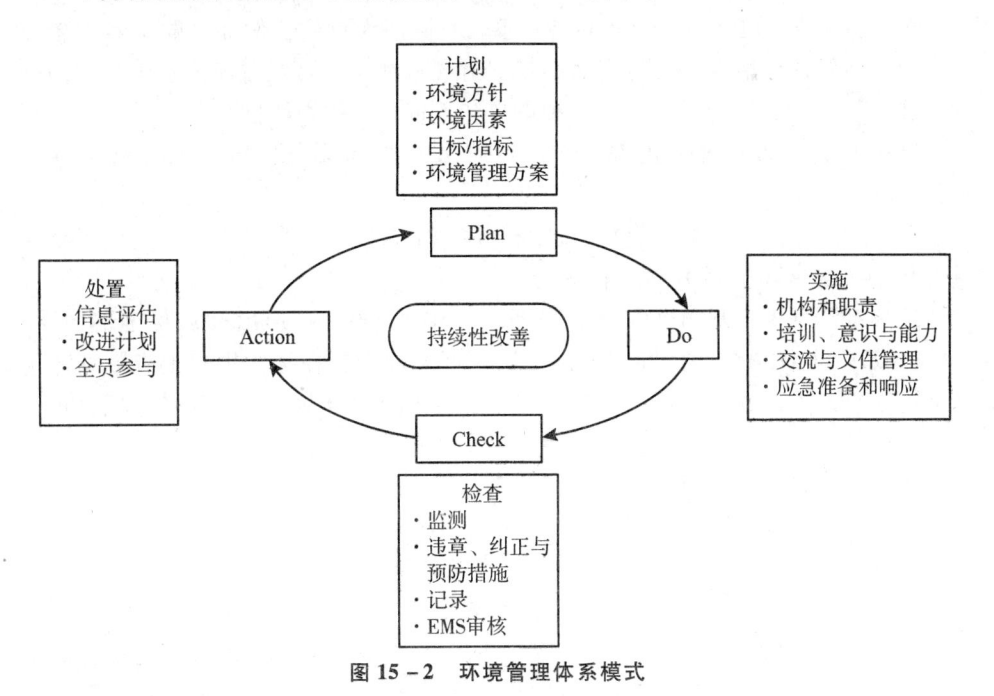

图 15-2　环境管理体系模式

3. 环境管理体系的作用。随着可持续发展战略在全球的实施，环境保护正朝着污染预防的方向发展。这要求组织以主动自觉的方式从其管理职能上推动生命周期的环境管理，将环境保护贯穿、渗透到组织的基本活动过程中，以促进组织环境表现的持续改进。其作用在于帮助组织：

（1）识别和控制其活动、产品或服务中的环境因素、环境影响和风险；
（2）发现有效的解决环境问题的机会；
（3）确定适于组织的环境法律、法规要求；
（4）制定环境方针，指导组织的环境管理；
（5）建立处理环境事项的优先顺序，以确定环境目标及行动方案；
（6）建立执行程序和支持保障机制，推进环境计划的实施；
（7）监测环境的表现，评价体系的有效性，实施体系的改进。

环境管理体系的建立，将使组织从其管理职能上纳入环境保护的要求，促进组织步入自我约束的环境管理轨道。

4. 环境管理体系审核及实施。与质量体系的审核类型相似，环境管理体系的审核可分以下三种类型：

第一方审核，为组织内部目的而进行的环境管理体系的审核。审核报告和形式都比第二方或第三方审核简单。

第二方审核，通常是对供应商或分承包商的环境管理体系审核，由需方组织中胜任的人员承担。

第三方审核，通常是以 ISO14001 标准的认证为目的。例如，购买者希望由一个独立组织评价潜在的供应商而不是其自身来进行。第三方审核是由公正的并由权威部门认可的机构来承担。这种审核和评价要求相当严格。

第一方审核通常称为内部审核，第二方审核和第三方审核通常称为外部审核。

环境管理体系审核的审核员要求及具体的审核实施过程与质量管理体系审核基本相同，均应符合 ISO19011 的规定。

5. GB/T24000 – ISO14000 系列标准与 GB/T19000 – ISO9000 族标准的关系。GB/T24001 – ISO14001 的引言中说："国际环境标准旨在为组织规定有效的环境管理体系要素，这些要素可与其他管理要求相结合，帮助组织实现其环境目标与经济目标。"

两套标准有许多相似或相同之处：
（1）都是自愿采用的管理性质的国际标准。
（2）都遵循相同的管理系统的原理，通过实施一套完整的系统标准，在组织内建立起一个完善而有效的形成文件的管理体系。
（3）通过管理体系的建立、运行和改进，对组织内的活动、过程及其要素进行控制和优化，达到预期方针、目标。

（4）质量管理体系和环境管理体系在结构、要素等内容上相同或相似，ISO14000系列标准的很多内容直接采用了ISO9000族标准的内容，只是支持技术或工具措施不同而已。

（5）两套标准均可成为贸易准入的条件，都是有利于国际贸易的标准，目的在于消除贸易堡垒。

（6）质量管理体系和环境管理体系都有第三方认证机构审核的要求，因此，两个体系的实施均涉及诸如认证审核机构审核员以及对认证审核机构和审核员的认可等内容。

两套标准也存在一些不同之处，主要是：

（1）适用范围、对象和目的不完全相同。ISO14000系列标准的目的主要是帮助建立、运行和不断改善环境管理体系，持续改善环境状况。ISO9000族标准主要针对组织的管理质量，目的是指导组织和运行质量体系，通过影响和改进质量活动的过程与要素的控制，达到提高组织的质量管理和保证的能力。

（2）标准的服务点不同。ISO9000族标准服务点在于组织的管理质量，要求建立起来的质量管理体系满足组织管理和对顾客保证的需要。ISO14000系列标准的服务点是针对组织的活动、产品和服务的环境影响，建立起来的环境管理体系要服务于众多相关方的需要，同时要满足社会对环境保护的需要。

（3）审核的准则和解决问题的侧重点不同。ISO14000系列标准明确要求区别环境因素和重大环境因素，要求优先抓住重大环境因素，以求实现环境状况的显著改善。ISO9000族标准没有这方面的明确要求。

（4）要素的内容不完全相同。

（5）两个体系的结构和要素也不能一一对应。

（6）两个体系在企业中可能分属不同的部门管理，增大了沟通的障碍并可能扩大差异。

由于ISO14000和ISO9000标准之间存在一定的交叉、重复，必然增加企业管理上的负担，同时也影响了标准本身的可操作性，因此，国际标准化组织技术管理局（ISO/TMB）已直接领导成立了ISO/TC176专门的协调合作工作组，制定了一套积极解决两套标准之间交叉和矛盾问题的原则。

1996年国际标准化组织ISO14000系列标准的颁布，引起了世界各国的普遍关注，全世界有100多个国家转化和引用了该标准。我国对ISO14000环境管理系列标准的实施也非常重视，我国于1996年12月将其转化为国家标准，并于2005年对该标准进行了修订。

随着我国加入WTO，非关税贸易壁垒之一的环境保护将是我国企业界面临的新的挑战，越来越多的企业在寻求认证，以取得通往国际贸易的绿色通行证。

经过国家 ISO14000 系列标准的主管部门的努力和各机构、各地方有关单位及企业的不懈工作，ISO14000 系列标准的实施工作进展很快，并出现了良好的发展势头，积极建立环境管理体系并申请认证的企业类型已由单纯生产型企业向生产经营型企业、服务型企业等多种类型企业发展。环境管理体系认证已由独立的个别企业的自愿行为向区域、集团认证发展。我国是一个发展中的国家，经济社会必须走可持续发展的道路的道理已逐渐深入人心，结合我国质量体系认证的经验，ISO14001 的贯标认证工作将更健康地发展。

第三节 2015 年新版 ISO14001 的主要内容

一、新版标准的架构

环境管理体系 – 要求及使用指南

引言（Introduction）

1. 范围（Scope）
2. 规范性引用文件（Normative references）
3. 术语和定义（Terms and definition）
4. 组织所处的环境（Context of the organization）
5. 领导作用（Leadership）
6. 策划（Planning）
7. 支持（Support）
8. 运行（Operation）
9. 绩效评价（Performance evaluation）
10. 改进（Improvement）

附录（Annex）

二、新版标准的特点

1. 新版将环境管理体系与组织的经营宗旨以及战略方向结合在一起。
2. 将环境管理体系延伸到组织外部。
3. 引入风险管理的概念。
4. 比旧版更关注相关方的需求和期望。
5. 新版更具通用性，比旧版更适用于服务性组织。

三、新版修订的宗旨

ISO14001：2015 年新版标准是由国际标准化组织（ISO）环境管理技术委员会（TC207）制定的环境管理标准，ISO14001 标准以支持环境保护和预防污染为出发点，旨在为组织提供体系框架以协调环境保护与社会经济需求之间的平衡，更好的帮助企业提高市场竞争力；加强管理，降低成本，减少环境责任事故。

四、新版标准对企业的影响

2015年新颁布的ISO14001为组织提供了一个框架，使其能够在业务不断发展增长的同时，降低对环境的影响、减少浪费、节约能源。ISO14001还能帮助企业更具创新性、改进管理体系流程、满足相关法规要求、增强企业在投资者、客户和公众眼中的信誉度。最终，这一新标准将帮助企业与环境领域的变化保持同步，确保其始终处于领先地位。

五、企业应对策略

1. 积极采纳调整。由于新版的过渡期是3年，在新版颁布后的3年内，原来企业认证的证书仍然有效。所以企业目前现有的环境管理体系暂不需要为此做出调整。可以对照新的标准做一些修改工作，等到监督审核时转换成新的标准。或目前想认证的企业直接申请新版本的认证。

2. 对于高级管理层而言，是进一步确保将环境管理纳入核心业务流程和目标的新机会。加强高层管理者的领导作用和承诺，在组织的商业策略中贯彻环境管理体系的要求，以确保环境管理体系获得其预期成果。

3. 了解收集组织外部环境信息，初步识别风险。新版标准对组织环境做出了新的思考，帮助他们了解所处环境以及对环境的影响，同时还要了解环境问题（例如：气候变化）对企业自身的影响。此外新标准重新聚焦组织面临的风险问题。认为风险通常被描述为潜在的事件和后果或这些的组合。风险往往表示为一个事件的后果（包括环境的变化）与相关的发生可能性的一个组合。企业要系统采取措施对该风险进行全面的控制与管理，降低相关的环境风险，持续的改进过程的环境绩效。

第四节 低碳经济及实现途径

一、低碳经济提出的背景

"低碳经济"提出的背景是全球气候变暖对人类生存和发展的严峻挑战。

随着全球人口和经济规模的不断增长，传统能源使用带来的环境问题及其诱因不断地为人们所认识，不只是烟雾和酸雨等的危害，大气中二氧化碳浓度升高带来的全球气候变化已被确认为不争的事实。

在此背景下，"碳足迹"、"低碳经济"、"低碳技术"、"低碳发展"、"低碳生活方式"、"低碳社会"、"低碳城市"、"低碳世界"等一系列新概念和新政策应运而生。世界各国不断地创新技术与机制,转变传统经济增长模式,通过低碳经济模式与低碳生活方式,实现经济与社会的可持续发展。

二、低碳经济的内涵

"低碳经济"最早见诸政府文件是在2003年的英国能源白皮书《我们能源的未来:创建低碳经济》。作为第一次工业革命的先驱和资源并不丰富的岛国,英国充分意识到了能源安全和气候变化的威胁,意识到必须彻底转变经济增长模式才能实现可持续发展。

所谓低碳经济,是指在可持续发展理念的指导下,通过技术创新、制度创新、产业转型、新能源开发等多种手段,尽可能地减少煤炭石油等高碳能源消耗,减少温室气体排放,达到经济社会发展与生态环境保护双赢的一种经济发展形态。

发展低碳经济,一方面是积极承担环境保护责任,完成国家节能降耗指标的要求;另一方面是调整经济结构,提高能源利用效率,发展新兴工业,建设生态文明。这是摒弃以往先污染后治理、先低端后高端、先粗放后集约的发展模式的现实途径,是实现经济发展与资源环境保护双赢的必然选择。

三、实现低碳经济的主要途径

要保护人类赖以生存的环境,就需要世界各国携起手来共同努力,转变传统的经济增长方式,节能降耗,大力发展低碳经济。要实现低碳经济的发展,就需要国际组织、各国政府、企业、社会、个人等方方面面的共同努力。

1. 国际组织充分发挥自身作用,协调、制约各国政府的政策和措施,实现全球范围的低碳目标。由于世界各国的发展阶段、发展状况各不相同,因此,在发展低碳经济的过程中各国所扮演的角色和发挥的作用各不相同,所以需要国际组织在充分考虑各国实际情况的前提下谈判协商,坚持共同但有区别的责任原则。发达国家要给予发展中国家以技术、资金方面的援助,加强发展中国家的能力建设;发展中国家也要根据自己的特点实行节能减排的措施,发展绿色经济,广泛应用降低二氧化碳排放的新技术,实现在全球范围内的节能减排的共同目标。

2. 政府要积极行动,从宏观层面推动低碳经济的发展。按照全球节能减排和应对气候变化的统一进程,政府要从本国经济发展的现实情况出发,积极研究制定相应的节能降耗的标准和政策,促进产业结构调整,大力发展低碳经济、新能源产业、绿色经济;倡导各领域高耗能、低排放技术的研究和推广,同时加强政府及企业的国际合作,注重对国际先进技术的消化、吸收、再创新;要建立健全相关法律法规和政策措施以及有效的检查监督体系,加强监控,推动低碳经济发展。

3. 企业要充分重视,立足实际,全面实现低碳发展。企业作为经济社会的细胞,应当承担起"绿色责任",大力发展低碳经济,寻找新的发展机会。首先,企业要树立低碳经济意识,一方面,企业要认识到低碳经济是全球经济发展的新的增长点;另一方面,企业要认识到发展低碳经济是自身所承担的社会责任的一项重要内容,只有发展低碳经济,企业才能赢得社会的认可,才能获得生存和发展的空间。其次,企业要积极探索低碳经济的发展途径,立足自身发展,进行低碳技术的创新;要通过低碳技术的开发和创新来实现自身产业结构的升级换代,提高自主创新能力;同时,要加强国际合作,通过引进、吸收、再创新国外先进的低碳技术来提升自身创新能力,进而提高企业的核心竞争力。最后,企业在日常经营管理过程中也要倡导低碳文化,抢占低碳经济发展的先机,为企业发展赢得更大的空间。

4. 以高等院校、科研院所为代表的研究机构,要充分发挥自身优势,服务经济发展的需要,加强对我国低碳经济理论、技术的研究,探索经济社会低碳发展的途径。加强高等院校、科研院所与政府机构、企业等的合作,一方面,从我国经济发展实际出发,积极探索政府推进低碳经济的宏观政策措施的研究,为相关政策的制定提供支持;另一方面,高等院校、科研院所等科研机构加强与企业的合作,充分发挥自身的理论和技术领先的优势,为企业实现产业升级和低碳技术创新提供有力的支撑。同时,高等院校、科研院所等研究机构可以为政府和企业架起一座沟通的桥梁,使政府更加了解企业的实际和现状,正确评估相关政策的实施效果,也使企业能够更加准确地把握政府政策的方向和重点,为企业的发展和技术创新指明方向。

5. 社会各方面也要积极行动,在全社会形成以低碳、环保、绿色为核心的社会氛围,全面推进我国低碳经济的发展和节能减排目标的实现。一方面,需要通过广泛宣传和各种形式的教育培训,转变人们的思想观念,破除人民群众对低碳经济的认识误区,培养低碳意识,最终达成关注低碳治理和消费的共识;另一方面,在全社会倡导低碳生活方式。低碳生活方式意味着引导公众反思哪些习以为常的消费模式和生活方式是浪费能源、增排污染的不良习惯。低碳生活方式主要包括:戒除以高耗能为代价的"便利消费"习惯,戒除使用"一次性"用品的消费习惯,戒除以大量消耗能源、大量排放温室气体为代价的"面子消费"、"奢侈消费"习惯,全面加强以低碳饮食为主导的科学膳食平衡等。

人们要实现宏大的节能降耗战略,或许取决于很多细微之处。人们应看到,这"细微之处"不只是制造业、建筑业中许多节能技术改进的细节,也包括日常生活习惯中的许多节能细节。

思 考 题

1. 当代环境质量问题面临哪些挑战?
2. 环境质量管理的含义是什么?
3. 简述可持续发展战略。
4. 简述低碳经济及其影响。
5. ISO14000 系列标准要求建立的环境管理体系由哪些要素组成?
6. ISO14000 系列标准与 ISO9000 族标准有哪些相似或相同之处?
7. 简述 2015 年新版 ISO14001 的主要内容及应对策略。

第十六章　一体化管理体系

企业家面临的问题：贯彻了 ISO9000，还要贯彻 ISO14000，还要贯彻……企业有很多标准，在执行中如何做到目标一致、行动一致？各标准在企业运作中是否能统一成一个标准呢？

【导入案例】

日本和兴工程技术有限公司一体化
管理体系的构建与运行经验介绍

日本和兴工程技术有限公司成立 55 年，设有 12 家分公司，其业务范围主要是：日本 NTT 广播电视网的通信设备、土木设备、电气设备的设计、开发、施工，通信软件的设计、开发，以及上述各项的附带业务与服务。该公司于 1998 年 8 月通过质量管理体系认证，1999 年 12 月通过环境管理体系认证，2002 年 9 月通过职业健康安全管理体系认证，2003 年 8 月通过质量、环境和职业健康安全一体化管理体系（以下简称管理体系）认证，在日本业界享有较高的声誉。

1. 文件数量的确定。公司决定着手对一个体系整合后，首先，在组织层面上成立了管理体系推进部，撤销了安全质量管理部的职业健康安全管理体系推进室和 ISO 标准推进室。其次，对照标准要求，对一个体系的文件进行整合，使其数量由原来的 3 本手册、56 个程序，调整为 1 本手册、18 个程序，其中 17 个程序是通用程序，极大地减少了文件的数量。

2. 文件的建立。为了减少资源浪费、提高工作效率、降低运行成本、满足顾客要求，公司成立了由各部门精通现场业务的管理者组成的文件修订小组，并确定了以下修订原则：

（1）排除重复业务、重复管理，以提高各项工作的效率；

（2）重视现场的意见，并将其纳入体系文件；

（3）将日常业务用语与一体化管理体系用语加以统一并固定下来。

文件修订后，发放到各部门征求意见。根据收集的意见和建议对文件作进一步的修改和完善，然后正式颁布实施。

3. 手册的构成。

(1) 公司以前编写《质量管理体系手册》、《环境管理体系手册》和《职业健康安全管理体系手册》时，都是按照标准顺序编写的。在整合这三个管理体系、编写《一体化管理体系手册》时，遵循过程的活动顺序，按照计划（Plan）、实施（Do）、检查（Check）、处置（Action）的顺序编写。

(2) 针对标准的个别要求，编写了"安全篇"、"环境篇"。

(3) 针对适用的标准要求，在文件中用"ISO9001：2000《质量管理体系要求》标准适用"、"ISO14001：1996《环境管理体系规范与使用指南》标准适用"或"OHSAS18001：1999《职业健康安全管理体系规范》标准适用"加以描述。

(4) 手册和程序修订后，按照统一的格式编排发布。

4. 培训与宣传。

(1) 培训。公司的培训主要分为以下几类：

- 各级管理者培训；
- 全员培训；
- 内审员培训；
- 内审员针对个别内容的培训；
- 内审员提高审核技能的培训。

公司培养的内审员数量占全体员工的1/5。

(2) 宣传。

- 发布由最高管理者签名的"致全体员工书"；
- 通过广告、布告栏加以宣传；
- 向全体员工分发随身携带卡片，卡片上记载着与个人目标、工作有关的信息；
- 向公司的合作伙伴和相关方送达由最高管理者签名的有关公司实施一体化管理体系的文件，旨在得到他们的协助与支持。

（资料来源：谷艳君，《日本和兴工程技术有限公司一体化管理体系的构建与运行经验介绍》，载《世界标准化与质量管理》2005年第1期）

在经济全球化的进程中，有关质量、环境、职业健康与安全等方面的问题越来越受到关注。对企业来说，如果通过国际通行的质量、环境、职业健康与安全等管理体系标准的认证，一方面，可以帮助企业取得进入国际市场的通行证，尽快地在质量、环境及健康安全等方面全面实现与国际社会的有效接轨，减少重复验证和认可，避免"非关税壁垒"；另一方面，企业通过认证，建立起真正意义上的现代企业制度，能够更有效地提高产品质量，节能降耗，文明生产，从而提升市场竞争能力和可持续发展的能力。然而，当越来越多的企业想通过多个体系的认证以获得竞争优势时，却由于各类国际标准发布的时间不同，并且以独立标准的形式存在，不但增加了企业认证和接受审核的次数，审核成本也因此而增加。而且，实践表明，多个管理体系如果独立运行于一个组织中，将会带来诸多的负面效应，如投入的人力多、重复的文件多、工作接口的矛盾、管理机构及职责的重复，尤其是各管理体系之间存在较高的协调成本，致使企业整体的运营效率深受影响。为此，一体化管理体系（Integrated Management System，IMS）理念在近年来日益受到广泛的关注。

第一节 一体化管理体系简介

一、一体化管理体系的由来

自 ISO9000 族标准出台并取得巨大成功后，国际标准化组织和国际电工委员会在 1990 年联合出版的《展望未来——高新技术对标准的需求》一书中将"环境与安全"问题列为标准化合作最紧迫的任务之一，并开始考虑即将出现的环境、安全体系与当时已经在企业中得到成功应用的质量管理体系之间的关系。

20 世纪 90 年代初，ISO 在考虑制定环境管理体系标准时就指出，考虑到质量和环境管理体系均是组织管理体系的一部分，尽管分别建立体系，最终还会融合在一起，这样会更有效率。因此，1996 年发布的 ISO14000 系列环境管理体系标准与 ISO9000 族标准，无论在术语、方针、策划、目标、运行控制、文件控制、体系审核、管理评审等方面，还是在管理体系总的设计方面，都有许多共同之处或相近似之处。

在 ISO14001：1996《环境管理体系——规范及使用指南》的"引言"中明确指出："本标准与 ISO9000 系列质量体系标准遵循共同的管理体系原则，组织可选取一个与 ISO9000 系列标准相符的现行管理体系，作为环境管理体系的基础。"

ISO14004：1996《环境管理体系——原则、体系和支持技术通用指南》在环境管理体系的协调和一体化中指出，为了有效地管理环境事物，应对环境管理体系要素进行设计修订，使之与现行管理体系要素做到有效的协调和结合。

OHSAS18001：1999 标准在"前言"中指出，OHSAS18001 与 ISO9001：1994 和 ISO14001：1996 是相互兼容的，以便组织愿意将质量、环境和职业安全管理体系结合起来。

正是由于这三大国际性的管理标准在其制定或演变过程中不仅鼓励相互间的兼容，而且均提到了管理体系整合或一体化的问题，同时也因为企业在多个管理体系认证和运行过程中出现了审核成本增加、体系文化繁多、管理效率低下和协调成本增加等问题，管理体系一体化的问题日益受到广泛的关注。

自 1996 年以来，综合管理体系一词在各种管理类文章中被越来越多地引用，如 Tranmer J 的《解决一体化管理体系中存在的问题》和 Wilkinson《质量、环境、职业健康和安全一体化管理体系：几个关键问题的考查》等。这些文章从不同的方面对一体化管理体系的现状及发展进行了细致的描述。

企业的经营活动涉及质量管理、人力资源管理、环境管理、职业安全卫生管理、营销管理等方方面面，单纯采用一种管理模式必然难以满足客观需要。如果企业因为社会潮流和客户要求，一次次地建立独立的不同体系，会带来很多重复性的工作，会造成资源的浪费，不仅贯标的实际效果可能被忽视，而且也会影响企业综合管理水平和经济效益的提高。

在国内，据有关部门统计，截至 2001 年 10 月 31 日，国内已颁发带有国家认可标志的质量体系认证证书 48 187 张；在中国环境管理体系认证机构认可委员会秘书处备案的认证证书为 836 张；带有国家认可标志的职业安全卫生管理体系认证证书 106 张。其中，获 ISO14001、OHSAS18001 认证证书的组织大多已经或同时获得了 ISO9000 认证证书。因此，越来越多的组织面临着两个或更多管理体系整合的问题。同时，这也给认证机构提出了对综合管理体系实施一体化审核的要求。

二、三种管理互不兼容的弊端

随着 ISO9000 认证、ISO14000 认证和 OHSAS18000 认证的迅速发展，企业可能需要多种管理体系的认证，但是，由于 QMS、EMS、OHSMS 三个体系在管理目的、对象等方面的特点不同，三个标准之间存在着较大的差异，管理体系及其要素的应用因不同的目的和不同相关方而异。QMS 针对的是顾客的需要，EMS 服务于众多的相关方的需要和社会对环境保护不断发展的需要，OHSMS 服务于职业安全卫生条件影响的企业内部员工和外部来访者，三个体系自成系统，各司其职。加上多数组织负责质量管理、环境保护和安全卫生的一般不是一个部门，因此，多数组织在实施体系时都采用了各自独立的体系，体系之间没有或很少有交叉，这种多体系和大量重复文件的情况导致企业管理效率降低，相同的工作重复，而且难以控制和实施，在管理体系的实施和运行中就会存在以下问题：

（1）一些组织为了满足不同标准认证的需要，不得不做重复劳动，因此，出现了三本手册、三套程序文件、重复内审、重复管理评审的现象，导致管理体系运行效率低下。

（2）由于认证审核不统一，企业为了获得三种证书，要接受三种审核，有时可能是由 2~3 家认证机构进行的。这不但使企业的审核费、交通费和接待费增加，而且还要耗去管理人员和员工的时间与精力，资源的浪费以及人力、物力、财力的重复投入将大大提高企业申请认证的费用，打击企业进行管理体系认证的积极性，阻碍认证工作的进展。

（3）依据不同的管理构架建立三个不同的管理体系，形成企业内部相互协调的工作量很大，也会出现质量、环境、安全卫生的管理部门从各自负责的专业范围和管理责任出发，出现争资源、政令不统一、信息不能共享甚至互相排斥的情况。

三、建立一体化管理体系的意义

1. 建立一体化管理体系是提高企业管理水平的需要。全球经济一体化，特别是我国加入WTO以后，企业需要通过认证的体系越来越多，各种体系之间的接口、各要素之间的协调，随着时间的动态变化，会越来越复杂，矛盾会越来越多，解决会越来越困难。一个企业的管理功能和效率发挥得好坏，不能只靠某一个或某几个体系的有效性，而是靠企业管理体系的整体有效性的发挥。这是系统论的整体性原则。在几个管理体系同时作用于企业管理时，如果不能相互协调、相互补充、相互衔接，不仅不能发挥整体功能，而且可能会相互造成负面影响，其结果势必降低管理体系的整体有效性。因此，一体化管理体系的出现完全是企业自我发展、自我完善的需要。

2. 建立一体化管理体系是提高企业效益的重要途径。用一套体系文件进行统一控制，使所有的活动和过程都达到规范化、制度化，将大大提高企业的管理效率。通过一体化审核，一次审核获得多张认证证书，企业可以用较少的投入、较少的时间达到多个目标，从而达到提高效益的目的。

3. 建立一体化管理体系是增强企业市场竞争力的重要手段。全球经济一体化，特别是我国加入WTO以后，企业面临严酷的国际市场竞争，国际市场的竞争是多方面的，需要多种认证，只有涵盖多种认证的一体化管理体系才能满足企业的产品和服务符合各种市场需求，才能取得参与多元化市场竞争的通行证。

第二节 建立一体化管理体系的必要性及可行性

一、建立一体化管理体系的必要性

随着社会的进步和日益严格的法律法规的要求，企业除了关注顾客的要求（包括现有的和潜在的需求或期望）之外，还必须确保自身的生产经营活动不损害员工的身心健康、不污染环境以及满足更多的社会责任等多种要求。为了满足现代社会的多种要求，越来越多的企业积极采用国际（国家）标准，建立质量、环境、职业健康安全以及其他管理体系。然而，当多个管理体系在同一企业中独立运行时却不可避免地产生了一些问题。

（1）由于各类管理标准的主要关注对象不同，而且都是在不同时间以独立形式发布的，因此，企业为了满足不同标准认证的需要，宁愿做重复劳动，出现了三本手册、三套程序文件、重复内审、重复管理评审的现象，这显然白白浪费了包括资金、时间和精力等在内的组织资源。

(2) 在一个企业内，如果有多个专业管理体系各自为政、独立运行，就极有可能出现资源配置上的冲突和工作接口的矛盾，进而导致体系运行的协调成本增加和整体的管理效率降低。

(3) 从内部审核角度看，如果不同管理标准的审核员对同一问题（如文件的控制）有不同的解释和要求，企业的有关人员就会无所适从。从第三方认证角度来说，由于认证审核不统一，企业为了获得三种证书，就不得不接受三种外部审核，这不但使企业的审核费、交通费和接待费大量增加，而且还要耗去管理人员和员工大量的时间与精力。

国内的一些调查表明，已经建立实施质量、环境和职业健康安全三个管理体系的企业都反映管理体系文件多、相互重叠以及管理机构和职责有重复管理等现象，各管理体系之间的协调性差，各自突出在企业管理中的地位和重要性，内部审核和外部审核频繁。而且，这些企业中有80%不同程度地反映建立三个管理体系后管理部门增加，出现局部多头管理的现象，部分管理重复形成管理的复杂化，降低了管理的效率和有效性。而被调查的其他正在建立环境和职业健康安全管理体系的企业，都担心建立三个管理体系会使企业管理文件多而繁复，导致管理的不协调，特别是中小企业，更担心会使管理分散，造成管理复杂化而降低管理效率。所有被调查的企业都迫切希望建立一体化的管理体系模式，寻求管理体系整合的途径，使建立的管理体系体现企业集中管理模式，提高企业管理的效率和有效性。

由此可见，企业为了向相关方证明自身的经营活动以满足相关方的要求，就必须按照多个标准的要求建立相应的管理体系以取得多张认证证书；而激烈的市场竞争环境又要求企业必须运用科学的管理方法来提高资源的利用率和工作效率，最大限度地降低管理成本。因此，为了增强综合的竞争优势，企业需要不断寻求管理的系统化、规范化的方法，以便在确认顾客需求的基础上，以最合理的管理成本同时达到管理的整体高效和在更广泛的程度上满足各方要求的目的。

二、建立一体化管理体系的可行性

1. 在 ISO/TC176（ISO9000 标准化技术委员会）和 ISO/TC207（ISO14000 标准化技术委员会）在制定各自标准的过程中，均涉及职业安全卫生问题，两个标准化技术委员会均有意涉足职业安全卫生管理体系标准化工作，但由于职业安全卫生范围广且复杂，远远超出两个标准化技术委员会的工作范围，因而在 ISO9000 和 ISO14000 标准中均没有包含职业安全卫生的内容，但是，显而易见，三个标准是相互关联的，内容互有交叉，ISO9000、ISO14000、OHSMS18000 管理体系的标准在标准的思想、标准要素等内容上有很强的关联性，在体系的运行模式、文件的架构上是基本相同的，这样就为 QMS、EMS、OHSMS 一体化管理体系的建立和实施提供了可能。企业建立一体化的管理体系和机构实施一体化的认证审核是可行的。

2. 三个体系的理论基础相同，均采用了戴明管理理论，三个标准均采用 PDCA（计划—实施—检查—处置）改进模型作为基本框架。尽管 ISO9001：1994 的 PDCA 结构并不明显，但这种结构已经隐含于 20 个要素之中。ISO9001：2000 已将隐含变为明确要求。

3. 三个标准的基本框架是一致的。OHSAS18001 与 ISO14001 结构完全一样，2000 年版 ISO9001 标准虽然不再采用要素的方式编排，但其"过程方法"的模式结构与 ISO14001、OHSAS18001 结构仍是相容的，并且新版 ISO9001 标准在修订时充分考虑到了与 ISO14000（OHSAS18000）标准的兼容性，文件、记录、内审、管理评审等管理要素可以实行共享。

4. 就质量、环境、职业健康和安全的性质而言，关联性是很明显的。如果质量控制不好，就要多出废品，浪费能源和原材料，废品处理也可能带来污染；由于环境污染的受害者往往首先是企业员工，就同时产生了职业健康和安全问题。在危机四伏、乌烟瘴气的操作环境中，不可能制造出好的产品。在一些高风险行业中，这种关联性会更加明显。例如，石油开采行业井喷失控事故的发生、化工行业中发生的火灾和爆炸、核电站放射性物质的泄漏等。这些事故一旦发生，既是质量事故，又是环境灾难，十有八九有人员伤亡。所以，需要采取综合措施将质量、环境、职业健康和安全放在一起考虑。

另外，三个体系都强调持续改进；三个体系的指导思想相同，都强调预防为主；三个体系体现的精神相同，即写所做、做所写、记所做。

因此，虽然三个标准存在着差异性，但是 QMS、EMS 和 OHSMS 都是组织整体管理系统中的子系统，它们相互依赖并服从于整体管理系统的要求。加之 ISO9001：2000、ISO14001：2004 和 OHSAS18001：1999 这三大标准在性质、理论基础、管理原则和运行模式等方面具有较多的相同和相似点，因此，同一企业内不同管理体系的目标及功能的实现都应当并且可以在一个综合的管理体系中得到统一确定和协调控制。

第三节　一体化管理体系的内涵及相关要求

一、一体化管理体系的内涵

企业实行管理体系一体化的结果是将各类管理体系整合成一个综合的管理体系，即形成一体化管理体系。因此，一体化管理体系（又被称为综合管理体系、整合型管理体系等）就是指两个或三个管理体系并存，公共要素有机整合在一起，建立起综合的方针和目标，使两个或三个体系在统一的管理构架下运行的模式。通常具体是指组织将 ISO9000 标准、ISO14000 标准、OHSAS18000 标准三位合一。

对于上述定义,有必要指出:

(1) 综合的方针和目标是指将各个管理体系的方针和目标综合成一体化管理体系的方针和目标,旨在同时满足一个企业的多个不同相关方的期望或要求。

(2) 两种或两种以上的管理体系可以是企业已经分别建立的,也可以是企业打算建立的;但这些管理体系应当分别具有专业性较强的管理目标并致力于满足不同的相关方的要求。

(3) 有机整合是指遵循系统化原则,形成相互统一、相互协调、相互补充、相互兼容的有机整体,而不是多种管理体系的简单相加。

(4) 诸多管理体系本身就是针对同一个企业而言,因此,各专业管理体系并不能相互独立,而是具有某些相同或相近的要素。这些要素自然可以为一体化之后的管理体系所使用,而且共有要素实际上也为 IMS 的建立和运行提供了平台。因此,在 IMS 定义中强调共有要素,以防止共有要素因管理体系呈现不同形式而被人为地分开。

根据参与一体化的不同管理体系的数目,可以将 IMS 分为二元、三元和多元(三元以上)三种类型。而这样的分类实际上也反映了管理体系一体化的程度和演变阶段。一体化程度较低的是二元型 IMS,典型的如质量管理体系和环境管理体系的一体化、环境管理体系和职业健康安全管理体系的一体化。多元型 IMS 的一体化程度较高,它不仅涵盖质量、环境及职业健康安全管理的各个要素,而且还融合了其他管理体系(如财务、信息安全、食品安全卫生等)的要求,旨在形成整体的运行机制,以系统的方法落实多项管理体系标准的要求,从而达到让顾客、员工、社会及其他相关方都满意的目的。按照质量、环境和职业健康安全管理标准建立一体化管理体系,是当今各类企业管理体系发展的主要趋势,这对于加入世界贸易组织的中国来说,具有重要的现实意义。

二、建立一体化管理体系的步骤与要求

建立一体化管理体系的基本过程可以大致划分为准备阶段、体系策划与设计阶段、体系文件编制阶段、体系文件宣传贯彻和试运行阶段、体系实施阶段和评审改进阶段,如图 16-1 所示。

企业在按照上述步骤建立一体化管理体系的过程中,应当注意以下 9 个方面的管理一体化要求。

1. 管理体系要求的全面化。IMS 应覆盖所有参与一体化的各专业管理体系的要求。以 QMS、EMS 和 OHSMS 整合的三元 IMS 为例:QMS 的关注焦点是顾客,EMS 的关注焦点是社会和相关方,而 OHSMS 的关注焦点是企业员工(内部顾客);三个体系共同的特点是以满足法律法规要求为前提。因此,企业在建立 IMS

第十六章 一体化管理体系

准备阶段
- 最高管理者做出实施管理体系一体化的决策
- 确立IMS领导组和工作组
- 各专业管理体系标准的培训
- 识别和获取适用的法律、法规、标准
- 组织初始评审

体系策划与设计阶段
- 最高管理者的承诺
- 建立一体化管理方针
- 确定目标、指标和管理方案
- 管理体系一体化的总体策划
- 设计IMS模式并确定具体的要素标准
- 确定组织结构、资源、职责与权限
- IMS文件总体设计

体系文件编制阶段
- IMS文件编写培训
- IMS文件编写与评审
- IMS文件的建立与发布

体系文件宣贯和试运行阶段
- 体系文件宣贯
- 体系文件试运行
- 体系文件评审、修正

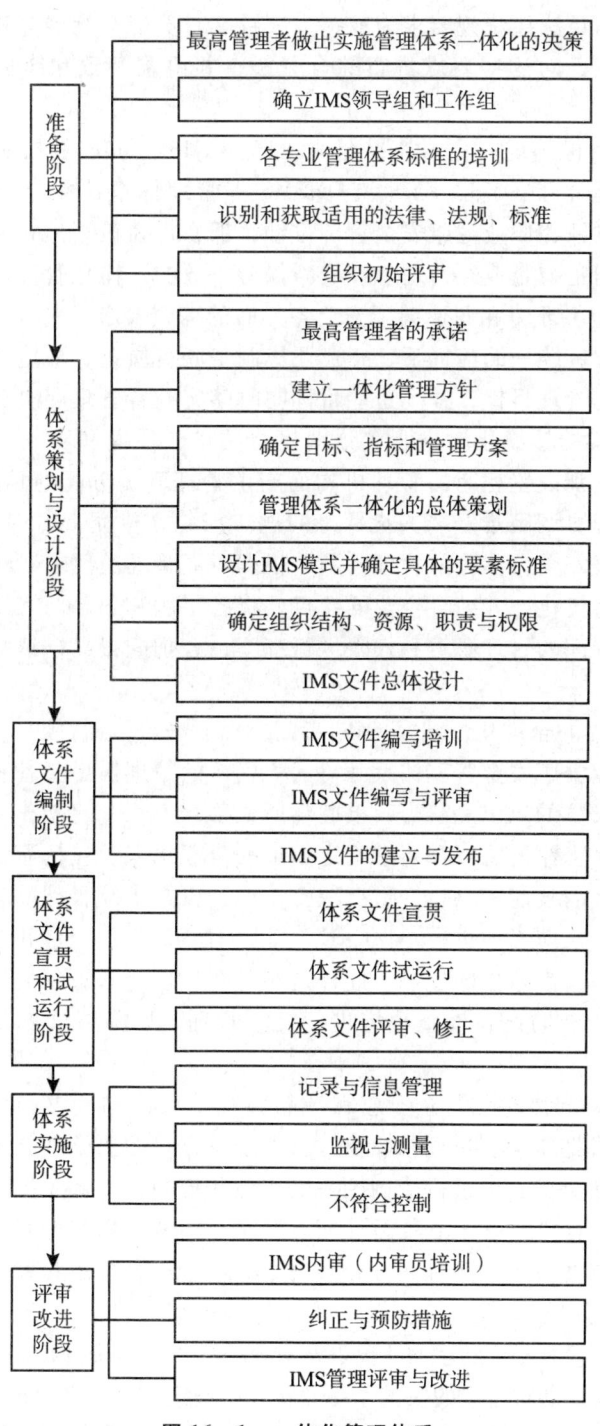

体系实施阶段
- 记录与信息管理
- 监视与测量
- 不符合控制

评审改进阶段
- IMS内审（内审员培训）
- 纠正与预防措施
- IMS管理评审与改进

图 16-1　一体化管理体系

时,应确立以满足法律法规要求为前提,以顾客、员工、社会等相关方的要求和期望为关注焦点,对这些要求进行综合分析,并协调一致和统一管理满足要求的过程。

2. 方针、目标的统一化。如果企业在建立 IMS 之前已经按照各管理体系标准的要求分别建立了 QMS、EMS 和 OHSMS 等管理体系,并分别制定了质量方针、环境管理方针和职业健康安全管理方针,那么,在策划建立 IMS 时对这些方针进行协调,制定与企业经营理念和战略保持一致的一体化管理总方针,以统一管理 IMS 对质量、环境和职业健康安全各方面的综合要求,更有利于对 IMS 的理解和实施。在方针统一的前提下,企业还应制定涵盖质量、环境和职业健康安全等内容的一体化管理目标,并把这些目标同时落实到各管理层次和部门。

3. 管理机构的精简化。企业在分别建立质量、环境和职业健康安全管理体系时,可能因分别设置相应的管理机构而产生管理职责分配的相互交叉和重叠、接口不清、管理协调困难、多头指挥等问题。因此,建立 IMS 时,应实行质量、环境、职业健康安全一体化的管理机制,根据职能管理的要求对组织机构和职能进行适当重组与优化,并结合企业的特点,将各层次和各部门在质量、环境、职业健康安全三方面的管理职责和权限进行统一,合理配置,以消除交叉管理和重复管理等现象。

4. 资源管理的合理化。建立 IMS,需要对企业资源进行统一配置和管理。质量、环境和职业健康安全管理体系都对人力资源的管理提出了管理要求:通过培训来提高各级人员的意识和能力,以胜任所从事的工作。建立和运行 IMS 时应根据职责或所从事工作的特点和要求确定培训的全面需求,包括质量、环境和职业健康安全三方面的技能和意识,进行综合培训,以提供复合型的人才。例如,内部审核员的培训,应考虑进行 QMS、EMS 和 OHSMS 审核资格和能力的培训,以适应一体化管理内部审核的要求。此外,对于企业生产和服务的设备设施以及环境和职业健康安全的设备设施也应进行统一管理,以降低维护成本,提高管理的效率。

5. 运行过程的协调化。企业应在产品实现的设计和开发、采购、生产和服务的提供等阶段将质量、环境和职业健康安全三方面的要求结合起来,统一规定作业规程和控制要求,并进行协调统一的实施和控制,以避免发生多头管理、重复控制的现象。此外,在策划项目计划时,应将质量计划与环境管理方案、职业健康安全管理方案进行协调统一、合理规划,确定综合控制要求。

6. 测量分析的同步化。为实现一体化管理的综合目标,对过程的质量管理、环境管理、职业健康安全管理的状况以及对业绩进行测量和分析是必要的。企业应制定统一的测量计划对过程的质量、环境和职业健康安全三方面进行同步测量。管理体系内部审核和管理评审是 QMS、EMS 和 OHSMS 标准都规定的体系测量活动。IMS 应将这三个体系对审核和评审的要求统一计划,进行同步审核,这样才有利于对发现的问题进行全面分析并采取综合措施,提高审核和评审的效率。

7. 持续改进的综合化。在对已发生的和潜在的问题采取纠正与预防措施以及开展管理评审时,企业应综合质量、环境、职业健康安全管理等方面的要求和影响,分析和确定持续改进目标,并制定符合各方要求的改进方案,以提高持续改进效果的全面性。

8. 管理体系文件的一体化。IMS 文件经过统一策划后,应覆盖各管理标准的要求,并对各标准规定的要求进行有机的组合,而不是将这些文件简单相加。编制的文件要避免重复、烦琐,要适合于实际运作需要,文件的接口要清晰,便于使用和控制。

管理手册按管理的系统方法,对每一过程相关的质量管理、环境管理和职业健康安全管理的要求进行同步的描述,并覆盖所有标准的全部要求。为了便于检索和查找,宜设置管理手册与相关标准条款的对照表。

程序文件的编制应按相关标准的规定和企业实际运作的需要确定,对于通用和统一要求的程序,如文件控制、记录控制、内部审核、不合格、纠正和预防措施、培训等,将各方面的管理要求、方法予以统一,避免重复。各管理体系的专门要求需结合过程予以描述。作业文件管理规定和记录在策划与制定时,应结合一体化管理的要求,统一规定质量、环境和职业健康安全的要求,做到简明、适用和有效。

9. 全方位的 PDCA 循环化。在建立 IMS 的过程中,要充分考虑组织各个方面都能实现 PDCA 循环,确保体系从各个角度管理都能致力于自我控制和自我完善。主要考虑以下 3 点:

(1) 专业管理上的 PDCA 循环。即本专业管理的目标是什么,如何达到,怎样实施,如何检查和总结,通过各专业管理的完善运行保障总体系运行的有效性。

(2) 层次管理上的 PDCA 循环。在组织的各个管理层次上进行 PDCA 循环,使各个层次都能不断持续改进。以三级管理的施工企业为例,分别要建立项目部、公司、集团公司三个层次的管理目标和管理循环。

(3) 产品流程上的 PDCA 循环。对产品(包括软件、硬件、流程性材料和服务)完成的各个阶段,或实施某个活动的全过程,进行 PDCA 循环,使各项活动、过程、产品都能被不断地完善和改进。

【案例】

某机械和电器服务公司 IMS 的策划

本案例是一家新加坡中型机械和电器服务企业实施 IMS 的经验。该企业提供设计、项目管理以及电器和机械工程安装服务（包括向私营企业和政府部门）。服务通常发生在客户的现场，如商业大厦、工业建筑、居民住宅、饭店、学校和工厂。

中型 ISO9001 的获证企业，通常需要 9 个月到 1 年的时间完成 IMS 的实施过程，而对于那些从零开始的企业根据人员的能力则需要一年半的时间。下面是某 ISO9001 机械和电器服务公司策划 IMS 案例。

步骤一，（预计需要一个月的时间）包括：
- 建立管理委员会
- 员工意识宣贯
- 差距分析审核

步骤二，（六个半月）包括：
- 建立一体化手册
- 建立程序（包括一体化程序以及独立的 QMS、EMS 和 OHSMS）
- 建立一体化审核检查单
- 实施

步骤三，（一个半月）包括：
- 内审
- 管理评审
- 认证准备

建立 IMS 委员会

建立委员会的目的是监督 IMS 的建立、实施和评审。负责人——管理者代表——须能直接与管理层接触并能定期向他们提供审阅进程报告。

差距分析审核

这是一种采用差距分析方式的系统方法，它用来识别需要采取的措施。该活动从研究和分析组织现有体系开始。

ISO9001

针对 IMS，通过对现行体系进行差距分析，发现组织体系的缺陷。尽管三个标准存在着一定的差异，但由于它们的相似性，部分组织现有的 ISO9001 QMS 程序可以与 ISO14001 及 OHSAS18001 程序合并。共有六个程序可以合并：
- 管理评审
- 文件和数据控制
- 内审
- 培训

- 记录的控制
- 沟通

ISO14001

未建立 EMS 的组织可以沿用 QMS 框架。组织需要识别环境因素并对那些有重要影响的因素建立 EMS 目标、指标和实施计划。组织还需建立适用的环境法规清单，并建立应急反应计划和小组。

除了六个合并程序外还须针对下列标准条款建立程序：
- 环境因素
- 法律和其他要求
- 目标、指标和实施计划
- 运行控制，要求文件化程序
- 应急准备和反应
- 控制与测量，要求文件化程序
- 不合格、纠正措施和预防措施

其中六个程序可以与 ISO9001：2000 和 OHSAS18001：1999 程序合并。

OHSAS18001

没有建立 OHSMS 管理体系的组织可以使用其 QMS 框架建立体系。在建立 OHSMS 方针和目标时，组织需进行危害和风险评估并建立 OHSMS 管理项目。组织需识别适用的法律和法规要求，并建立应急反应计划和小组。

组织还需针对以下条款建立程序：
- 危害识别、风险评估和风险控制的策划
- 法律和其他要求
- 运行控制，要求文件化程序
- 应急准备和反应
- 业绩测量和控制
- 事故、事件、不合格、纠正措施和预防措施

组织应根据标准的相似性，将六个程序与 QMS 和 EMS 程序合并。

一体化体系手册

一体化体系手册是最高层次的文件，它从宏观的角度说明组织体系的运行要求。本案例研究涉及组织的手册包含以下内容：
- 管理前言
- 管理承诺
- 管理者代表的任命

- IMS 方针
- IMS 目标（质量、环境和 OHSMS 目标）
- 组织介绍（组织简介，产品、顾客、通用的条例/标准/法规）
- 组织结构（组织结构图、现场分布图、IMS 组织图、应急反应小组结构）
- IMS 职责和权限（管理代表的职责权限、管理功能职责和权限、资源、IMS 策划）
- IMS 的管理

审核一体化检查清单

一体化检查清单用于审核的实施过程。由于部分 ISO9001、ISO14001 和 OHSAS18001 的要求是一致的，为确保体系的有效性，组织没有必要分别进行三次审核。

填写完毕的检查单还可以作为客观证据，并作为审核报告的一部分证明程序或标准要求覆盖的所有活动都已系统地经过审核了。

准备启动

通过上述基础准备，最高管理层发起实施 IMS。在建立一体化手册时，建立了 IMS 管理委员会。第一项任务就是召集员工并提供必要的培训，以确保员工理解他们的质量、环境、职业卫生与安全的职责；向员工介绍 IMS 的总体情况及相关一体化程序，并使其明确其职责。

一切应居于过程之中

过程和方法同时适用于三个标准，这使体系一体化成为可能。然而，在管理体系中还存在着一定的差异，如 EMS 和 OHSAS 对于法规符合性的要求。同时，ISO14001 要求环境因素的识别以及 OHSAS 规定进行危害和风险的评估。组织应建立不同的程序以满足这些要求。

上述企业最终成功实施了 IMS，第三方一体化管理认证证实组织能够满足所有 ISO9001、ISO14001 和 OHSAS18001 的认证要求。与分别实施三个体系相比，一体化体系的实施使组织节约了 30% 的成本和时间。

（案例来源：www.isowiki.cn）

思 考 题

1. 企业为何要考虑建立一体化管理体系？
2. 企业建立一体化管理体系的可行性和必要性是什么？
3. 一体化管理体系的内涵是什么？
4. 企业建立一体化管理的步骤是什么？

第十七章　质量成本管理的基础知识及思想演变

在次品上发生的成本等于一座金矿，可以对它进行有利的开采。

——[美] 约瑟夫·朱兰（Joseph M. Juran）

【导入案例】

我国质量管理学界的泰斗刘源张曾说：要学会用货币语言来汇报质量工作，投入是多少？质量损失是多少？通过多种质量工作可减少的损失是多少？总经理习惯于用货币语言来思考。用货币语言说话，领导就重视。

质量成本就是质量工作的货币语言。通过学习并掌握质量成本的内涵及核算分析方法，为撰写质量成本报告打下基础，为企业的质量改进指明方向。

第一节　质量成本的基础知识

一、质量成本概述

质量成本理论最初是由美国著名质量管理专家费根堡姆于20世纪50年代提出的。他主张把质量预防费用和检验费用与产品不符合要求所造成的厂内损失和厂外损失一起加以考虑，并用于指导质量管理的实践活动。由于这个理论的提出把产品质量和企业的财务业绩有机地结合起来，受到西方发达国家企业界的普遍重视，特别是随着美国质量管理专家朱兰的"矿中黄金"理论的提出，质量成本管理理论在西方企业界得到了广泛的应用。

1. 质量成本的概念及质量成本管理。

（1）质量成本是为了确保和保证满意的质量而发生的费用，以及没有达到满意的质量所造成的损失。它是企业经营总成本的有机组成部分。质量成本包含的基本内容一般可用下式表示：

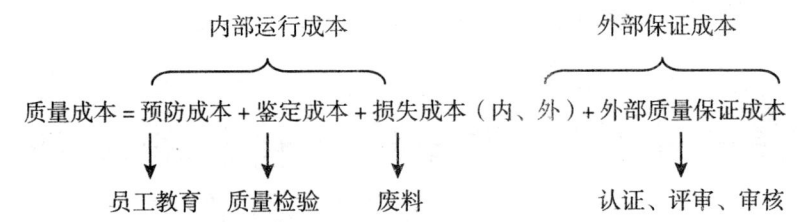

```
                    内部运行成本            外部保证成本
          质量成本 = 预防成本 + 鉴定成本 + 损失成本（内、外）+ 外部质量保证成本
                      ↓         ↓         ↓                    ↓
                    员工教育   质量检验   废料               认证、评审、审核
```

质量成本是企业总成本的有机组成部分。质量成本与销售收入、总成本、利润的关系如图 17-1 所示。

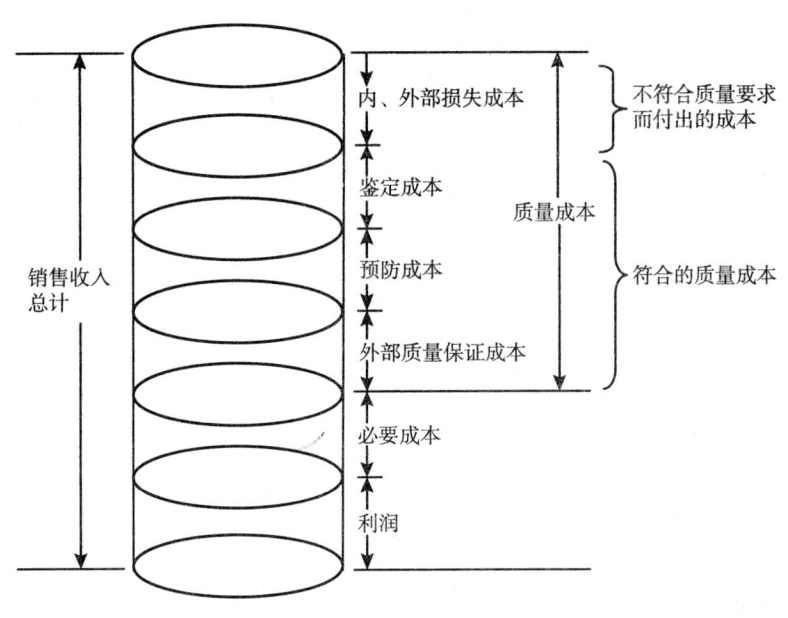

图 17-1　质量成本与销售收入、总成本、利润的关系

（2）质量成本管理就是企业对质量成本进行预测、计划、核算、分析、控制和考核等一系列有组织的活动。其中，质量成本核算是开展质量成本管理的基础，分析与控制是质量成本管理的重点。

对质量成本进行核算与分析，可了解企业所发生的质量成本的大小，了解质量成本内部各构成部分的比例以及质量成本占总成本、销售收入的比例，掌握企业质量管理活动的现状。因此，核算与分析质量成本对企业有着重要的现实意义，具体表现在：

第一，可促进企业领导重视产品的质量，支持质量管理工作；

第二，有利于企业探求其生产产品的最适宜的质量水平，从而有助于获得较高的经济效益；

第三，是企业制定适宜质量目标和实施措施的依据，增加质量目标的可行性、明确性与激励性，使管理者与全体员工心中有数，充分调动其内在的积极性；

第四，通过对质量成本大小的计算，可培育企业全体员工的质量意识，形成自觉关心质量的心态；

第五，通过收集和分析同质量有关的各种费用的数据，可以分清产生质量问题的责任，促进企业各个部门有的放矢地采取对策，提高和改进产品质量；

第六，通过对各类质量成本指标进行分析，可从经济的角度反映企业质量体系运行的有效程度，为正确评价质量体系的有效性、不断完善质量体系提供了手段。

第七，为企业质量持续改进提供前提和决策依据。

2. 质量成本的分类。

（1）按质量成本的性质一般可分为运行质量成本和外部质量保证成本。

运行质量成本是企业为达到和保证规定的质量水平所耗费的费用，包括：

第一，预防成本，用于预防不合格品与故障所需的费用；

第二，鉴定成本，评定产品是否具有规定的质量要求所需的费用；

第三，内部损失成本，交货前由于产品或服务不满足规定的质量要求所造成的损失；

第四，外部损失成本，交货后由于产品或服务不满足规定的质量要求所造成的损失。

外部质量保证成本是按顾客有关提供客观证据的要求而作的演示和证明所发生的费用，包括特殊的和附加的质量保证措施、程序、数据、证实试验、评定等费用。

（2）按质量成本的存在形式可分为显见质量成本和隐含质量成本。

显见质量成本是指根据国家现行成本核算制度规定列入成本开支范围的用于质量方面的费用，以及有专用基金开支的费用。这类成本可通过会计成本系统，依据原始凭证和报表，采用会计核算方法进行核算。

隐含质量成本是指未列入国家现行成本核算制度规定的成本开支范围，也未列入专用基金，通常不是实际支出的费用，而是反映实际收益的减少，如产品降级、降价、停工损失等。它是质量成本存在的一种形式，这类质量成本需根据实际情况采用统计核算的方法进行估算。

二、质量成本的核算

1. 质量成本科目设置。质量成本一般包括三个级别的科目。一级科目——质量成本；二级科目——预防成本、鉴定成本、内部损失成本、外部损失成本、外部质量保证成本；三级科目——质量成本细目，国家标准 GB/T1339-91《质量成本管理导则》中推荐了 21 个三级科目，企业可依据实际情况进行增删。

质量成本的科目设置、归集内容、费用开支范围以及费用来源如表 17 – 1 所示。

表 17 – 1　　　　　　　　　　质量成本费用范围归集明细表

二级科目	三级科目	归集内容	费用开支范围	费用来源
一、预防成本	1. 质量培训费	为达到质量要求或改进产品质量的目的，提高员工的质量意识和质量管理的业务水平而进行培训所支付的费用	授课人员和培训人员的有关书籍费、文具费、资料费及课时费	企业管理费
	2. 质量管理活动费	为推行质量管理所支付的费用、质量管理部门的办公费和为制定质量法规文件、质量计划、质量手册等所支付的费用	质量管理办公费、差旅费及有关行政费、质量信息收集传递费、印刷费、质量审核费、质量管理咨询诊断费	企业管理费、专用基金、车间经费
	3. 质量改进措施费	为保证或改进产品质量所支付的费用	有关的购置设备、改进产品设计、工艺研究、检测手段改进费、产品创优、整顿质量所进行的技术革新和技术改进的措施的费用	企业管理费、车间经费
	4. 质量评审费	对企业的产品质量进行审核和对质量体系进行评审所支付的费用，以及新产品评审前进行质量评审所支付的费用	资料费、会议费、办公费以及有关费用	企业管理费
	5. 工资及福利基金	从事质量管理人员的工资总额及提取的员工福利基金	工资及提取的员工福利基金	企业管理费、车间经费
二、鉴定成本	1. 试验检验费	对进厂的原材料、外购件、外协件、工夹具等进行检验或试验所发生的费用，以及对生产过程中的半成品、在制品和产成品按质量标准进行各种检验或试验所发生的一切费用	委托外部检验和鉴定支付的费用、送检人员的差旅费、材料费、能源费、劳保费、破坏性检验费以及有关费用	企业管理费、车间经费
	2. 质量检验部门办公费	质量检验部门为开展日常检验工作所支付的办公费	办公费	企业管理费
	3. 工资及福利基金	从事质量试验、检验工作人员的工资总额及提取的员工福利基金	工资及提取的员工福利基金	企业管理费、车间经费
	4. 检测设备维修折旧费	对检测仪器和设备进行日常维修、保养和校准所发生的费用，以及用于质量检测仪器和设备的折旧费	大修折旧费、中小修理费、维护校准费	企业管理费、车间经费

续表

二级科目	三级科目	归集内容	费用开支范围	费用来源
三、内部损失成本	1. 报废损失费	因产成品、半成品、在制品达不到质量要求且无法修复或在经济上不值得修复造成报废所损失的费用，以及外购元器件、零部件、原材料在采购、运输、仓储、筛选等过程中因质量委托所损失的费用	在生产过程中以及在采购、运输、仓储、筛选等过程中报废的产成品、半成品、在制品、元器件、零部件、原材料费用及人工费用和能源动力等消耗	基本生产、辅助生产
	2. 返修损失	为修复不合格产品并使之达到质量要求所支付的费用	人工费及所需更换零部件、原材料的费用	基本生产
	3. 停工损失	由于产品质量事故而导致停工所造成的损失	停工期间损失的净产值	基本生产
	4. 质量故障处理费	因处理内部产品质量事故所支付的费用	重复检验费用、重新筛选费用等	企业管理费、车间经费
	5. 产品降级损失	因产品质量达不到规定的质量标准但又不影响主要性能而降级处理造成的损失	合格品价格与降级品价格之间的差额损失	基本生产
四、外部损失成本	1. 索赔费	因产品质量未达到标准，对顾客提出的申诉进行赔偿、处理所支付的费用	支付顾客的赔偿金（包括罚金）、索赔处理费及差旅费等	企业管理费
	2. 保修费用	根据保修规定，为顾客提供修理服务所支付的费用，以及保修服务人员的工资总额和提取的员工福利基金	差旅费、办公费、劳保费、更换零部件所需器材、工具、运输费用，以及工资总额和提取的员工福利基金等	企业管理费
	3. 退货损失费	产品出售后，由于质量问题而造成的退货、换货所发生的损失费用	产品包装损失费、运输费和退回产品的净损失等	企业管理费
	4. 折价损失费	产品出厂后，因质量不合格或适用性不良而折价销售所损失的费用	销售价格与折价后的差价损失	销售
五、外部质量保证成本	1. 质量保证措施费	应顾客特殊要求而增加的质量管理费		企业管理费
	2. 产品质量证实试验费	为顾客提供产品质量受控依据进行质量证实试验所支付的费用		企业管理费
	3. 评定费	应顾客特殊要求进行产品质量认证所支付的费用		企业管理费

2. 质量成本核算应注意的问题。

（1）质量成本管理需要常抓不懈，思想上重视，加强宣传。

（2）建立机构加以保证，如质量成本核算工作小组（如财务科、质量管理科、企业管理办公室）。

（3）制定合理的、适合本企业的质量成本核算办法。

①在会计科目中设置"质量费用"科目，做好现行产品成本中质量成本子科目的分离工作。例如，预防成本中，质量工作费用就可从车间经费、企业管理费中分离出来。

②做好会计部门、统计部门、质量部门协调工作。常见的情况有以下三种：

A. 会计核算为主，统计为辅，质量部门协调。

B. 显见质量成本按会计科目采用会计方法进行核算，隐含质量成本按统计项目采用统计方法进行估算，如产品降级损失、折价损失和停工损失等。

C. 暂时以质量部门为主，会计部门协助，运用统计办法来核算质量成本。

（4）做好质量成本数据收集工作（例如，设计分类原始凭证、落实责任）。

三、质量成本分析

1. 分析指标。

（1）质量成本构成指标，指构成质量成本的各个项目同总质量成本的比值。例如：

$$预防成本百分比率 = \frac{预防成本}{总质量成本} \times 100\%$$

（2）质量成本相关指标，指一定时期内的质量成本同该时期其他经济指标相比较而形成的指标。例如：

$$产值质量成本率 = \frac{总质量成本}{总产值} \times 100\%$$

$$总成本质量成本率 = \frac{总质量成本}{总成本} \times 100\%$$

$$销售收入质量成本率 = \frac{总质量成本}{销售额} \times 100\%$$

$$销售利润质量成本率 = \frac{总质量成本}{销售利润} \times 100\%$$

$$销售额外部损失成本率 = \frac{外部损失成本}{销售额} \times 100\%$$

$$总成本损失成本率 = \frac{内、外部损失成本}{总成本} \times 100\%$$

2. 质量成本分析。

（1）质量与成本存在对立统一的关系。产品质量提高，会引起成本的变化；但不能武断地认为，提高产品质量，成本必然增加。这是因为，在质量成本中，失败成本的性质是属于可避免成本，而预防、检验则属于不可避免成本。

（2）最佳质量成本的必然存在。在质量成本结构中，内部质量成本的四个组成部分的比例在不同行业、不同时期、不同产品之间是不相同的，但是它们的发展趋势总带有一定的规律性。即：

第一，检验、预防成本开始一般较低，随着质量要求的提高，达到一定水平后，如再要求提高，质量管理费用就会急剧上升；

第二，损失成本的情况正好相反，开始时合格品率很低，质量损失大，随着质量要求的提高，质量管理费用则跟着增加，但质量损失则逐步下降。

上述两点说明，其中必有一个质量总成本最低的理想点，这就似乎存在最佳质量成本决策。

（3）常见的最佳质量成本分析模式如图17-2所示。

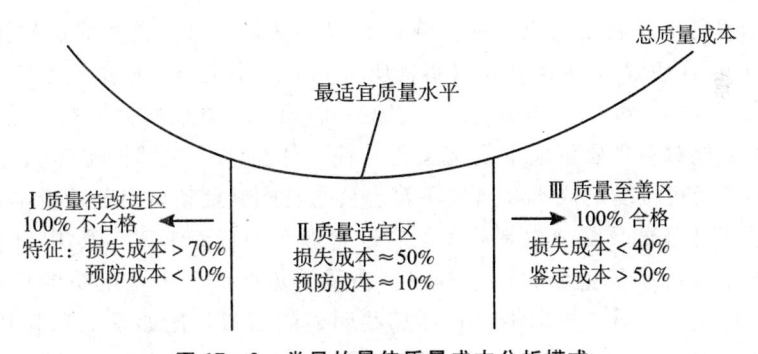

图17-2 常见的最佳质量成本分析模式

区域说明：
- Ⅰ 质量待改进区：100%不合格；特征：损失成本＞70%，预防成本＜10%
- Ⅱ 质量适宜区：损失成本≈50%，预防成本≈10%
- Ⅲ 质量至善区：100%合格，损失成本＜40%，鉴定成本＞50%

3. 分析步骤。

（1）计算构成指标或各项成本。

（2）与本企业总质量成本分析曲线对比，制定措施。

4. 案例。

某电容器厂对某一时期内的质量成本进行了统计核算，如表17-2所示。

表17-2

项目	金额（万元）	比重（%）
内部损失成本	55.6619	84.61
外部损失成本	0.3878	0.59
预防成本	2.4316	3.70
鉴定成本	7.3036	11.10
合计	65.7849	100

要求：计算成本构成指标，指出该电容器厂该阶段质量工作的重点。

分析结论：因为内部损失成本84.61% ＞70%，预防成本3.7% ＜10%，所以该厂产品质量处于质量待改进区。

运用 ABC 分类法对内部损失成本（55.6619 万元）作进一步分析发现：
A 废品损失 48.3959 万元，占 86.95%
B 降级损失 6.4842 万元，占 1.40%
C 返修损失 0.7818 万元，占 11.65%

针对 A 类因素制定措施：$\begin{cases} 管理方面（略）\\ 技术方面（略）\end{cases}$

第二节　专家论质量成本

一、专家的质量成本观

1. 哈林顿的不良质量成本观。曾任美国质量管理协会主席的哈林顿（James Harrington）于 1987 年在其著作《不良质量成本》中提出：质量成本应改为"不良质量成本（Cost of Poor Quality）"，以避免将质量成本误解为提高产品质量所需的高成本。他对不良质量成本的定义是：使全体员工每次都把工作做好的成本、鉴定产品是否可接受的成本和产品不符合公司与顾客期望所引起的成本之和。

2. 克劳士比的质量成本观。美国质量管理专家克劳士比在其 1979 年出版的第一本著作《质量是免费的》中提出：质量是免费的，一个组织的目标是实现零缺陷。他认为，质量成本不仅包括那些明显的因素，比如返工和废品的损失，还应包括诸如花时间处理投诉和担保等问题在内的管理成本。

3. 费根堡姆的质量成本观。TQM 的倡导者、质量管理大师费根堡姆在一次演讲中提出：质量与成本是统一的，而不是相对立和相矛盾的，过去认为好的质量比差的质量所花的成本要多的观念是错误的，实际上好的质量所花的成本比差的质量所花的成本要低。

4. 桑德霍姆的质量成本观。瑞典质量管理学家桑德霍姆在其 1996 年出版的《全面质量管理》一书中阐明，质量成本包括为达到规定的质量水平所发生的费用，而且这些费用是由于不良的质量造成的，应称为不良质量成本，如果所有产品和过程是完美的，这些费用将不会发生。

二、专家的最佳质量成本模型

1. 费根堡姆的最佳质量成本模型。其基本原理是：当产品质量水平下降时，内部和外部的质量损失就会上升；反之，就会下降。预防费用，只要提高产品质量水平，一般就会逐渐上升；反之，就下降。鉴定费用则不论在什么情况下一般都趋于稳定状态。四项成本之和绘成质量总成本曲线，其最低点即为最佳质量成本。如图 17-3 所示。

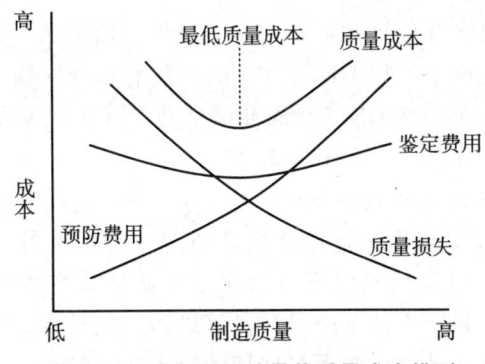

图 17-3　费根堡姆的最佳质量成本模型

2. 朱兰的最佳质量成本模型。其基本原理是：内部和外部质量损失之和的曲线，一般随着质量水平的提高呈现出由高到低的下降趋势，而鉴定费用与预防费用之和的曲线则随着质量水平的提高呈现出由低到高的上升趋势。上述两条线的交点，与质量总成本曲线的最低点处于同一垂直线上，该垂直线与制造质量水平的交点就是"最佳质量水平"，对应的质量成本为"最佳质量成本"。如图17-4所示。

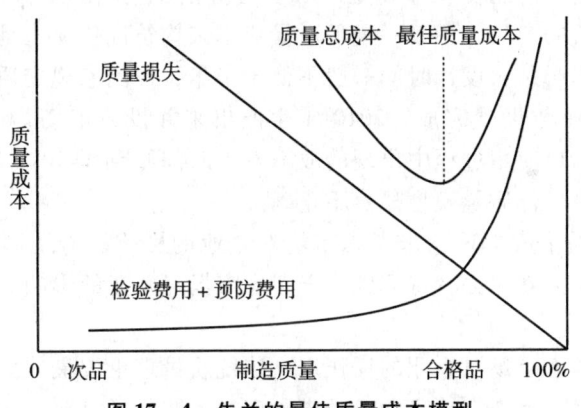

图 17-4　朱兰的最佳质量成本模型

无论费根堡姆的质量成本模型，还是朱兰的质量成本模型，其核心思想都是指导企业追求最佳质量水平控制，以达到最佳质量成本，从而以最少的资金投入消灭尽可能多的废次品损失，使企业获得最大的经济效益。

三、关于质量成本的新见解

按照传统质量成本理论，三西格玛为最经济的控制标准。当世界上绝大多数企业按照休哈特提出的三西格玛水平进行质量控制时，摩托罗拉、GE 等一些世界级企业却果断地在企业内推动进行六西格玛管理。按照传统的质量成本理论，这样做对企业来说要大幅度增加质量成本,是得不偿失的。但是,这些企业的实践却证明这样做是正确的。以 GE 公司为例,在韦尔奇的领导下,经过对六西格玛管理坚定不移地实施,使 GE 这个百年老店创造了新的辉煌。事实表明,传统质量成本理论存在着缺陷(刘建伟,2004)。

1. 传统质量成本理论存在的缺陷。

(1) 传统质量成本理论不能全面反映质量管理活动的绩效。按照传统的质量成本理论,单纯从成本控制的观点去考虑,质量成本的上升是一个不好的迹象,应加以控制;质量成本的下降是质量管理的理想目标,应加以鼓励和巩固。

完整的质量资金运动应包含质量费用的投入和质量收入的产出两部分,质量成本只是质量资金运动中的一个环节,单独核算质量成本不足以用来评价质量管理的得失和质量经济效益的好坏。

(2) 未考虑预防成本、鉴定成本的变化与质量损失的变化在发生时间上的错位。某一质量成本核算期发生的外部质量损失成本在逻辑上应当与发生故障产品的设计或生产时期的预防成本、鉴定成本相关,而某一核算期支出的预防成本和鉴定成本只有等到这一期生产的产品在使用过程中故障的减少才能从外部质量损失下降中得到收益。通常情况下,某个产品在使用过程中发生的故障,在时间上总是滞后于这个产品在设计和生产时期为防止发生故障所做出的努力,因此,对于质保期较长的产品,用某一期的质量成本来构筑优化模型是不科学的。

比如摩托车产品,设计时间一般不低于半年,按国家规定质保期一年,若一辆摩托车在 2009 年设计完成,2010 年生产出来并投放市场,考虑运输、库存、销售时间,则用户使用过程中出现的故障发生时间则到了 2011 年,用 2009 年的质量成本来构筑最佳质量模型显然不正确。

(3) 传统质量成本理论未考虑市场对企业的影响。传统质量成本把企业同市场割裂开来,孤立地去看待问题,未考虑市场对企业的影响。主要包含以下两个方面:

第一,未考虑市场对企业的反作用。传统质量理论按最佳质量成本对应的质量水平进行控制,允许有缺陷的产品进入市场。购买了有缺陷产品的客户就不会再去购买该公司的产品,而且还会把该公司产品质量不良的信息告诉其他人。随着手机、电脑网络的普及,在资讯发达的今天,这种不良信息的传播速度会比以往任何时候快捷许多,从而使该不良信息的影响得到显著放大,较大地影响企业的声誉和产品的销售,最终影响企业的经济效益。

第二,未考虑市场竞争和质量竞争力。当企业狭隘地抱着从自身出发得出的最佳质量控制水平去指导质量管理时,若同行业的其他竞争对手在质量控制水平上做得更好,将会被夺走更多的市场份额,从而在持续经营的情况下处于不利地位。

六西格玛质量管理之所以取得了较大的成功,就是因为实施了六西格玛管理的企业，一方面，随着质量水平的不断提高，质量损失不断降低；另一方面，随着产品质量的提高，在市场上的竞争力增强，市场份额逐渐增大。产品销售量和产量不断增大，企业生产能力得到充分利用，单位产品的固定成本会降低，两方面结合起来使企业获得较大的收益从而获得成功。

（4）用合格品的百分率来表示质量水平是不合适的。质量水平的高低应是产品性能参数满足用户要求的程度。若企业制定的产品技术标准能完全反映用户需求，这时用合格品百分率来表示生产该产品的能力水平尚可。若是企业制定的技术标准根本满足不了用户的要求，即使100%合格，产品也只能是"合格"的废品。

（5）时间上的局限。传统的质量成本理论只能说明过去实际已经支付的价值，而忽略了过去、现在没有实际支付但在将来可能做出牺牲这一重要的成本现象。单独依据质量成本进行决策，会使企业故步自封，失去改进和创新的机会，从而失去活力和市场竞争力。

美国福特公司的行政总监卓特曼（Tlex Trot-man）曾用3.5亿美元替换2条喷漆作业线以改进质量，又用2亿美元购买新设备来缩短与最强竞争对手之间的差距。在谈到他的决策时，他说："有时为了质量，必须投资或增加产品中的可变资本，即使无法证明这样做能否为你挣钱或省钱。"

（6）未考虑技术进步对质量成本和质量水平的影响。在某一技术水平下，要把产品的某些质量指标达到很高的水平非常困难，但是，若采用了新技术、新设计、新工艺则很容易达到较高的质量水平。例如，若想把机械手表的走时精度控制在每天误差不超过5秒是一件较困难的事情，必须在机械加工精度、装配工艺、润滑油等一系列环节采取措施，预防成本和鉴定成本会非常高；但是，石英电子手表却可以很轻易地达到每天误差不超过1秒而且预防成本、鉴定成本却相对较低的目标。

（7）对象上的局限。传统质量成本理论只局限于制造业，而对于其他行业不太适用。

2. 对传统质量成本理论进行改进的探讨。

（1）在质量控制战略上采用"零缺陷"战略。企业在质量控制战略上要采用"零缺陷"战略，而不能采用依据"最佳质量成本对应的最佳质量水平"进行控制的战略。"零缺陷"战略包含两个部分：一是做对的事情；二是第一次就做对。所谓做对的事情，就是企业要依据顾客的需要制定产品标准，并根据顾客需求的变化而不断调整产品标准。企业应在设计、制造、服务等各个环节上努力，使产品在达到能够满足顾客需要的产品标准上力求做到零缺陷。所谓第一次就做对，就是在做任何事情时第一次就把事情做对，减少废品、返工、返修等损失。两者结合起来就是把"对的事情第一次就做对"。

（2）引入质量收入概念，依据质量损益进行决策。所谓质量收入，是指质量得到保证或较原有水平提高后企业和社会所得到的或将能得到的更多的价值或使用价值。

把质量资金运动作为一个完整的过程来考虑,通过对质量成本和资金收入的配比计算质量损益。把质量损益作为企业管理和决策的依据。凡是质量收入大于支出成本,则实施此类质量改进项目,即使质量成本增加也是正常合理的;凡是质量收入低于支出成本,则不实施此类改进项目,即使质量成本减少也是不允许的。

(3) 在操作方法上采用DMAIC方法,对质量成本进行优化。DMAIC方法是六西格玛质量管理的一套全面而系统地发现、分析、解决问题的方法和步骤。它包含:D(Define)项目定义阶段;M(Measure)数据收集阶段;A(Analysis)数据分析阶段;I(Improve)项目改善阶段;C(Control)项目控制阶段。

依据DMAIC方法定义质量成本要改进的项目,进行测量计算,分析数据并对质量损益情况进行预测和评估,对适宜的项目实施改善活动,对改善后的结果进行评估,并把改善措施予以制度化、规范化。这样,可以确保每实施一个项目都能达到提高质量水平、降低质量成本的目的。当找不到要改进的项目时,企业处于暂时的质量成本最优状态。随着顾客需求的变化、市场的竞争、新技术的出现,这种最优状态就会很快变成非最优状态。此时再依据DMAIC方法进行优化。如此循环,在动态中追求和达到最佳质量成本。

第三节 顾客视角的质量成本管理

一、关于顾客满意水平的质量成本概述

关于顾客满意水平的质量成本包括两方面内容:一是没有达到顾客满意水平所造成的损失;二是为了保证达到顾客满意水平所发生的费用(黄培、汪蓉,2002)。

1. 损失成本,是指没有达到顾客满意水平而造成的损失,包括商誉损失成本与故障损失成本。商誉损失成本是指由于没有达到顾客满意的质量而给企业或组织的品牌声誉造成的损失,这反映在顾客忠诚度降低、原有顾客流失或转向竞争对手等方面,从而造成企业销售额下降、品牌价值降低、企业商誉受损;故障损失成本则与关于质量水平的质量成本中的故障成本基本相同,包括交货前发生故障和发现缺陷所造成的损失即内部故障成本,以及交货后发生故障和发现缺陷所造成的损失即外部故障成本。

2. 保证和评价成本。保证成本是企业或组织为了保证达到顾客满意的质量所发生的费用,如开展各种质量管理活动所发生的管理费用和其他费用等;评价

成本则是企业或组织为了评定所达到的质量水平而发生的费用,如产品认证费用、质量体系认证费用和试验费用等。

二、关于顾客满意水平的质量成本的特性曲线

由于关于顾客满意水平的质量成本与关于质量水平的质量成本在内容上有所不同,因此,其特性曲线也不同(如图 17-5 所示)。

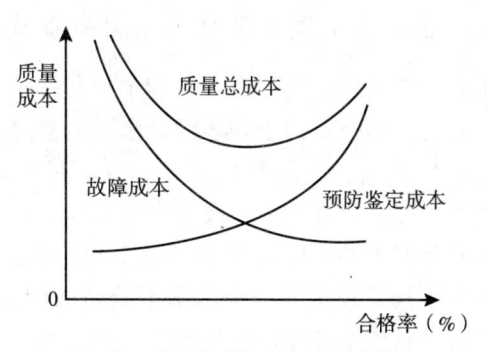

(a) 关于质量水平的质量成本特性曲线

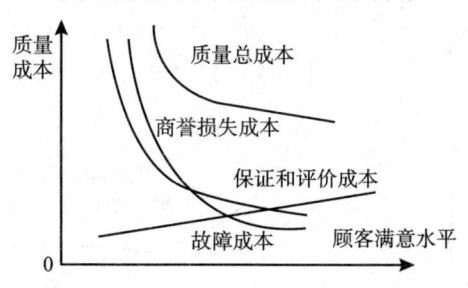

(b) 关于顾客满意水平的质量成本特性曲线

图 17-5

从图 17-5 中可以看到,在顾客满意水平较低时,质量总成本下降速度很快;在顾客满意水平较高时,质量总成本下降速度较慢。但总的说来,质量总成本随着顾客满意水平提高而下降。这就从理论上说明,企业或组织提高质量不仅不会使成本增加、经济效益降低,而与此恰恰相反的是,提高质量会使成本降低、经济效益提高。这也证明了前面所述的克劳士比、费根堡姆和桑德霍姆等人关于质量成本的观点,也就是说,完美的质量是成本最低的。

比较图 17-5 中(a)与(b)两种质量特性曲线,关于质量水平的质量成本特性曲线认为,质量总成本随着质量水平的提高下降后,又会随着质量水平的提高而上升,因此,企业在达到某个质量水平或最佳区域后就应保持现状,如果再进行改进的话,就会提高成本,使经济效益降低。如果单从企业或组织自身的角度来看,确实存在这种现象,但考虑到顾客和竞争对手的话,这会在一定程度

上误导企业或组织在面临激烈竞争和顾客要求越来越高的情况下忽视对质量的改进和提高。而从关于顾客满意水平的质量成本特性曲线可以看到，质量总成本是随着顾客满意水平提高而不断降低的，因此，企业或组织应不断提高顾客满意水平，而提高顾客满意水平的主要途径就是提高质量。所以，关于顾客满意水平的质量成本特性曲线鼓励企业不断提高质量，这也更符合市场经济条件下对企业的要求。

三、不同类型企业的关于顾客满意水平的质量成本

不同类型的企业在规模、知名度、经营管理水平和技术水平等各个方面存在很大差异，因此，不同类型的企业关于顾客满意水平的质量成本也有很大不同。

1. 大型跨国公司。大型跨国公司规模很大，拥有很高的世界知名度和巨大的品牌价值等无形资产，经营管理水平和技术水平很高，其商誉损失成本特别高昂，并且故障成本和商誉损失成本随着顾客满意水平的提高而下降的速度很快，同时保证和评价成本由于其管理水平与技术水平较高的原因却增加不多，因此，其关于顾客满意水平的质量成本特性曲线如图 17 - 6 所示。

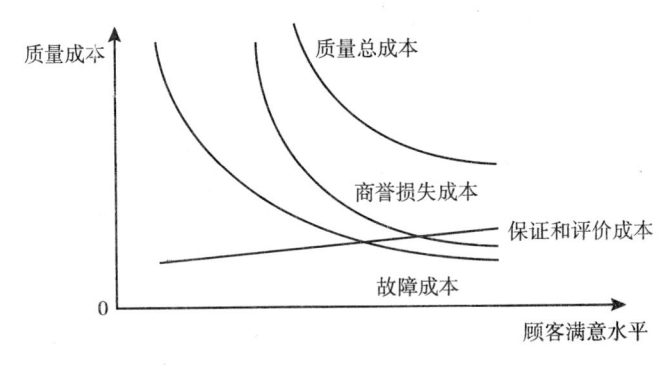

图 17 - 6　大型跨国公司的关于顾客满意水平的质量成本特性曲线

成本是随着顾客满意水平的提高而不断下降的，并且下降幅度较大。这就可以解释为什么大型跨国公司对提高质量的态度很积极。据美国《商业周刊》报道，GE 公司积极推行 6σ 计划使公司因此每年获得 10 亿美元以上的巨大收益。Motorola 公司在其 1996 年质量通报会上总结过去 9 年提高质量（从 4σ 水平提高到 6σ 水平）的成绩：消灭了全部过程中缺陷的 99.6%；每单位由于质量缺陷引起的费用降低了 86% 以上；制造成本累计节约 90 多亿美元；雇员生产率总体上提高了 204%；产品有效使用时间平均延长了 5 ~ 10 倍。4σ 水平代表每百万次有 6 200 次差错或缺陷，是美国公司的平均水平，而 6σ 水平意味着每百万次有 3.4 次缺陷，但 Motorola 在此基础上还不满足，决定把缺陷测定的基数由每百万计改

为每十亿计,以在更大程度上提高质量水平。

2. 中小型企业。中小型企业总体来说规模较小,拥有一定的知名度和品牌价值,管理水平与技术水平较高,因此,其关于顾客满意水平的质量成本特性曲线与图17-6所示的一般情况基本相似,总体来说,质量总成本是随着顾客满意水平提高而下降的,但是,不同的企业下降的幅度不同,对提高质量的态度就不相同。一般来说,中小企业中的优秀企业对提高质量有较大兴趣。

3. 假冒伪劣品生产企业。在我国现阶段,存在着不少假冒伪劣品生产企业。为什么这些企业会生产假冒伪劣产品,从其关于顾客满意水平的质量成本角度可以解释:由于其生产假冒伪劣产品,因此,其商誉损失成本很低或者为零,其故障成本也很低,这两项成本基本与顾客满意水平无关,而其保证和评价成本却随着顾客满意水平的提高有巨大幅度的增加,因而其质量总成本是随着顾客满意水平提高而大幅增加的(如图17-7所示),因此,对这些企业来说,最有利的选择是生产假冒伪劣产品,顾客满意水平越低,质量总成本就越低。

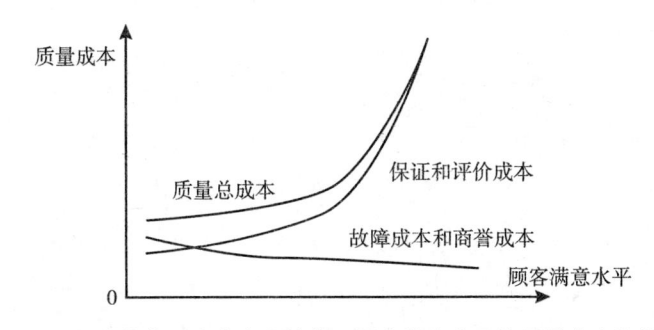

图17-7 假冒伪劣品生产企业的关于顾客满意水平的质量成本特性曲线

从以上分析可以看到,关于顾客满意水平的质量成本能较好地解释不同类型的企业对提高质量的态度,换句话说,关于顾客满意水平的质量成本是企业决定是否进行质量改进、提高质量的重要指标。总之,关于顾客满意水平的质量成本比关于质量水平的质量成本在市场经济体制下能更好地解释企业对待质量改进的态度;关于质量水平的质量成本更适合于质量形成过程中的某项具体质量决策,而关于顾客满意水平的质量成本更适合于整个企业或产品的质量决策;除生产假冒伪劣品的企业外,大多数企业应该不断提高质量,提高顾客满意水平,从而可以从质量成本的降低中获得经济效益。企业应该建立对关于顾客满意水平的质量成本的评价和核算制度,以利于企业的质量改进决策;有关执法部门可以根据关于顾客满意水平的质量成本的原理,采取措施提高假冒伪劣品生产企业的损失成本,从而从根本上促进其提高质量或放弃生产假冒伪劣产品。

思 考 题

1. 什么是质量成本？它由哪几部分组成？
2. 顾客视角的质量成本是怎样的？
3. 传统的质量成本观念是怎样的？其缺陷体现在哪些方面？
4. 不同类型企业关于顾客满意水平的质量成本有什么不同？为什么？
5. 怎样理解"质量成本就是质量工作的货币语言"？

附录

附表 1–1　正常检查一次抽样方案（GB2828 的表 3）

样本大小字码	样本大小	0.010 Ac Re	0.015 Ac Re	0.025 Ac Re	0.040 Ac Re	0.065 Ac Re	0.10 Ac Re	0.15 Ac Re	0.25 Ac Re	0.40 Ac Re	0.65 Ac Re	1.0 Ac Re	1.5 Ac Re	2.5 Ac Re	4.0 Ac Re	6.5 Ac Re	10 Ac Re	15 Ac Re	25 Ac Re	40 Ac Re	65 Ac Re	100 Ac Re	150 Ac Re	250 Ac Re	400 Ac Re	650 Ac Re	1000 Ac Re
A	2	↓													0 1	→	←		1 2	2 3	3 4	5 6	7 8	10 11	14 15	21 22	30 31	44 45
B	3													0 1	→	←	1 2	2 3	3 4	5 6	7 8	10 11	14 15	21 22	30 31	44 45	←	
C	5												0 1	→	←	1 2	2 3	3 4	5 6	7 8	10 11	14 15	21 22	30 31	44 45	←		
D	8											0 1	→	←	1 2	2 3	3 4	5 6	7 8	10 11	14 15	21 22	30 31	44 45	←			
E	13										0 1	→	←	1 2	2 3	3 4	5 6	7 8	10 11	14 15	21 22	←						
F	20									0 1	→	←	1 2	2 3	3 4	5 6	7 8	10 11	14 15	21 22	←							
G	32								0 1	→	←	1 2	2 3	3 4	5 6	7 8	10 11	14 15	21 22	←								
H	50							0 1	→	←	1 2	2 3	3 4	5 6	7 8	10 11	14 15	21 22	←									
J	80						0 1	→	←	1 2	2 3	3 4	5 6	7 8	10 11	14 15	21 22	←										
K	125					0 1	→	←	1 2	2 3	3 4	5 6	7 8	10 11	14 15	21 22	←											
L	200				0 1	→	←	1 2	2 3	3 4	5 6	7 8	10 11	14 15	21 22	←												
M	315			0 1	→	←	1 2	2 3	3 4	5 6	7 8	10 11	14 15	21 22	←													
N	500		0 1	→	←	1 2	2 3	3 4	5 6	7 8	10 11	14 15	21 22	←														
P	800	0 1	→	←	1 2	2 3	3 4	5 6	7 8	10 11	14 15	21 22	←															
Q	1 250	→	←	1 2	2 3	3 4	5 6	7 8	10 11	14 15	21 22	←																
R	2 000	←	1 2	2 3	3 4	5 6	7 8	10 11	14 15	21 22	←																	

注：（1）↑ 使用箭头上面的第一个抽样方案；（2）↓ 使用箭头下面的第一个方案；（3）Ac 接收数，Re 拒收数。

附表 1-2 加严检查一次抽样方案（GB2828 的表 4）

样本大小字码	样本大小	合格质量水平(AQL) 0.010 Ac Re	0.015 Ac Re	0.025 Ac Re	0.040 Ac Re	0.065 Ac Re	0.10 Ac Re	0.15 Ac Re	0.25 Ac Re	0.40 Ac Re	0.65 Ac Re	1.0 Ac Re	1.5 Ac Re	2.5 Ac Re	4.0 Ac Re	6.5 Ac Re	10 Ac Re	15 Ac Re	25 Ac Re	40 Ac Re	65 Ac Re	100 Ac Re	150 Ac Re	250 Ac Re	400 Ac Re	650 Ac Re	1 000 Ac Re
A	2	←																					0 1	1 2	1 2 1 3	1 2 1 3	1 8 1 9 2 7 2 8
B	3	←																				0 1	→	1 2	1 2 1 3	1 8 1 9	2 7 2 8 4 1 4 2
C	5	←																			0 1	→	1 2	1 2 1 3	1 8 1 9	2 7 2 8	4 1 4 2	
D	8	←																		0 1	→	1 2	1 2 1 3	1 8 1 9	2 7 2 8	4 1 4 2		
E	13	←																	0 1	→	1 2	2 3	3 4	5 6	8 9	1 2 1 3	1 8 1 9	2 7 2 8 4 1 4 2
F	20	←																0 1	→	1 2	2 3	3 4	5 6	8 9	1 2 1 3	1 8 1 9	2 7 2 8 4 1 4 2	
G	32	←															0 1	→	1 2	2 3	3 4	5 6	8 9	1 2 1 3	1 8 1 9	2 7 2 8	4 1 4 2	
H	50	←														0 1	→	1 2	2 3	3 4	5 6	8 9	1 2 1 3	1 8 1 9	←			
J	80	←													0 1	→	1 2	2 3	3 4	5 6	8 9	1 2 1 3	1 8 1 9	←				
K	125	←												0 1	→	1 2	2 3	3 4	5 6	8 9	1 2 1 3	1 8 1 9	←					
L	200	←											0 1	→	1 2	2 3	3 4	5 6	8 9	1 2 1 3	1 8 1 9	←						
M	315	←										0 1	→	1 2	2 3	3 4	5 6	8 9	1 2 1 3	1 8 1 9	←							
N	500	←									0 1	→	1 2	2 3	3 4	5 6	8 9	1 2 1 3	1 8 1 9	←								
P	800	←								0 1	→	1 2	2 3	3 4	5 6	8 9	1 2 1 3	1 8 1 9	←									
Q	1 250	←							0 1	←																		
R	2 000	←						0 1																				
S	3 150						1 2																					

附表 1-3 放宽检查一次抽样方案（GB2828 的表 5）

样本大小字码	样本大小	0.010 Ac Re	0.015 Ac Re	0.025 Ac Re	0.040 Ac Re	0.065 Ac Re	0.10 Ac Re	0.15 Ac Re	0.25 Ac Re	0.40 Ac Re	0.65 Ac Re	1.0 Ac Re	1.5 Ac Re	2.5 Ac Re	4.0 Ac Re	6.5 Ac Re	10 Ac Re	15 Ac Re	25 Ac Re	40 Ac Re	65 Ac Re	100 Ac Re	150 Ac Re	250 Ac Re	400 Ac Re	650 Ac Re	1000 Ac Re
A	2																										
B	2																							78	1011		
C	2															01					23	34	56	78	1011	2122	3031
D	3												01						12	23	34	56	67	89	1011	1415	2122
E	5									01					12	23	34	56	67	89	1011						
F	8								01				12	23	34	56	67	89	1011								
G	13							01			12	23	34	56	67	89	1011										
H	20						01		12	23	34	56	67	89	1011												
J	32					01		12	23	34	56	67	89	1011													
K	50				01		12	23	34	56	67	89	1011														
L	80			01		12	23	34	56	67	89	1011															
M	125		01		12	23	34	56	67	89	1011																
N	200	01		12	23	34	56	67	89	1011																	
P	315		12	23	34	56	67	89	1011																		
Q	500	01																									
R	800	01																									

附表 2-1　　单侧限"σ"法的样本量与接收常数（GB/T8054 的表 1）

A 或 A' 计算值范围	n	K	A 或 A' 计算值范围	n	K
2.069 以上	2	-1.163	0.731~0.755	16	-0.411
1.690~2.068	3	-0.950	0.710~0.730	17	-0.399
1.463~1.689	4	-0.822	0.690~0.709	18	-0.388
1.309~1.462	5	-0.736	0.671~0.689	19	-0.377
			0.654~0.670	20	-0.368
1.195~1.308	6	-0.672	0.585~0.653	25	-0.329
1.106~1.194	7	-0.622	0.534~0.584	30	-0.300
1.035~1.105	8	-0.582	0.495~0.533	35	-0.278
0.975~1.034	9	-0.548	0.463~0.494	40	-0.260
0.925~0.974	10	-0.520	0.436~0.462	45	-0.245
			0.414~0.435	50	-0.233
0.882~0.942	11	-0.496			
0.845~0.881	12	-0.475			
0.881~0.844	13	-0.456			
0.782~0.810	14	-0.440			
0.765~0.781	15	-0.425			

注：（1）当计算值小于 0.414 时，可按照下列公式计算 n 和 k：$n = 8.56382/$（计算值）^{2}，$k = -0.56207 \times$（计算值）。（2）$A = \dfrac{\mu_{0U} - \mu_{1U}}{\sigma}$，$A' = \dfrac{\mu_{0L} - \mu_{1L}}{\sigma} s$。

附表 2-2　　单侧限"s"法的样本量与接收常数（GB/T8054 的表 3）

B 或 B' 计算值范围	n	K	B 或 B' 计算值范围	n	K
1.980 以上	4	-1.176	0.700~0.719	20	-0.387
1.620~1.979	5	-0.953	0.680~0.699	21	-0.376
1.420~1.619	6	-0.823	0.660~0.679	22	-0.367
1.260~1.419	7	-0.734	0.640~0.659	23	-0.358
1.160~1.259	8	-0.670	0.620~0.639	24	-0.350
1.080~1.159	9	-0.620	0.600~0.619	26	-0.335
1.020~1.079	10	-0.580	0.580~0.599	27	-0.328
0.960~1.019	11	-0.546	0.560~0.579	29	-0.136
0.920~0.959	12	-0.518	0.540~0.599	31	-0.305
0.880~0.919	13	-0.494	0.520~0.539	34	-0.290
			0.500~0.519	36	-0.282
0.840~0.879	14	-0.473	0.480~0.499	39	-0.270
0.800~0.839	15	-0.455	0.460~0.479	42	-0.260
0.780~0.799	16	-0.438	0.440~0.459	46	-0.248
0.760~0.779	17	-0.423	0.420~0.439	50	-0.237
0.740~0.759	18	-0.410	0.400~0.419	55	-0.226
0.720~0.739	19	-0.398	0.399 以下	60	-0.216

注：$B = \dfrac{\mu_{0U} - \mu_{1U}}{s}$，$B' = \dfrac{\mu_{0L} - \mu_{1L}}{s}$。

附表 3-1　双侧限 "σ" 法的样本量与接收常数（GB/T8054 的表 2）

A 或 A'	2.080 及以上	1.700~2.070	1.480~1.699	1.320~1.479	1.200~1.319	1.200~1.319	1.040~1.119	0.980~1.039
n	2	3	4	5	6	7	8	9
C k	0.11 及以下 -1.379	0.012 及以下 -1.126	0.010 及以下 -0.975	0.009 及以下 -0.872	0.008 及以下 -0.796	0.008 及以下 -737	0.007 及以下 -0.690	0.006 及以下 -0.650
C k	0.015~0.085 -1.365	0.013~0.069 -1.114	0.011~0.060 -0.965	0.010~0.054 -0.863	0.009~0.049 -0.788	0.009~0.045 -0.730	0.008~0.042 -0.682	0.008~0.040 -0.643
C k	0.086~0.156 -1.334	0.070~0.127 -1.089	0.061~0.110 -0.943	0.055~0.098 -0.844	0.050~0.090 -0.770	0.046~0.083 -0.713	0.043~0.078 -0.667	0.041~0.073 -0.629
C k	0.157~0.226 -1.306	0.128~0.185 -1.066	0.111~0.160 -0.923	0.099~0.143 -0.826	0.091~0.131 -0.754	0.084~0.121 -0.698	0.079~0.113 -0.653	0.074~0.107 -0.616
C k	0.227~0.297 -1.281	0.186~0.242 -1.046	0.161~0.210 -0.906	0.144~0.188 -0.801	0.132~0.171 -0.740	0.122~0.159 -0.685	0.114~0.148 -0.641	0.108~0.140 -0.604
C k	0.298~0.368 -1.259	0.243~0.300 -1.028	0.211~0.260 -0.890	0.189~0.233 -0.796	0.172~0.212 -0.727	0.160~0.197 -0.673	0.149~0.184 -0.629	0.141~0.173 -0.593
C k	0.369~0.438 -1.240	0.301~0.358 -1.013	0.261~0.310 -1.877	0.234~0.277 -0.785	0.213~0.253 -0.716	0.198~0.234 -0.663	0.185~0.219 -0.620	0.174~0.207 -0.585
C k	0.439~0.509 -1.225	0.359~0.416 -1.000	0.311~0.360 -0.866	0.278~0.322 -0.775	0.254~0.294 -0.707	0.235~0.272 -0.655	0.220~0.225 -0.612	0.208~0.240 -0.577
C k	0.510~0.580 -1.212	0.417~0.473 -0.989	0.361~0.410 -0.857	0.323~0.367 -0.766	0.205~0.335 -0.700	0.273~0.310 -0.648	0.256~0.290 -0.606	0.241~0.243 -0.571
C k	0.581~0.651 -1.201	0.411~0.460 -0.980	0.411~0.460 -0.849	0.368~0.411 -0.759	0.336~0.376 -0.693	0.311~0.348 -0.642	0.291~0.325 -0.600	0.274~0.307 -0.566
C k	0.652~0.788 -1.192	0.532~0.635 -0.973	0.461~0.550 -0.843	0.412~0.492 -0.754	0.377~0.449 -0.688	0.349~0.416 -0.637	0.326~0.389 -0.596	0.308~0.367 -0.562
C k	0.779~1.131 -1.174	0.636~0.924 -0.958	0.551~0.800 -0.830	0.493~0.716 -0.742	0.450~0.653 -0.678	0.417~0.605 -0.627	0.390~0.566 -0.587	0.368~0.533 -0.533
C k	1.132~1.485 -1.165	0.925~1.212 -0.951	0.801~1.050 -0.824	0.717~0.939 -0.737	0.654~0.857 -0.673	0.606~0.794 -0.623	0.567~0.742 -0.583	0.534~0.700 -0.549
C k	1.486~1.838 -1.163	1.213~1.501 -0.950	1.051~1.300 -0.823	0.940~1.163 -0.736	0.858~1.061 -0.672	0.795~0.983 -0.622	0.743~0.919 -0.582	0.701~0.867 -0.548
C k	1.838 以上 -1.163	1.501 以上 -0.950	1.300 以上 -0.822	1.163 以上 -0.736	1.061 以上 -0.672	0.983 以上 -0.622	0.919 以上 -0.582	0.867 以上 -0.548

注：$A = \dfrac{\mu_{1U} - \mu_{0U}}{\sigma}$，$A' = \dfrac{\mu_{0U} - \mu_{1L}}{\sigma}$，$C = \dfrac{\mu_{0U} - \mu_{0L}}{\sigma}$。

附表 3-2 双侧限 "s" 法的样本量与接收常数（GB/T8054 的表 4）

B 或 B' n	0.880~0.919 13	0.840~0.879 14	0.800~0.839 15	0.780~0.799 16	0.760~0.779 17	0.740~0.759 18	0.720~0.739 19	0.700~0.719 20
D k	0.006 及以下 −0.501	0.005 及以下 −0.574	0.005 及以下 −0.551	0.005 及以下 −0.530	0.005 及以下 −0.512	0.005 及以下 −0.495	0.005 及以下 −0.479	0.004 及以下 −0.466
D k	0.007~0.028 −0.594	0.006~0.027 −0.568	0.006~0.026 −0.545	0.006~0.025 −0.525	0.006~0.024 −0.506	0.006~0.024 −0.490	0.005~0.023 −0.474	0.005~0.022 −0.461
D k	0.029~0.055 −0.579	0.028~0.053 −0.554	0.027~0.053 −0.521	0.026~0.050 −0.512	0.025~0.040 −0.494	0.025~0.047 −0.4783	0.024~0.046 −0.463	0.023~0.045 −0.449
D k	0.056~0.083 −0.567	0.054~0.080 −0.543	0.054~0.077 −0.501	0.051~0.143 −0.826	0.050~0.073 −0.483	0.048~0.071 −0.468	0.047~0.069 −0.454	0.046~0.067 −0.440
D k	0.084~0.111 −0.555	0.081~0.107 −0.521	0.078~0.103 −0.509	0.076~0.100 −0.491	0.074~0.097 −0.473	0.072~0.094 −0.458	0.070~0.092 −0.444	0.068~0.089 −0.431
D k	0.112~0.139 −0.545	0.108~0.134 −0.521	0.104~0.129 −0.500	0.101~0.125 −0.481	0.098~0.121 −0.465	0.095~0.118 −0.449	0.093~0.115 −0.436	0.090~0.112 −0.424
D k	0.140~0.166 −0.536	0.135~0.160 −0.512	0.130~0.155 −0.492	0.126~0.150 −0.473	0.122~0.146 −0.457	0.119~0.141 −0.442	0.116~0.138 −0.429	0.113~0.134 −0.417
D k	0.167~0.194 −0.528	0.161~0.187 −0.505	0.156~0.181 −0.484	0.151~0.175 −0.467	0.147~0.170 −0.450	0.142~0.165 −0.436	0.139~0.161 −0.423	0.135~0.157 −0.411
D k	0.195~0.222 −0.521	0.188~0.214 −0.498	0.182~0.207 −0.478	0.176~0.200 −0.461	0.171~0.194 −0.445	0.166~0.189 −0.431	0.162~0.184 0.418	0.158~0.179 −0.406
D k	0.223~0.361 −0.505	0.215~0.347 −0.484	0.208~0.336 −0.464	0.201~0.325 −0.447	0.195~0.315 −0.432	0.190~0.306 −0.418	0.185~0.298 −0.406	0.180~0.291 −0.394
D k	0.362~0.499 −0.497	0.348~0.481 −0.476	0.337~0.465 −0.457	0.326~0.450 −0.440	0.316~0.437 0.425	0.307~0.424 −0.412	0.299~0.413 −0.400	0.292~0.402 −0.388
D k	0.500~0.777 −0.495	0.482~0.748 −0.473	0.466~0.723 −0.455	0.451~0.700 −0.438	0.438~0.679 −0.423	0.425~0.660 −0.410	0.414~0.642 −0.398	0.403~0.626 −0.378
D k	0.778~1.054 −0.494	0.749~1.016 −0.473	0.724~0.981 −0.455	0.701~0.950 −0.438	0.680~0.922 −0.423	0.661~0.896 −0.410	0.643~0.872 −0.398	0.627~0.850 −0.387
D k	1.054 以上 −0.494	1.016 以上 −0.473	0.981 以上 −0.455	0.950 以上 −0.438	0.922 以上 −0.423	0.896 以上 −0.410	0.872 以上 −0.398	0.850 以上 −0.387

注：$D = \dfrac{\mu_{1U} - \mu_{0L}}{s}$，$B = \dfrac{\mu_{1U} - \mu_{0U}}{s}$，$B' = \dfrac{\mu_{0L} - \mu_{1L}}{s}$。

主要参考文献

[1] 尤建新等编著:《质量管理学》,科学出版社2008年版。
[2] 龚益鸣主编:《质量管理学》,复旦大学出版社2005年版。
[3] 张公绪、孙静主编:《新编质量管理学》,高等教育出版社2003年版。
[4] 胡铭主编:《质量管理学》,武汉大学出版社2004年版。
[5] 甘烽、宋光贵编:《技术与质量管理》,华南理工大学出版社2005年版。
[6] 董文尧:《质量管理学》,清华大学出版社2006年版。
[7] 宗蕴璋:《质量管理》,高等教育出版社2003年版。
[8] 刘广第:《质量管理学》,清华大学出版社2003年版。
[9] 徐哲一、武一川:《质量管理10堂课》,广东经济出版社2004年版。
[10] 光昕、李沁:《质量管理与可靠性工程》,电子工业出版社2005年版。
[11] 刘源张编:《质量管理和质量保证系列国家标准宣贯教材》,中国标准出版社1993年版。
[12] [美] W. 爱德华兹·戴明著,钟汉清、戴久永译:《戴明论质量管理》,海南出版社2003年版。
[13] [美] 约瑟夫·M. 朱兰主编,焦叔斌等译:《朱兰质量手册》,中国人民大学出版社2003年版。
[14] [美] Armand Vallin Feigenbaum. *Total Quality Control.* New York: McGraw-Hill Book Company, 1983.
[15] [日] 水野滋著,孙良康、梁宝俭译:《企业的全面质量管理》,企业管理出版社1988年版。
[16] [日] 水野滋主编,刘纯礼、金一译:《新QC七种工具》,机械工业出版社1991年版。
[17] [日] 石川馨著,李伟明译:《日本的质量管理》,企业管理出版社1984年版。
[18] [美] 克劳士比:《零缺点的质量管理》,中信出版社2000年版。
[19] [美] 苏比尔·乔杜里著,郭仁松、朱建译:《六西格玛的力量》,电子工业出版社2003年版。
[20] [美] 克劳士比:《质量无泪——消除困扰的管理艺术》,中国财政经

济出版社 2005 年版。

[21] 国家质量监督检验检疫总局、国家标准化委员会发布：《中华人民共和国国家标准：GB/T19000－2008/ISO9000：2005 质量管理体系标准》，中国标准出版社 2008 年版。

[22] 国家质量技术监督局发布：《中华人民共和国国家标准：GB/T19000－2000/ISO9000：2000 质量管理体系标准》，中国标准出版社 2001 年版。

[23] 国家技术监督局发布：《中华人民共和国国家标准：GB/T19000－1994/ISO9000：1994 质量管理体系标准》，中国标准出版社 1994 年版。

[24] 国家质量监督检验检疫总局发布，中国国家标准化管理委员会：《中华人民共和国国家标准．GB/T 19000—2015/ISO9000：2015 质量管理体系标准》，中国标准出版社 2015 年版。

[25] 何桢：《"黑带计划"与质量连续改进》，载《中国质量》1999 年第 9 期。

[26] 郎志正：《六西格玛法的本质和特点以及应用中需关注的问题》，载《中国质量》2003 年第 8 期。

[27] 罗国英：《企业应如何看待应用 6 西格玛管理》，载《中国质量》2003 年第 2 期。

[28] 戈泽宁：《六西格玛管理战略与中国企业》，载《中国质量》2002 年第 5 期。

[29] 胡楠：《六西格玛在中国企业的实施——质量与流程能力的双重提升》，北京大学出版社 2003 年第 9 期。

[30] 肖曼主编：《〈卓越绩效评价准则〉理解与实施案例》，安徽大学出版社 2007 年版。

[31] 于献忠主编：《卓越绩效评价准则国家标准理解与实施》，中国标准出版社 2005 年版。

[32] 陈中武主编：《卓越绩效管理模式》，机械工业出版社 2007 年版。

[33] 焦叔斌译：《卓越绩效准则》（中英文对照 2005）/国际质量译丛（国际质量译丛）（Criteria for Performance Excellence），中国人民大学出版社 2005 年版。

[34] 林万祥主编：《质量成本管理论》，中国财政经济出版社 2002 年版。

[35] 余美芬、林修齐主编：《企业质量成本管理》，北京理工大学出版社 2005 年版。

[36] 尤建新、郭重庆著：《质量成本管理》，石油工业出版社 2003 年版。

[37] 朱立恩编著：《商业服务业 QC 小组》，中国财政经济出版社 1989 年版。

[38] 黄怡：《质量——生存与价值的起点》，甘肃人民出版社 2003 年版。

[39] 黄培、汪蓉：《关于顾客满意水平的质量成本探讨》，载《上海交通大学学报（社科版）》2002 年第 1 期。

[40] 刘建伟：《由六西格玛的成功看传统质量成本理论的缺陷》，载《质量春秋》2004 年第 5 期。

[41] 李延来、唐加福、姚建明、徐捷：《质量屋构建的研究进展》，载《机械工程学报》2009 年第 13 期。

[42] 朱祖平：《企业管理质量的评价模式研究》，载《福州大学学报（哲学社会科学版）》2007 年第 3 期。

[43] 焦叔斌：《成功的企业必有远大的志向》，载《中国质量》2006 年第 1 期。

[44] 徐京悦：《基于卓越绩效模式的绩效测量指标探讨》，载《中国质量》2007 年第 3 期。

[45] 林艳：《基于卓越绩效模式的企业持续改进路径探讨》，载《商业时代》2009 年第 31 期。

[46] 中国质量协会：《质量文化在中国》，中国社会出版社 2007 年版。

[47] M. J. Harry. *Six Sigma*：*A Breakthrough Strategy for Profitability*. Quality Progress, 1998 Vol. 31, No. 5.

[48] M. J. Harry. *The Nature of Six Sigma Quality*. Technical Report, Motorola Inc., Motorola University Press, Schaumburg, IL 60196 – 1097, 1987.

[49] Subir Chowdhury. *The Power of Six Sigma*. Chicago, USA：Dearborn Trade, 2001.

[50] Thomas Pyzdek. *The Six Sigma Project Planner*：*A Step-by-Step Guide to Leading a Six Sigma Project Through DMAIC*. New York：McGraw-Hill, 2003.

[51] George Eckes. *The Six Sigma Revolution*：*How General Electric and Others turned Process into Projects*. New York：John Wiley, 2001.

[52] 中国质量网。

[53] 上海质量网。

[54] 国家质量监督检验检疫总局网站。

[55] 美国质量协会网站。

敬 告 读 者

为了帮助广大师生和其他学习者更好地使用、理解和巩固教材的内容，我们采用了书、网结合的学习模式，凡购买正版教材的读者，均可登录"http://edu.zcmedia.cn"进行注册，通过刮开封面上防伪标贴，六个月内免费使用教材课件或相关习题的答案，在线进行练习题训练，以提高学习效率。

如有任何疑问，请与我们联系。

邮箱：esp_bj@163.com

QQ：16678727

经济科学出版社

2016 年 8 月